인간관계의 심리

−행복의 열쇠−

유영달 · 이희영 · 김용수 · 이동훈 · 하도겸
유채은 · 박현주 · 천성문 · 이정희 · 박성미 · 이희백 공저

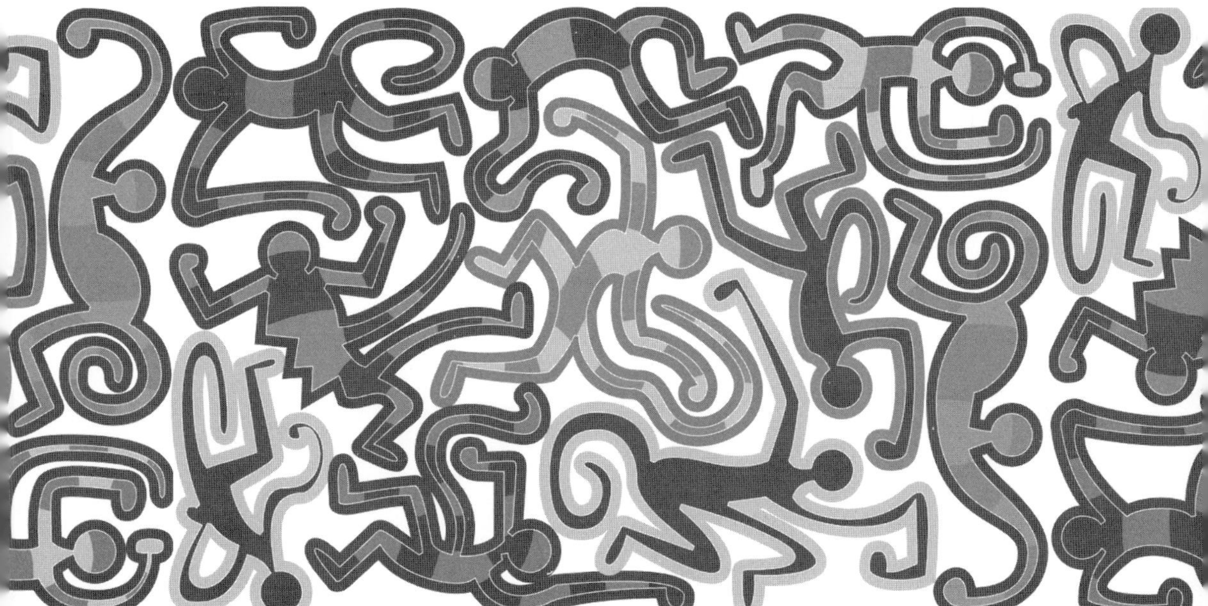

학지사

서 문

세상이 디지털화되고 스마트폰이 우리의 생활양식을 변화시키며 민주화의 물결이 중동에까지 미치는 이때에도 여전히 풀리지 않는 문제가 세 가지 있다. 남녀 간의 사랑의 문제, 부모-자녀 간의 소통의 문제, 부부 간의 신뢰의 문제가 그것이다. 세상에 존재하는 문제의 90%가 이 세 가지 문제에서 기인한다고 봐도 과언이 아니다. 요즈음 학교 폭력의 문제가 언론의 집중적인 조명을 받고 있고 일선 교사들과 교과부 공무원들이 이 문제로 잠을 못 이루고 있지만, 가만히 들여다보면 이 문제는 2004~2005년 우리나라의 이혼율이 절정을 이루었던 시기 부부 간 신뢰의 문제와 관련성이 높다.

가정이 깨지면 부모-자녀 간의 관계도 무너진다. 가족관계가 좋지 않은 환경에서 자란 아이는 자신의 출생 자체를 저주한다. 부모가 싸우는 아이는 자매를 미워하고 형제와 싸운다. 형제와 싸우는 아들은 학교에 가면 친구에게 주먹을 휘두르고, 집에서 자매를 미워하는 딸은 밖에서 친구에게 욕설을 내뱉고 시기 질투를 한다. 이들은 자라면서 교사의 미움을 받는다. 미움받고 상처받은 마음으로는 공부에 관심을 둘 수 없다. 그래서 자신의 특기를 살려서 나름대로 인생을 개척한다. 그것은 다름 아닌 폭력과 속임

수 그리고 인간을 목적이 아닌 수단으로 대해야 한다는 왜곡된 인지 도식이다. 끔찍하고 무시무시한 인과응보의 사슬이 아닐 수 없다.

인간은 사회적 동물이라 혼자서는 살 수 없다. 남자와 여자가 만나고 그 속에서 가정이 생기고, 일가와 친척이 형성된다. 그리고 씨족이 모여 부족을, 부족이 모여 공동체를 이룬다. 스마트폰이 확산되어 실로 체감되는 지식정보화사회의 생활양식은 불과 십년 전의 그것과 확연하게 달라졌다. 그러나 인간의 문제는 여전히 먹고사는 문제이고 그 먹고사는 문제의 핵심은 대물 관계가 아니라 대인 관계에 있다. 서비스업이 더욱 발달하고, 산업계에서도 소비자의 심리를 잘 알아 소비자와의 소통을 강조하고 있다. 정치에서는 물론이려니와 경제, 사회, 문화, 교육, 시민운동… 삶의 어느 분야에서든 소통과 대화, 믿음과 신뢰, 표현과 경청이 지배적인 가치를 형성하게 되었다. 현실이 이럴진대 '네 인생 네 맘대로 살라'는 어느 어리석은 현자의 교훈을 어떻게 따를 수 있단 말인가! 우리는 배워야 한다. 남에게 다가가는 방법을, 남의 기분과 속마음을 읽는 방법을, 그리고 사랑의 표현법을! 무엇보다 상대방의 말에 맞장구쳐 주고, 추임새를 넣고, 그녀가 '이 사람 앞에서는 나도 뭔가 공주 같은 마음이 든단 말야' 하는 생각이 들도록 공감 반응을 적극적으로 보여 주어야 한다.

이 책은 부산 · 경남 · 울산 상담학회의 임원과 이사진인 저자들이 일찍이 어느 공기 좋은 가을날 승학산 정상에서 뿌렸던 의기투합의 열매다. 사실 그 과정에 이상기후와 기나긴 장마로 늦게 맺힌 열매이긴 하지만 이제라도 우리는 그 열매를 세상에 내어 놓는다. 뿌린 씨앗은 때론 늦더라도 인내하면 결국 열매를 맺는다는 진리의 오묘함에 감사한 마음이다. 책의 제목에 '행복의 열쇠'라는 부제를 달게 된 것은, 아무리 돈이 많고, 아무리 잘 살아도 그런 자들에게 행복의 여신은 질투의 쓴웃음 외에 아무것도 선사하지 않으며, 오히려 이웃을 내 몸처럼 사랑하는 자들에게 은밀히 행복의 열쇠를 건네준다는 저자들 나름의 철학 때문이다.

이 책은 총 12개 장으로 되어 있어 15주로 구성된 한 학기 강의용으로 적당할 것이다. 인간관계에 관한 서론격인 '인간관계의 본질'을 언급한 후 인간관계의 심리학을 이해하기 위한 '인상 형성과 대인 매력' '인간관계와 스트레스' '인간관계와 정신 건강'의 세 개의 장에서 인간관계의 문제와 그 과정에 대한 이해를 도모하고자 하였다. 이러한 바탕 위에 '대화의 기술' '스트레스 대처' '사랑의 기술'의 세 개의 장에서는 앞 부분에서 다룬 이론을 보다 구체적인 '실천'으로 끌어올리도록 노력하였다. 그리고 이 책의 결론 부분인 '자기실현'과 '행복의 기술'에 관한 장은 인간관계의 '플러스 알파'에 해당하는 행복의 세계를 다루는 것이라고 보면 된다. 마지막 세 개의 장에서는 인간관계의 갈등을 해소하고 관계를 증진하기 위한 상담 프로그램을 소개하고 있다.

갖가지 빛을 띠는 무지개처럼 저자들은 각자 색깔이 다르고 생긴 모습도 달라서 대표 저자의 강력한 '편집 규정(?)'에도 불구하고 사실 문체와 구조가 조금씩 상이하다. 이 점을 독재와 억압으로 통일시키고 싶은 마음도 있었지만, 민주화를 기본 철학으로 하는 인간관계의 핵심 철학에 우리 저자들이 먼저 순응하는 것이 맞을 것 같고, 또 독자의 입장에서는 된장찌개를 좋아하는 사람이 김치찌개도 먹는 기회를 가질 수 있도록 각자의 개성을 담은 저작을 내어 놓는다. 아무쪼록 이 책이 아버지가 아들을 이해하고, 어머니가 딸과 화해하고, 남자가 여자를 사랑하며, 아내가 남편을 용서하는 데 자그마한 자극제가 되기를 바라 마지않는다.

백양산 청송을 바라보며…

대표 저자 유영달

차 례

제1장

인간관계의 본질

유영달

Ⅰ. 인간관계의 문제

Ⅱ. 인간관계의 의의

Ⅲ. 다양한 인간관계

Ⅳ. 건전한 인간관계

학습 목표

1. 인간관계의 의미를 알아본다.
2. 인간관계의 분류를 알아본다.
3. 일상생활 속의 인간관계에 대해 이해한다.
4. 건전한 인간관계가 무엇인지 알아본다.

I. 인간관계의 문제

얼마 전 부산 지역의 사건 · 사고와 관련한 뉴스에서, 교수 부인 실종 사건이 보도되었다. 부산 북구 화명동에 사는 50세의 여성이 실종되었다는 것이다. 교수 부인이고 실종된 지 오래도록 행방이 묘연해서 그 친정집 가족이 신고자에게 1억 원의 현상금을 준다는 신문 광고까지 있었다. 사건이 발생한 지 50여 일이 지나고, 미궁 속에 빠진 듯하던 시점에 을숙도 앞 강변에 버려진 여행용 가방 속에서 시신이 발견됨에 따라 수사가 진척되어 그동안 완강히 범행을 부인해 오던 실종자의 남편 되는 교수가 결국 사건의 전말을 자백하여 구속되었다는 언론 보도가 있었다. 죽은 부인과 교수는 재혼 관계였고, 죽은 부인은 보습학원 원장으로서 재산가였다고 한다. 이 사건은 당신에게 무슨 생각을 하게 만드는가? 교수 부인의 지위, 돈, 재혼, 탐욕……?

이 사건의 본질은 한 인간과 한 인간의 관계가 아닌가 싶다. 관계의 질, 관계의 능력, 관계의 과정과 결과, 관계의 건강성…… 이런 것으로 이 사건을 보고 싶은 것이 저자들의 관점이다. 사람은 관계 속에서 태어나 관계를 넓혀 가면서 성장하고, 관계가 위축되면서 쇠락하며, 최종적으로 관계가 단절되면 그것이 바로 죽음인 것이다. 인생은 관계의 과정이라고 해도 과언이 아니다. 그리고 이러한 관계는 개인과 사회의 자산이고 행복의 근원이 되기도 한다. 뉴스 매체에서 다루는 이야기의 대부분은 관계에 관한 것이다. 누가 누구를 만나서 사랑하느니, 누가 누구와 이별을 고했느니, 누가 누구와 합작해서 어느 정당을 세우느니, 누가 누구에게 폭력을 가했느니…… 하는 내용이다. 그것은 모두 일대일, 일대다, 다대일 혹은 다대다의 관계망 속에서 벌어지는 인간과 인간의 관계에 관한 이야기다.

직장인 12%, 신체적 폭력 당한 적 있어

최근 유명 대학 성악과 교수의 제자 폭행 논란으로 조직 사회 내 잠재되어 있는 폭력성에 대한 관심이 높아지고 있다. 직장도 예외는 아니었다. 실제로 직장인 10명 중 1명은 직장 내에서 신체적 폭력을 당한 경험이 있는 것으로 조사되었다.

온라인 취업 포털 사람인(www.saramin.co.kr)이 자사 회원인 직장인 1,951명을 대상으로 '사내 신체적 폭력 경험'에 대해 조사한 결과, 12.2%가 '폭력을 당한 경험이 있다'라고 답했다.

폭력은 '상사'(66%, 복수 응답)에게 가장 많이 당한 것으로 나타났다. 'CEO, 임원'이 20.2%로 뒤를 이었으며, '선배'(16.8%), '동기'(7.1%), '부하 직원'(5.5%) 등의 순이었다.

어떤 폭력을 당했는지 물어본 결과, '다리로 차였다'가 27.7%(복수 응답)로 1위를 차지했다. 다음으로 '서류 등으로 머리를 맞았다'(27.3%), '멱살을 잡혔다'(26.5%), '주먹으로 가격 당했다'(25.2%), '기타'(23.1%), '따귀 등 얼굴을 맞았다'(21.8%) 등이 이어졌다.

폭력을 당한 장소는 주로 '사무실 내'(58.4%, 복수 응답)였다. 이 밖에 '회식자리'(20.6%), '옥상 등 사무실 외부'(18.9%), '회의실'(9.2%), '화장실'(6.3%) 등의 응답이 있었다.

폭력을 당한 이유로는 '상대방이 화, 스트레스를 풀기 위해서'(31.9%, 복수 응답)라고 생각하는 응답자가 가장 많았으며, '이유 없다'(31.1%)가 바로 뒤를 이었다. 이 외에도 '개인적 감정 문제로'(29.8%), '상대방의 습관적 행동이라서'(28.6%), '장난, 친근함의 표현으로'(17.2%), '업무를 제대로 못 해서'(13.4%) 등이 있었다.

그렇다면 직장인은 어떤 방법으로 대처하고 있을까?

과반수가 넘는 56.3%(복수 응답)는 '그냥 참았다'라고 답했다. 계속해서 '그 자리에서 불쾌감을 표시했다'(25.6%), '퇴사 의사를 밝혔다'(14.3%), '인간관계를 끊었다'(12.2%), '더 높은 상사에게 보고했다'(10.5%), '경찰, 노동부 등 관련 기관에 신고했다'(7.1%) 등의 대응을 한 것으로 조사되었다.

사람인의 임민욱 팀장은 "회사 내 폭력은 주로 상사로 인해 발생하기 때문에 묵인하거나 방조하는 경우가 많아 개선이 쉽지 않다."라며 "개인의 적극적인 대응은 물론 기업 차원에서도 옴부즈맨 등 폭력을 줄이기 위한 제도 마련이 필요하다."라고 덧붙였다.

출처: 조선일보(2011. 2. 22.). 직장인 12%, 신체적 폭력 당한 적 있어.

[직장인] 2010년에 겪은 어려움은?

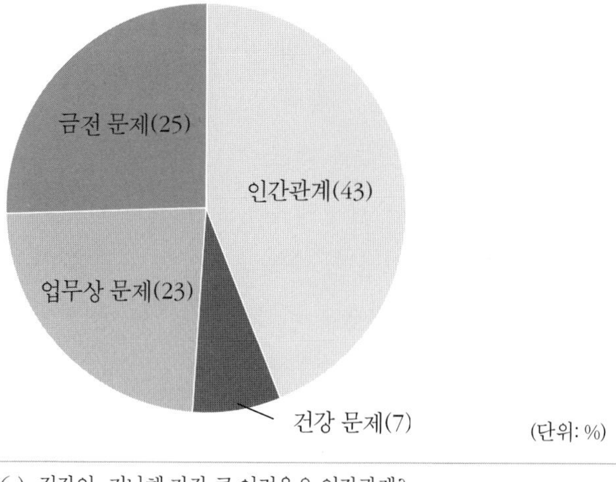

출처: 스마트빌(2011. 1. 6.). 직장인, 지난해 가장 큰 어려움은 인간관계?

이 책을 읽는 독자도 현재 자신의 고민과 걱정을 살펴보면 그 본질적인 요소는 관계의 문제라는 것을 시인할 것이다. 부모-자녀 간, 친구 간, 선후배 간, 동료 간, 상사-부하 간……. 또한 현재의 행복과 기쁨의 근원도 대부분은 인간관계에서 발생하고 인간관계를 통해 표현되며 체험된다. 사랑, 관심, 존중, 배려, 격려, 애착 등 수많은 정서와 심리적 특성이 관계 속에서 구현된다. 2010년 12월 직장인 3,640명을 대상으로 '2010년에 겪은 어려움'에 대해 한 조사 기관에서 설문을 진행한 결과, 응답자의 43%가 한 해 동안 겪은 어려움으로 '인간관계'를 꼽았다. 그리고 이어 금전 문제(25%), 업무상 문제(23%), 건강 문제(7%) 순이었다.

이렇듯 대부분의 사람은 자신의 삶에서 중요하고 핵심적인 문제가 바로 관계의 문제라고 인정하지만, 개인적으로 인간관계의 증진이나 건강성을 위해 그렇게 노력하지 않을 뿐 아니라 심도 있게 다루지도 않는 듯이 보인다. 학교에서는 인지적 교육이 우선시되고, 가정에서도 관계보다는 집·자동차·가구 장만, 식단 등 물질적인 것이 우선시된다. 앞의 설문 조사에서 직장인의 대부분은 이러한 어려움에 대처하는 자세로 '시간이 흘러 잊었다'가 45%로 가장 많았던 반면, 문제에 정면으로 맞섰다(24%)는 사람은 그 절반 정도에 그쳤다. 심지어 일, 취미, 술 등 다른 것에 빠져 잊었다(16%)는 사람도 있었다. 다른 사람의 조언이나 책 등에서 도움을 얻었다는 사람도 있었지만 전체적으로 볼 때 소수(13%)에 불과했다.

인간이 모여서 사는 과정에 갈등은 불가피하다. 이 같은 인간관계의 갈등이 반드시 나쁘다고만 할 수는 없다. 한 사회에서나 인간관계에서의 갈등은 관계의 구조에 새로운 변화와 개인적·관계적 성장의 동인이 된다. 누구나 갈등을 그저 참으면서 견디기보다 그것을 극복하고 새로운 돌파구와 해결책을 찾으려 노력할 것이기 때문이다. 개인 간의 갈등은 새로운 대화의 규칙을 탐색하게 하며 집단 간의 갈등은 새로운 규범을 만들어 낸다. 하지만 갈등을 겪고 있는 당사자, 갈등 관계 속에 있는 사람은 심리적으로 매우 많은 스트레스를 받을 수밖에 없다. 따라서 이러한 인간관계의 문제를 해결해야 한다.

인간관계는 삶의 중요한 영역이다. 요즘처럼 핵가족 생활을 하며 일찍 사회화 과정을 거치는 현대인에게는 실생활에서 부딪히는 문제에 대처하는 학습이 필요하다. 그러나 인간관계에 대해서는 아무도 가르쳐 주지 않는다. 각자 일상생활 속에서 체험을 통해 터득해야 하는 것이 우리의 현실이다. 또한 취업을 하거나 결혼을 하여 부모가 되기 전까지는 그것에 대해서 배우려고 각별한 노력을 하지도 않는다. 설사 적절한 기술을 배웠더라도 현실 생활에서의 인간관계는 너무나 복잡하고 미묘하여 체계적으로 이해하고 효율적으로 실행하기 어려운 것도 사실이다. 그렇다고 인간관계의 해법이 없는 것은 아니다(김혜숙 · 박선환 · 박숙희 · 신은영, 2003; 이영실 · 임정문 · 유영달, 2011).

우리가 수학 문제의 유형을 익히고 그 풀이법을 배우듯, 또 자전거나 자동차의 운전법을 배우듯 인간관계의 원리도 배우고 익히는 것이 중요하다. 인간관계에 대한 이해가 깊어지고 인간관계의 개선을 위한 실천적 노력이 이루어질 때 우리의 인간관계는 바람직한 방향으로 변화할 것이다. '나'와 '너' 그리고 '우리' 사이에서의 친밀하고 깊이 있는 인간관계는 저절로 이루어지는 것이 아니다. 긍정적인 인간관계는 인간관계에 대한 깊은 관심과 더불어 실제적인 노력과 훈련을 통해서 이루어지는 소중한 열매라고 볼 수 있다(송운석, 2003; 조성대, 2001).

II. 인간관계의 의의

1. 인간관계의 의미

아리스토텔레스가 "인간은 사회적인 동물이다."라고 한 것은, 인간은 홀로 살 수 없고 여럿이 어울려서 함께 살아갈 수밖에 없는 존재기 때문일 것이다. 인간은 어울리기를 좋아하고 모이기를 즐기는 본성이 있다. 원시시대부터 부족과 씨족을 이루고, 선사시대 이후로는 도시가 생겨나게 된 것도 인간의 본성적 특성과 관련이 있다. 물론 개인에 따라 모이기를 즐기지 않고 혼자서 독서를 하거나 컴퓨터 게임을 하는 것 등을 즐기는 사람도 많다. 시간이 있을 때마다 강이나 바다, 숲이나 들로 떠나는 사람도 있다. 그런데 좀 더 자세히 살펴보면 이런 부류의 비사회적인(asocial) 사람조차도 그들의 삶 속에서 사회적인 자극을 피할 수는 없고, 또 심지어 은밀하게 사회적인 상황을 즐긴다고 할 수 있다. 왜냐하면 외톨이 독서광도 경우에 따라 책 속에서 펼쳐지는 인간 사이의 사랑과 증오, 웃음과 울음, 죽음과 탄생 그리고 인간관계에서의 갈등과 조화 등 수많은 인간관계 속에서 산출되는 사회적 현상을 간접적으로 즐기기 때문이다. 컴퓨터 게임도 가만히 들여다보면 나쁜 놈, 착한 놈, 웃기는 놈이 등장하여 서로 죽이고 구해 주고 원수를 갚고 학대하며 사랑하는 이야기인데, 이것도 결국은 관계적 요소로 구성된 허구적 혹은 사실적 내용이다. 산과 들, 바다와 강, 숲 속으로 떠나는 사람도 그곳에서 잠시 머물렀다가 가족의 품으로, 일터로, 사회로 돌아온다.

인간관계란 다양한 인간 사이의 만남 속에서 연결되고, 이어지고, 섞이게 되는 과정과 연결망이라고 할 수 있다. 사람 인(人) 자의 구성 원리(人=丿+丶)에서 볼 수 있듯이 사람은 서로 기대어 살 수밖에 없으며, 이렇게 사람이 모인 곳에는 사람과 사람 사이(間)에 연결이 생긴다. 최초의 인간관계의 갈등이 초래된 과정을 상상해 보자. 아득한 역사의 초기에 남자와 여자가 서로 모여서 부부 관계를 형성하고 자녀를 낳음으로써 관계의 망이 커져서 가족 관계가 형성되었다. 그 자녀 간에, 또 그 자녀의 자녀 간에 결혼을 통하여 2세대, 3세대가 진행되면서 친족 관계가 형성된다. 친족 관계는 일종의 혈연관계다. 하지만 인간의 생존에서는 공동 생활을 통한 경제 생활이 필요하다. 함께 사냥하거나 열매를 따기 위해 힘 있고 건강한 사람들이 멀리 떠나고 여인들은 토굴이나 장막에서 음식을 보관하거나 장만한다. 사냥해 온 한정된 분량의 음식을 나누는 과정에서 여러 가지 주장이 제기된다. 사냥에 많이 공헌한 사람이 더 많이 가져가야 한다고 주장하는 사람이 있는 반면, 가족 구성원이 많은 사람이 많이 가져가야 한다고 하는 사람도 있다. 모두 공평하게 똑같이 나눠 갖자고 주장하는 사람도 있다. 그 사이에 어떤 교활한 사람은 사냥물을 훔쳐 달아나기도 한다. 이렇게 하여 갈등이 생기게 된 것이다. 친밀한 혈연관계로 이루어졌던 부족 공동체가 깨지고, 일부의 사람이 집단을 떠나 새로운 곳에 정착함으로써, 이 두 부족 간에는 그 후 계속적인 갈등과 투쟁 그리고 화해의 과정이 이어진다.

이렇듯 인간관계의 본질은 좁은 의미로 한정하자면 사람과 사람 간의 관계, 곧 인간관계고, 넓은 의미로 보자면 한 사람의 관심과 이해가 다른 사람과 겹치거나 대립되거나 공유되는 모든 인간의 삶과 관련된 제반 문제라 할 수 있다. 즉, 인간과 인간 사이의 원만한 조화나 화합을 통해 보다 나은 상태를 유지하기 위한 과정과 내용을 인간관계라고 정의할 수 있다(이영실 외, 2011).

2. 인간관계의 중요성

인간관계의 중요성은 직장 생활에서 혹은 부부 간, 자녀 간, 친한 친구 간에 갈등을 경험해 본 사람은 쉽게 이해할 수 있을 것이다. 일반적으로 다음과 같이 여러 가지 측면에서 인간관계의 중요성이 강조되고 있다(김진철 · 이수광, 2004; 설기문, 2002; 이영실 외, 2011).

- 인간은 관계를 통하여 인간다운 삶을 영위할 수 있다.
- 인간관계는 개인의 인격과 개성을 형성하는 중요한 환경을 제공한다.
- 인간관계는 개인의 삶의 질과 행복을 결정하는 중요한 요소다. 타인과의 바람직한 인간관계를 맺음으로써 삶의 보람 내지 의욕이 생기며, 그처럼 원만하고 건전한 가족 관계, 친구 관계, 직장 내 선후배 관계 등의 인간관계가 개인의 행복을 결정한다. 반대로 인간관계의 단절과 갈등은 개인의 삶의 의욕을 떨어뜨리거나 각종 정신장애를 초래할 수

있다.

- 긍정적인 인간관계는 개인의 자아실현에 필수 요소다. 즉, 개인은 사회 속에서 자신의 잠재력을 발휘하고 인정받으며, 사회에 참여함으로써 자유와 책임을 배우고 누릴 수 있다.
- 인간관계는 한 개인의 행복과 자아실현을 넘어서 사회의 건전한 문화 창달과 사회적 · 정치적 안정에 기여한다. 부부 관계, 자녀 관계가 깨어진 가정, 상사 및 동료와의 관계에 갈등이 많은 직장, 집단 간 갈등과 소통에 문제가 있는 사회는 건전하지 못하며, 국가와 사회는 개인의 표현의 자유와 언론을 통제하게 된다.

3. 인간관계의 이론

인간관계에 관한 연구는 심리학, 사회학, 인류학 등 다양한 학문으로 접근하고 있지만, 어느 특정 분야만의 전유물이라기보다는 다학문적인 (interdisciplinary) 성격이 강하여 여러 학문 분야가 서로 다른 관점에서 연구를 하고 있다. 정신의학이나 임상심리학은 인간의 정신적 문제가 어떻게 인간관계에 의해 영향을 받게 되는가에 관심을 두지만 인간관계 그 자체만을 순수하게 연구하는 분야는 아니다. 상담심리학의 경우도 비슷하여, 인간관계의 문제가 한 개인의 생활 문제와 어떻게 연관되고, 잠재력을 발휘하는 데 얼마나 중요성을 지니는지는 인식하지만 오로지 인간관계만을 연구 대상으로 하지는 않는다. 발달심리학은 인간의 전생애적 발달 과정에서 인간관계의 중요성을 강조하여, 특히 아동기 이전에서 주양육자의 영향 혹은 청소년기에서 또래 관계의 영향을 강조하기는 하지만, 관계 그 자체에 관심을 두기보다는 관계 속의 특정 개인의 발달 과정에 더 많은 강조점을 둔다. 성격심리학의 경우 개인 간의 차이에 관심을 두지만 개인이 형성하는 관계 간의 차이에는 관심을 두지 않으며, 그러한 관계가 성격 형성에 미치는 영향에도 그리 큰 초점을 두지 않는다. 다만 사회심리학의 경우는 좀 다르다. 사회심리학자들은 개인이 혼자 있을 때나 집단 속에 있을 때 그들의 사회적 행동에 일차적인 관심을 갖기 때문에 인간관계에 대해서 많은 연구를 수행해 왔다. 하지만 이 경우도 장기적 인간관계에 대해서는 거의 연구된 바가 없다. 기타 사회과학, 예컨대 사회학과 인류학은 인간관계에 어느 정도 관심을 갖지만 마찬가지로 인간관계 그 자체가 지배적인 관심사는 아니다.

따라서 여기서는 인간관계를 이해하기 위하여 특정 학문에 구애받지 않고 기본적인 인간관계에 대한 이론적 모형을 잠시 고찰하고자 한다.

1) 사회적 교환 이론(Social Exchange Theory)

이 이론에 따르면 인간관계의 목적은 서로의 욕구 충족에 있다. 이 견해를 지지하는 사람들은 이것을 교환 이론(Thibaut & Kelley, 1959), 상호 이론(Altman & Taylor, 1973), 또는 평형 이론(Walster, Berscheid, & Walster, 1973) 등으로 부르고 있다. 이 이론에서는 우리가 베푼 것과 얻는 것의 공평한 교환을 기대하면서 타인과 관계를 맺는 경향이 있다고 주장한다. 다시 말해, 개인은 인간관계에서 보상과 대가를 교환한다. 보상(rewards)이란 관계에서 얻는 모든 긍정적인 가치나 물질을 말한다. 음식, 상 또는 돈과 같은 구체적인 이익뿐만 아니라, 인정이나 동의와 같은 좀 더 복잡한 이익도 모두 보상에 포함된다. 보상이 될 수 있는 범위는 개인에 따라 큰 차이가 있다.

반면, 보상에 반대되는 개념이 대가다. 대가(costs)란 관계에서 초래된 가치나 물질의 손실을 말한다. 이것은 정서적 투자와 관계를 유지하는 데 필요한 시간 및 정력의 정도에 따라 차이가 있다. 또한 상대방의 반응에 대한 실망의 형태로 나타날 수도 있다. 보상과 마찬가지로 대가를 구성하고 있는 것은 개인, 시간, 전체적인 관계 내용과 같은 요소다. 때로는 너무 많은 대가를 치러야 하기 때문에 인간관계를 포기하기도 한다. 교환 이론에서 볼 때 보상이 대가를 능가하는 경우 유익하고 도움이 되는 인간관계라고 말할 수 있다. 한편, 대가가 보상을 능가하는 경우는 손실 또는 부담이 되는 인간관계라고 말할 수 있다. 이 견해에 따르면 우리는 항상 우리를 이용하는 친구나 너무 많은 것을 요구하는 고용주와의 인간관계처럼 불공평한 관계에서는 탈피하고 싶어 한다. 타인의 요구와도 잘 절충해야 공평한 교환 원리가 성립되는 것이지만 사람들은 항상 보상을 최대로 하고 손실을 극소화하려고 한다. 그 결과 우리는 서로가 만족할 수 있는 것을 찾으려고 한다. 그러므로 보상과 대가 그리고 공평한 교환은 객관적인 요소뿐만 아니라 여러 가지 주관적인 영향에도 의존하게 된다.

2) 교류분석 이론(Transactional Analysis Theory)

이 견해에 따르면 인간관계는 내부의 자아 상태와 외부의 의사 교류의 결합으로 가장 잘 이해될 수 있다. 이 이론의 주요 이론가인 Berne(1964)과 Harris(1967)는 대부분의 관계가 좀 더 바람직한 친근함의 경험을 방해하는 게임 형태의 의사 교류로 구성되어 있다고 생각한다. 간략하게 이 견해의 주요 개념인 자아 상태의 의사 교류와 게임 이론을 살펴보기로 하자.

(1) 자아 상태

자아 상태(ego state)는 행위의 유형과 관련된 내적 감성과 인식의 결합 체계를 설명하는 개념으로 단어, 억양, 표정, 몸짓 그리고 태도에서 감지할 수 있다. 이때 각 개인의 성격은 어린이, 부모, 성인의 세 가지 상태로 분류할 수 있다.

① 어린이 자아 상태

어린이 자아 상태(child ego state)는 자연적인 아동(natural child) 상태와

적응 또는 사회화된 아동(adaptive or socialized child) 상태로 구분되는데, 대부분 자연적으로 발생하는 모든 욕구와 감정으로 형성된다.

② 부모 자아 상태

부모 자아 상태(parent ego state)는 우리가 성장하면서 외부, 특히 부모로부터 받아들이는 모든 인지와 태도 그리고 행위의 유형으로 구성된다. 비판적인 부모는 자녀를 억압적인 행위로 통제하는 경향이 있는 반면, 교육적인 부모는 자녀를 고무적이고 지지적인 행위로 인도한다.

③ 성인 자아 상태

성인 자아 상태(adult ego state)는 대부분 행위를 조절할 수 있는 많은 정보를 사용함으로써 형성되는 이성적이고 현실 근원적인 과정을 포함한다. 비록 성인 자아 상태가 사회적으로 가장 바람직하게 나타나긴 하지만 세 가지 자아 상태는 모두 필수적이다.

특정한 자아 상태의 기능은 그것이 어떤 관계를 지배하고 제한할 때처럼 전체적인 성격의 건전한 균형을 깨뜨릴 때에만 바람직하지 못하다.

의사 교류(transaction)는 개인의 특정한 자아 상태 사이의 자극과 반응을 포함한 각 개인 간의 교환 작용을 말한다. 의사 교류는 보완적일 수도 있고, 교환적이거나 이면적일 수도 있다. 두 사람 사이의 인간관계에서 각각 하나의 자아 상태만 관련되었을 때 상호작용은 평행을 이루게 되고 의사소통은 자연스럽게 진행된다. 그러나 자아 상태 간의 의사 전달 선이 엇갈리거나 평행하지 않을 때 결과적으로 의사소통은 단절된다. 이면적인 의사 교류는 표면상 나타나는 교환 작용 이외에 숨겨진 성과와 둘 또는 그 이상의 자아 상호 간의 의사 전달을 포함한다.

의례적인 인사말에서부터 학교, 직장 또는 가족 내에서의 좀 더 복잡한 행동에 이르기까지 여러 가지 유형의 의사 교류가 있지만, 대부분의 관계는 게임형의 의사 교류다. 게임은 본질적으로 양쪽 모두에게 보이지 않는 성과를 가져오는 이면적인 의사 교류 관계다. 하지만 모든 게임은 양편 모두에게 가장 만족을 주는 의사 교류인 대인 친밀성을 방해한다.

(2) 게임 이론

게임 이론은 사람들이 인간관계를 맺으면서 가지는 상호작용이 게임처럼 일정한 형태로 나타난다고 본다. 가령 'Yes, But 게임'은 한 사람이 어떤 문제를 제시한 뒤 주위의 모든 제의를 거절해 버리는 평범한 게임이다. 의사 교류는 두 성인 자아 상태 간에 나타나는 것 같지만 발신자(sender)의 아동 자아와 수신자(responder)의 부모 자아 간의 이면적인 의사 교류도 있다. 'Yes, But' 역할을 하는 사람은 '권위는 소용없다' '부모는 현명하지 못하다'라는 마음 상태를 유지한다. 그와 같은 사람은 결코 아무런 해결책도 제시해 주지 못하거나 아니면 항상 모든 해결책을 제시해 주는 부모를 가졌을 것이며, 결과적으로 타인으로부터 해결책 얻기를 거부하게 된다.

이 경우에 발신자의 아동 자아는 모든 제의를 거절함으로써 수신자의 부모 자아 위에서 우세한 지위를 얻고자 한다. 만일 어떤 집안의 지도자가 가족 구성원에게 어떻게 진행할 것인지 물어본 뒤 모든 제안을 거절하는 경우 또는 어떤 문제 때문에 당신이 도움을 요청하는 친구가 당신의 모든 제의를 거절하는 경우는 'Yes, But 게임'이라 할 수 있다. 만일 당신이 'Yes, But 게임'에 부지중에 관여하게 된다면 당신은 아무런 제안도 하지 않음으로써 게임하기를 거절할 수도 있다. 그러한 경우 "내 제안은 하나도 채택되지 않는 것 같군. 나는 자네에게 도움이 될 수 없다고 생각하네."라고 말함으로써 성인 자아 상태에 머물러 있도록 한다. 결국 게임을 하려면 두 사람의 참여가 필요한 것이다.

앞서 언급한 각 모형은 일상적 인간관계의 다양한 면을 보여 준다. 교환 모형은 우리가 타인과의 관계에 투자한 것만큼의 동등하고 공평한 보답을 기대하고 있다는 것을 상기시켜 준다. 반면에, 의사 교류 모형은 인간관계와 연관되어 있는 의사소통의 복잡성, 특히 자신이 원하는 것을 얻기 위해 어떻게 예상 가능한 방식으로 상대방을 잘 다룰 것인가 하는 것에 역점을 둔다.

III. 다양한 인간관계

인간관계는 매우 다양한 상황 및 여러 대상과 이루어진다. 언론 등에서 흔히 말하는 부정적 측면에서 조명되는 혈연관계, 지연 관계, 학연 관계가 모두 인간관계 발생의 기원과 관계하여 분류한 것이라면, 친구 관계, 이성 관계, 부부 관계, 부모-자녀 관계, 직장에서의 동료 및 상하 관계 등은 인간관계의 대상과 관련된 것이다(권석만, 2004).

1. 인간관계의 분류

1) 일차 관계와 이차 관계

우리는 한평생 살아가면서 자신의 직접적인 선택에 의하지 않고 맺어지는 관계를 많이 경험한다. 생물학적 친인척 관계로 형성된 혈연관계, 태어나거나 살고 있는 지역을 통하여 형성된 지연 관계, 출신 학교가 같음으로 해서 형성된 학연 관계가 바로 그런 경우다. 이를 흔히 일차 관계라고 한다. 관계의 형성 요인이 일차적이고 근원적이기 때문이다. 일차 관계는 본인의 선택이나 의사와 관계 없이 운명적으로 형성되고, 평생 탈퇴가 불가하며, 공식적이고 집단적인 관계다. 반면 자신이 좋아하는 사람, 직업적 이해가 있는 사람, 가치관이나 취미, 신념 등이 같은 사람과 선택적 자유 의사로 형성하는 관계를 이차 관계라고 한다. 직장 동료, 애인, 친구, 친목 단체의 구성원이 이에 해당한다.

2) 수직적 인간관계와 수평적 인간관계

인간관계는 수직적인 관계와 수평적인 관계로 나눌 수 있다. 수직적 인간관계는 부모-자녀 관계, 스승-제자 관계, 선배-후배 관계, 상사-부하 관계와 같이 나이나 지위, 권한 등에서 상하 관계에 있는 인간관계를 말한다. 반면 수평적 인간관계는 구성원이 서로 동등하고 평등한 관계를 맺는 것으로, 교우 관계, 연인 관계, 부부 관계, 직장 동료 간의 관계 등이 해당된다. 유교의 영향을 받은 동양권에서는 수직적 인간관계가 잘 발달되어 있으며, 개인주의의 영향을 받은 서양의 문화에서는 수평적 인간관계가 잘 발달되어 있다. 하지만 어느 문화권이든 수직적 관계와 수평적 관계의 요소가 공존한다고 보아야 할 것이다.

3) 애정 중심적 인간관계와 업무 중심적 인간관계

인간관계에서 얻고자 하는 목적에 따라서 애정 중심적 인간관계와 업무 중심적 인간관계로 나눌 수 있다. 애정 중심적 인간관계는 관계를 시작하고 유지하는 목적이 사랑과 관련되어 있다. 기본적으로 연인 관계나 부부 관계는 애정 중심적 인간관계라 할 수 있다. 반면 어떤 과업의 수행을 위해 맺어진 인간관계, 예컨대 직장의 동료 관계, 상사-부하 관계는 기본적으로 업무 중심적 인간관계에 속한다. 스승-제자 관계, 친구 관계, 부모-자녀 관계 등은 상황에 따라 애정 중심적 인간관계일 수도 있고 업무 중심적 인간관계일 수도 있다. 어느 관계에서든 이 두 요소가 적절하게 균형을 이루어야 할 것이다.

4) 공유적 인간관계와 교환적 인간관계

이것은 애정 중심적 인간관계와 업무 중심적 인간관계의 구분과 비슷한 개념으로, Clark(1985)가 구분한 것이다. 공유적 인간관계는 상대와의 만족스러운 친교의 경험을 공유하기 위한 관계다. 따라서 여기서는 관계를 맺고 있는 구성원이 서로의 행복이나 불행과 같은 상대방의 내적인 주관적 경험에 주목한다. 그리고 구성원끼리 '우리는 하나'라는 일체감을 경험한다. 이들은 내면적으로 상호 의존적이며, 강한 친밀감을 느낀다. 이에 반해 교환적 인간관계는 서로 필요한 것을 주고받는 거래적이고 교환적인 관계를 말한다. 여기서는 거래와 교환의 공정성, 즉 이득과 손실의 균형이 무엇보다 중요하다. 따라서 주는 만큼 받고, 받는 만큼 주어야 한다는 호혜성의 원칙과 투자한 만큼 보답이 있어야 한다는 형평성의 원칙이 적용된다. 이러한 교환적 인간관계는 개인주의와 자본주의 체제가 팽배한 사회에서 흔히 찾아볼 수 있다.

5) 나-너의 관계와 나-그것의 관계

신학자이자 철학자인 Martin Buber(1954)는 인간관계를 '나-너(I-Thou)'의 관계와 '나-그것(I-It)'의 관계로 나누었다. 나-너의 관계란 한 인간 대 한 인간의 개방적이며 진실하고 수평적인 관계를 말한다. 이 관계에서는 관계 자체가 목적이기 때문에 관계를 통하여 어떤 이득이나 목적을 달성하고자 하지 않는다. 오히려 그것은 개인 대 개인의 실존적인 만남이며 이 관계를 통하여 사랑, 성장, 통합을 경험하게 된다. 반면 나-그것의 관계에서는 내가 주체가 되며 상대방은 나의 목적을 달성하기 위한 수단적 대상에 불과하다. 이 관계에서는 나는 상대방에게 가면을 쓰고 다가가서 교류하게 되며, 나는 단순히 나에게 주어진 역할을 수행할 뿐이다. 그래서 진실하지 않은 가면을 쓰고 특정한 역을 수행하는 일종의 게임과 같은 관계다.

2. 일상생활 속의 인간관계

1) 가족 관계

가족 관계는 부모-자녀 간의 혈연으로 형성된 관계로, 모든 인간관계의 시작점이 되는 중요한 관계다. 가정은 한 인간이 태어나서 최초로 인간관계를 맺는 공간이요, 형제와 관계를 맺고 나아가 친구와 다른 중요한 사람과의 관계를 맺도록 지원해 주는 안전 기지(security base)의 역할을 하는 곳이다. 또한 사회생활 속에서 지치고 피곤해진 몸과 마음을 편안하게 쉬고 재충전할 수 있는 곳이고, 인간관계를 처음으로 배우며 익히는 곳이기도 하다. 부모와의 관계를 통하여 수직적 인간관계를, 형제자매와의 관계를 통하여 수평적 인간관계를 훈련하고 배우게 되며 부모님의 일가친척을 통하여 또 다른 친인척 관계를 맺기도 한다.

2) 낭만적 관계

낭만적 관계는 사랑을 통하여 애인이나 연인 혹은 배우자를 만나서 형성하는 관계를 의미한다. 인간은 누구나 낭만적 사랑과 성적 욕구를 가지고 있다. 낭만적 관계는 이러한 욕구를 만족시킬 수 있는 애정 상대와의 관계를 말한다. 낭만적 관계는 청년기의 이성 관계가 깊어져서 형성되며, 더욱 발전하면 결혼을 통하여 부부 관계로 이어진다. 따라서 낭만적 관계는 생명의 영속성을 보장하게 되는 사회적으로 매우 중요한 기능을 갖는다. 낭만적 관계로 인간은 무조건적 사랑의 감정을 갖게 되며, 자기 충족감과 희열감, 도취감을 경험하게 된다. 또한 낭만적 관계는 바람직한 자아실현을 위한 동력을 제공하고, 생의 의미를 찾게 하며, 아름다운 사랑과 성의 황홀경을 노래토록 하는 관계이기도 하다. 하지만 낭만적 관계가 단절되거나 실패했을 때 실연의 좌절감과 절망감은 매우 고통스럽게 다가오기도 한다.

3) 친구 관계

친구 관계는 친구 사이의 우정을 기초로 형성된 인간관계다. 이 관계는 혈연이나 직업적 이해관계가 아니라 친근감과 신뢰에 바탕을 두고 있다. 낭만적 관계와 비슷하게 친밀감과 신뢰는 이 관계에서 매우 중요한 역할을 한다. 하지만 낭만적 관계와는 달리 친구 관계는 대체로 동성 관계에서 형성되며, 같은 또래의 친구와 성립되는 경우가 많다. 친구 관계가 형성되는 계기는 무척 다양하지만 대체로 공통의 관심사와 취미, 서로에 대한 호감, 신뢰가 바탕이 된다. 낭만적 관계는 대체로 관계가 깊어 갈수록 배타적이고 독점적인 관계로 발전하지만, 친구 관계는 관계가 계속되어도 개방적으로 열려 있다.

4) 작업적 관계

직장을 근거로 형성된 직장 동료 및 선후배, 상사, 부하 혹은 나아가 거래처의 담당자와 맺게 되는 사무적이고 업무적인 관계를 작업적 관계라고 한다. 작업적 관계는 특정한 목표나 과업을 달성하기 위해 형성되었기 때문에 관계 자체가 목적이 되기보다는 다른 목적을 달성하기 위한 수단적인 측면이 강하다. 따라서 다른 인간관계보다 긴장과 갈등이 개입하기 쉽고 스트레스를 많이 받는다. 특정한 목표나 과업이 달성되면 관계는 소멸되거나 다른 관계로 변질된다. 예컨대, 업무 관계로 만나던 사무원이 이제 다른 부서로 이동하여 더는 작업적 관계에 해당되지 않는다면, 그 자체의 친분으로 인해 친구 관계나 낭만적 관계로 변질될 수 있다. 작업적 관계는 개인의 잠재력 실현과 생계를 위한 수단으로서, 또 의사소통과 사회적 규범을 배우고 실천하는 매우 중요한 관계다. 또한 작업적 관계가 항상 차갑고 긴장된 분위기 속에서 전개되는 것은 아니다. 많은 경우 작업적 관계는 개인의 마음가짐에 따라 유머, 활기, 열정, 협동, 성취, 신뢰 등 매우 소중한 가치가 실현되는 장이 되기도 한다.

인간관계 척도

다음 항목을 잘 읽고 자신에게 해당하는 것 한 개를 골라 해당 숫자 위에 ○표 하십시오.

'대단히 그렇다'고 생각되면 4, '다소 그렇다'면 3, '그저 그렇다'면 2, '다소 그렇지 못하다'면 1, '전혀 그렇지 못하다'면 0에 ○표 하시면 됩니다.

인간관계 척도 항목	전혀 그렇지 못하다	다소 그렇지 못하다	그저 그렇다	다소 그렇다	대단히 그렇다
1. 나는 인간으로서 나 자신에 대하여 만족한다.	0	1	2	3	4
2. 나는 인간으로서 다른 사람에 대하여 만족한다.	0	1	2	3	4
3. 남들은 나를 만족하는 사람으로 볼 것 같다.	0	1	2	3	4
4. 남들은 자기 자신을 만족하는 사람으로 볼 것 같다.	0	1	2	3	4
5. 다른 사람들과 나의 관계는 원만하다.	0	1	2	3	4
6. 나는 나 자신의 욕구나 바라는 것을 잘 깨닫는다.	0	1	2	3	4
7. 나는 다른 사람의 욕구나 바라는 것을 잘 깨닫는다.	0	1	2	3	4
8. 나는 자신의 느낌을 잘 이해한다.	0	1	2	3	4
9. 나는 다른 사람의 느낌을 잘 이해한다.	0	1	2	3	4
10. 나는 다른 사람과 의사소통을 하는 데 어려움이 없다.	0	1	2	3	4
11. 인간으로서 다른 사람에 대한 나의 감수성은 빠른 편이다.	0	1	2	3	4
12. 다른 사람에 대한 나의 자만심이나 온정적 태도는 큰 편이다.	0	1	2	3	4
13. 다른 사람에 대한 나 자신의 표현이나 개방성은 많은 편이다.	0	1	2	3	4
14. 나는 다른 사람의 느낌을 이해하는 데 어려움이 없다.	0	1	2	3	4
15. 나는 다른 사람의 이야기를 듣는 편이다.	0	1	2	3	4
16. 나는 다른 사람을 신뢰한다.	0	1	2	3	4
17. 나는 다른 사람에 대하여 친근감을 느끼는 편이다.	0	1	2	3	4
18. 나는 인간관계에 있어서 자신감이 많다.	0	1	2	3	4
19. 나는 의견의 불일치를 건설적으로 잘 다룰 수 있다.	0	1	2	3	4
20. 나는 다른 사람들과 대화를 하는 데 어려움을 느끼지 않는다.	0	1	2	3	4
21. 나는 다른 사람들에 대하여 부정적인 느낌을 건설적으로 표현할 수 있다.	0	1	2	3	4
22. 나는 다른 사람과 나의 개인적인 관심사를 나누고 싶어 한다.	0	1	2	3	4

23. 나는 다른 사람이 나에 대해 표현하는 긍정적인 느낌을 믿고 받아들이는 편이다.	0	1	2	3	4
24. 나는 다른 사람이 나에 대해 표현하는 부정적인 느낌을 건설적으로 대할 수 있다.	0	1	2	3	4
25. 나는 앞으로 다른 사람과 맺고 싶은 인간관계에 대하여 잘 이해하고 있다.	0	1	2	3	4

** 결과 분석 **

☞100점 만점에 70점 이하면 인간관계에 노력을 기울여야 합니다.

출처: 문선모(1980). 인간관계 훈련 집단상담의 효과에 관한 일연구. 경상대학교 논문집, 19.

3. 인간관계의 발달 과정

건강한 인간관계는 인간관계에 관한 이론적 지식으로 가능하다기보다는 오히려 실천적인 노력과 의식적인 실험 정신을 필요로 한다. 따라서 이를 위해서는 서로 자기를 개방하고 상대방의 욕구에 귀 기울여야 한다. 일반적으로 두 사람이 만나면 어떤 수준에 이르기까지 일정한 과정이 수반되며, 그 수준에 이르면 친밀한 인간관계는 잘 유지된다. 그러면 긍정적 인간관계를 발전시키는 데 수반되는 인간관계의 발달 과정을 살펴보자.

1) 인간 대 인간으로서의 만남

자아실현을 위해 개인은 다른 사람을 만나야 하며, 이때 어떠한 조건도 내걸지 않은 무조건적이며 진실한 인간 대 인간으로서의 만남이 되어야 한다. 인간은 감정을 가진 존재로서 사람을 만날 때는 순수한 감정을 가지고 진실하게 만나야 한다. 그러나 대부분의 사람은 이러한 만남보다는 저마다 달성하려는 목적의 수단으로 다른 사람을 만나려고 하기 때문에 좋은 인간관계를 맺을 수 없다(김종재, 2003; 윤대혁, 2004; 이영실 외, 2011).

2) 정보 교환

일단 인간 대 인간의 진실한 만남이 이루어지면, 서로 간에 자기소개를 포함한 다양한 정보 교환이 일어난다. 이때 정확하고 바람직한 정보 교환이 이루어져야 한다. 여기서는 객관적인 정보가 주류를 이루고 있으며 그 과정에서 서로 공통점이 있는지 모색해야 한다. 공통점을 발견하지 못하면 이 단계에서 인간관계가 끝나게 될 것이다(김혜숙, 2000; 박연호, 2000; 이영실 외, 2011).

3) 개성의 표출 및 갈등 처리

일단 좋은 정보 교환이 이루어지면 관계가 유지되는데, 이때는 각 개인의 주관적인 정보가 교환되면서 개성이 표출되고 갈등이 생긴다(김혜숙 · 박선환 · 박숙희 · 신은영, 2003; 윤대혁, 2004; 이영실 외, 2011). 각 개인의 상호 관계로 인하여 갈등이 일어나면 이 갈등을 처리하는 단계로 들어간다. 갈등 처리에는 여덟 가지 방법이 있으며, 그 내용을 간략하게 언급하면 다음과 같다(김종재, 2006; 김혜숙, 2000; 이영실 외, 2011; 조남두, 2007).

(1) 회피

어떤 사람은 갈등이 생기면 이를 회피하는 것이 상책이라고 생각한다. 하지만 문제를 무시하고 회피하더라도 갈등의 원인은 여전히 그대로이며 문제는 해결되지 않은 채 남아 있다. 따라서 종국적으로 관계가 단절되거나 갈등이 더욱 커질 수 있다.

(2) 제압

제압은 상대방의 의견을 듣지 않고 어느 한쪽이 다른 쪽에게 강압적으로 자신의 의견을 따르게 하는 것을 의미한다. 제압을 실시한 이후에는 갈등이 없어지는 것 같으나 상대방이 강자가 될 때 반전이 발생할 수 있다. 제압이 독재적 양상으로 심화될수록 갈등은 더욱 커진다.

(3) 타협

타협은 서로 상대방에게 자신의 의견과 욕구를 양보함으로써 갈등이 외관상 어느 정도 해결되도록 하는 것이다. 하지만 자신이 양보를 너무 많이 했다고 생각할 때, 불평이 생기고 새로운 갈등의 소지가 남을 수 있다.

(4) 다수의 원칙

두 사람 간에 갈등이 생기는 경우 보편적이고 일반적인 규칙, 곧 다수의 원칙을 따라 처리하는 방법이 있다. 이것은 비교적 진리에 가깝지만 원칙 그 자체가 시대적으로 병리적이거나 문제가 있을 수도 있고, 이 원칙이 반드시 갈등 당사자에게 가장 적합하지는 않을 수도 있다. 따라서 다수의 원칙은 항상 옳은 것이 아니고 갈등의 문제가 여전히 남아 있을 수 있다.

(5) 통합

타협이 서로 반반씩 양보하는 것이라면 통합은 두 사람이 모두 최대한으로 만족할 수 있는 해결책을 진지하게 찾아내는 것이다. 통합은 각 개인이 마음을 열고 서로의 주장에 대하여 타당성을 토의하며, 상대방의 의견을 존중하면서 시간을 가지고 갈등 과정을 극복하는 단계로서, 갈등 처리에서 가장 바람직한 방법에 해당한다.

(6) 신뢰감 형성

인간관계의 갈등 처리에서는 통합의 방법으로 상대방과의 갈등을 처리함으로써 그다음 단계인 신뢰감 형성으로 들어가는데, 여기서는 "I'm OK, You're OK."라는 결론에 이르게 된다. 내가 나의 의견을 무조건 인정하듯이 상대방의 의견도 일단 받아들이는 자세가 필요하다.

(7) 자유로운 표현

서로 신뢰감이 형성되면 상대방에게 '자유로운 표현'을 하게 된다. 행동의 자유, 표현의 자유가 생기고 슬픔과 기쁨의 공유가 자유로워지는 것이다. 이때 진정한 비판이 나온다. 진정한 비판은 양측 모두 마음이 편안할 때 상대방의 장점에 대한 칭찬과 함께 균형 있게 나타난다.

(8) 일치감 형성

상호 자유로운 표현을 하게 되면 궁극적으로 인간관계의 최고 목표인 '일치감 형성'이 나타난다. 일치감 형성은 상대방과 내가 인간으로서 서로 하나라는 '우리 의식'을 갖는 것이다. 이 단계에 이르러야 비로소 각 개인에게 자아실현이 가능해진다. 그리고 한 단계 높은 수준에서 인간관계가 형성되며 바람직한 인간관계를 맺게 되는 것이다.

협상을 할 때와 하지 말아야 할 때

더 큰 차원에서의 '윈윈(win-win)'이 무엇일지 먼저 결정하라

세 치 혀로 돈을 벌고 인간관계를 부드럽게 만드는 협상에 푹 빠진 나협상 부장. 그러나 백화점에서 생일 선물 가격 협상을 하는 모습에 아내는 '구차하다'며 돌아서고 말았다. 협상을 배웠다고 의욕에 찬 것까지는 좋지만, 협상을 할 때와 하지 말아야 할 때를 먼저 아는 것도 꼭 필요한 협상 능력이다. 나 부장이 놓치고 있던 것은 무엇이었을까?

백화점에서 생일 선물을 사면서까지 가격 협상을 하는 남편에게 짜증이 난 부인. '나한테 돈 쓰는 게 아깝냐'며 불만을 터트리는 부인에게 나협상 부장은 할 말이 없었다. 나협상 부장도 협상을 배우기 전까지 부인과 같은 생각이었기 때문이다. 하지만 협상을 배운 후 그의 행동이 달라졌다.

"여러분, 협상은 몇억 원 짜리 계약을 할 때나 FTA처럼 국가 간에 큰 일이 있을 때만 필요한 거창한 게 아닙니다. 일상의 커뮤니케이션에 협상의 기본 개념을 활용하면 훨씬 더 부드러운 관계를 맺을 수 있습니다. 이를 통해 여러분의 비즈니스에서도 큰 변화가 일어날 것입니다."

협상 교육 중에 강사가 들려준 이 말은 나협상 부장의 생각을 바꾸어 놓았다. 그 이후 그는 항상 위치(position)와 흥미(interest)를 생각하게 되었고, 어떤 기준과 근거를 제시해 상대와 이야기를 풀어나갈까 고민했다. 그 덕분에 무턱대고 '통 크게' 돈을 쓰던 습관도 사라졌다.

더 좋은 점은 협상 교육 후에 회사 생활에서도 큰 변화가 생겼다는 것이다. 부하 직원을 비롯한 직장 동료들과의 커뮤니케이션도 훨씬 부드러워졌고, 거래처와의 협상에서도 서로 만족할 만한 결과를 만들어 낼 수 있었다. '정말 세 치 혀로 돈을 버는 것이 이런 것이구나'라는 생각도 할 만큼.

그런데 이러한 자신의 협상 태도가 부인에게는 '구차한 행동'이었다니……. 부인을 어떻게 설득해야 할지 몰라 답답해하던 나협상 부장은 평소 친하게 지내던 협상스쿨 강사에게 물어보기로 하고 메일을 보냈다.

'협상을 구차한 것으로 생각하는 부인을 어떻게 설득해야 할까요?'

다음 날, 강사의 회신이 도착했다.

작은 일부터 협상을 하려는 자세는 아주 좋습니다. 하지만 협상이 모든 일을 해결해 주는 만병통치약은 아닙니다. 지금처럼 아내분께서 감정적으로 불만을 나타내는 경우, 이를 설득하기 위해 '협상을 하는 것이 좋은 이유'를 아무리 많이 이야기해도 상대는 이해하지 못합니다. 상대는 단지 자신을 이해하고 그 감정에 진심으로 공감하고 있음을 인정받고 싶어 하는 것이기 때문이죠. 협상은 이기고 지는 것이 아니라 함께 만족도를 높여 가는 것이라는 점 기억하시죠? 어떤 경우에는 양보를 통해 더 많은 것을 얻어낼 수도 있답니다.

이런 상황은 많은 분이 겪는 어려움이라고 생각합니다. 이러한 갈등 상황에서는 좀 더 큰 차원의 원인이 무엇인지를 결정해야 합니다. 가격을 깎는 것이 중요한지, 가격은 좀 덜 깎더라도 아내분의 만족도를 높이는 것이 중요한지에 대한 선택이 필요한 것이지요. 만약 전자라면, 아내분의 기분이 풀렸을 때 '협상의 필요성'을 이야기하면서 공감을 만들어 내는 것이 먼저 이뤄져야 합니다. 그래야 지금과 같은 갈등이 또 생기지 않을 테니까요. 후자라면 굳이 아내분이 싫어하시는 협상을 꼭 하실 필요는 없겠죠? 협상을 할 때와 하지 말아야 할 때를 선택하는 것도 협상에서 꼭 필요한 능력입니다.

메일을 읽은 나협상 부장은 '협상'이라는 것만 생각하다가 더 중요한 것은 놓치고 있지 않았나 자신을 되돌아보게 되었다. 그리고 오늘 저녁 부인의 이야기를 많이 들어봐야겠다는 생각을 하며 퇴근을 서둘렀다.

출처: 조선일보(2010. 11. 19.). 협상을 할 때와 하지 말아야 할 때.

노자의 인간관계 5계명

아무리 머리가 좋고 재능이 있어도 인간관계가 좋지 않아서 실패한 사람도 많다. 좋은 인간관계는 인생의 윤활유이자 처세의 기본이기도 하다. 동양의 현철 중의 한 사람인 노자는 인간관계를 어떻게 언급하는가?

첫째, 진실함이 없는 아름다운 말을 늘어놓지 말라. 남의 비위를 맞추거나 추어올리거나 머지않아 밝혀질 사실을 감언이설로 회유하면서 재주로 인생을 살아가려 하지 마라. 그러면 사람들에게 신뢰받지 못하게 된다.

둘째, 말 많음을 삼가라. 말이 많은 것보다 말없이 성의를 보이는 것이 오히려 신뢰를 갖게 한다. 말보다 태도로써 나타내 보여야 한다.

셋째, 아는 체하지 말라. 아무리 많이 알고 있더라도 주위에서 알아챌 때까지 잠자코 있는 편이 낫다. 지혜 있는 자는 나타내려 하지 않아도 남이 알아채게 되어 있는 법이다.

넷째, 돈에 너무 집착하지 말라. 돈은 인생의 윤활유로서는 필요한 것임에 틀림이 없다. 그러나 돈의 노예가 되는 것은 안타까운 노릇이다.

다섯째, 다투지 말라. 남과 다툰다는 것은 손해다. 어떠한 일에나 유연하게 대처해야 한다. 자기의 주장을 밀고 나가려는 사람은 이익보다 손해를 많이 본다. 다투어서 적을 만들기 때문이다.

출처: 한국인재경영연구회(2007). 인간관계 107의 법칙. 서울: 경영자료사.

Ⅳ. 건전한 인간관계

1. 건전한 인간관계의 필요성

현대인이 공통적으로 겪는 마음의 병은 '고독'이다. 각자의 마음속에 가지고 있는 '외롭다' '혼자다' '의지할 곳이 없다' '믿을 사람이 없다' '나를 알아주는 사람이 없다' '쓸쓸하다' 등의 감정은 고독을 불러일으키고 일부에서는 우울증과 자살로까지 이어지는 병리적인 현상을 보이고 있다.

다른 사람과 협동적이고 상호 의존적인 관계, 생산적이고 조력적인 인간관계를 수립할 수 있는 능력은 정신 건강의 한 특징이 되기 때문에 사람의 정신 건강은 인간관계와 밀접한 연관성이 있다고 볼 수 있다. 원만한 인간관계를 맺지 못하는 사람은 정신 건강의 문제, 즉 불안, 우울, 좌절, 소외, 갈등, 긴장 등을 경험하게 될 뿐만 아니라 다른 사람을 두려워하고 자기비하, 열등감, 무력감, 고독감 등을 느끼게 된다. 나아가 인간관계를 전혀 맺지 못하게 되면 생산적인 인간관계를 할 수 있는 능력을 갖지 못함으로써 신체적 · 정신병적 증상 등을 보일 수도 있다(이영실 외, 2011).

특히 인간관계에서의 실패는 고독과 사회적 격리를 가져오는데, 이것은 정신적 · 신체적인 질병을 초래하여 정신 건강에 나쁜 영향을 준다. 따라서 가족이나 친구 등 주변의 의미있는 사람과 친밀하고 생산적인 인간관계를 맺도록 인간관계 훈련을 지속적으로 받는 것이 무엇보다도 중요하다.

진정한 인간관계는 타인과의 'I-Thou', 즉 진실하고, 공감적이며, 평등하고, 개방적인 관계를 통해서 서로의 강점을 공유함으로써 서로가 성숙해지고 행복해지는 관계일 것이다. 건강하다는 것은 결국 인간관계를 효과적으로 할 수 있는 능력을 갖춘 것으로서, 이를 위해서는 정체성(identity)을 확립하고 타인과 진정으로 열린 상호작용을 함으로써 성숙한 성격 발달을 이루어 가도록 교육 및 훈련을 할 것이 요구된다(이영실 외, 2011).

2. 건전한 인간관계의 형성

건전한 인간관계의 형성을 위해서는 관계를 저해하는 요소와 건전한 관계의 특성 및 자세 그리고 이에 따른 기술을 터득해야 한다.

1) 인간관계 저해 요소

Jourard(1971)에 의하면 모든 인간은 두 가지 측면의 '나'를 가지고 살아가고 있다고 한다. 이른바 '있는 그대로의 나'와 남에게 보이기 위하여 꾸며진 '가식적인 나'다. 그러므로 대부분의 사람은 있는 그대로의 자신을 부적절하다고 생각하거나 부끄러워함으로써 숨기거나 방어하려고 한다. 즉, 있는 그대로의 자신을 용납하고 받아들이거나 남에게 개방하기보다는 거부하거나 은폐하려는 수단으로 남을 대할 때 가면을 쓰고 그럴 듯하게 꾸미는 태도를 보인다(이영실 외, 2011).

그렇다면 왜 사람은 '있는 그대로의 나 자신'을 숨기려고 하는가? 사람들이 남에게 '있는 그대로의 나 자신'을 은폐하고 '가식적인 나 자신'을 나타내려고 하는 유일한 이유는, 만약 '있는 그대로의 나 자신'을 상대방에게 드러낸다면 상대방은 나 자신을 좋아하지 않을 것이며 배척할지도 모른다는 두려움을 지니기 때문이다(김종재, 2003; 이영실 외, 2011).

이것은 대부분의 사람이 다른 사람을 신뢰하지 못하고 있다는 것을 의미하는데, 따라서 사람은 있는 그대로의 나 자신을 숨기고 위장하기를 배운다. 이와 같은 배움 속에서 사람은 진정한 의미에서 남과 서로 주고받음이 없는 외로움을 경험할 뿐만 아니라 자기 성장에도 방해를 받는 것이다. 이와 같이 인간 상호 간의 불신은 자기 노출의 기피현상을 가져오고 자기 통찰력을 약화시켜 결국 긍정적인 인간관계의 발달이 제대로 이루어지지 않게 된다(이수도, 1999; 이영실 외, 2011).

사람은 인간 상호 간의 불신 때문에 자기 스스로 더는 상처받지 않도록 보호하려고 여러 가지 방어기제를 사용한다. 한 예로 우리가 판에 박힌 말을 주고받거나 제3자에 관한 험담으로 시간을 보내고 있는 한, '있는 그대로의 자신'은 노출되지 않기 때문에 우리는 상처받을 위험 없이 안전한 것이다. 그러나 대부분의 사람이 진정으로 바라는 것은 이와 같은 가면 관계나 역할 관계에서 벗어나 좀 더 깊고 진실된 만남의 관계를 맺는 것이다. 그러나 그렇게 하지 못하는 이유는 첫째, 정직한 자기 노출로 당하게 될 위험부담이 너무나 강하다는 염려 때문에 인간관계를 'I－Thou'의 순수한 관계가 아닌 'I－It'의 조작적 관계로 지속하는 것이며 둘째, 대부분의 사람이 자기 자신을 잘 알지 못하여 진정한 나 자신을 정확하게 평가하지 못하거나 상대방이 나 자신에 대하여 어떻게 느끼고 있는지를 깨닫지 못한 채 그 상대방과의 관계를 지속하려고 하기 때문이다(박연호 · 이종호 · 임영제, 2007; 원호택, 1999; 이영실 외, 2011).

2) 건전한 인간관계의 특징

인간의 삶은 항상 타인과의 관계 안에서 이루어지기 때문에 그 타인을 어떻게 보느냐 하는 인간관의 문제는 인간관계 형성과 발달에 직접적으로 영향을 미치는 기본 요소 중 하나다. 인본주의적이며 실존주의적인 원리에 입각한 바람직한 인간관의 특징을 열거하면 다음과 같다(윤대혁, 2004; 이영실, 2000).

- 인간은 존엄성과 가치를 가지고 있다.
- 인간은 도덕성을 가지고 있다.
- 인간은 성숙과 발전의 가능성을 가지고 있다.
- 인간은 자유와 책임의 의식이 있다.

- 인간은 사회적 상호작용의 능력을 가지고 있다.
- 인간은 고유한 개성을 가지고 있다.
- 인간은 전인적 존재다.

3) 건전한 인간관계의 특성

건전한 인간관계는 다음과 같은 특성을 가지고 있다(김혜숙, 2000; 김혜숙 외, 2003; 원호택, 1999; 이영실 외, 2011).

- 확실하게 서로에 대해 잘 알고 있다.
- 서로가 가지고 있는 특성을 싫어하기보다는 더 좋아한다.
- 서로가 상대방의 행복과 성장에 관심을 가진다.
- 서로는 상대방의 행복이나 성장을 증진시키려는 방향으로 행동하고 노력하려고 애쓴다.
- 서로는 효과적으로 의사를 전달할 수 있으며 상대방에게 자기 자신을 알게 하고 이해시킨다.
- 상대방에게 분수에 맞는 요구를 한다.
- 서로의 자주성과 개성을 인정하며 존중한다.

이상과 같이 건전한 인간관계를 지속하기 위해서는 상대방에 대한 요구가 현실적이어야 하며, 그것이 상대방의 행복에 부합해야 한다.

학습 과제

1. 일상생활 속의 인간관계에는 어떤 것이 있는지 진술하시오.
2. 인간관계의 발달 과정에 대해 진술하시오.
3. 건전한 인간관계에 대해 서술하시오.
4. 인간관계 이론을 설명하시오.

참고문헌

권석만(2004). 젊은이를 위한 인간관계의 심리학(개정판). 서울: 학지사.

김종재(2003). 인간관계론. 서울: 박영사.

김종재(2006). 인간관계론(제2판). 서울: 박영사.

김진철, 이수광(2004). 인간관계관리 -성공과 행복을 위한-. 서울: 형설출판사.

김혜숙(2000). 인간관계론. 파주: 양서원.

김혜숙, 박선환, 박숙희, 신은영(2003). 인간관계론. 파주: 양서원.

문선모(1980). 인간관계 훈련 집단상담의 효과에 관한 일연구. 경상대학교 논문집, 19.

박연호(2000). 현대인간관계론-새시대의 인간관계-. 서울: 박영사.

박연호, 이종호, 임영제(2007). 현대인간관계론. 서울: 박영사.

설기문(2002). 인간관계와 정신건강(개정판). 서울: 학지사.

송운석(2003). 인간관계의 이해. 파주: 학현사.

원호택(1999). 인간관계와 적응. 서울: 서울대학교 출판부.

윤대혁(2004). 인간관계론. 서울: 삼영사.

이수도(1999). 인간관계론. 서울: 형설출판사.

이영실(2000). 인간관계론. 안양: 성결대학교 정신건강연구소.

이영실, 임정문, 유영달(2011). 정신건강론. 서울: 창지사.

조남두(2007). 인간관계론. 서울: 동문사.

조성대(2001). 인간관계의 이해. 서울: 동림사.

한국인재경영연구회(2007). 인간관계 107의 법칙. 서울: 경영자료사.

Altman, I., & Taylor, D. A. (1973). *Social penetration: The development of interpersonal relationships*. NY: Holt, Rinehart & Winston.

Berne, E. (1964). *Games people play: The psychology of human relationships*. NY: Grove Press.

Buber, M. (1977). 나와 너 [*Ich und Du*]. (표재명 역). 서울: 문예출판사. (원저는 1954에 출판).

Clark, M. S. (1985). Implications of relationship type for understanding comparability. In W. Ickes (Eds.), *Compatible and incompatible relationships*. NY: Basic Books.

Harris, T. A. (1967). *I'm OK—You're OK*. NY: Avon Books.

Jourard, S. M. (1971). *Self disclosure: An experimental analysis of the transparent self*. NY: Wiley-Interscience.

Thibaut, J. W., & Kelley, H. H. (1959). *The social psychology of groups*. NY: Wiley.

Walster, E., Berscheid, E., & Walster, G. W. (1973). New directions in equity research. *Journal of Personality and Social Psychology, 25*, 151-176.

스마트빌(2011. 1. 6.). 직장인, 지난해 가장 큰 어려움은 인간관계?

조선일보(2010. 11. 19.). 협상을 할 때와 하지 말아야 할 때.

조선일보(2011. 2. 22.). 직장인 12%, 신체적 폭력 당한 적 있어.

제2장

인상 형성과 대인 매력

이희영

학습 목표

1. 인상 형성의 중요성에 대해 알아본다.
2. 인상 형성에 사용되는 정보에 대해 알아본다.
3. 인상 정보의 통합 원리와 특징에 대해 알아본다.
4. 인상 형성 시의 왜곡 및 편향에 대해 알아본다.
5. 대인 매력에 영향을 주는 요인에 대해 알아본다.

I. 인상 형성의 중요성

우리는 일상생활을 하는 가운데 수많은 타인과 마주치게 된다. 이러한 만남 속에서 사람들은 상대방이 어떤 성격의 사람인가 또는 어떤 부류의 사람인가를 나름대로 판단한다. 그리고 이러한 판단에 근거하여 그 사람의 행동을 예측하고 자신의 행동을 결정한다. 가령, 내 앞에 서 있는 사람이 나에게 사기꾼으로 보이느냐 그렇지 않느냐에 따라 그를 대하는 나의 행동이 달라진다. 실제로 그가 사기꾼인지 아닌지는 크게 중요하지 않다. 그가 어떻게 보이는지가 더 직접적으로 우리의 행동을 결정한다(박지영, 2006). 이와 같이 다른 사람의 속성에 대한 지각은 대인 행동을 결정하는 매우 중요한 심리적 요인으로서 사회심리학에서는 이를 대인 지각(personal perception)이라고 지칭한다.

대인 지각은 물체에 대한 인식 활동인 대물 지각(object perception)과 대별되는 용어로서 사람에 대한 인식 활동을 뜻한다. 대인 지각과 대물 지각은 여러 가지 면에서 커다란 차이점이 있다. 가장 중요한 차이는, 대물 지각에서는 물체의 크기나 무게를 측정하는 객관적 기준이 있어서 판단의 정확성 여부를 확인할 수 있으나, 대인 지각에서는 그 지각 내용이 정확한 것인지 판단할 분명한 기준이 없거나 애매모호한 경우가 대부분이라는 것이다. 이것은 인간의 성격, 능력, 의도, 감정과 같은 심리적 속성을 다른 사람이 객관적으로 평가하기 어렵기 때문이다. 또 다른 차이점은 대인 지각의 대상인 사람은 능동적으로 반응하는 존재라는 점이다. 사람은 자신을 잘 보이게 하기 위해 지각이나 판단의 근거가 되는 단서를 조작해서 지각자의 판단을 오도할 수 있다. 이런 이유로 대인 지각은 대물 지각에 비해 훨씬 더 복잡한 과정을 거친다. 따라서 사람을 정확하게 지각하고 판단하는 일은 매우 어렵다. 인간관계가 복잡하고 오묘한 이유도 여기에 있다(권석만, 2004).

대인 지각은 타인의 특성, 본질, 내적 상태 등에 대해 생각하고 알게 되는 과정을 의미하는데, 이렇게 타인에게서 얻은 모든 지각적 사실을 기초로 하여 인지된 것이 인상이다. 그리고 인상 형성은 한 사람의 타인에 대한 인상이 어떤 모양으로 만들어지고 구성되는가를 의미한다. 즉, 처음 만난 사람에 대해서 이용 가능한 정보를 통하여 여러 가지 특징을 판단한 후 그 사람에 대한 인상을 형성한다(한만기, 2007).

인간관계에서 가장 먼저 일어나는 일은 상대방에 대한 인상을 형성하는 일이다. 우리는 어떤 사람을 처음 만나면 그 즉시 또는 몇 마디의 말을 나누고는 곧 그에 대한 인상을 갖는다. 이러한 인상 형성은 자기도 모르는 사이에 그리고 순식간에 일어난다. 상대방을 파악하여 정확한 인상을 형성하는 것은 쉬운 일이 아니다. 더욱이 일단 형성된 인상은 상대방과의 교류 시 다각적인 영향을 주며, 상대방의 추후 행위를 해석하는 데도 영향을 주므로 상대방에 대해 어떠한 인상을 지니는가 하는 것은 상당히 중요한 의미가 있다(한규석, 2009).

우리는 다른 사람을 처음 만날 때 자기도 모르는 사이에 그에 대한 판단을 해 보는 일이 많다. 우리 앞에 나타난 사람의 겉모습을 보고 우리는 일단 그 사람의 신분, 직업 등을 대충 알 수 있고, 더 나아가 성격, 취미, 능력, 감정 등을 짐작한다. 물론 아주 제한되고 단편적인 정보에 근거하여 인상을 형성함에도 우리는 그가 갖고 있는 특성을 모두 알아차렸다는 식의 결론을 내린다. 그것이 맞고 맞지 않고는 나중 문제다.

이렇게 한번 형성된 인상은 일관성이 유지되는 경향이 강하다. 즉, 웬만해서는 바뀌지 않는다. 당신이 대학에 입학해서 처음 만난 친구가 당신에게 매우 불쾌하게 대해 좋지 않은 인상을 갖고 있다면 몇 달이 지난 다음에 그 친구가 누군가에게 친절한 행동을 보이더라도 당신이 갖고 있는 그 친구의 인상은 쉽게 바뀌지 않을 것이다. 이처럼 일단 인상이 형성되고 나면 원래의 인상과 맞지 않는 진짜 정보가 들어오더라도 무시되거나 원래 인상에 맞게 왜곡된다. 그래서 첫인상이 중요하다(박지영, 2006).

당신이 소개팅에서 어느 여학생(또는 남학생)을 만났다고 치자. 첫인상이 좋아 이후에도 다시 만났는데 상대가 처음과는 달리 말을 많이 한다면 당신은 어떻게 생각하겠는가? 아마도 '발랄해서 좋다'고 생각할 것이다. 그런데 첫인상이 좋지 않았던 상대가 말을 많이 한다면? 전자의 경우와는 달리 '얘는 왜 이렇게 말이 많지?' 하고 생각할 것이다.

첫인상이 이렇게 강력한 효과를 발휘하는 이유는 무엇인가? 그 첫 번째 이유는, 처음에 들어온 정보가 나중에 들어오는 정보를 해석하는 지침을 만들어 주기 때문이다. 어떤 사람이 '머리가 좋다'는 것을 알기 이전에 '성실한 사람'이라는 첫인상을 가지고 있을 때와 '이기적인 사람'이라는 인상을 가지고 있을 때, 그 사람이 머리가 좋다는 것을 전혀 다른 방식으로 해석한다. 성실한 사람이 머리가 좋으면 머리 좋은 것을 '현명하고 지혜로운 것'으로 해석한다. 하지만 이기적인 사람이 머리 좋은 것은 '교활한 것'으로 해석한다. 이처럼 처음에 제시되었던 정보가 나중에 들어오는 정보들의 처리 지침을 만들고 전반적인 맥락을 제공하는 것을 첫인상의 맥락 효과(context effect)라고 한다.

첫인상의 효과에 대한 또 한 가지 이유는, 그 사람이 어떤 사람인지 제대로 평가하기 위해서는 수없이 많은 정보를 처리해야 한다는 것과 관련된다. 사람에 대한 정보는 말이나 행동 등 겉으로 드러나는 것 이외에도 상호모순적인 내용들이 수없이 많기 때문에 모든 정보에 주의를 기울일 수는 없다. 그러므로 인상을 형성해 놓지 않으면 상대방을 판단하기 위해 매번 모든 정보에 신경을 써야 한다. 하지만 일단 첫인상이 형성되면 그 후에 들어오는 정보에는 더 이상 주의를 기울이지 않아도 된다. 따라서 나중에 들어오는 정보는 무시되는 경향이 있는데, 이처럼 첫인상이 강력한 효과를 발휘하여 후기 정보에 주의를 기울이는 정도가 줄어드는 것을 주의 감소(attention decrement) 현상이라 한다.

이기적인 사람으로 첫인상이 형성된 사람에 대해서는 그가 남을 도와주는 행동을 했을 때조차도 선의로 해석하지 않는 경향이 있다. 즉, 일단 형성된 인상과 일치하지 않는 정보들을 받아들여 새로운 인상을 다시 만들어야 하는 것 자체가 스트레스이기 때문에 우리는 첫인상에 부합되지 않는 정보는 무시해 버리는 것이다. 이처럼 나중에 들어오는 정보의 중요성이 처음 들어오는 정보에 비해 가볍게 취급되는 것을 중요성 절감(discounting) 현상이라 한다(이민규, 2001).

첫인상 중요성 다시 입증

첫인상의 신비를 다시 한 번 증명해 주는 새 실험 결과가 발표됐다. 미국 오하이오 주립대학교 라운트 박사팀은 실험을 통해 관계 초기에 형성된 부정적인 인상은 지속되는 경향이 높으며, 관계 초기 긍정적인 인상이 형성됐을 경우 한두 번 신뢰가 깨졌다 하더라도 큰 문제가 안 된다고 『성격과 사회심리학 편람(*Personality and social psychology bulletin*)』 최근 호에서 밝혔다. 연구팀은 첫인상이 끼치는 영향에 대해 알아보기 위해 실험 참가자들에게 '미지의 파트너'와 함께 컴퓨터 게임을 하도록 했다. 이때의 파트너는 사람이 아닌 컴퓨터였으며 참가자들에게는 이 사실을 알리지 않았다. 게임은 두 사람이 함께 하되, 협력을 잘 하면 두 사람 모두에게 큰 보상이 주어지고, 게임 도중 누군가 배신을 하면 그 사람이 보상을 더 많이 가져가도록 돼 있었다. 연구팀은 총 30회의 게임 중 컴퓨터가 총 두 번 참가자를 배신하도록 하고, 절반은 게임 초반에, 나머지는 게임 중반부에 배신하도록 조절했다. 이후 참가자들의 협력 정도를 알아본 결과, 게임 초반 배신을 경험한 참가자는 게임 내내 파트너를 믿으려 하지 않는 반면 게임 중반 배신을 경험한 참가자는 비교적 잘 협력했다. 최종 10회에서 이들이 보인 협력도는 40% 이상 차이가 벌어졌다. 파트너에 대한 평가에서도 참가자의 반응은 극명하게 엇갈렸다. 초반에 배신을 경험한 이들은 자신의 파트너에 대해 '신뢰하지 못할 사람' '나와는 다른 부류' 등 부정적으로 평가했으나, 게임 중반 배신을 경험한 사람은 대체로 중립적 혹은 긍정적으로 상대방을 평가했다. 라운트 교수는 "배신의 횟수는 같지만 언제 배신을 당했느냐에 따라 파트너에 대한 신뢰는 큰 차이를 보였다."면서 "처음 배신을 당했을 때 형성된 부정적인 인상은 이후 파트너가 게임에 잘 협력했을 때도 상쇄되기 어려운 것으로 보인다."라고 말했다. 우리는 종종 영화에서 처음엔 사람들에게 나쁜 인상으로 따돌림 받던 사람이 결국 신뢰를 회복하는 이야기들을 본다. 그러나 라운트 교수는 "실제로는 이런 일이 거의 일어나지 않는다."라고 말했다. 그는 "일단 부정적인 인상이 형성되면 그 사람과 더 이상 관계하지 않으려 하는 경향이 높다."면서 "사람들은 생각보다 첫인상을 끝까지 믿는 경향이 있다."라고 말했다. 그는 또 "새 데이트 상대든 거래처 사람이든 첫 만남에서 늦거나 약속을 지키지 않았을 경우 신뢰도는 회복하기 어려운 수준으로 떨어진다."면서 "초기에 좋은 인상을 형성한 후 한두 번 실수를 하는 것이 신뢰도를 만회하기 더 쉽다."라고 말했다.

출처: 헤럴드경제(2009. 1. 9.). 첫인상 중요성 다시 입증.

II. 인상 형성에 사용되는 정보

다른 사람과의 만남에서 이루어지는 상대방에 대한 인상 형성은 매우 신속하게 일어난다. 즉, 누군가와 만나자마자 바로 또는 대화를 단지 몇 마디 나눈 뒤에 곧 그 사람의 인상을 형성하는 것이다. 그러면 이러한 인상 형성의 근거는 무엇인가?

'열 길 물속은 알아도 한 길 사람 속은 모른다'는 말이 있듯이 우리는 다른 사람의 마음을 들여다볼 수 없다. 따라서 우리는 감각기관을 통해 전달되는 관찰 가능한 몇 가지 외관적 특성에 근거하여 상대방의 인상을 형성하는 경향이 있다. 특히 외관적 특성 중 외모, 옷차림, 언어적 진술, 행동, 비언어적 메시지 등이 인상 형성에 유용한 정보를 제공한다(곽호완 외, 2005; 권석만, 2004; 박지영, 2006; 이민규, 2004).

1. 외 모

보좌관이 각하에게 말했다. "각하, 괜찮은 친구가 한 명 있는데 한번 중용해 보십시오." 각하는 그 보좌관의 친구를 다음 날 보기로 했다. 다음 날, 보좌관의 친구를 만난 각하는 한마디 말도 않고 그를 그냥 돌려보냈다. 보좌관이 왜 그런지 궁금해서 이유를 묻자 각하는 대답했다. "남자 나이 마흔이 넘으면 자기 얼굴에 책임을 져야 하는데 그 친구는 아니야."

이 각하는 미국 16대 대통령 링컨이다.

박지영(2006). 유쾌한 심리학, p. 27.

낯선 사람을 만나면 우리는 제일 먼저 그 사람의 외모를 보게 되며, 외모의 여러 가지 특징을 통해 그 사람에 대한 인상을 형성한다. "책표지로 책을 판단하지 마라."와 같은 말이 있기는 하지만 우리에게 체격이나 체형, 키, 몸무게, 피부색, 머리카락 색 등의 신체적인 특성은 그 사람에 대한 인상을 형성하는 과정에서 매우 중요한 단서로 작용한다. 이처럼 용모는 우리의 생각 이상으로 사람에 대한 인상 형성과 더 나아가 그에 대한 행동에 커다란 영향을 끼친다는 사실이 밝혀지고 있다. 미국의 한 심리학자는 사람의 인상을 결정하는 데 외모가 55%, 음성이 38%를 차지한다는 결과를 내놓았다. 이

두 가지를 빼면 나머지는 7%밖에 되지 않는다.

4~5세 정도의 아이도 사람의 얼굴이 잘생기고 못생긴 것에 대해 판단할 수 있으며 그들의 판단은 성인의 판단과 매우 일치율이 높은 것으로 나타났다. 아울러 사람들은 얼굴 생김새에 근거하여 개인의 지능이나 성격과 같은 내면적 특성에 대한 인상을 형성한다. 사람들은 잘생긴 사람이 성격도 좋다고 믿는 경향이 있으며, 더 친절하고 사교적이며 더 잘 적응하는 사람으로 지각한다(Wheeler & Kim, 1997). 차재호(1995)는 성적이 비슷하지만 외모에서 차이가 나는 두 학생을 교사들에게 평가하게 했을 때, 잘생긴 학생이 그렇지 못한 학생보다 더 똑똑하고 상급 학교에 진학할 가능성이 높은 것으로 평가받음을 확인했다. 사람들은 또한 키가 큰 남성의 지도력이나 유능성을 키가 작은 남성보다 높게 평가했다(Patzer, 1985). 얼굴 특징과 성격 판단에 관한 연구에 의하면 눈이 크고, 피부가 매끈하고, 턱이 둥근 사람들은 다정함, 친절함, 순진함, 온순함 등에서 높은 점수를 받았고, 눈이 작고, 피부가 거칠고, 턱이 모난 사람들은 강인함과 지배성 등에서 높은 평가를 받는 경향이 있었다(Berry & McArthus, 1986).

얼굴의 생김새뿐만 아니라 표정 역시 인상 형성에 중요한 기능을 한다. 같은 얼굴이라도 웃는 표정과 찡그린 표정은 매우 다른 인상을 준다. 이렇듯, 얼굴은 매우 많은 정보를 제공하고 있으며 우리는 얼굴 속에서 인상 형성을 위한 지각 단서를 얻는다.

인상 형성에는 또한 신체적 외모의 다른 측면이 영향을 준다. 키가 큰 사람은 섬세하고, 내성적이고, 이지적이라고 지각되며, 반면에 키가 작은 사람은 다부지며, 인색하고, 부정적이라고 판단되는 경향이 있다. 미국과 한국 모두 젊어 보이는 얼굴, 즉 동안을 가진 성인은 따뜻하고, 친절하고, 순박하고, 유순하다고 판단되며, 성숙한 얼굴을 가진 성인은 강하고, 거칠고, 지배적이라고 판단된다.

이상에서 살펴본 것과 같이 타인에 대한 인상 형성은 신체적 매력의 영향을 많이 받으며, 일반적으로 아름다운 것은 선하다고 믿는 경향 때문에 신체적 매력이 있는 사람은 사회적으로 많은 이점을 누린다. 그러나 이것은 그 사람의 실제 능력이나 개인적 특성과는 무관하다.

2. 옷차림

우리 속담에 '옷이 날개'라는 말이 있다. 옷이란 사람의 몸을 가장 넓게 덮고 있는 것으로, 어떻게 입느냐에 따라 그 사람의 인상을 다르게 형성하도록 만든다. 예를 들어, 양복 차림에 넥타이를 단정하게 차려입은 20대 청년과 헐렁한 셔츠에 무릎 부분이 찢어진 청바지 차림의 20대 청년을 상상해 보자. 우리는 두 청년에 대해 다른 인상을 갖는다. 양복 차림의 청년에 대해서는 예의 바르고 책임감이 강하며 다소 고지식할 것 같은 인상을 받는 반면, 청바지 차림의 청년에 대해서는 자유분방하고 솔직하며 다소 저항적일 것 같은 인상을 받을 수 있다. 이렇듯, 인상 형성은 옷차림새의 영향을 크게 받는다.

옷차림은 그 사람의 사회경제적인 지위, 교육 수준, 직업뿐 아니라 성격이나 가치관 또는 흥미와 같은 심리적인 특성의 판단에도 영향을 미친다. 이처럼 옷의 유형이나 색깔, 유행을 따르는 정도, 깨끗하고 단정한 정도, 품질이나 추정 가격, 유명 제품인지 아니면 싸구려인지 등은 그 옷을 입고 있는 사람에 대한 인상 형성에 중요한 영향을 준다.

1960년 닉슨이 대통령 선거에서 케네디에게 진 것은 텔레비전 토론회 때 회색 옷을 입었기 때문이라는 주장도 있다. 감색 옷을 입은 케네디가 한

결 젊고 깔끔한 인상을 주었다는 것이다. 또 미국의 퍼스트 레이디였던 힐러리는 처음에 자신에 대해 좋지 않았던 여론을 돌리기 위해 두꺼운 뿔테 안경을 콘택트렌즈로 바꾸었다. 두꺼운 테가 자기주장이 강한 여자라는 인상을 주었다고 생각했기 때문이다. 밤색 머리도 금발로 염색하고 스커트 길이도 짧게 했다. 그러자 그녀의 인기는 뛰어올랐다.

옷차림새는 상황의 특성이나 적절성에 따라 인상 형성에 다른 영향을 주게 된다. 예컨대, 장례식에 참석한 사람 중 흰색 셔츠에 검은색 넥타이를 매고 검은색 정장을 입고 온 조문객과 찢어진 청바지에 색깔이 현란한 하와이식 셔츠를 입고 온 사람은 상주로부터 전혀 다른 인상을 형성하게 할 것이다. 한편 산뜻한 옷을 입은 사람은 양심적이라고 평가받는 경향이 있다. 그러므로 체육복에 슬리퍼를 신고 결혼 상대자의 집에 첫인사를 드리러 가거나 면접 시험을 보러 간다면 열에 아홉은 실망스러운 결과를 얻을 가능성이 높다. 옷차림뿐 아니라 머리 모양이나 화장 역시 그 사람이 어떤 사람인지를 판단하는 단서로 작용한다.

그러나 옷은 쉽게 바꿔 입을 수가 있다. 따라서 옷차림은 인상 형성의 단서이긴 하지만 그것을 통해 사람의 아주 깊은 내면까지는 알아낼 수 없다. 그럼에도 다른 정확한 단서가 없을 때에는 눈에 가장 잘 띄는 옷과 같은 단서를 토대로 인상을 형성하게 된다.

3. 언어적 진술

다른 사람에 대한 또 다른 명확한 정보는 그들이 말하는 내용과 방식이다. 사람들은 상대방이 스스로 자신에 대해 어떻게 말하는지에 따라 다른 인상을 형성할 수 있다. 예컨대, 자신은 날마다 도서관에 가서 공부를 하며 주말이나 쉬는 날에도 집에 있으면 학교가 그리워진다고 말하는 사람과 학교에서 하는 공부보다는 여행이나 아르바이트를 하는 것이 인생에 더 도움이 된다고 말을 하는 사람이 있다면 당신은 두 사람에 대해 전혀 다른 인상을 형성할 것이다.

자신에 대한 것뿐 아니라 다른 사람이나 사물에 대해 말하는 내용 역시 그 사람의 인상 형성에 영향을 미친다. 예컨대, 당신의 친구 한 사람은 입만 열면 자신이 알고 있는 대부분의 사람의 흠을 잡고 헐뜯으며 주변의 일들도 못마땅하다고 말한다. 반면 또 다른 친구는 사람에 대해서든 주변에 일어나는 일에 대해서든 웬만하면 좋은 점만을 말하거나 '그럴 수도 있다'고 말한다. 그렇다면 당신은 이 두 친구에 대해 전혀 다른 평가를 내릴 것이다. 즉, 전자의 경우는 비판적이며 불평불만이 많은 사람이고 후자의 경우는 낙천적이며 호의적인 사람이라고 결론지을 것이다.

말의 내용뿐 아니라 말투 또한 상대방의 인상에 영향을 미친다. 말을 더듬고 말의 속도가 빠르며 말을 할 때 음정이 높은 사람은 성격이 급하거나 정서적으로 불안정하다는 인상을 주는 반면, 말을 또박또박 천천히 하면서도 조용히 말하는 사람에 대해서는 침착하고 정서적으로 안정되었다는 인상을 갖게 된다. 자신의 말투 하나로 상대방에게 부정적인 또는 긍정적인 인상을 심어 줄 수 있다. 따라서 말투는 자신의 인상을 결정짓는 중요한 요소가 된다.

4. 행 동

우리는 어떤 사람이 어떤 행동을 하면서 시간을 보내는지를 관찰하고는 그 사람을 판단한다. 사람들이 항상 자신의 내면을 말로 표현하지는 않기 때문에 그 사람의 행동을 보고 판단하는 것이다. 상대방이 어떤 사람인지 알고자 한다면 당신은 그 사람이 일주일을 어떻게 보내는지를 관찰한 후 평가할 수 있다. 예컨대, 노숙자 보호소에서 자원봉사를 하거나, 신체장애 아동을 돌보거나, 교수의 연구를 돕는 일에 여가 시간의 대부분을 보내는 친구와 당구치기, 술마시기, 오토바이 타기, 나이트 클럽에서 춤추기, 컴퓨터 채팅하기 등으로 대부분의 여가 시간을 보내는 친구가 있다고 하자. 그 친구들이 당신에게 자신에 대해 아무 말도 하지 않더라도 당신은 전자는 헌신적인 사람이고, 후자는 향락적인 사람이라고 쉽게 추론할 것이다.

행동의 내용뿐 아니라 행동 방식 역시 인상 형성에 영향을 미친다. 예를 들어, 몸의 움직임이 매우 빠르며 일 처리가 신속한 사람과 매사가 느리고 느긋한 사람은 다른 인상을 갖게 한다. 움직임이 빠른 사람은 성격이 급하고 감정 표현을 잘하며 일 처리도 능숙하다는 인상을 주지만, 행동이 느린 사람은 성격이 느긋하다거나 태만하다거나 신중한 사람이라는 인상을 줄 수 있다.

특정한 행동이 발생하는 상황은 그 사람의 행동을 해석하는 데 결정적인 정보가 된다. 예를 들어, 어떤 친구가 쉬는 시간에 잔디밭에서 농담을 하고 크게 웃는다면 아무도 그것 때문에 그를 이상하게 생각하지 않을 것이다. 그러나 만약 그가 수업 시간에 모든 학생이 진지하게 토론을 하고 있는데 유행하는 농담을 건네면서 큰 소리로 웃는다면 다른 학생들은 눈살을 찌푸리며 그 친구를 이상한 사람으로 취급할 것이다.

또한 만약 신혼의 신부가 집에서 남편에게 말하고 행동하는 방식으로 직장의 동료나 부하를 대한다면 사랑스럽고 귀여운 여자로 평가받기보다는 뭔가 부족한 여자로 평가받을 것이 뻔하다. 이런 예를 보면, 사람들은 상대방을 평가할 때 그 행동이나 외관상의 특징 자체뿐 아니라 그것이 특정한 상황과 어느 정도 부합되는지 여부를 중요한 정보로 사용함을 알 수 있다.

5. 비언어적 메시지

타인에 대한 정보의 또 다른 핵심 원천은 비언어적 의사소통이다. 표정, 시선, 신체적 언어, 몸짓 등은 언어적인 표현보다 훨씬 많은 정보를 제공하며 더 비중 있게 다루어지는 경향이 있다. 왜냐하면 언어적인 표현이나 행동 단서에 비해 비언어적 메시지는 상대적으로 의도적인 조작이 힘들기 때문이다. 또한, 사람들은 언어적인 행동을 비언어적인 행동보다 더 쉽게 조작할 수 있다는 것을 알고 있기 때문에, 종종 상대방이 말한 것에 대한 진실 여부를 결정하기 위해서 비언어적인 단서에 의존하는 경향이 있다.

이들 비언어적인 단서는 사람의 정서 상태, 기질이나 성향에 대한 많은 정보를 제공한다. 예를 들어, 밝은 미소와 부드러운 시선은 우호성과 개방성을 나타내는 신호로 작용한다. 또한, 대화를 하면서 눈을 맞추고 이따금 고개를 끄덕이는 사람과 두리번거리면서 손톱을 물어뜯거나 하품을 하는 사람에 대해서는 당연히 다른 인상을 형성할 것이다. 대화가 끝난 후 두 사람 모두 유익한 대화였다고 말하더라도 우리는 그 사람이 표현한 말의 진실 여부에 대해서 각기 다른 평가를 내릴 것이다.

III. 인상 정보의 통합

사람들은 지금까지 살펴본 다른 사람에 대한 여러 가지 관찰 결과를 토대로 그 사람에 대한 전반적인 인상을 형성한다. 가령 당신이 학과 신입생 환영회에서 여자 후배를 처음 만났는데, 그 후배는 키가 작고, 외모가 귀엽고, 말이 없으며, 청바지를 입고 있었다고 가정해 보자. 당신은 이러한 여러 가지 정보를 가지고 어떻게 그녀에 대한 전반적 인상을 형성하겠는가?

1. 인상 정보의 통합 원리

인상 정보의 통합에 대해서는 가산 모형, 평균 모형, 가중 평균 모형의 세 가지 이론적 모형이 있다(곽호완 외, 2005; 이민규, 2004; 한만기, 2007).

1) 가산 모형

이 모형은 각 정보가 갖고 있는 평가치들의 단순한 합이 전반적인 인상이라고 본다. 예를 들어, 당신이 '인간관계론' 수업 시간에 만난 교수에 대해 '매우 열정적이다(+7)'라는 인상을 받았다고 치자. 그 후 계속된 수업을 통해 '유머 감각이 있다(+5)'는 정보를 접한다면 그 교수에 대한 당신의 인상은 더 좋아질 것이다(7+5=12). 결국 이 모형은 이미 긍정적으로 형성된 어떤 인상이 존재하는 상황에서 새로운 부수적인 정적 정보를 첨가하면 인상이 더 호의적인 방향으로 발전한다는 것이다.

2) 평균 모형

이 모형은 어떤 사람에 대한 인상이 각각의 정보가 갖는 값(호오도)의 단순한 합이 아니라 합산된 값을 알고 있는 정보의 수만큼 나누는 평균 원리에 따라 결정된다고 본다. 예를 들어, 앞에서 언급한 '인간관계론' 교수와의 계속된 수업을 통해 그 교수에 대해 매우 열정적이고(+10), 유머 감각이 뛰어나며(+7), 해박하나(+7), 불성실하다(−4)는 인상을 받았다고 하자. 그러면 당신의 그 교수에 대한 인상은 [(10+7+7−4)/4=5]가 될 것이다.

이 두 모형의 차이를 알기 위해 가산 모형과 평균 모형을 비교해 보자. 먼저 가산 모형은 아무리 사소한 장점이라도 많이 제시하는 것이 좋은 인상을 형성하는 데 도움이 된다는 것을 보여 준다. 그러나 평균 모형에 의하면 비슷비슷한 정보가 중복되어 제시되는 경우, 중복되는 정보는 무시된다는 것을 말해 준다. 또한 좋은 특성이라 할지라도 평가치가 낮은 특성이 자꾸 부연될 경우 인상은 오히려 나빠진다는 점을 시사한다.

두 모형은 인상 관리 측면에서 우리에게 각기 다른 행동 지침을 제공한다. 만약에 가산 모형이 옳다면 되도록 많은 긍정적인 점을 부각시키는 것이 효과적일 것이다. 그러나 평균 모형이 옳다면 여러 가지 사소한 장점을 제시하는 것보다는 뛰어난 몇 가지의 장점을 부각시키는 것이 훨씬 효과적일 것이다. 연구 결과는 가산 모형보다 평균 모형을 지지하는 쪽으로 나타났다.

3) 가중 평균 모형

이 모형은 사람들이 모든 정보의 평가치를 평균하되 중요하다고 판단되는 정보에 더 많은 비중을 두고 인상을 형성한다고 본다. 즉, 사람들이 모든 특성을 평균해서 인상을 형성하기는 하지만 그들이 중요하다고 생각하는 어떤 특성에 대해서는 훨씬 비중을 많이 두어 인상을 통합한다고 주장한다. 예컨대, '잘생겼다'와 '지적이다'라는 특성이 동일하게 평가되더라도 대학교수에게는 '지적이다'라는 특성이, 패션모델에게는 '잘생겼다'라는 특성이 중요도에서 더 많은 가중치가 부여될 것이다. 전반적인 연구 결과는 가중 평균 모형이 정보를 통합해서 인상을 형성하는 원리 중 가장 효과적인 것이라고 나타났다.

2. 인상 정보 통합의 특징 및 경향성

우리는 한 사람의 인상에 대한 여러 정보를 접할 때 모든 정보를 똑같이 중요시하지 않는다. 즉, 인상 정보의 통합 과정에는 몇 가지 경향성이 있는데 주어진 정보를 활용하여 인상을 형성할 때 일반적으로 사람들은 첫 번째 정보, 핵심 특성, 부정적인 정보 및 두드러진 정보를 중시하는 경향이 있다는 것이다(권석만, 2004; 김원형 · 남승규 · 이재창 · 우석봉, 2009; 김현택 외, 2003; 박지영, 2006; 윤가현 외, 1998; 이민규, 2001, 2004; 이위환 · 김용주, 2009; 한규석, 2009).

1) 초두 효과

어떤 사람에 대한 상반되는 정보를 순서를 달리하여 전달받게 되면, 전달되는 순서에 따라 형성되는 전체 인상이 달라진다. 즉, 먼저 접하는 정보가 나중에 접하는 정보보다 최종적인 인상 형성에 더 중요한 역할을 한다는 것이다. 이러한 인상 정보의 통합 과정을 알아보기 위해 Asch가 한 실험을 살펴보자. Asch(1946)는 두 집단에 가상 인물을 소개하면서 다음과 같이 여섯 가지의 성격 특성을 나타내는 단어를 순서를 달리하여 제시했다. 그런 다음 각 집단의 참여자에게 가상 인물에 대한 인상을 적게 했다.

집단 1: 똑똑하다→부지런하다→충동적이다→비판적이다→고집 세다→샘이 많다

집단 2: 샘이 많다→고집 세다→비판적이다→충동적이다→부지런하다→똑똑하다

연구 결과, 첫 번째 집단은 가상 인물에 대해 긍정적인 인상을 형성한 반면, 두 번째 집단은 부정적인 인상을 형성하였다. 이것은 처음 접한 인상이 그 사람의 전체적인 인상을 좌우함을 보여 주는 증거다. 이처럼 먼저 제시된 정보가 나중에 들어온 정보보다 전반적인 인상 형성에 더 강력한 영향을 미치는 것을 초두 효과(primacy effect)라고 한다.

이 같은 초두 효과가 나타나는 것은 먼저 접하는 정보에 근거하여 일단 인상을 형성하면 나중에 접하는 정보는 그 인상에 일치하도록 받아들여지기 때문이다. 또 처음 제시되는 정보에 대해서는 많은 주의를 기울이지만 나중에 들어오는 정보에 대해서는 비교적 주의를 덜 기울이기 때문이다. 초두 효과는 우리가 일관성있게 지각하려고 하기 때문에 나타난다. 그래서 이전의 인상과 일치하지 않는 정보가 들어오면 일관성을 유지하기 위해 정보를 바꾸거나 제거한다.

이것은 어떤 사람을 다른 사람에게 소개할 때 특히 중요하다. 가령 A라는 사람이 (가) 지적이고 근면하고 강인하고 비판력이 있고 말이 많으며 질투심이 많은 사람이라고 소개할 때와, (나) 질투심이 많고 말이 많고 비판력이 있고 강인하고 근면하며 지적이라고 소개할 때 A에 대한 인상은 달라진다. (가)와 (나)는 순서만 바꿔 이야기한 것일 뿐인데도 말이다.

일단 형성된 인상은 쉽게 변하지 않는다. 사람들은 선택적 지각 과정을 통해 자신이 지니고 있는 인상을 유지하기도 한다. 즉, 자신이 형성한 인상에 일치하는 정보만을 취하고, 불일치하는 정보를 무시함으로써 이미 형성된 인상의 인지적 일관성을 유지하는 것이다. 그러므로 어떤 사람을 처음 만날 때는 그날 기분이 좋지 않더라도 좋은 인상을 주도록 힘써야 한다. 평소에 정중한 사람일지라도 첫날 무례한 언행을 했다면 그 사람의 인상은 무례한 사람으로 남게 된다. 다음 날 그가 아무리 정중하게 행동한다 할지라도 가식으로만 비친다. 상대방이 인상의 일관성을 유지하려 하기 때문이다.

한편, 초두 효과와는 정반대로, 시간적으로 나중에 제시된 정보가 잘 기억되고 따라서 인상 형성에 더 큰 영향을 미칠 수도 있는데 이를 신근성 효과(recency effect)라고 한다(Luchins, 1957). 이 효과는 제한적으로 나타나는데 초기 정보가 너무 일찍 제시되어 이미 망각된 상태거나, 최근의 정보가 상대의 변화된 모습을 잘 보여 준다고 여겨질 때, 그리고 최근의 정보가 아주 현저하게 지각될 경우에만 나타난다. 한 실험에서 피험자들에게 어떤 인물에 대한 새로운 정보를 제시해 주면서 그때마다 그 사람에 대한 인상을 말하라고 했을 경우에도 이 효과는 나타났다(Stewart, 1965). 한 연구(Kruglanski & Freund, 1983)는 피험자들에게 그들이 내리는 판단이 그들의 능력을 나타낸다고 한 후, 초기의 정보와 모순된 정보 등 다양한 정보를 종합적으로 참고해서 시간 여유를 갖고 판단하라고 했을 때 초두 효과가 감소됨을 발견했다. 하지만 이와 같은 몇 가지 예외적인 경우를 제외한다면 초두 효과는 인상 형성의 일반적인 현상이다.

2) 핵심 특성

인상 형성을 할 때 범문화적으로 발견되는 세 가지 기본적인 차원이 있다. 첫째는 '좋다-나쁘다'로 대표되는 평가 차원이다. 이 차원은 어떤 개인이 좋은 사람인지 나쁜 사람인지를 평가하는 것이며, 좋아하여 접근할 것인지 싫어하여 회피할 것인지를 판단하는 차원이다. 둘째는 '강하다-약하다'로 대표되는 능력 차원이며, 셋째는 '적극적이다-소극적이다'로 대표되는 활동성 차원이다. 인상 형성을 하는 데는 평가 차원의 영향이 압도적으로 강한데, 우리가 낯선 사람을 만나면 우선적으로 그가 좋은 사람인지 나쁜 사람인지를 구분하는 경향이 있기 때문이다.

한 사람의 특성에 대한 여러 가지 정보를 접했을 때 그것을 동일하게 보지는 않는다. 그러한 정보 중에는 전체 인상을 좌우하는 중요한 정보가 있다. 이렇게 전체 인상을 형성하는 데 큰 비중을 차지하는 특성을 핵심 특성(central trait)이라고 부른다. Asch(1946)는 표적 인물을 묘사하는 특성 형용사(즉, 지적이며, 능숙하고, 근면하며, 따뜻하고, 의지가 굳고, 실용적이며, 신중하다)를 제시하면서, 한 집단에게는 '따뜻한'이란 형용사를 포함하여 제시하고 또 다른 집단에게는 '따뜻한'을 '차가운'으로 바꾸어 제시하였다. 그 결과 표적 인물에 대하여 '따뜻한' 조건의 피험자들은 '인간적이며, 사귀기 쉽고, 품성이 좋고, 인자한' 인상을 품은 것으로 나타났으나 '차가운' 조건의 피험자들은 '잔인하고, 비사교적이며, 인색한' 사람으로 여기는 것으로 나타났다. 그러나 똑같은 종류의 형용사를 제시하면서 '따뜻한-차가운'을 '공손한-무례한'으로 대체하여 제시한 경우에는 그 같은 차이가 나타나지 않았다. 따라서 '따뜻한-차가운'이란 특성은 핵심 특성이며 '공손한-무례한'이란 특성은 지엽적 특성이라 할 수 있다.

Kelley(1950)는 핵심 특성이 갖는 영향력을 두 개의 강의실의 학생들을 대상으로 확인했다. 그는 학생들에게 강의가 시작되기 전에 심리학 초청 강사에 대해 소개해 주었다. 소개 내용은 한 가지를 제외하고 똑같았다.

즉, 어떤 강의실에서는 '따뜻한' 사람이라고 소개했고, 다른 강의실에서는 '냉정한' 사람이라고 소개했다. 강사는 20분 남짓 동일한 내용과 동일한 방식의 강의 및 토론을 진행했다. 강의가 끝난 다음, 학생들에게 강사에 대한 평가를 부탁했다. 똑같은 강사에 똑같은 강의 내용과 방식이었음에도 강의 평가는 판이했다. 강사가 '따뜻한' 사람이라고 소개받은 학생들은 '냉정한' 사람이라고 소개받은 학생들에 비해 강사를 좋게 평가했을 뿐 아니라 토론에도 활발하게 참여했다. 즉, 핵심 특성에 대한 지각상의 차이가 인상 형성뿐 아니라 강사와의 상호작용에도 영향을 미쳤다.

대개의 경우, 우리에게 어떤 사람이 온정적인지 여부는 다른 특성보다도 중요하다. 그 사람이 높이뛰기를 잘 하는가의 여부나 말수가 적은가의 여부 등은 온정성 여부보다 덜 중요하다는 말이다. 왜냐하면 높이뛰기나 말수 정도는 그 사람과 함께할 때 우리가 느끼는 즐거움의 정도에 크게 영향을 미치지 않기 때문이다. 그러나 어떤 특성이 항상 핵심적인 역할을 하지는 않는다. 예컨대, 올림픽 국가대표 선수를 선발하는 과정에서는 온정성 여부보다는 얼마나 빨리 뛰는가와 같은 특성이 더 핵심적인 특성으로 작용하기 때문이다.

3) 부정적 정보의 중시

한 사람에 관한 특성으로서 좋은 점과 나쁜 점이 동시에 주어졌을 때 통상 나쁜 점이 인상 형성에 미치는 영향이 더 크다. 즉, 비슷한 정도의 절대 평균값을 갖는 특성으로 좋은 것 하나와 나쁜 것 하나가 동시에 제시된 경우에는 좋지도 나쁘지도 않은 중간 정도의 인상이 형성되는 것이 아니라, 좋지 않은 쪽으로 인상이 기울어진다. 이처럼 인상 형성 과정에서 긍정적인 정보보다 부정적인 정보가 더 중요하게 취급되는 것을 부정성 효과(negativity effect) 또는 마이너스 효과(minus effect)라고 한다. 인기 절정의 연예인이 어떤 추문에 휘말리면 대중은 그에 대해 금방 반감을 갖게 되고 그 연예인은 인기를 만회하기 매우 어려워지는 경우가 좋은 예다.

이러한 부정성 효과에 대한 한 가지 설명은, 사람들은 일반적으로 부정적인 면보다는 긍정적인 면을 더 많이 드러내며, 이와 관련해서 사람들은 타인에 대한 평가에서 부정적인 평가보다는 긍정적인 평가를 더 많이 하는 경향이 있다는 것이다. 이러한 사회적 분위기에서는 부정적인 평가를 들었을 때 그것이 훨씬 더 중요하고 신뢰할 만하다고 느낀다. 또 다른 설명은 사람들이 이득을 보는 것보다 손해를 보는 것에 더 민감하게 반응한다는 것이다(만 원짜리 지폐를 주웠을 때의 기분과 갖고 있던 만 원짜리 지폐를 잃어버렸을 때의 기분 중 어느 것이 더 강도가 큰지 생각해 보라). 이익을 보진 못할지언정 본전치기라도 하려면 다른 사람의 나쁜 평가를 더 주의해서 들어야 한다. 어떤 사람이 '말도 잘하고 유머 감각이 있고 잘생겼지만 사기를 가끔 친다'는 이야기를 들으면 사람들은 그를 '사기꾼'으로 본다. 그래야 그 사람으로부터 피해를 당하지 않기 때문이다.

4) 현저성 효과

사람들은 상대가 가지고 있는 여러 특징 가운데서도 크게 부각되는 면에 의지해서 인상을 형성하는 경향이 있다. 주변 사람들과는 다르게 냉소적인 미소가 두드러져 보이면 비록 그가 따뜻하고 친절한 사람이라 할지라도 그것을 무시하고 냉소적인 사람으로 기억한다. 이처럼 두드러진 특징이 인상 형성에 큰 몫을 차지하는 것을 현저성 효과(vividness effect)라고 한다. 어떤 사람에 대해 공금 횡령자라는 말을 듣고 난 후에는 그 사람이 인간적이라는 이야기를 들어도 나쁜 인상은 쉽게 지워지지 않을 것이다. 첫인상을 좋게 형성했던 사람이 공금 100만 원을 횡령한 경우와, 인상이 나빴던 사람이 100만 원을 고아원에 기부한 경우를 비교해 보자. 횡령한 액수와 기부한 액수가 같지만 기부금을 냈다고 해서 인상이 나빴던 사람에 대한 태도가 달라지지는 않는다. 오히려 기부행위를 했기 때문에 더 교활한 사람으로 볼 수도 있다.

이처럼 나쁜 인상은 바꾸기가 어려운데 그 이유는 나쁜 정보가 지닌 희소성으로 인한 현저성 때문이다. 이를 악성 효과라고 한다. 특히 아주 부정적인 정보를 접하면 다른 정보의 긍정적인 가치가 거의 반영이 되지 않는 양상이 나타난다. Lau(1982)는 1968년부터 1980년까지 미국에서 행해진 각종 대통령 선거와 의원 선거에서 투표자 행위를 분석하였는데, 후보자에 대한 유권자의 평가는 후보자에 관한 악성 정보에 의해 크게 영향을 받았다. 이 때문에 선거철이면 상대 후보에 대한 흑색선전과 뜬소문이 난무하며, 이는 투표의 양상에 미치는 효과가 적지 않다.

IV. 인상 형성 시의 왜곡 및 편향

인상 형성을 위해 정보를 해석하고, 추리하고, 판단하는 과정에는 오류와 편향이 개입된다. 이러한 오류와 편향이 생기는 원인은 사람들이 주어진 정보를 신속하게 처리하려는 경향이 강해서 정보처리의 정확성이 떨어지기 때문이다.

신속한 정보처리를 위해서 사람들은 여러 방법을 동원하는데 그 가운데 대표적인 방법이 도식을 적용하는 기법이다. 도식이란 어떤 대상이나 개념에 관한 조직화되고 구조화된 신념을 말하며, 도식적 정보처리를 하면 다음과 같은 장점이 있다. 첫째, 회상을 하기가 쉽다. 자신이 이미 지니고 있는 도식과 일치하거나 상반되는 정보는 도식과 무관한 정보보다 더 잘 기억되고 더 쉽게 회상된다. 둘째, 정보처리에 걸리는 시간이 단축된다. 어떤 대상에 대해서 도식을 지닌 사람들이 지니지 않은 사람들보다 그 대상에 관한 정보를 더 신속하게 처리한다. 셋째, 누락된 정보를 메워 준다. 도식은 명료하지 못하거나 빠진 사항들에 관해서 자신 있게 추론하도록 도와주기 때문에 빠진 정보를 도식에 따라 메워 넣음으로써 사고의 틈을 보충하는 역할을 한다. 넷째, 규범적 기대를 제공해서 장차 일어날 수 있는 일을 예측하고 대비할 수 있다. 또한 기대는 실제 결과를 평가하는 비교 기준이 되기도 한다.

반면에 도식적 정보처리를 하게 되면 다음과 같은 문제점이 생길 수 있는데 이 같은 문제점들은 주로 상황을 과잉 단순화하여 추론하기 때문에 발생한다. 첫째, 도식에 부합하는 정보만을 수용한다. 둘째, 도식에 일치하는 정보만으로 사고의 틈을 메운다. 셋째, 잘 맞지 않는 경우에도 도식을 무리하게 적용한다. 마지막으로, 일단 형성된 도식은 잘 변화시키지 않으려는 경향이 강하다. 도식적 처리의 장단점을 종합해 보면 신속하고 경제적인 처리가 보장되는 반면에, 처리의 정확성이 훼손되어서 결론을 내릴 때 오류가 생길 가능성이 커진다(손영화, 2010). 도식의 유형은 다양하나 타인 지각에 큰 영향을 미치는 도식으로는 고정관념(stereotype)과 내현성격이론(implicit personality theory)을 들 수 있다.

1. 고정관념

어떤 사회적 범주에 대해 사람들이 공유하고 있는 문화적 경험에서 비롯된 도식의 한 유형이 바로 고정관념이다. 다시 말해, 어떤 집단이나 사회적 범주에 속하는 구성원들의 전형적 특성에 관한 신념을 말한다. 노처녀는 신경질적이고, 곱슬머리는 고집이 세고, 키가 큰 남성은 싱겁고, 눈이 큰 여성은 겁이 많고, 경상도 사람은 무뚝뚝하다는 고정관념은 흔히 들어온 예다. 이처럼 고정관념은 나이, 얼굴, 몸매, 성, 종족, 지역을 근거로 하여 많이 형성된다.

이와 같은 고정관념을 갖게 되면 그 범주의 모든 구성원이 그 특징을 공유한다고 과잉 일반화해 버린다. 그리고 사람들은 자신의 고정관념과 일치하는 정보만 선택적으로 받아들이기 때문에 고정관념은 잘 변하지 않는다. 부정적인 내용의 고정관념은 소위 편견으로 발전하여 인종차별이나 지역감정과 같은 심각한 폐해를 낳기도 한다(손영화, 2010).

우리는 여기서 한 가지 궁금증이 생긴다. 왜 고정관념은 지속될까? 첫 번째 이유는 고정관념이 인지적으로 기능적이라는 데 있다. 사람들은 사회적 정보처리 과정에서 지름길로 질러가고 노력을 최소화하려고 하는데, 이러한 경향을 빗대어 인간을 '인지적 구두쇠(cognitive miser)'라고 부르기도 한다(Taylor, 1981). 사람들은 자신이 소유할 수 있는 것 이상의 훨씬 더 많은 정보의 홍수 속에 있기 때문에 복잡성을 단순성으로 환원시키는 경향이 있다. 즉, 사람이나 사건을 추론하거나 판단하는 데 필요한 최소한의 정보만 취하는 경향이 있어서 가능한 모든 정보를 탐색하기보다는 대략적인 윤곽이 잡히면 더 이상의 정보 탐색을 하지 않고 결론을 내리곤 한다.

고정관념이 지속되는 두 번째 이유는 확증적 편파(confirmatory bias) 때문이다. 우리는 어떤 사람을 만나면 거의 즉각적으로 그 사람이 어떤 사람인지에 대한 가설을 세우기 시작한다. 그리고 일단 가설이 만들어지면 그 가설은 타인에 대한 우리의 기대를 확증하는 방식으로 우리의 행동에 영향을 미친다. 즉, 우리는 자신의 가설에 맞는 증거는 채택하고 그렇지 않은 정보는 무시한다. 이처럼 타인에 대한 자신의 가설을 확증시키는 방식으로 다른 사람에게 행동하는 경향이 확증적 편파다. 이 개념을 고정관념에 적용해 보면, 사람은 자신이 편견을 가지고 있는 집단의 성원을 볼 때 자신이 보고자 하는 것만 보는 경향이 있다는 것이다.

고정관념이 지속되는 세 번째 이유는 자기 충족적 예언(self-fulfilling prophecy)이 작용하기 때문이다. 자기 충족적 예언 또는 자성 예언은 어떤 사람에 대한 기대가 그 사람으로 하여금 그 기대를 확증하는 방식으로 행동하게 하는 과정을 말한다. 이 개념을 고정관념에 적용해 보면, 타인에 관한 신념이 실제로 예상했던 행동을 유발할 수 있고 편향된 기대를 확증할 수 있다는 것이다.

고정관념은 정보처리를 단순화시켜 줌으로써 지각을 돕지만 동시에 다음과 같은 이유로 지각의 오류를 가져온다. 첫째, 고정관념은 집단의 특성을 합리적으로 기술했다기보다는 그 집단에 대한 태도에 따라 왜곡된 경우가 많다. 둘째, 개인을 소속집단에 대한 고정관념으로 파악하는 것은 그 개인이 지닌 독특한 개성을 무시하는 결과를 가져온다. 셋째, 특정 집단에 대한 부정적 고정관념은 그 집단의 구성원에 대한 차별의 합리화를 가져온다. 고정관념의 해독은 소수집단의 문제와 관련될 때 심각해진다. 특히 고정관념이 위험한 경우는 출신 지역이나 국적이 단서가 되어 인상 형성이 이루어지는 경우다. 만일 출신 지역이나 국적을 어떤 성격 특성과 연결시키는 고정관념을 가지고 있다면 일정한 지역이나 국적과 관련된 모든 사람은 같은 인상을 부여받게 된다. 어떤 집단에 소속된 모든 사람이 같은 특성을 가지고 있는 것은 아니므로 모든 집단 구성원에게 같은 인상을 부여하는 추리는 정확할 수 없다. 이처럼 진실이 아닌 고정관념을 근거로 어떤 집단 전체를 나쁘게 볼 때, 우리는 그런 감정적 반응을 편견이라 부른다(권석만, 2004).

2. 내현성격 이론

사람들은 다른 사람을 판단하는 경우에 여러 자료가 없어도 한두 가지 정보를 바탕으로 다양한 영역에서 그 인물에 대한 추측을 한다. 그 사회의 통념과 더불어 개개인이 사회생활을 하면서 나름대로 터득한 성격 이론을 갖고 있기 때문에 이를 적용하는 것이다. 이를테면, 입술이 얇은 사람은 신의가 없으며, 달변인 사람은 신중하지 못하다는 등 자신의 대인 경험을 통해 터득했거나 민간 속설, 관상학, 독서 등을 통해서 믿게 된 것들인데 이것을 내현성격 이론(implicit personality theory)이라고 한다. 이것은 학자들이 논하는 성격 이론이 아니라 일반인 누구나 나름대로 가지고 있는 성격 판단의 개인적인 틀로서 어떤 성격 특성이 서로 관련되어 나타난다고 여기는 것이다.

사람들이 지니고 있는 내현성격 이론의 체계를 분석한 결과에 따르면, 사람들은 타인을 도덕적 특성과 지적 특성의 두 차원에서 평가하는 것으로 나타났다. 한 연구(Wojciszke, Bazinska, & Jaworsky, 1998)에서 사람들이 타인에 대한 인상 형성에서 가장 알고 싶은 특징 열 가지를 적게 하여 집계한 결과 가장 공통적으로 많이 나타난 특성은 성실성, 솔직성, 쾌활성, 포용성, 충직성, 똑똑함, 이타성, 신뢰성, 친절성이었다(여기서 성실성은 대인 관계의 도덕성과 능력에 모두 해당하기 때문에 두 가지 특성으로 본다). 이 중 똑똑함을 제외한 여덟 가지는 대인 관계의 도덕성과 관련된 것이며, 두 가지만이 능력과 관련된 것이다. 이는 상대방의 도덕성에 대한 판단이 중요함을 의미하는데, 특히 남성보다 여성에게서 그러한 경향이 더욱 강하게 나타났다(이민규, 2004).

우리가 타인의 특성을 파악하려는 이유는 상대방과 어떠한 행위(예컨대, 사업을 같이 할 것인지, 비밀스러운 이야기를 해도 될 것인지, 돈을 빌려 주어도 될 것인지 등)를 해도 되는지를 판단하고자 하기 때문이다. 암묵적 성격 이론에 들어 있는 특성은 통상 논리적으로 그럴듯하게 연결되어 보이므로 사람들은 자신의 암묵적 성격 이론의 타당성에 대해 상당한 확신을 갖는 경우가 많다. 그러나 이 역시 검증되지 않은 정보이기 때문에 인상 형성의 편향을 많이 일으킨다(곽호완 외 2005; 윤가현 외, 1998).

V. 대인 매력

인간은 사회적 동물이므로 일상생활 속에서 끊임없이 주변 사람과 상호작용하며, 이러한 상호작용의 과정을 통해 어떤 사람에 대해 호감이나 반감을 갖게 된다. 호감은 친교 관계로 발전하게 만들고 반감은 적대적 행동을 하게 만든다. 이 때문에 사람들은 다른 사람의 호감을 얻을 수 있는 방법에 대해 관심을 갖는다.

그렇다면 우리는 어떤 사람에게 호감을 느끼는가? 심리학자들, 특히 사회심리학들은 이 문제를 오랫동안 연구해 왔고, 그 결과 몇 가지 요인이 호감에 영향을 준다는 사실을 밝혀냈다. 여기에서는 이 요인들에 대해 알아보고자 한다.

1. 근접성

근접성은 물리적 근접성과 관계적 근접성으로 구분할 수 있는데 여기에서는 물리적 근접성을 말한다. 물리적 근접성이란 물리적으로 얼마나 떨어져 있느냐 하는 것이다. 한편 관계적 근접성은 친밀성이라는 제목으로 나중에 다루도록 하겠다.

'이웃사촌'이라는 말이 있듯이 서로 멀리 떨어져 있는 사람들보다는 가까이 있는 사람들끼리 더 친해지기가 쉽다. 낯선 두 사람이 친구가 되는 데에는 그들이 얼마나 지리적으로 가까이 살고 있는가 하는 것이 중요한 역할을 한다. 초등학교 시절 친구를 한번 떠올려 보라. 그들은 당시 어디에 살고 있었는가? 아마도 그들은 당신의 집과 멀리 떨어지지 않은 곳에 살았을 것이다. 친한 친구도 물리적으로 멀리 떨어져 살게 되면 멀어지기가 쉽다. 저자의 경우도 학창 시절 가깝게 지낸 친구들이 있었는데 그들이 직장을 따라 타 도시로 이사를 간 후에는 점차 연락이 뜸해지다가 지금은 그들이 어디서 무엇을 하고 지내는지도 잘 모른다.

인간관계에서 물리적 근접성의 중요성을 처음 체계적으로 증명한 사람은 미국의 사회학자 Bossard다. Bossard는 5000명의 사람들을 대상으로 한 조사에서 34%에 달하는 사람이 5블록 이내에 거주하고 있는 사람과 결혼했다는 것을 밝혀냈다. 두 사람이 처음 만났을 때 같은 건물에 살고 있었다고 응답한 경우도 12%에 달했다. 또한 Bossard는 거리가 멀면 멀수록 결혼 성공률이 낮아진다는 점도 발견했다. 이러한 결과를 두고 Bossard는 "큐피드는 화살은 갖고 있지만 멀리 날아가지는 못한다."라는 유명한 말을 남겼다. 어떤 심리학자는 미래의 결혼 상대가 반경 70m 내에 있다는 극단적인 주장을 하기도 했다(이철우, 2008).

근접성의 중요성을 보여 주는 또 하나의 예는 대학 기숙사 단지에 사는 기혼 대학원생 간의 우정에 대한 연구(Festinger, Schachter, & Back, 1950)를 통해 볼 수 있다. 연구자들은 학생들이 기숙사에 입사한 6개월 후에 소시오메트릭 테스트[1]를 실시하였는데, 그 결과 학교 기숙사에서 형성된 교우 관계는 방의 위치와 상호 관련이 있는 것으로 나타났다. 문이 가까이 있는 사람들이 친구가 되는 경향이 가장 높았고, 중앙의 정원을 마주보고 있는 집의 사람들이 정원 밖을 향하고 있는 집의 사람들보다 그 기숙사 내에서 2배 이상 많은 친구를 사귀었다.

근접성 효과는 메릴랜드 주의 경찰학교에 대한 연구에서도 발견되었다(Segal, 1974). 훈련학교에서, 학생들의 기숙사 방과 수업 시간의 자리를 모두 그들의 이름 철자 순서로 끊어서 배치한 다음 6개월이 지난 후에 참가자들에게 훈련 집단에서 자신과 가장 가까운 친구 세 명을 말해 보게 하였다. 그 결과 이름을 철자 순으로 나열했을 때 철자가 가까운 훈련생들이 그렇지 않은 훈련생들보다 훨씬 더 친해지는 경향이 있었다.

이를 통해 우리는 근접성이 대인 매력에서 중요한 요인으로 작용한다는 것을 알 수 있다. 그러면 왜 근접성이 대인 매력을 촉진시킬까? 그 이유는 다음과 같이 설명해 볼 수 있다. 첫째, 가깝게 사는 사람은 만날 기회가 많

1) 인간관계나 집단의 역동성을 분석하기 위한 방법 중 하나로, 한 집단 내에서 개인 상호 간의 매력, 배척, 무관심의 정도를 조사한다.

기 때문에 친해질 수 있다. 자주 접촉하면 친숙해지고 호감도가 증가하는 경향이 있기 때문이다. 둘째, 가까이 사는 사람은 큰 노력 없이 쉽게 접촉할 수 있기 때문에 만남의 부담이 적다. 물리적 거리가 멀어지면 그만큼 사귀는 데 심리적 부담이 증가한다. 따라서 근접성은 경제적인 접촉을 가능하게 하여 인간관계를 촉진한다. 셋째, 가까이 사는 사람은 서로 유사한 경우가 많기 때문에 친해지기 쉽다. 비슷한 지역에 사는 사람들은 흔히 사회경제적 수준, 교육 수준, 취미, 가치관 등이 유사한 경우가 많아 공감대가 넓다. 마지막으로, 가까이 사는 사람과는 친밀한 관계를 형성해야 한다는 인지적 압력이 친교의 노력을 증진시킬 수 있다. 이웃과 불편한 관계를 맺는 것은 서로 고통스러운 일이다. 따라서 이웃사람에 대해서는 친밀하고 긍정적인 관계를 맺으려는 노력을 더 많이 기울이게 된다는 것이다(김원형 외, 2009).

2. 유사성

사람은 인생을 살아가는 태도나 마음가짐, 가치관, 의식구조 등이 비슷한 사람을 그렇지 않은 사람보다 더 좋아하는 경향이 있다. 이를 유사성의 원리라 하는데, 동양의 '유유상종'이라는 말과 서양의 '같은 깃털을 가진 새끼리 모인다'는 속담은 이를 두고 말하는 것이다. 우리는 흔히 배우자나 친구를 택할 때, 나와 비슷한 배경을 가진 사람을 선택하는 경향이 있다(강문희 · 이광자 · 박경, 1999).

유사성이 친밀도에 미치는 영향을 알아보기 위한 한 실험에서는, 처음부터 태도가 비슷한 짝과 비슷하지 않은 짝을 만들어 한 방에 살게 한 후 일정한 기간이 지나 그들이 각각 얼마나 친해졌는지 살펴보았다. 그 결과 태도가 비슷한 짝의 친밀도가 더 높았다. 이러한 결과는 태도나 취미 등의 유사성이 대인 관계를 촉진하는 원인이 된다는 것을 입증해 준다(권석만, 2004;

김원형 외, 2009). Byrne(1971)은 은행 간부들이 자신과 유사한 태도를 지닌 사람에게 더 많은 돈을 대부해 주며, 형사 재판에서 배심원들이 자기 자신과 비슷한 태도를 갖고 있는 피고에 대해 좀 더 관대한 마음과 이해를 지니고 있다는 것을 발견했다(강문희 외, 1999). 이처럼 많은 연구에서 유사성, 특히 태도 유사성은 대인 매력을 결정짓는 중요한 요인으로 밝혀졌으며, Shaw와 Costanzo(1982)는 대인 매력을 두 사람 간의 태도 유사성의 함수라고 보았다.

그렇다면 유사성은 왜 서로에게 끌리도록 만드는가? 첫째, 서로 유사하면 상대방의 속성을 이해하기 쉽고 두 사람 사이에 일어날 접촉의 성격을 예상하기 쉽다. 따라서 심리적 부담을 감소시켜 접촉을 용이하게 한다. 둘째, 우리는 유사한 상대에 대해서 그가 자신을 좋아할 것이라고 기대하는 경향이 있다. 따라서 상대방과의 관계에 대한 긍정적 기대가 친교 행동을 촉진시킬 수 있다. 셋째, 유사한 사람 간의 관계는 서로에게 보상을 가져다준다. 유사한 사람끼리는 서로의 태도나 의견에 대해서 공감과 강화를 많이 주고받게 되므로 긍정적 체험을 경험할 수 있다. 이에 더해 태도나 취미가 유사한 사람과는 함께 행하는 공통적인 활동이 많아져 접촉의 기회가 증대되므로 친한 사이로 발전할 수 있다(권석만, 2004).

3. 친밀성

대인 매력에서 물리적 근접성만큼 중요한 것이 관계적 근접성이다. 관계적 근접성은 인간관계에서 얼마나 친밀한가를 의미한다. 사람들은 관계적 근접성이 높은 사람과 연애를 하거나 결혼을 한다. 결혼한 커플들에게 어떤 계기로 만나 결혼을 했는지 물어보면 관계적 근접성이 얼마나 중요한 요인인지 알 수 있다.

부부가 만난 계기에 대한 조사 결과를 살펴보면, 직장이나 일로 만나 연인으로 발전된 경우가 30% 이상으로 가장 많았다. 하루의 대부분을 직장에서 보내다 보니 자주 만나고 부대끼며 정이 들어 연인으로 발전할 가능성이 많아진 것이다. 사내 커플이 많은 것은 어찌 보면 당연한 일이다. 사내 커플의 뒤를 이어 2위를 차지하고 있는 것은 친구, 형제, 자매의 소개를 통한 만남이다. 동생의 친구와 연인으로 발전한다든지, 친구의 동생과 결혼하는 경우가 이에 해당한다.

사람이란 자주 보면 볼수록 호감을 느끼게 마련이다. 사회심리학에서는 이러한 현상을 단순 접촉 효과(mere exposure effect)라고 부른다. 미국의 사회심리학자인 Robert Zajonc는 실험을 통해 단순 접촉이 상대방에 대한 호감도를 높여 준다는 것을 밝혀냈다. 우선 Zajonc는 미시간 주립대학교의 졸업 앨범에서 12장의 사진을 골랐다. 실험에 참가한 학생들이 전혀 모르는, 졸업한 지 오래된 인물들을 찾아 1초당 2장꼴로 학생들에게 보여 주었다. 사진을 보여 주는 횟수에 따라 0번, 2번, 5번, 10번, 25번의 5개 집단으로 나누어 각 조건별로 2장씩의 사진이 할당되었다. 그런 다음 차례대로 사진을 보여 준 후 기억 테스트라는 명목으로 사진을 얼마나 잘 기억하고 있는지 측정해 보았다. 아울러 사진 속의 인물들에 대한 호감의 정도도 함께 평가했다.

그 결과 많이 보여 준 사진일수록 호감의 정도가 높게 나왔다. 특히 25번 보여준 사진의 경우 전혀 보여 주지 않았던 사진보다 호감의 정도가 1.5배 이상 높았다. 사람마다 자신이 좋아하는 유형의 얼굴이 있을 법한데도 단지 여러 번 보았다는 이유만으로 인물에 대한 호감의 정도가 상승한 것이다.

또 다른 실험에서도 단순 접촉 효과의 결과는 비슷했다. 4명의 여학생을 한 수업에 같이 출석시키는데, 각각 15번, 10번, 5번, 0번으로 출석 횟수를 달리해서 수업에 참석하도록 했다. 그런 다음 학기말 마지막 수업에서 4명의 여학생에 대한 호감의 정도를 평가해 보았다. 그 결과 15번 출석한 여학생에 대한 호감의 정도가 가장 높았으며, 출석 횟수가 적을수록 호감의 정도도 낮았다.

이러한 경향은 실제 상황에서도 그대로 나타나 단순 접촉 횟수가 증가할수록 상대방에 대한 호감의 정도도 높아졌다. 또한 사람을 볼 때만이 아니라 음악, 미술 및 아무 의미가 없는 문자열까지도 자주 본 것을 좋게 평가했다. Zajonc는 학생들에게 한자와 터키 문자를 보여 주었는데, 미국 학생들 입장에서는 생전 처음 보는 데다 의미도 몰랐지만 한자와 터키 문자를 우수하다고 평가했다.

친숙성의 효과는 인간관계에서도 마찬가지다. 즉, 자주 접하는 사람에게 호감을 느끼게 되어 친한 관계로 발전하는 경향이 있다. 이러한 경향은 생물학적인 적응 가치를 지니고 있다. 원시적인 생활 조건에서 자주 접하는 사람은 양육자나 보호자이므로 이러한 사람들에 대해서 호감과 애착 행동을 나타내는 경향성은 보살핌과 보호의 기회를 증가시킨다. 따라서 낯선 사람보다는 친숙한 사람에게 호감을 느끼는 것이 생존 가능성을 높여 준다. 또한 친숙한 사람은 잘 알고 익숙하기 때문에 그 사람의 행동을 이해하고 예측하기가 쉽다. 이러한 예측 용이성이 친숙한 사람에 대해 편안함과 호감을 느끼게 하는 이유가 될 수 있다.

그러면 친밀성이 왜 호감을 증진시키는가? 접촉의 반복은 분명히 어떤 사람들에 대한 우리의 인식을 증가시켜 주며 이것은 그들이 좋아하는 것에 대해서 도움이 되는 첫 단계가 될 수 있다. 사람들이 더욱 친숙해짐에 따라 상대방에 대한 예측은 더 가능해진다. 우리는 여러 장소에서 어떤 사람을 자주 보게 될수록 그 사람을 더 잘 알게 될 기회를 얻으며 그 사람의 행동에 대해 더 잘 예측할 수 있게 된다. 따라서 우리는 그 사람이 있을 때 더 마음이 편해지게 된다고 할 수 있다. 따라서 사람들은 친숙해질수록 자신이 상대방과 더 유사할 것이라고 가정한다. 그러므로 유사성을 느낌에 따라 상대방에 대한 호감은 증가하는 것이다(나인표 · 한병철, 1996).

하지만 반복된 접촉이 항상 호감을 증가시키는 것은 아니다. 적어도 싫지 않은 자극에 대해서는 반복 접촉이 호감을 증진시키는 경향이 있지만, 불쾌감을 느끼는 자극에 대해서는 단순 접촉 효과가 나타나지 않는다. 오히려 싫어하는 사람을 자주 만나면 혐오감이 더욱 강화될 수도 있다. 그뿐만 아니라 긍정적인 대상일지라도 접촉의 빈도가 어느 수준을 넘어서면 오히려 호감도가 감소하는 과노출 효과(over-exposure effect)가 나타나기도 한다(권석만, 2004).

4. 좋은 특성

대개 우리는 상대방의 개인적인 특성을 보고 그 사람에 대한 호감을 형성한다. 상대방에 대한 호감에 영향을 주는 개인적인 특성은 다양한데 신체적 매력, 성격, 능력이 가장 큰 영향력을 미치는 것으로 알려져 있다.

1) 신체적 매력

신체적 매력만큼 대인 매력에 큰 영향을 주는 요소는 아마도 없을 것이다. 신체적 매력은 특히 이성 간의 대인 매력에 커다란 영향력을 발휘한다. 신체적 매력은 선천적으로 타고나는 측면이 강해 이것에 의해 호감도가 결정되는 것은 대단히 불공평한 것이라고 할 수 있다. 충분히 교육받고, 타인과의 많은 관계의 경험을 가지고 있는 대다수의 합리적인 인간이라면, 상대방의 성품이나 교양 및 기타 개인적 속성을 고려하여 호감도를 결정하는 것이 상식적인 일이라는 것을 알고 있다. 그러나 실제 행동에 대한 연구는 이성적인 판단과는 다르게 나타남을 보여 주고 있다(나인표 · 한병철, 1996).

한 연구에서 대학 신입생들을 대상으로 '컴퓨터 댄스'를 개최하였는데, 이 연구에서 댄스 파트너는 컴퓨터에 의해 무작위로 선정되었다. 댄스가 끝난 후 댄스 참석자들에게 자신의 댄스 파트너가 얼마나 마음에 들었는지 그리고 앞으로 그 파트너와 다시 데이트를 하고 싶은지에 대해 물어본 결과 댄스 파트너에 대한 만족도와 향후 데이트 여부의 주 결정 요인은 남녀 모두 신체적 매력으로 나타났다(Walster, Aronson, Abrahama, & Rottmann, 1966).

신체적 매력의 중요성은 데이트나 결혼 패턴에서만 국한되는 것이 아니다. 예컨대, 잘생긴 아이들(5~6세)이 그렇지 못한 아이들보다 또래에게 더 인기가 있었고(Dion & Berscheid, 1974), 생후 6개월 된 영아조차 매력적이거나 매력적이지 않은 여자, 남자 또는 유아의 사진을 볼 수 있는 기회가 주어졌을 때 매력적인 얼굴의 사진을 보는 데 더 많은 시간을 보냈다(Ramsey, Langlois, & Marti, 2004). 이렇듯이, 외모나 신체적 매력은 호감을 결정하는 매우 중요한 요인이다.

그러면 사람들은 왜 그렇게 외모에 집착하는 걸까? 1960년대 이후 다양한 사회심리학 실험을 통해 서구 사회에서는 '미는 곧 선(beauty is good)'이라는 고정관념이 정착되었다. 사람들이 외모에 집착하는 가장 큰 이유는 바로 고정관념 때문이다. 고정관념이란 지역감정과 같이 뚜렷한 근거 없이 이루어지는 감정적인 사고로서, 이것은 사람의 행동을 무의식의 차원에서 규정하여 생각하기 이전에 이미 몸으로 반응한다는 이야기다. 고정관념과 같은 사고방식이 좋지 않다는 것은 누구나 알고 있다. 하지만 그러한 사고방식에서 쉽게 벗어나지 못한다. 외모의 경우 사람들은 아름다운 여성이나 잘생긴 남성은 인간성도 좋다고 믿는다. 우리 식으로 이야기하자면 '보기 좋은 떡이 먹기에도 좋다'는 것이다(이철우, 2008).

매력적인 사람을 좋아하는 데에는 또 다른 이유가 있다. 잘난 사람과 함께할 때 사람들은 자신이 더 좋은 평가를 받는다고 생각하기 때문이다. 실제로 사람들은 이성 파트너가 잘생기고 예쁜 여자나 남자를 보면 그렇지 않은 경우보다 더 괜찮은 사람으로 평가한다. 즉, 외모가 수려한 사람과 사귀려고 하는 이유 중의 하나는 그런 사람과 있음으로 해서 자신의 주가가 올라간다는 것을 알기 때문이다. 사람들에게 외모의 매력 정도에 차이가 나는 부부의 사진을 보여 주면서 남편을 평가하게 한 연구가 있다. 연구 결과 못생긴 남자와 미모의 여자가 짝이 된 커플이 잘생긴 남자와 못생긴 여자, 남녀 모두 못 생긴 경우, 둘 다 잘생긴 경우와 비교했을 때 여러 가지 점에서 가장 높은 점수를 받았다. 매력적인 여자를 아내로 삼은 초라해 보이는 남자는 지위가 높거나 가진 것이 많을 것이라고 사람들이 추측했기 때문이다. 이처럼 매력 있는 짝과 함께 있을 때 사회적인 지위나 자존심이 고양되는 것을 방사 효과(radiation effect)라고 한다.

하지만 자신이 아름답지 않고 못생겼다고 해서 너무 부정적으로만 생각할 필요는 없다. 다행히 잘생기지 못한 사람에게도 희망은 있다. 신체적 매력의 영향 정도는 결혼 상대를 선택하는 데는 그다지 영향을 주지 못한다는 연구 결과가 있기 때문이다(Stroebe, Insko, Thompson, & Layton, 1971). 또한 아름답고 멋지게 생긴 사람들에 대한 부정적인 편견도 있다. 예를 들어, 매력적인 여자는 덜 매력적인 여자에 비해 허영심이 많고, 더 돈을 밝히며, 자기 남편에 대해 불성실할 것이라고 판단하는 경향이 있다(Cash & Duncan, 1984). 우리 속담에 잘생긴 여자가 소박맞는 경우는 있어도 못생긴 여자가 소박맞는 경우는 없다는 말이 있다. 매력적인 사람은 성장 과정에서 별다른 노력없이 외모만으로도 타인의 관심과 애정을 받아왔을 가능성이 높다. 그러나 결혼 생활과 같이 장기적으로 유지되어야 하는 관계에서는 외모보다 상대방에 대한 공감능력이나 성실성과 같은 성격적인 요인이 더 중요하게 작용할 것은 자명한 사실이다. 생각보다 아름다움의 영향력은 지금까지 살펴보았던 증거만큼 크지 않을 수도 있다. 37개국 사람들을 대상으로 행해진 비교문화적 연구의 결과(Buss, 1985)는 친절함과 이해심 같은 성격적 특성들이 신체적 매력보다 더 중요함을 보여 준다(이민규, 2004 재인용).

2) 성격

앞에서 살펴본 바에 의하면, 우리는 자신과 유사한 특성을 가진 사람을 좋아하는 경향이 있다. 그렇다면 성격의 경우는 어떨까? 즉, 사람들은 자기와 성격이 비슷한 사람을 좋아할까, 아니면 자신과 전혀 다른 성격을 가진 사람을 좋아할까? 결론부터 말하자면, 자기와 비슷한 성격을 가진 사람을 좋아하는 유사설이나 자기와 성격이 다른 사람을 좋아하는 상보설 모두 맞지 않다.

일본의 심리학자 나카자토의 연구가 이를 잘 보여 주고 있다. 인간 성격의 기본 축의 하나인 외향성과 내향성의 경우, 만약 유사설이 맞다면 외향적인 사람은 외향적인 사람을, 내성적인 사람은 내성적인 사람을 좋아해야 한다. 또한 상보설이 맞다면 외향적인 사람은 내성적인 사람을, 내성적인 사람은 외향적인 사람을 좋아해야 한다. 그러나 나카자토의 연구 결과는 이러한 입장과는 거리가 있었다. 즉, 외향적인 사람과 내성적인 사람 모두 외향적인 사람을 좋아했던 것이다. 이러한 결과는 성격에는 유사설과 상보설 모두 타당하지 않고 사람들이 좋아하는 성격은 따로 있다는 것을 보여 준다. 그렇다면 사회적으로 바람직하다고 여겨지는 성격에는 어떠한 것들이 있을까?

일본의 사회심리학자 마츠이가 남녀 직장인과 대학생을 대상으로 연구한 바로는 여성이 가장 좋아하는 남성의 성격은 '배려심이 있는 성격'이다. 배려심 있는 남성을 좋아한다는 여성은 62%로 거의 3분의 2 수준에 달하고 있었다. 그 뒤를 상냥하고 부드러움, 성실함, 활기참 등의 성격이 잇고 있다. 간단하게 말하면, 여성은 상냥하고 부드러우면서 상대방을 배려하는 남성을 가장 좋은 연인 상대로 생각하고 있는 것이다. 한편, 남성이 좋아하는 여성의 바람직한 성격은 여성과 조금 달랐다. 가장 좋아하는 성격은 명랑한 성격으로, 64%가 선호하고 있었다. 그 뒤로 청결한 여성, 솔직한 여성 순이었다.

이상적인 남성과 여성에 대한 사람들의 지각에 관한 대규모 설문 조사는 대부분의 사람이 신용, 성실, 따뜻함, 관대함 및 사랑에 대한 능력과 같은 특성을 높이 추구한다는 것을 나타냈다(Tavris, 1977). 유사한 연구 결과가 영국의 대학생과 데이트 중인 사람들을 대상으로 한 낭만적 상대에게 선호하는 성격 특성에 관한 최근 연구에서 보고되었다(Goodwin, 1990). 즉, 대부분의 사람이 선호하는 특성은 친절함, 사려 깊음, 정직, 유머였다. 데이트 상대를 선택할 때의 선택 기준을 조사한 또 다른 연구(Kenrick, Keefe & van Heck, 1993)에서, 미국 대학생은 정서적으로 안정되고, 편안하고, 친절하고, 재미있고, 유머 감각이 좋은 특성에 높은 점수를 주었다(이철우, 2008 재인용).

이상의 연구 결과를 종합해 보면, 사람들은 대체로 성실하고, 정직하고, 명랑한 사람에게 호감을 가지며, 정직하지 못하고 남을 속이려 들거나 오만한 사람에게 반감을 갖는 것으로 나타났다.

3) 능력

일반적으로 사람들은 유능한 사람을 그렇지 않은 사람보다 더 좋아한다. 무능한 사람보다는 유능한 사람에게 보상을 더 많이 받을 수 있기 때문이다. 그러나 지나치게 유능하고 완벽한 사람은 오히려 위협적으로 느껴져서 호감을 얻지 못하는 경우도 있다. 흥미롭게도, 아주 유능한 사람의 경우는 실수가 오히려 그 사람에 대한 호감을 증가시키기도 한다. 예컨대, 아인슈타인은 세계적인 천재지만 매우 엉뚱한 실수를 많이 저지른 사람으로 유명하며, 이런 점이 많은 사람으로 하여금 그를 좋아하게 만들었다. 이것은 유능한 사람이 약간의 실수를 했을 때 그 사람을 더 인간적으로 보이게 만들어 호감이 높아진다는 것을 의미한다(윤가현 외, 1998).

학습 과제

1. 왜 과거에 비해 오늘날 인상 형성에 대한 관심이 더 높은지 설명하시오.
2. 인상 형성에 사용되는 정보의 상대적 영향력에 대해 조사하시오.
3. 인상 정보의 통합 원리에 대한 자신의 견해를 밝히고, 그 이유를 말하시오.
4. 대인 매력에 영향을 주는 요인에 성차가 있는지 조사하시오.

참고문헌

강문희, 이광자, 박경(1999). 인간관계의 이해. 서울: 학지사.

곽호완, 김영환, 박영신, 진영선, 장문선, 조현춘, 최광선(2005). 일상심리학의 이해. 서울: 시그마프레스.

권석만(1984). 심리학개론. 서울: 박영사.

권석만(2004). 젊은이를 위한 인간관계의 심리학(개정판). 서울: 학지사.

김원형, 남승규, 이재창, 우석봉(2009). 심리학의 이해와 적용. 서울: 학지사.

나인표, 한병철(1996). 대인 매력 요인이 LMX의 질에 미치는 영향. 기업경영연구, 4, 65-98.

박지영(2006). 유쾌한 심리학. 서울: 파피에.

손영화(2010). 생활과 심리학. 서울: 학지사.

윤가현, 권석만, 김문수, 남기덕, 도경수, 박권생, 송현주, 신민섭, 유승엽, 이영순, 이현진, 정봉교, 조한익, 천성문, 최준식(1998). 심리학의 이해. 서울: 학지사.

이민규(2001). 생각을 바꾸면 세상이 달라진다. 파주: 교육과학사.

이민규(2004). 현대생활의 적응과 정신건강. 파주: 교육과학사.

이위환, 김용주(2009). 현대사회와 인간관계론. 고양: 공동체.

이철우(2008). 심리학이 연애를 말하다. 서울: 북로드.

차재호(1995). 문화설계의 심리학. 서울: 서울대학교 출판부.

한규석(2009). 사회심리학의 이해(3판). 서울: 학지사.

한만기(2007). 비언어적 커뮤니케이션이 고객지향성에 미치는 영향: 인상 형성의 매개효과를 중심으로. 경기대학교 대학원 박사학위 논문.

현성용, 김교헌, 김미리혜, 김아영, 김현택, 박동건, 성한기, 유태용, 윤병수, 이봉건, 이순묵, 이영호, 이주일, 이재호, 진영선, 채규만, 한광희, 황상민(2008). **현대 심리학 이해(2판)**. 서울: 학지사.

Asch, S. E. (1946). Forming impressions of personality. *Abnormal and Social Psychology, 41*, 258-290.

Berry, D. S., & McArthur, L. Z. (1986). Perceiving character in faces: The impact of age-related craniofacial changes on social perception. *Psychological Bulletin, 100*, 3-18.

Buss, D. M. (1985). Human mate selection. *American Scientist, 73*, 47-51.

Byrne, D. (1971). *The attraction paradigm.* NY: Academic.

Cash, T., & Duncan, N. C. (1984). Physical attractiveness stereotyping among Black American college students. *Social Psychology, 122*(7), 1-77.

Dion, K., & Berscheid, E. (1974). Physical attractiveness and peer perception among children. *Sociometry, 37*, 1-12.

Festinger, L., Schachter, S., & Back, K. W. (1950). *Social Pressures in informal groups: A study of human factors in housing.* NY: Harper.

Goodwin, R. (1990). Sex differences among partner preferences: Are the sexes really very similar? *Sex Roles, 23*, 501-513.

Kelley, H. (1950). The warm-cold variable in first impression of persons. In W. Lesko (Ed.), *Readings in social psychology* (3rd ed., pp. 38-43). CA: Allyn & Bacon.

Kenrick, D. T., Keefe, R. C., & van Heck, G. (1993). Age and mate choice over the life span. In R. Kastenbaum (Ed.), *Advances in experimental social psychology* (pp. 75-121). CA: Academic Press.

Kruglanski, A. W., & Freund, T. (1983). The freezing and unfreezing of lay inferences: Effects of impressional primacy, ethnic stereotyping and numerical anchoring. *Experimental Social Psychology, 19*, 448-468.

Lau, R. R. (1982). Negativity in political perception. *Political Behavior, 4*, 353-378.

Luchins, A. S. (1957). Primacy-recency in impression formation. In C. I. Hovland (Ed.), *The order of presentation* (pp. 33-61). CT: Yale University Press.

Patzer, G. L. (1985). *The Physical Attractiveness Phenomena*. NY: Plenum Press.

Ramsey, J. L., Langlois, J. H., & Marti, N. C. (2004). Infant categorization of faces: Ladies first. *Developmental Review, 25*, 212-246.

Segal, M. W. (1974). Alphabet and attraction: An unobtrusive measure of the effect of propinquity in a field setting. *Personality and Social Psychology, 30*, 654-657.

Shaw, M. E., & Costanzo, P. R. (1982). *Theories of social psychology* (2nd ed.). NY: McGraw-Hill.

Stewart, R. H. (1965). Effect of continuous responding on the order effect in personality impression formation. *Personality and Social Psychology, 1*, 161-165.

Stroebe, W., Insko, C. A., Thompson, V. D., & Layton, B. D. (1971). Effects of physical attractiveness, attitude similarity, and sex on various aspects of interpersonal attraction. *Personality and Social Psychology, 18*, 79-91.

Tavris, C. (1977). Men and women report their views on masculinity. *Psychology Today, 10*, 34-39.

Taylor, S. E. (1981). The interface of cognitive and social psychology. In J. Harvey (Ed.), *Cognition, social behavior, and the environment* (pp. 182-

211). NJ: Erlbaum.

Ustinov, P. (1979). *Dear me*. NY: Penguin.

Walster, E., Aronson, E., Abrahama, D., & Rottmann, L. (1966). Importance of physical attractiveness in dating behavior. *Personality and Social Psychology, 4*, 508-516.

Wheeler, L., & Kim, Y. (1997). What is beautiful is culturally good: The physical attractiveness stereotype has different content in collectivistic cultures. *Personality and Social Psychology Bulletin, 23*, 795-800.

Wojciszke, B., Bazinska, R., & Jaworski, M. (1998). On the dominance of moral categories in impression formation. *Personality and Social Psychology Bulletin, 24*, 1251-1263.

헤럴드경제(2009. 1. 9.). 첫인상 중요성 다시 입증.

제3장

인간관계와 스트레스

김용수

학습 목표

1. 스트레스의 개념과 정의를 알아본다.
2. 다양한 장면에서의 인간관계 스트레스를 이해한다.
3. 다양한 스트레스 대처 방식을 알아본다.
4. 적응의 필요성과 바람직한 적응 양식을 이해한다.

I. 스트레스의 개념과 정의

스트레스의 개념과 정의는 시대에 따라 변해 왔으며 학문 분야에서는 연구자의 관심과 연구 분야에 따라 다양하게 정의되고 있다. 스트레스라는 용어는 영어권에서 15세기부터 압력 또는 물리적 압박의 뜻으로 사용되기 시작했으며, 17세기경 공학이나 건축 분야에서 일반화되기 시작하여 역경 혹은 곤란의 의미로 받아들여지다가 20세기에 들어서면서 질병이나 정신 질환의 원인으로 간주되었다. 스트레스를 처음으로 명명한 Selye(1976)는 "스트레스란 신체에 가해진 어떤 요구에 대하여 신체가 수행하는 일반적이고도 비특징적인 반응이며, 만약 어떤 변화 때문에 항상성이 무너지면 신체는 스스로 보호하기 위해 자기가 보유하고 있는 여러 가지 자원을 재정비(rearrangement)함으로써 대내적인 반응 태세를 취하게 된다."라고 하였다. 여기에서 스트레스란 반드시 불쾌한 것만은 아니며 신체가 재적응하는데 생물학적인 변화가 일어나도록 어떤 필요한 물질을 생산하는 것이기도 하다. 이러한 의미에서 Johnson(1987)도 적정 수준의 스트레스는 인간의 생존과 성장에 필수적 요인이 된다고 주장하였다.

이러한 다양한 개념의 스트레스는 현재까지 일반적으로 세 가지 모형으로 알려져 왔다. 자극으로서의 스트레스, 반응으로서의 스트레스, 관계론적 개념에서의 지각된 역동적 상호작용으로서의 스트레스가 그 세 가지다 (Cox, 1991; Laux & Vossel, 1982; Lazarus & Folkman, 1984).

첫째, 자극으로서의 스트레스(stimulus based model of stress)는 환경 내의 자극 특징을 스트레스로 보는 관점으로서 스트레스를 독립변인으로 취급한다. 스트레스인(stressor)은 스트레스를 일으키는 인자 또는 자극을 말하는데, 스트레스인에 대한 개념도 연구에 따라 달라지고 있다. 적응을 요구하는 것이 스트레스가 되므로 긍정적 · 부정적인 것에 관계없이 생활 사건(life event)이 곧 스트레스를 주는 사건이다(Holmes & Rahe, 1976). 반면, 생활 사건을 긍정적이냐 부정적이냐에 따라 구분하여 바람직하지 못하거나 부정적인 생활 경험이 스트레스인이 되기도 한다. 이도영(1990)은 학자들의 여러 견해를 종합 · 정리해 스트레스란 '개인으로 하여금 일상생활에서 위협과 좌절, 갈등과 불안 상태에 직면하게 하는 원인적 행동의 모든 것을 포함하는 개념'으로 보고 있다.

이와 같은 맥락에서 위협을 주거나 장애를 일으킬 수 있는 자극이 스트레스라고 볼 수 있다. 마찬가지로 수행을 최대화할 수 없는 것은 스트레스를 받고 있다는 것을 나타낸다. 스트레스는 지나치게 높거나 낮은 요구 수준 때문에 발생하며, 스트레스인(stressor)이 심리 생리적 질병을 일으키도록 하는 암시를 준다. 이 관계는 일반 이론(Generality theories)과 특수 이론(Specificity theories)으로 구분해서 이해할 수 있다. 일반 이론에 의하면 스트레스인의 영향은 몸 전체나 최소한 한 기관 전체에 의해 감지되고 그 결과 스트레스인은 사람들의 일반적인 질병을 예견한다고 한다. 반면, 특수 이론에 의하면 스트레스인은 특정 생물학적 과정에 의해 감지되어 암, 심장병과 같은 특수 질병을 일으킨다고 한다.

둘째, 반응으로서의 스트레스(response based model of stress)는 특정한 자극에 대한 반응을 스트레스로 보는 관점으로서 스트레스를 종속변인으로 취급한다. Selye(1956) 등은 외적 자극으로 일어나는 신체의 장애 반응을 스트레스라고 보았다. 따라서 어떤 반응증후군이 발생한다는 것은 동시에 스트레스가 발생한다는 것을 의미한다. 이와 같은 스트레스 반응은 생리적 · 심리적 · 행동적 차원으로 분류할 수 있으며, 스트레스 증상을 그와 같이 나누어 볼 수도 있다. 스트레스 증상은 스트레스 자극이 개인이 적응할 수 있는 차원을 넘어서거나, 개인이 스트레스에 제대로 대응하지 못했을 때 나타나는 생리적 · 심리적 · 행동적 작용으로, 스트레스 상황과 신체적 · 정서적 증상은 정적인 상관을 가지고 있음이 보고되었다.

스트레스인-스트레스 과정(stressor-stress process)의 중요한 한 측면은 스트레스인 때문에 일어나는 생리적 · 인지적 · 사회적 반응이다. 즉, 스트레스 자극으로 신체적 반응이 일어나는데 이것이 생리적 반응과 인지 · 정서적 기능의 변화뿐 아니라 행동까지 영향을 미친다고 했다. Selye(1956; 1982) 등의 초기 스트레스 정의에 따라 취해진 이 모형은 어떤 것이든 그 요구에 대한 신체의 비특이적 반응, 즉 적응을 요구하는 모든 자극에 대한 반응을 스트레스라고 보는 관점이다. Selye의 주요 관심은 생리적 기제에 있었다. 그는 이 방어 반응이 스트레스 유발 요인에 계속 혹은 반복적으로 노출되면 일반적 적응 증후군으로 알려져 있는 경계 반응기, 저항기, 소진기의 3단계를 거치며, 이것이 심각하고 오래 지속되면 질병을 야기한다고 했다(Selye, 1976).

스트레스를 이러한 신체 반응으로 정의한다면 생활의 모든 측면에서 항상성 유지는 늘 도전을 받고 있으므로 아주 심각한 경우를 제외하고는 스트레스 반응과 일상생활에서의 반응을 구별하기 어려울 수 있다. 또한 동일한 스트레스 반응이라 할지라도 서로 다른 자극에 의해서 유발되었을 가능성이 있는데, 이 개념에 의하면 무엇이 스트레스 자극 요인이고 무엇이 아닌지를 구별하기가 애매하다는 난점이 있다. 또한 이러한 관점은 스트레스 적응과 생리화학, 해부학, 신경조직에 대한 이해를 증진시키는 데 큰 공헌을 하였으나 스트레스 적응 과정에서 동반하는 인지적 · 정서적 요소를 포함하지 않았다는 점에서 그 한계가 있다(최해림, 1986).

셋째, 역동적 상호작용으로서의 스트레스(transactional model of stress)로서, 스트레스를 개인과 환경 간의 복잡하고 역동적인 상호작용으로 보는 관점이다. 이 관점은 스트레스가 심리적 과정에 근거한 개인의 지각적인 현상이라는 점을 강조한다. 이처럼 스트레스를 보는 관점이 자극과 반응 중심에서 인지적 측면을 강조하는 것으로 변함에 따라 그 개념도 바뀌어 갔다. Fleming, Baum과 Singer(1984)는 외부 환경으로부터의 위협이나 위험을 지각하는 것에서부터 그에 반응하는 것까지의 모든 과정을 스트레스로 보았다. 또한 스트레스가 생태학적이고 상호 역동적이며 순환적이라는 것을 강조하였다.

이와 같이 스트레스에 대한 정의는 관점에 따라 다양하게 표현된다. 하지만 공통적으로 개인의 자원을 초과해서 자신의 안녕이 위험하다고 평가되는 개인과 환경 간의 특정한 관계를 심리적 스트레스로 볼 수 있다(Lazarus & Folkman, 1984). 특히, 스트레스가 발생하는 데 상황에 대한 개인의 평가와 좌절 및 위협의 역학이 강조된다. 이 모형에서는 인간이 환경에 반응하는 동시에 환경에 영향을 준다는 상호 결정주의가 그 요점이며, 이것은 스트레스 예방 훈련의 중점이 된다(최해림, 1986). 김홍규(1990)는 스트레스란 위협을 주는 상황과 이러한 상황에서 경험되는 압력, 좌절, 갈등 및 불안에 대한 신체적 반응이라고 전제하였다. 그다음 '스트레스는 개인의 신체적 · 심리적 안정 상태를 위태롭게 하는 환경적 자극 조건인 동시에 개인의 정서체계 · 행동체계 · 생리체계에 변화를 가져오게 하는 것으로서 개인의 특유 반응을 야기하는 행동을 총칭한 개념'이라고 정의하였다. 한편, Cox(1991)는 스트레스란 개인과 환경 간의 특정한 관계로부터 야기된다고 결론내리고 환경적 요구와 개인의 반응능력 그리고 지각된 요구와 지각된 반응능력 간에 불균형이 있을 때 일어난다고 했다.

이상의 정의를 종합해 보면, 스트레스는 생활사에서 발생하는 압박이기는 하지만 인체에 무조건 나쁜 영향만 주는 것은 아니다. 적당한 스트레스는 건강이나 작업에 긍정적 영향을 주며 오히려 자극이 현저히 부족하거나 스트레스를 아주 적게 경험한 사람은 과업 수행이나 적응에 문제를 일으킬 수도 있다. 곧, 스트레스가 인체에 미치는 영향은 부정적인 관점에서는 개인의 에너지를 고갈시켜 정신적 질병을 초래하지만, 긍정적인 관점에서는 문제에 대한 바른 인식과 적응능력을 갖게 할 수도 있다는 것이다.

여기에서는 스트레스의 개념을 정의하는 데 개인이 환경과 상호작용하는 과정을 중시하는 관계론적 입장을 받아들이고자 한다. 그리고 이러한 관점에서 스트레스를 '개인에게 내적 또는 외적 요구가 생겼을 때 그 요구와 대처 능력 사이의 불균형에 대한 지각으로 유발되는 심리적 · 행동적 · 생리적 반응'으로 정의하고자 한다.

II. 인간관계 스트레스

인간관계 스트레스는 보는 관점에 따라 다양하겠지만 여기에서는 일상생활에 실질적으로 가장 많은 영향을 미치는 세 가지 영역으로서 가족 관계 스트레스, 직장 내 인간관계 스트레스, 학교에서의 인간관계 스트레스를 파악해 보고자 한다.

1. 가족 관계 스트레스

가족 관계 스트레스란 가족이 안정된 상태에서 혼란을 일으키는 압력이며, 개인과 가족이 시간의 흐름에 따라 발달과 변화를 해 나가는 과정에서 불가피하게 경험하는 가족체계 내의 긴장과 압력이다. 즉, 가족 관계 안에서 발생하는 스트레스는 불가피한 것으로 그 자체가 긍정적이거나 부정적인 의미를 가지지 않기 때문에 스트레스를 회피하기보다는 이것에 직면한 가족이 사건에 대해 어떻게 인지하고 대처하는지가 더 중요하다고 보았다. 이와 같이 스트레스는 가족체계 내에서 변화를 일으키기에 충분한 생활 사건으로 정의되며 스트레스를 유발하는 사건이나 상황, 요구에 대한 개인 혹은 가족의 신체적 · 정신적 반응으로 모아진다.

가족 관계 스트레스는 가족에 영향을 끼치는 생활 사건 스트레스원의 누적된 결과이며 결혼, 출산, 입학, 졸업, 자녀의 독립 등 예측 가능한 문제에서 생겨날 수도 있지만 가족 구성원의 죽음이나 질병, 이혼과 같은 예측 불가능한 사건에서 야기될 수도 있다. 가족 관계 스트레스는 변화를 일으킬 수 있는 잠재력을 지닌 생활 사건으로부터 기인하는데, 그러한 생활 사건에는 비통례적 사건과 통례적 사건이 있다. 비통례적 사건이란 홍수, 지진, 갑작스러운 실직이나 가족 구성원의 사망 등 예측 불가능한 것이며, 통례적 사건이란 임신, 자녀 출산, 자녀의 독립, 은퇴 등 가족의 성장 발달 과정에 속하는 예측 가능한 것이다. 가족 스트레스원은 의지적 스트레스와 비의지적 스트레스 사건으로 구분할 수 있다.

1) 주부가 지각하고 있는 가족 관계 스트레스

가족 관계 스트레스에 관한 선행 연구를 살펴보면 여성이 남성보다 가족 관계 안에서 스트레스를 더 많이 경험하고, 인지 수준 역시 높은 결과를 보여 준다. 이는 남녀의 사회화와 성격 특성, 스트레스에 대처하는 기술이 각기 다른 데서 기인한다고 볼 수 있다. 특히 한국 가족은 자녀의 입시를 비롯하여 자녀 교육과 가정생활에 대한 책임을 여성에게 떠맡기고 있기 때문에 여성의 가족 관계 스트레스 수준이 높다는 것을 이해할 수 있다.

그래서 주부와의 직접적인 면접을 통해 주부가 지각하는 가족 관계 스트레스를 구체적으로 조사해 본 결과, 〈표 3-1〉과 같이 분석되었다(김용수, 2010).

주부가 지각하는 스트레스 중 첫째, '부부 관계 스트레스'는 자녀 양육 갈등, 가사 분담 비협조, 성격 차이, 여가 생활 불일치, 남편의 건강관리 소홀 및 시댁에 대한 남편의 애착 등의 세부 영역으로 분류된다. 둘째, '자녀 관계 스트레스'는 자녀의 불만족스러운 생활 태도, 자녀의 부적응 행동, 자녀의 저항 행동 및 부모 역할의 어려움의 세부 영역으로 분류되며, 자녀의 불만족스러운 생활 태도의 구체적인 예로서 형제 싸움, 컴퓨터 사용 과다, 편식 습관, 정리정돈 불량, 느린 행동 등이 보고되었다. 자녀의 부적응 행

〈표 3-1〉 주부가 지각하는 가족 관계 스트레스

영역	세부 영역	
부부 관계	자녀 양육 갈등	
	가사 분담 비협조	
	성격 차이	
	여가 생활 불일치	
	남편의 건강관리 소홀	
	시댁에 대한 남편의 애착	
자녀 관계	자녀의 불만족스러운 생활 태도	형제 싸움
		컴퓨터 사용 과다
		편식 습관
		정리정돈 불량
		느린 행동
	자녀의 부적응 행동	친구 관계 부적응
		학습 부적응
		과소비/충동구매
		거친 언행
	자녀의 저항 행동	불만 표현
		가사 분담 거부
		지시 불이행
	부모 역할의 어려움	의사소통의 한계
		부모 역할의 한계
친족 관계	시댁 식구와의 갈등	시부모님과 갈등
		시댁 형제와 갈등
	친정 식구와의 갈등	친정 부모님과 갈등
		친정 형제와 갈등

출처: 김용수(2010). 알아차림 프로그램이 주부 자원봉사자의 스트레스 감소에 미치는 효과. 상담학연구, 11(3).

동으로는 친구 관계 부적응, 학습 부적응, 과소비 혹은 충동구매, 거친 언행 등을 보고하였고, 자녀의 저항 행동으로는 불만 표현, 가사 분담 거부, 지시 불이행 등이 있으며, 마지막으로 부모 역할의 어려움에는 의사소통의 한계 및 부모 역할의 한계 등을 보고하였다. 셋째, '친족 관계 스트레스'는 시부모님과 시댁 형제를 포함하는 시댁 식구와의 갈등 및 친정 부모님과 친정 형제를 포함하는 친정 식구와의 갈등으로 분류되고 있다.

2) 아동이 지각하고 있는 가족 관계 스트레스

아동이 느끼는 스트레스의 영역 중 가족 관계 스트레스는 아버지와의 관계, 어머니와의 관계, 형제자매와의 관계로 분류된다. 이를 간단히 나타내면 〈표 3-2〉와 같다(김용수, 2008).

이 표에 따라 아동이 지각하는 가족 관계를 해석해 보면, 아동은 가족 중 어머니와의 관계에서 많은 접촉이 이루어지고 스트레스도 많이 발생하며 형제자매와의 관계에서 빈번한 접촉과 그에 따른 어려움을 경험하고 있는 것으로 나타난다. 그리고 가장인 아버지와의 관계에서는 아버지의 사고 발

〈표 3-2〉 초등학교 아동이 지각하는 가족 관계 스트레스

영역	관련 보고 내용
아버지와의 관계	아버지의 사고 발생을 걱정 / 아버지의 자세 불안 지적 / 아버지의 잔소리 / 아버지의 부재에 대한 걱정
어머니와의 관계	어머니와 싸움 / 어머니와의 화해에 대한 갈등 / 어머니의 학습 재촉 / 싸움으로 인한 학업 집중도 저하 / 과제 수행 지체에 대한 질책 / 어머니의 질병 /질책 예상에 따른 긴장 / 과제 미수행에 대한 질책 불안 / 자세 불안 지적 / 어머니의 심부름 요청 거부 / 어머니의 동생 편애 / 어머니에 대한 두려움 / 학원 등원 지체에 대한 질책 / 텔레비전과 컴퓨터 사용의 제한 / 어머니의 인신공격성 비난
형제자매와의 관계	장애가 있는 언니를 위한 놀이 상대 / 언니의 매서운 가르침 / 오빠와의 싸움 / 언니의 과다 과제 부과 / 어머니의 출근으로 인한 동생 보호 / 오빠의 급한 성격 /어머니 부재 시 동생과의 싸움과 부상에 대한 불안 / 동생의 통제 어려움 / 언니의 컴퓨터 독차지 / 동생의 내 물건 무단 사용 / 동생의 양보 거부 / 동생과의 분쟁에 대한 부모의 편파적 질책

출처: 김용수(2008). 아동명상프로그램이 초등학교 아동의 스트레스 감소에 미치는 효과. 상담학연구, 9(2).

생과 아버지 부재에 대한 걱정 · 불안이 이채로우며, 그 외에 아버지의 지적과 잔소리를 아동이 아버지와의 관계에서 스트레스로 경험하고 있다.

2. 직장 내 인간관계 스트레스

직장인의 직무 만족을 구성하는 요소로서 직장 내에서 형성할 수 있는 동료와 상사로 대표되는 인간관계는 중요하며, 이러한 대인 관계가 동기부여에도 중요한 역할을 한다(Hackman & Oldham, 1980). 이처럼 작업 집단에서 조직 구성원 간 대인 관계의 질은 개인 및 조직 건강에 중요한 요인이다. 대인 관계 요인이 중요한 이유는, 조직 내 동료 및 상사와의 단결을 중요시 여기는 조직에서 매끄럽지 못한 대인 관계가 중대한 스트레스 원인이 되어 직무 태도에 부정적인 결과를 초래하기 때문이다. 또한 이러한 대인 관계의 중요성이 개인의 성향에 따라 많은 차이를 보일 수 있기 때문이다(Cooper & Marshall, 1978).

대인 관계 스트레스는 대부분의 직무상 대인 관계 상황을 대인 관계의 인지, 인정, 동질성 및 개인의 욕구와 관계있는 것으로 전제하고 있다. 동료 간에 발생하는 스트레스는 첫째, 종사원 스스로 자신의 업무 행동을 계획하고 통제하지 못하여 발생하는 작업 시간의 손실 정도 둘째, 대인 관계로 인한 업무 성과와 업무 추진의 방해 정도 셋째, 자신과 동료 간의 지원이나 협조 부족 넷째, 직무 수행과 관련한 정보 교류 정도 다섯째, 과다 경쟁에 따른 동료 간의 갈등 정도로 측정된다(Matteson & Ivancevich, 1982). 특히, 상사와 동료 간의 사회적 상호작용이 직무 스트레스와 정신적 고갈(burnout)의 가장 중요한 원천이며, 조직 구성원의 대인 관계가 디스트레스(distress), 심리적 좌절감, 갈등 등을 발생시킬 수 있다. 또한 대인 관계에서의 부정적인 경험은 구성원의 직무 만족과 조직 몰입에 부정적 영향을 미치는 중요한 요인이라고 할 수 있다.

Cooper와 Marshall(1986)은 부하와 상사 간에 발생할 수 있는 스트레스를 부하가 상사의 지시를 따르지 않는 정도, 부하가 상황과 정보를 전하는 데의 불안정성, 부하 스스로 자신의 능력에 대한 신뢰성의 결여 정도, 상사의 선호와 상반되는 행동의 빈도 등으로 측정한다고 하였다. 그리고 Spector, Dwyer와 Jex(1987)는 작업 시 대인 간 갈등이 불안, 좌절, 직무 불만족과 유의한 정적인 상관관계가 있다고 하였다. 그들은 정신병원의 간호사를 대상으로 상사 및 동료와 맺은 인간관계 유형이 보여 주는 감정적 · 정신적 문제와의 연관성을 연구하였는데, 근무하기에 즐겁지 않은 상사와 동료가 중요한 스트레스 원인이라는 것을 확인하였다.

상사 및 동료와의 관계에서 신뢰도는 직무 만족과 대인 관계 스트레스에 많은 영향을 미친다. 또한 직장인의 절반 이상이 회사 업무보다 대인 관계로 더 스트레스를 받고 있는 것으로 나타났다. 취업포털 커리어(www.career.co.kr)에 따르면 최근 직장인 1,473명을 상대로 '직무와 대인 관계 중 어느 쪽이 더 큰 스트레스 요인인가'를 물은 결과 응답자의 59.3%가 '대인 관계 스트레스가 더 크다'고 답했다. 이들은 스트레스 요인을 주로 제공하는 사람(복수 응답)으로 상사(65.9%)를 가장 많이 선택했고, 이어 동료(38.1%), CEO(21.0%), 부하 직원(14.9%), 거래처 직원(9.9%) 순으로 나타났다. 직장 내 대인 관계로 받는 스트레스가 가장 심한 상태를 5점이라고 가정할 때 현재 받고 있는 스트레스 정도에 대해서는 '매우 심하다'(45.4%), '약간 심하다'(24.4%), '보통이다'(20.0%), '조금 받는 편이다'(7.0%)라고 답했으며 평균은 4.0점이었다. 대인 관계 스트레스의 주된 원인(복수 응답)으로는 '불합리한 업무 지시'(54.1%)가 1순위로 꼽혔고, '잘못에 대한 책임 회피'(42.3%), '모멸감을 주는 언행'(30.1%), '안일한 업무 태도'(28.8%), '상사 · 부하 직원 간 세대 차'(16.5%) 등의 순으로 집계됐다. 이 밖에 '상사에 대한 예의 없는 언행'(16.4%), '집단 따돌림이나 뒷말'(12.5%), '지나친 라이벌 의식'(10.5%), '지나친 스킨십이나 성적 농담'

(5.7%) 등으로 스트레스를 받고 있다는 응답도 나왔다. 이 같은 대인 관계 스트레스가 회사 생활에 미친 영향(복수 응답)에 대해서는 '회사 생활에 흥미를 잃었다'(58.4%)와 '사람에 대한 신뢰가 없어졌다'(55.0%), '자신감을 잃었다'(28.2%), '퇴사를 결정하게 됐다'(27.5%), '업무 효율성이 떨어져 야근이 잦아졌다'(17.0%), '대인기피 증상이 생겼다'(15.0%) 등으로 답했다.

이와 같이 조직 내 대인 관계 스트레스에 관한 연구는 많은 학자가 활발히 연구하고 있으며, 이는 현대 사회구조 속에서 필연적으로 겪는 직장 내 대인 관계 스트레스 연구의 중요성과 필요성을 반영한 것이라고 할 수 있다.

조직 내에서 발생하는 가장 보편적인 대인 관계 스트레스 요인은 상사, 부하, 동료, 고객과의 관계를 들 수 있다. 왜냐하면 조직 구성원 간의 각기 다른 역할과 경쟁 욕구로 말미암아 의견 대립 등이 빈번하게 발생하고, 고객과는 그들의 독특하고 다양한 특성과 취향을 맞춰 주어야 하기 때문이다. 이러한 대인 관계의 특성과 욕구는 모두 표출 방식이 다르기 때문에 대인 관계 상호작용에서 여러 형태의 오해와 갈등을 초래하는데, 요인별로 세부 내용을 살펴보면 다음과 같다.

1) 상사와의 관계

상사와의 관계에서 부하는 상사가 보이는 여러 형태의 관심이 부족하다고 느끼면서 스트레스를 받는다고 한다. 이처럼 상사로부터 받는 스트레스를 유형별로 정리하면 첫째, 상사의 호의성 둘째, 자신의 의사에 대한 상사의 경청 셋째, 성과 평가에 대한 상사의 인지 넷째, 부하의 능력에 대한 상사의 신뢰도 등이다(Cooper & Marshall, 1986).

2) 동료와의 관계

조직 구성원은 보편적으로 가장 많은 시간을 함께 보내는 동료와의 관계에서 상호작용 노출 빈도가 높기 때문에 동료와의 관계가 나쁠수록 스트레스를 느낄 가능성이 높다. 동료 간에 발생하는 스트레스는 첫째, 구성원 스스로 자신의 업무 행동을 계획하고 통제하지 못해서 발생하는 작업 시간의 손실 정도 둘째, 대인 관계로 인한 업무 성과와 업무 추진의 방해 정도 셋째, 자신과 동료 간의 지원이나 협조 부족 넷째, 직무 수행과 관련한 정보 교류 정도 다섯째, 과다 경쟁으로 인한 동료 간의 갈등 정도로 측정할 수 있다(Matteson & Ivancevich, 1982).

3) 부하와의 관계

대부분 상사가 부하에게 느끼는 스트레스로, 업무에 효율적으로 참여하도록 유도하는 과정에서 야기될 수 있다. 부하와 상사 간에 발생할 수 있는 스트레스는 첫째, 부하가 상사의 지시를 따르지 않는 정도 둘째, 부하가 성과 정보를 전하는 데의 불안전성 셋째, 부하 스스로 자신의 능력에 대한 신뢰성의 결여 정도 넷째, 상사의 선호와 상반되는 행동의 빈도 등으로 측정할 수 있으며, 기타 상사의 권한과 역할 침해에 따른 갈등도 들 수 있다(Cooper & Marshall, 1986).

4) 고객과의 관계

서비스업의 종사자는 타 업종과 구별되는 특징적인 스트레스 요인이 있는데, 그것은 업무의 주 내용인 서비스를 제공받는 고객과의 관계에서 나온다는 연구 결과도 있다. 이는 고객이 서비스 상품의 절차나 결과, 이미지 등 서비스를 받으면서 느끼는 질과 가치를 스스로 정하고 받기를 원하기 때문이다. 이러한 고객과의 관계가 유발하는 종사자의 스트레스는 다양하지만 주로 까다로운 고객의 취향을 맞춰야 할 때, 개인의 감정보다 고객의 감정을 존중해야 할 때, 고객과의 의견이 상반될 때, 비인격적인 대우와 차별을 받을 때, 억울한 일로 고객의 불만을 들었을 때, 고객에게 만족스러운 서비스를 제공하지 못했다고 스스로 느낄 때, 문화적 차이로 외국 손님이 불만을 표시할 때 등이다.

지금까지 살펴본 대인 관계 스트레스 요인은 직무 태도의 중요한 변수로서 조직 내 구성원 간의 오해와 불신, 업무 협조 거부 등 조직 운영의 악영향뿐만 아니라 개인의 정서적 안정감 및 신체적 건강에도 부정적인 영향을 미칠 수 있는 매우 중요한 변수다. 따라서 상사는 부하에게 진심으로 관심을 갖고 호의적인 태도를 보이며, 부하의 직무에 적절한 정보를 적시에 제공해야 하고, 동료는 경쟁을 통한 협동 체계를 확립하여 상호 신뢰성을 높여야 하며, 부하는 참여를 통해 자신의 역할을 인지하고 상사의 권한과 조직의 목표에 합목적으로 부합하는 의견, 태도 및 행동 등을 해야 한다. 또한 고객을 응대할 때는 고객의 입장에서 생각하고 이해하려고 노력한다면 대인 관계 스트레스 요인이 작용할 가능성은 낮아질 것이다.

3. 학교에서의 인간관계 스트레스

자라나는 아동 · 청소년은 학교생활이 삶의 중심이 된다. 그러므로 학교생활에서의 여러 가지 경험을 통해 형성되는 긍정적이거나 부정적인 자아개념은 아동의 성격 발달에 결정적인 역할을 한다. 또한 학교에서의 지속적인 성공이나 실패의 경험 역시 아동의 정신건강에 중요한 영향을 미친다. 이러한 학교 환경은 아동의 적응에 커다란 스트레스 요인으로 작용한다. 일반적으로 학교에서 아동에게 작용하는 압력 요인으로는 아동의 대인관계, 학업 성적에 대한 부모나 교사의 태도, 개인차, 아동의 미분화성, 외부의 압력이나 규제 등을 들 수 있다.

교사와 관련한 스트레스 요인으로는 단조로운 수업, 편애, 소수 학생 위주의 수업 등이 있을 수 있으며, 친구와 관련한 스트레스 요인으로는 힘센 친구의 괴롭힘, 동성 친구 문제, 이성 친구 문제 등이 있을 것이다. 학교에서 경쟁이 증가함으로써 아동은 불안감을 느끼고 학업 성취와 창의성이 떨어지며 부정적 · 적대적 대인 관계가 형성되고 학습의 응집성이 낮아진다. 또한 학생 상호 간 신뢰와 협조, 사회성, 격려와 충고, 인내, 자아 존중감이 감소하는 등 경쟁은 많은 문제를 유발한다. 특히 우리나라의 교육제도는 경쟁적인 성격과 입시에 대한 부담, 부모의 지나친 교육열과 기대가 발달상 일어나는 문제와 결합하여 청소년뿐만 아니라 아동에게도 사회심리적 부적응 상태를 유발한다.

아동이 지각하는 학교에서의 인간관계 스트레스는 크게 '교사 스트레스'와 '친구 관계 스트레스' 영역으로 구분할 수 있다.

1) 교사 스트레스

교사와 아동의 인간관계는 수업의 질을 결정하고 교육의 성패를 좌우할 만큼 중요하기 때문에 교육 현장에서 중요하게 대두되고 있다. 교육은 교사와 아동이 거리감 없이 친했을 때 더 많은 성과를 낼 수 있다. 학교와 학급에서 교사와 아동의 인간관계는 아동의 학습 성취에 직접적인 영향을 주고 교사에 대한 존경심과 애정, 교사의 역할에 대한 지각에도 영향을 미친다. 따라서 교사와 아동 상호 간의 효과적이고 인격적인 인간관계 형성은 아동의 학습 성취를 높이고 긍정적인 자아 개념을 형성하는 요인이 됨을 알 수 있다. 한편, 아동의 스트레스는 학교생활 부적응과 관계가 있어 학습에 대한 실패 경험을 만들고, 그로 인해 정신적인 건강을 해치게 한다. 또한 사회성이 결여되고 자기 존중감이 사라지며 자책감을 느끼게 된다.

이와 관련하여 교사와 아동의 인간관계 및 스트레스의 관계를 살펴보면, 효과적인 교사와 아동의 인간관계는 아동의 학습 성취를 돕고 긍정적인 자아 개념을 갖게 하여 아동의 스트레스를 감소시키는 중요한 요소라고 할 수 있다. 더 나아가 교육의 질을 결정하고 아동의 인격 형성에도 영향을 미친다. 따라서 1년 동안 같은 교사 아래 배우는 학급 담임제하에서 교사와 아동의 인간관계는 아동의 스트레스에 중요한 요인이 된다.

다음은 학교에서의 인간관계 스트레스의 중요도를 감안하여 초등학교 아동을 대상으로 면접을 실시하여 그들이 지각하고 있는 스트레스를 파악한 것이다. 아동이 지각하는 교사 스트레스는 준비물 미비, 과제 수행의 어려움, 학교 수업의 어려움, 학원 수업의 어려움으로 분류가 되었다. 이것을 간단히 나타내면 〈표 3-3〉과 같다.

이 표에 따르면, 아동은 과제 수행의 어려움에 대한 스트레스를 많이 경험하고 있으며 학원 수업의 어려움, 학교 수업의 어려움, 준비물 미비 등으로 스트레스를 경험하고 있기도 하다. 따라서 아동이 학업 과제 수행 때문에 느끼는 스트레스는 상당한 것으로 해석할 수 있다. 그리고 학원 수업 스

〈표 3-3〉 **초등학교 아동이 지각하는 교사 스트레스**

세부 영역	관련 보고 내용
준비물 미비	준비물 망각 / 준비물 분실 / 교과서 지참 착오 / 학습 용품 분실 / 일기장 망각 / 알림장 부실 기재
과제 수행의 어려움	과제물 망각 / 과제 수행 부실 / 과제 집중의 어려움 / 신체 피로, 수면 부족 / 심리적 불편함 / 과제 수행에 대한 갈등과 두려움 / 학교 과제의 과중함 / 학원 과제의 과중함 / 혼란스러운 환경
학교 수업의 어려움	학교 역할의 부담 / 수업 시간의 산만함 / 행동 / 교사의 꾸중 / 교사의 벌칙 / 신체 피로 / 집중의 어려움 / 학원 수업 부담의 연속성- 과제, 피로 / 수업 외 행동 / 느린 수업 과제 수행 / 과제 수행 검사의 부담 /자세 불안정 / 발표의 어려움
학원 수업의 어려움	교사의 비난과 벌칙에 대한 두려움 / 강제적 학원 선택 / 부모의 비난 / 새로운 교사와 환경에 대한 적응의 어려움 / 심야 학습의 부담 / 경시대회의 부담 / 신체 피로, 수면 부족 / 선행 수업의 어려움 / 학습지 수행의 부담 / 자유 시간 부족 / 느린 행동에 대한 비난 / 수업 과제의 완료 부담 / 텔레비전 시청의 곤란 / 게임 시간의 부족 / 자격시험 탈락의 두려움 / 문제지 · 프린트물의 과중

출처: 김용수(2008). 아동명상프로그램이 초등학교 아동의 스트레스 감소에 미치는 효과. 상담학연구, 9(2).

트레스 영역에서도 과제 수행과 관련한 스트레스가 꽤 많은 것으로 이야기를 하고 있는 바, 아동의 교사 스트레스를 줄여 주기 위해서는 우선 학원 수업과 관련된 과제 수행 부담을 감하는 일부터 시작해야 할 것이다.

2) 친구 관계 스트레스

아동이 느끼는 스트레스의 영역 중 친구 관계 스트레스는 다툼, 소외, 역할 갈등으로 분류할 수 있다. 아동이 지각하는 친구 관계 스트레스를 간단히 정리해 보면 〈표 3-4〉와 같다(김용수, 2008).

이 표에 따르면, 아동은 다툼과 소외 및 역할 갈등으로 친구 관계 스트레스를 경험하고 있는 것으로 보인다. 그리고 아동은 친구 관계의 스트레스를 상황보다는 심리적으로 더욱 크게 받아들이고 있는 경향이 있다. 따라서 아동의 친구 관계 스트레스를 줄여 주기 위해서는 심리적으로 안정을 취할 수 있는 방법을 터득하는 데 도움을 주어야 할 것이다.

〈표 3-4〉 초등학교 아동이 지각하는 친구 관계 스트레스

세부 영역	관련 보고 내용
다툼	심한 싸움 / 화해에 대한 거부감 / 절교 선언에 대한 불안 / 미워함 / 분노 /착한 친구에게 화풀이 / 빌려 주는 것을 거부 / 친구 구타 / 친구의 비난
소외	친구를 괴롭힘 / 집단 소외 / 집단 괴롭힘 / 우울 / 별명을 부르고 놀림
역할 갈등	친구의 독선 / 모듬장의 지시 거부 / 모듬장의 지시 불이행 / 청소 분담 갈등 / 모듬 친구에 대한 거부감 / 환경 부장과의 갈등

출처: 김용수(2008). 아동명상프로그램이 초등학교 아동의 스트레스 감소에 미치는 효과. 상담학연구, 9(2).

III. 적 응

1. 적응의 필요성

Piaget는 인지 발달을 기능적인 면과 구조적인 면으로 나누어 설명하였다. 그중에서도 기능적인 면은 조직화와 적응을 말하는데, 조직화는 행동이나 사고가 서로 관련된 행동이나 사고체계로 묶이는 것이며 적응은 동화(assimilation)와 조절(accommodation)을 필요로 하는 것이다. 동화란 새로운 정보를 기존의 사고나 행동 방식으로 흡수하는 과정이며, 조절은 이전의 사고와 행동 방식의 요소를 수정하거나 더 적절한 새로운 방식으로 바꾸어 가는 과정을 말한다. 적응은 인지 발달에서 나타나는 개념으로 제한되는 것이 아니라 인간의 삶에서도 폭넓게 적용되는, 인간이 살아가는 동안 불가분의 관계이자 필연적인 과정으로 인식된다. 인간은 혼자서 살아갈 수 있는 동물이 아니다. 다른 사람과 어울려 살아야 한다. 오늘날에는 급변하는 상황에서 개인이 사회 적응을 위해 우선 자신의 능력을 갖추는 것이 요구되며 그렇다고 해서 능력을 갖추었다고 모든 것이 원하는 대로 얻어지고 이루어지는 것은 아니다. 따라서 우선 갖춘 능력을 적절한 곳에서 사용할 수 있도록 찾아 나서야 하고 적합한 조직에 소속되어 그 조직에서 요구하는 바를 명확하게 추진할 수 있어야 한다. 이후 지속적으로 시간과 능력을 투자하여 경력을 쌓으면 어느 정도 사회에 적응한 인간이 되어 있다는 것을 발견할 수 있다. 이처럼 능력을 갖추거나 경험을 쌓는 과정은 언제나 하나의 행동 양식으로 나타난다. 이때 행동 양식이 지속적이고 바람직한 형태로 사용되는 부분을 적응이라고 하는 것이다. 즉, 적응이란 변화를 말한다. 변화란 우리의 삶 속에서 언제나 연속선상에 있으며 시대나 문화에 따라 다르게 나타난다. 변화는 어떤 한 부분에만 제한적으로 나타나는 것이 아니라 폭넓게 확산되어 나타나고 있다. 또한 이러한 변화에 따른 영향은 물리적인 측면뿐만 아니라 우리의 내면적인 측면에까지 깊숙하게 영향을 끼치고 있다. 가장 뚜렷하게 드러나고 있는 부분은 인간관계의 변화다. 시대의 변화에 따라서 그 관계의 측면은 질적 · 양적인 관계를 더욱 더 요구하고 있다. 수많은 사람을 만나서 관계를 맺기는 하지만 지속적이고 친밀한 관계를 맺어야 한다는 외적 · 내적 어려움이 뒤따른다. 그래서 많은 상황적인 변화와 물질적인 변화 등에 따라 적응의 양상은 진보하지 못하고 있다. 내적인 성장과 성숙은 하나의 적응 양상으로 나타나며, 적응된 인간일 때 비로소 자신이 갖춘 능력을 적절하게 활용할 수 있고 보다 행복한 삶을 살아갈 수 있게 될 것이다. 그러한 행복은 인간관계 속에서 확인할 수 있다(정진선 · 문미란, 2005).

2. 바람직한 적응 양식

적응은 두 가지 종류의 과정으로 분류할 수 있는데, 하나는 주어진 환경이나 여건에 자기 자신을 맞추어 가는 과정이고 또 하나는 자신의 욕구를 충족하기 위해서 주변의 환경적 요인을 변화시키는 과정이다(Lazarus & Folkman, 1984).

스트레스에 대한 문제 해결 접근 방법을 찾는 것은 바람직한 적응 양식을 갖는 데 매우 중요한 과정적 체험일 것이다. 스트레스에 대한 대처 방식은 의식적이고 의도적인 접근 방법인데, 이는 스트레스를 좀 더 직접적으로 다루는 데 도움이 되는 학습된 문제 해결 접근 방법이다. 구체적인 방법으로는 스트레스에 대한 인내력을 키우기 위해 자신을 수정하는 것이고, 또 하나는 자신과 스트레스를 일으키는 상황의 관계를 수정하는 데 목적을 둔 과제 중심적 반응 방법이다. 여기에서는 이 두 가지 대처 방법을 구체적으로 설명하고자 한다(Atwater, 1983).

1) 스트레스에 대한 인내력 증대

종종 스트레스에 대한 강한 인내력이 필요할 때가 있는데, 우리가 이성을 잃거나 정신이 혼란스럽지 않게 견뎌 낼 수 있는 스트레스의 정도와 지속 시간으로 정의할 수 있다. 또는 가설적으로 특정 수준(우리가 견뎌 낼 수 있는 스트레스의 정도와 지속 시간의 한계) 이상에서 이성을 잃고 비능률적으로 행동하게 되는 시점이라고 할 수 있다. 모든 사람은 다음의 스트레스에 대한 인내력을 증대시키는 방법을 배워야 할 것이다.

(1) 압력에 대한 인내력

학습한 경험 및 기술을 얻을 수 있는 특수한 활동을 통해서 획득할 수 있다. 이를테면, 자동차를 처음으로 운전할 때는 운전 기술을 충분히 익혔다 해도 아마 상당히 초조하고 불안한 느낌을 갖게 될 것이다. 그러나 경험과 기술이 늘면 극심한 교통량 속에서도 자신있게 운전할 수 있는 방법을 필시 터득하게 될 것이다. 이와 같은 압력에 대처하는 또 다른 방법은 자신에게 지나치거나 가혹한 요구를 하지 않고 현실적인 요구를 하는 것이다. 이는 성공에 큰 가치를 두는 경쟁 사회에서 특히 두드러진 현상이다. 어떠한 희생을 치르더라도 성공하겠다는 증후군에 걸릴때면 자신을 불필요한 압력으로 몰고 가는데, 반대로 자신을 수용하며 한 인간으로서의 가치가 자기 성과에 전적으로 의존하는 것이 아니라는 점을 깨달으면 가끔 경험하는 실패도 인생의 불가피한 부분이라고 인정하게 된다.

(2) 좌절에 대한 인내력

좌절에 대한 인내력은 건강한 신체 관리와 같은 수단을 통해서 향상될 수 있으며 좌절의 본질과 근원에 대한 이해 역시 공격적이고 자기 파멸적인 반응을 피하는 것에 도움이 된다. 자기 능력이나 동기에 합당한 과제를 선택하는 것은 바람직한 좌절 예방책의 하나가 된다. 자신의 기대를 능력

범위 내의 과제에 적용하는 것이 매우 중요하다. 또한 과제가 새롭고 복잡할수록 더 큰 좌절에 대비해야 한다. 좌절에 대한 인내력을 향상시키는 가장 중요한 방법 중의 하나는 좀 더 독립적이 됨으로써, 즉 다른 사람에게 지나치게 의존하는 것을 극복하는 것이다. 한편, 이것은 과제 중심적 독립의 성장을 의미하는데, 이 성장은 자동적으로 기능을 다하기 위해서 광범위한 능력과 기술을 필요로 한다. 보상의 지연을 학습하는 것도 그런대로 좌절을 견뎌 내는 데 도움이 된다. 그러나 우리는 정서적 독립 또는 관계적 독립, 즉 타인의 비판, 실망, 거절을 인내하는 능력이라는 면에서도 성장할 수 있는 방법을 배워야 한다. 이것을 달성하기는 상당히 어려우며, 좀 더 강한 자존심 및 정서적 성숙이 필요하다.

(3) 갈등에 대한 인내력

갈등은 인식과 함께 시작된다. 가끔 성욕이나 공격성과 같은 근본적인 충동 때문에 생긴 갈등은 무의식적인 수준에 잠재하며 방어기제의 사용으로 해결이 되기도 한다. 그러나 자기에게 주어진 갈등을 더 잘 알수록 그 갈등에 더욱 논리적으로 접근할 수 있으며 더 만족스럽게 해결할 수 있다.

회피-회피 갈등은 자동차를 전반적으로 수리할 것인가 또는 새 차를 살 것인가 하는 선택처럼 두 가지의 바람직하지 못한 대안 중에서 하나를 선택해야 하는 좌절을 의미하기 때문에 해결하지 못하는 상태로 남아 있게 되는 경우가 많다. 한편, 접근-회피 갈등에서의 난점은 균형 상태가 반대되는 두 가지 경향의 어중간한 사이에 놓여 있을 때다. 그러한 점에서 의사결정을 해야 하는 마음의 동요가 일기 시작하고, 이에 따라 갈등에 대한 전반적인 스트레스가 가중된다. 이것은 이중 접근-회피 갈등의 경우에 특히 더 두드러지게 나타난다. 갈등에 대한 인내력이 강한 사람은 수용할 수 있는 결정에 도달할 때까지 두 가지 대안을 계속해서 합리적으로 검토할 것이다.

(4) 불안에 대한 인내력

실제로 존재하지 않는 위협을 받는다는 느낌이나 불안한 느낌을 가지고도 일할 수 있는 능력을 말한다. 일상생활에서 많은 경우, 특히 객관적인 위험 또는 위협에 처할 때 불안한 느낌을 갖는 것은 정상이다. 중요한 시험 준비를 할 때나 좋은 직업에 대한 경쟁을 할 때가 바로 그 예가 된다. 불안감을 주는 관심거리의 대부분은 미지의 위험에 관한 것이기 때문에, 가장 효과적인 불안 조정 방법 중의 하나는 관련된 위험에 관한 정보를 더 많이 수집하는 것이다. 때로는 부당한 관련 정보가 정상적인 일에 대해서도 걱정을 하도록 조장한다. 특정한 과제에서 얻은 경험은 심각한 위기에 처했을 때 자제력을 발휘하도록 만들고 불안에 대한 인식을 극소화하는 데 도움을 준다.

2) 과제 지향적 접근 방법

(1) 자기표현 접근 방법

스트레스를 직접적이고 건설적인 방법으로 수정하려는 시도에서 비롯되는 것으로, 자신의 반응이 스트레스 유발 요인을 직접적으로 수정할 수 없을 경우에도 이러한 행동을 취한다는 자체가 스트레스 감각을 감소시킬 수 있다. 자신의 스트레스를 조절하는 데 자기표현 접근 방법과 같은 과제 지향적 해결 접근 방법을 일단 선택한 후에는 유동적으로 대처하는 것이 매우 중요하다. 사람들은 좌절하거나 불안을 느끼게 되면 경직되거나 정력을 소모하는 방식으로 반응하는 경향이 있는데 이런 방법은 스트레스를 감소시키기는커녕 에너지만 탈진시킨다. 또한 모든 사람이 어떤 문제에 대한 그릇된 가정, 상습적 반응 또는 지나친 정서적 관여를 하게 되면 문제 해결에 필요한 개인의 생각이 위축되는 경향이 있다. 거꾸로 여러 가지 다른 방향에서 문제를 관찰하는 것을 학습하면 통찰 및 더욱 효과적인 해결책을 찾을 수 있다. 일반적으로 하나의 해결책에 따라 행동하기보다는 가능한 여러 가지 해결책을 찾아내는 것이 현명한 일이다. 또한 타인으로부터의 지지를 구하는 것도 흔히 포함된다. 자신의 문제에 관심을 보이는 사람과 의논함으로써 잠재적인 지지는 물론 여러 대안을 찾을 수 있다.

(2) 이탈

때로는 우리가 인정하고 싶지는 않지만 스트레스적 상황에서 이탈(withdrawal)하는 것이 더 적절한 때가 있다. 스트레스를 피할 수 있는 방법에 대한 인식도 스트레스 자체를 감소시키는 데 도움이 된다. 또한 스트레스가 시간적인 제한으로 끝난다는 것을 깨닫는 것도 스트레스의 충격을 감소시키는 데 도움이 된다. 본질적으로 회피함으로써 스트레스를 완화하려는 접근 방법은 좋지도 나쁘지도 않다는 것을 깨닫는 것이 중요하다. 문제는 그 방법을 어떻게 사용하는가다.

(3) 절충

절충(compromise)은 이탈과는 달리 자기표현 접근 방법보다 활발하지 못한 방법으로서, 현 상황에 자신을 그대로 놓아둔 채 스트레스를 적용하는 반응이다. 스트레스가 자기보다 더 높은 지위와 권위를 지니고 있는 사람으로부터 발생했을 경우에는 절충 반응을 사용할 가능성이 대단히 높다. 또한 인정받기 위해서 자기 필요와 욕망을 절충할 필요가 있다고 평가되는 동료 집단의 압력으로부터 스트레스가 생겨날 수도 있다.

학습 과제

1. 스트레스에 관한 대표적인 세 가지 모형에 따른 스트레스의 정의를 각각 진술하시오.
2. 인간관계 스트레스가 발생하는 다양한 장면을 분류하고, 각 장면별로 사례를 두 가지 이상 제시하시오.
3. 스트레스 대처 방식 유형을 나름대로 분류하고, 각 유형에 해당하는 역사적 유명 인물을 예로 드시오.
4. 자신이 선호하는 스트레스 적응 양식을 제시하고, 그 이유를 설명하시오.

참고문헌

김수진(1990). 청소년기의 정신건강 문제. **대한간호학회지**, 155.

김용수(2008). 아동명상프로그램이 초등학교 아동의 스트레스 감소에 미치는 효과. **상담학연구**, 9(2), 827-847.

김용수(2010). 알아차림 프로그램이 주부 자원봉사자의 스트레스 감소에 미치는 효과. **상담학연구**, 11(3), 1351-1373.

김정희(1987). 지각된 스트레스, 인지세트 및 대처방식의 우울에 대한 작용: 대학신입생의 스트레스 경험을 중심으로. 서울대학교 대학원 박사학위 논문.

김정희, 이장호(1985). 스트레스 대처방식의 구성요인 및 우울과의 관계. **행동과학연구**, 7.

김홍규(1990). 한국인의 사회계층과 스트레스와의 관계 연구. 원광대학교 대학원 박사학위 논문.

이도영(1990). 고등학교 학생들의 스트레스 수준과 그 대처반응에 관한 연구. 인하대학교 대학원 석사학위 논문.

정진선, 문미란(2005). **인간관계 심리의 이론과 실제**. 서울: 시그마프레스.

최해림(1986). 한국대학생의 스트레스 현황과 인지-행동적 상담의 효과. 이화여자대학교 대학원 박사학위 논문.

Atwater, E. (2004). 적응심리[*Psychology of adjustment*]. (김인자 역). 서울: 한국심리상담연구소. (원저는 1983에 출판).

Biling, A. G., & Moos, R. H. (1984). coping stress, social resource among adult with unipolar depression. *Personality and Social Psychology, 46*, 660-671.

Cooper, C. L., & Marshall, J. (1978). Sources of Managerial and White Collar Stress, In C. L. Cooper & R. Payne, (Eds.), *Stress at Work* (pp. 81-105). NY: John Wiley & Sons.

Cooper, C. L., & Marshall, J. (1986). Sources of Managerial and White Collar Stress in Stress at Work. In S. P. Glowinkowski & C. L. Cooper, (Eds.), Managers and profession in Business/Industrial Settings: The Research Evidence. *Journal of Organizational Behavior Management*, 8, 177-193.

Cox, T. (1991). *Stress* (9th ed.). London: Macmillan Edycation Ltd.

Endler, N. S., & Parkers, J. D. A. (1990). Multidimensional assessment of coping: A critical evaluation. *Personality and Social psychology, 58*, 844-854.

Fleming, R., Baum, A., & Singer, J. E. (1984). Toward an Integrative Approach to the Study of stress. *Personality and Social Psychology, 46*(4), 939-949.

Folkman, S., & Lazarus, R. S. (1984). If it changes it must be a process: Study of emotion and coping during three stages of a college examination. *Personality and Social Psychology, 48*, 50-170.

Gaines, J., & Jermier, J. M. (1983). Emotional exhaustion in a high stress Organization. *Academy of Management Journal, 26*, 567-586.

Hackman, J. R., & Oldham, G. R. (1976). Motivation Through the Design of Work: A Test of A Theory. *Journal of Organizational Behavior and Human Performance, 16*, 250-279.

Hackman, J. R., & Oldham, G. R. (1980). *Work Redesign*. MA: Addison-Wesley.

Holmes, T. A., & Rahe, R. H. (1976). The Social Adjust Rating Scale. *Psychosomatic Research, 11*, 213-218.

Karr, S. K., & Johnson, P. L. (1987). Measuring Children's Stress: An Evaluation of Methods. *National Association of School Psychologists, 19*, 4-8.

Laux, L., & Vossel, G. (1982). Theoretical and methodological issues in achievement-related stress and anxiety research. In H. W. Krohne & L. Laux (Eds.), *Series in clinical and community psychology: Achievement, stress and anxiety*. NY: Springer.

Lazarus, R. S., & Cohen, J. B. (1977). Environmental stress. In I. Altman & J. F. Wohlill (Eds.), *Human Behavior and the Environment: Current theory and research*. NY: Plenum.

Lazarus, R. S., & Folkman, S. (1984). *Stress, appraisal and coping*. NY: Springer.

Matteson, M. T., & Ivancevich, J. M. (1982). *Managing Job Stress and Health*. NY: The Free Press.

Selye, H. (1956). *The stress of Life*. NY: MacGraw-Hill.

Selye, H. (1978). *The Stress of Life (Revised)*. NY: McGraw-Hill.

Selye, H. (1982). History and Present Status of the Stress. In L. Goldberger & S. Breznitz (Eds.). *Handbook of Stress*. NY: The Free Press.

Spector, P. E., Dwyer, D. J., & Jex, S. (1987). Relations of job stressor to affective, health, and performance outcomes: A comparison of multiple data sources. *Applied Psychology, 73*(1), 11.

문화일보(2008. 4. 3.). 일보다 대인관계가 더 힘들어.

제 4 장

인간관계와 정신 건강

이동훈

학습 목표

1. 현대인의 인간관계 양상을 이해하고 인간관계 갈등을 유발하는 요소를 알아본다.
2. 인간관계 부적응의 기준과 유형을 이해하고 관련된 장애를 알아본다.
3. 인간관계 개선을 위한 방법을 알아본다.

I. 인간관계의 이해

1. 현대인의 인간관계 양상

인간은 필연적으로 사회적 존재로 살아간다. 신체적 나약함이라는 생물학적 조건이 인간을 사회적 존재로 만들고 공동체의 양육 방식과 교육체계가 인간의 사회성을 강화한다. 뿐만 아니라 현대사회의 구조적 특성이 인간을 사회적 존재로 몰아간다. 이처럼 사회적 존재로 현대사회를 살아가야 하는 우리에게 타인과의 관계, 즉 인간관계는 중요한 삶의 과제인 것이다.

인간은 태어날 때부터 타인의 보호와 도움을 필요로 하는 의존적 존재로서, 출생 시부터 부모와의 밀착된 관계를 통해 장기간 보호를 받아야 하는 생물학적 조건을 가지고 태어난다. 이와 같은 신체적 나약함이라는 인간의 생물학적 조건은 인간을 타인과의 관계 속에서 살아가게 하는 사회적 존재로 만들어 왔다.

또한 인간은 어린 시절의 성장 과정 속에서 사회적 존재로 학습되고 교육된다. 즉, 인간은 태어나면서부터 여러 가지 공동체에 소속되고 그 공동체의 양육 방식과 교육체계를 통해 타인과의 상호 의존적 관계를 주요한 가치관으로 습득하게 된다. 그로 인해 타인으로부터의 고립과 소외를 두려워하고 집단으로부터의 배척과 거절을 무서워하게 된다. 더불어 집단에 대한 안정된 소속감과 타인의 애정을 추구하는 사회적 존재가 된다.

우리가 살아가는 현대사회의 구조적 여건 역시 인간을 더욱 사회적인 존재로 만들고 있다. 현대사회는 분업화로 인해 타인의 도움 없이는 효율적으로 살아갈 수 없는 사회다. 모든 기능이 전문화된 현대사회에서 직업인으로 살아가기 위해서는 타인으로부터 전문 지식과 기술을 오랜 기간 배워야 하고 각자가 창출한 가치를 교환하며 살아야 한다. 이와 같은 현대사회의 구조적 특성은 현대인을 많은 사람과 복잡한 인간관계를 맺으며 살아갈 수밖에 없는 사회적 존재로 만들고 있다.

인간은 태어나면서부터 인간관계 속에 던져진다. 그리고 인간의 삶은 인간관계 속에서 펼쳐진다. 따라서 삶 속에서 우리가 해결해야 할 주요 과제는 함께 살아가야 할 여러 영역의 사람들과 불필요한 갈등 없이 친밀하고 협동적인 인간관계를 형성함으로써 우리의 삶을 풍요롭고 행복하게 만들어 나가는 일이다. 즉, 삶의 문제는 인간관계의 문제로 귀착될 수 있다.

그러나 인관관계, 즉 '사람과 사람 사이'는 미궁과 같이 매우 복잡하고 오묘하다. 많은 사람이 이러한 미궁 속에서 헤매며 인간관계 문제로 고민하고 괴로워한다. 인간의 심리적 갈등과 고통의 대부분은 인간관계 문제에서 파생되는 것이다. 박영신과 김의철(1997)은 한국인이 가장 많이 경험하는 스트레스가 인간관계와 관련되어 있다고 하였다. 스트레스를 경험한 사건에 대해 분석한 결과, 가정생활에서의 스트레스가 전체 반응률의 20%를 차지하고 그 다음으로 인간관계가 20%에 가까운 반응률을 보였다. 그 다음으로 과업수행, 개인적 문제, 사회적 문제의 순서로 나타났다. 따라서 스트레스를 가장 많이 경험하는 사건의 범주는 가정생활과 인간관계라고 볼 수 있다.

가정생활 스트레스의 주된 내용도 부부 관계, 부모-자녀 관계, 형제자매 관계와 같은 인간관계로 인한 스트레스로 구성되어 있다. 친밀하다는 이유로 개인의 모든 특성을 노출하면서 부부 갈등을 초래하기도 하고 지속적으로 자극적인 일에 노출되어 갈등이 생길 수도 있다. 또한 부모-자녀 간의 서로에 대한 이해와 공감 영역의 괴리에서 나오는 세대 차이 역시 갈등을 유발하고 부모의 애정 표현 방식과 자녀의 기대 간에 차이가 있을 경우에도 갈등이 유발된다. 형제 간의 갈등도 가정생활에서 볼 수 있는 주요한 인간관계 갈등 유형이다. 즉, 자녀에 대한 부모의 차별적 애정, 특정 형제자매의 우월함과 열등함이 갈등을 유발한다.

혈연관계를 떠나 또래와의 인간관계 속에서도 행복과 고통이 존재한다. 청소년을 대상으로 한 이경희(1995)의 연구에서는 중 · 고등학생 모두 학업 성적 문제를 가장 큰 스트레스로 받아들이고 그다음으로 중학생은 부모와의 관계에서, 고등학생은 이성 친구와의 관계에서 스트레스를 받는 것으로 나타났다. 친구와의 접촉과 관심의 감소로 인하여 인간관계가 소원해지고 갈등을 효과적으로 해결하지 못하여 불만이 증폭되며 대립이 격화되기도 한다.

직장인 1,473명을 대상으로 설문 조사를 실시한 취업 포털 커리어의 연구(2008)에 따르면, 응답자의 59.3%가 직장에서의 스트레스가 직무보다 대인 관계로 인해 발생한다고 보고하였다. 이러한 결과는 직장인이 상사와 동료 간의 대인 관계에서 스트레스를 경험하고 있다는 국내 연구에서도 확인되었다(이주일 · 김명언, 1999). 대부분의 직장인이 직장 내에서 대인 관계 스트레스를 경험하고 있으며, 이러한 스트레스를 제대로 표현하지 못할 뿐 아니라 이에 대한 인식조차도 부족한 실정임을 보여 주었다. 이렇듯 매끄럽지 못한 대인 관계는 정신적 고갈에 가장 중요한 원천이 되어 부정적인 결과를 야기시키고, 심리적 좌절감, 갈등 등 중대한 스트레스의 원인이 될 수 있다(Gaines & Jermier, 1983; Leiter & Maslach, 1988).

인간은 누구나 자기중심적이고 이기적인 속성을 가지고 있다. 이런 속성을 가진 인간의 관계에서는 갈등과 투쟁이 필연적일 수밖에 없다. 이러한 갈등과 투쟁은 한편으로 문명의 발전에 기여한 것이 사실이지만 많은 경우 불필요하고 소모적인 다툼에 휩싸이게 하고 때로는 파괴적인 결과를 초래한 것도 사실이다.

이러한 소모적이고 파괴적일 수 있는 불행한 인간관계를 극복하기 위해서는 자기 이해와 자기 조절이 필요하다. 인간관계는 사람 간의 상호작용이므로 성숙한 인간관계를 위해서는 그 대상이 되는 주요한 타인, 나아가서 인간 일반에 대한 깊은 이해도 요구된다. 따라서 나와 너, 우리 사이에 대한 깊은 이해가 성숙한 인간관계의 필수적인 조건인 것이다.

이해는 실천을 위한 밑거름이다. 인간관계에 대한 이해가 깊어지고 인간관계의 개선을 위한 실천적 노력이 이루어질 때 우리의 인간관계는 바람직한 방향으로 변화할 것이다. 친밀하고 깊이 있는 인간관계는 저절로 이루어지는 것이 아니다. 그것은 깊은 관심과 더불어 실제적인 노력과 훈련을 통해서 이루어지는 소중한 열매다.

2. 인간관계 갈등을 유발하는 요인

1) 사회적 환경

인간은 환경과의 상호작용을 통해 그에 적응하며 살아가는 존재라고 볼 수 있다. 인간의 적응을 개인과 환경의 적합성이라는 관점에서 본다면 개인의 특성에 맞지 않는 대인 환경은 인간관계의 곤란을 초래할 수 있다. 이러한 대인 환경은 인간관계가 이루어지는 사회적 대인 환경, 물리적 대인 환경 및 개인적 대인 상황으로 구성된다.

첫째, 사회적 대인 환경은 개인이 다른 사람과 함께 살고 있는 소속집단을 뜻하며 가족, 직장이나 학교, 지역사회, 국가에 이르기까지 그 크기와 종류가 다양하다. 이러한 대인 환경은 시간적 · 공간적 배경이나 그 형성 목적에 따라서 관계적 풍토가 매우 다를 수 있다. 예를 들면, 서양의 개인주의는 개개인의 능력을 중시하는 반면 동양의 공동체 주의는 집단 속에서의 유대와 관계를 중시하는 경향이 있다. 이와 마찬가지로 어떤 직장에서는 구성원 개개인이 독자적으로 업무를 수행하는가하면 어떤 직장은 구성원 간의 긴밀한 협동이 필요한 구조를 가지고 있을 수 있다. 이러한 사회나 조직의 특성이 여기에 속한 개인의 성격이나 가치와 맞지 않게 되면 개인은 그러한 대인 환경에 적응하는 데 어려움을 겪게 되는 것이다.

둘째, 물리적 대인 환경 또한 인간관계에 영향을 미치는 장애 요인으로 작용한다. 예를 들어, 어떤 대학생의 학교와 집의 거리가 매우 멀 경우 학교의 위치적 여건이 그 학생의 인간관계의 장애 요인이 될 수 있다. 학교와 집을 오고가는 이동 시간이 길기 때문에 학교에 오는 날을 최소화하게 되며 학교 친구와의 모임에도 참석하지 못하거나 귀가를 서두르게 될 가능성이 높기 때문이다. 이러한 상황이 지속되면, 보다 친밀한 교우 관계를 가지기 힘들고 학교에서의 대인 관계 적응에 어려움을 겪을 수 있다. 이와 같이 위치적 여건 이외에도 집단 내의 공간 배치, 시설의 수준, 특정 지역의 기후 등의 물리적 환경이 개인의 인간관계에 긍정적 또는 부정적 영향을 미칠 수 있다.

셋째, 개인적 대인 상황이란 개인이 조직이나 집단에서 담당하는 역할이나 지위를 의미한다. 이러한 개인적 대인 상황에 따라 인간관계의 양상이 달라지는데, 소속 집단에서 자신이 맡은 역할의 성격이 개인의 성격이나 가치와 맞지 않으면 이에 따른 어려움과 부담을 느끼게 된다. 예를 들어, 반장이나 부반장을 맡은 청소년의 경우 친구들을 이끌어 나가야 하는 지도적인 역할을 수행하도록 주위의 기대를 받게 되는데, 이러한 지도자적 역할이 개인의 성격이나 가치에 맞지 않으면 학교 내 인간관계의 어려움을 겪게 되는 것이다. 이러한 개인적 대인 상황으로 인한 갈등은 특히 개인의 직업과 특성이 맞지 않을 때 자주 발생한다. 내향적인 사람이 많은 고객과의 접촉이 필요한 영업직을 맡는다거나 활동적인 사람이 한정된 공간에만 머무르는 직업을 가지게 될 경우, 자신에게 맡겨진 업무와 개인의 적성 간의 괴리로 인해 업무상의 대인 관계 속에서 많은 고통을 경험하게 되는 것이다.

이와 같이 인간관계는 개인의 외부적 요인으로 인해서 부정적인 영향을 받을 수 있다. 또한 이러한 대인 환경적 요인은 매우 다양하기 때문에 이를 잘 파악하는 것이 매우 중요하다.

2) 성격 유형의 차이

Heider(1964)에 따르면 대인 관계란 한 개인이 타인을 대하는 보편적인 심리적 지향성으로서 개인의 내적인 특성과 외적인 행동 간의 관계다. 즉, 대인 관계란 한 개인이 타인에 대해 어떤 생각과 느낌을 가지고 반응하는가, 어떻게 타인을 지각하고 그에게 어떤 행위를 하는가, 타인에게 무엇을 기대하는가 등에 관한 심리적 지향성의 양식인 것이다. 따라서 개인의 내적인 특성인 성격은 타인과의 사회적 접촉을 통해서 형성되고 발전하며, 또한 그에 따라 대인 관계의 양식 또한 달라진다.

Jung(1971)은 심리 경향의 역동에 따라 개인의 적응 양식이나 환경 대처 양식, 인간관계를 맺는 양상, 일처리 방식이 달라진다고 주장하였고, 그로 인해 대인 관계에서 오해와 편견을 낳을 수도 있다고 하였다. 대표적인 심리 유형 검사인 MBTI의 네 가지 선호 경향에 따라 나타난 대인 관계 성향의 차이는 다음과 같다.

첫째, 외향-내향에 따른 대인 관계 성향에서는 외향형은 활동적, 행동 지향적이고 외부 세계를 지향하는 특징을 나타내며, 내향형은 내부 세계를 지향하고 내면 세계의 생각에 관심을 두며 명상적인 특성을 나타낸다. 외향성의 사람은 대부분 많은 사람과 관계하는 경향이 있으며 때로는 표면적인 관계를 지니기도 하는 반면, 내향성의 사람은 적은 수의 몇몇 선택된 사람과 관계하는 경향이 있으며 좀 더 오랜 기간을 통하여 깊이 있는 관계를 점차적으로 구축해 나간다. 내향형은 비밀스럽고 냉담하게 보일 수 있고, 타인과의 접촉을 피하며 자신의 일을 최적의 상태에서 잘하기 위해 항상 조용한 환경과 방해받지 않는 것을 원할 수 있다. 한편 외향형은 생각하기 전에 행동하거나 충동적으로 말하거나 일상적인 것에 지루함을 느낄 수 있다(Hirsh & VanSant, 1996).

둘째, 감각-직관에 따른 대인 관계 성향에서는 감각형은 주위 사람에 대한 직접적인 정보와 함께 자신과 그 사람과의 관계를 직접적으로 다루는 정보를 수집하는 경향이 있다. 이들은 타인에 대한 실제적인 정보를 알고 있으며 아주 현실적인 관점에서 접근하지만 직관형은 대인 관계에서 추상적인 관심과 더불어 좀 더 이상적인 관계를 선호한다(정덕자, 1998).

셋째, 사고–감정에 따른 대인 관계 성향에서는 사고형은 일을 우선하며 논리적이고 원리 원칙에 입각하여 일을 처리하는 경향을 띠고, 감정형은 따뜻하고 조화로운 인간관계를 중시하며 동정심이 많고 타인에게 미치는 영향을 고려하여 선택하는 경향을 띤다. 사고형은 보다 감정을 배제한 상태에서 객관적인 방식으로 다른 사람과 관계하는 경향이 있는데 반해 감정형은 보다 개인적이고 감정적인 방식으로 다른 사람과 관계하는 경향이 있다. 대인 관계에서 이들의 부족한 점을 살펴보면, 사고형의 경우 상대방의 기분과 감정을 이해하고 공감하는 능력이 부족하며 지나치게 원칙과 논리를 앞세워 상대방에게 따지거나 비판하려는 경향 그리고 일과 실질적인 이익을 너무 앞세운 나머지 사람을 무시하게 되는 경향을 들 수 있다. 한편 감정형은 타인의 형편이나 감정을 지나치게 배려하거나 상대방이 자신을 어떻게 생각할지에 대해 지나치게 고려한 나머지 자신의 권리를 챙기거나 자신을 보호하는데 소홀한 경향이 있음을 들 수 있다(심혜숙 · 김명권, 1997).

넷째, 판단–인식에 따른 대인 관계 성향에서는 판단형은 자신의 감정에 확신이 들 때 관계에 관여하는 경향이 있으며 타인의 관심을 얻기 위해 총력을 기울이는 경향도 있다. 이처럼 판단형이 두 사람 간의 관계에 대해 관여하는 것을 이미 예정된 것이며 궁극적인 것이라고 보는 반면, 인식형은 관계에 어느 정도 관여하기는 하나 자신이 다른 사람을 선택할 수 있는 가능성을 배제했다고 생각하면서 그리 마음 내켜 하지 않을 가능성이 높다. 인식형은 두 사람 간의 관계에 대해 관여하는 것을 계속적으로 재평가해야 할 필요가 있는 변화 가능성이 있는 자유로운 것으로 보기도 한다. 판단형은 책임성, 사려성, 동조성의 성격 특성과 정적 상관이 있고, 인식형은 충동성과 정적 상관이 있다(정덕자, 1998).

지금까지의 논의를 통해 개인의 성향으로 간주해 온 많은 변인이 실제로는 대인 관계 맥락에서 그 특징이 두드러지게 나타나는 경우가 많음을 알 수 있다. 또한 성격 유형에 따른 대인 관계 성향의 차이가 뚜렷하게 구분됨으로써, 이로 인한 관계적 갈등 또한 어렵지 않게 알 수 있다. 보다 근본적으로는, 대인 관계 속에서 성격 요인으로 인한 갈등은 상호 간의 차이점보다는 차이점에 대한 비판이나 무시를 통해 부정적인 정서가 형성될 때 일어난다고 볼 수 있다. 따라서 이러한 개인 간 특성의 차이가 존재한다는 점을 이해하고 인정하는 과정을 통해서 다양한 갈등 양식을 극복할 수 있을 것이다.

3) 대인 관계 기술의 문제

대인 관계 기술은 대인 관계에서 원하는 목표를 실현하기 위한 행동적 수단이라고 할 수 있다. 새로운 대인 환경에서 타인에게 접근하여 인사를 건네고 대화를 시작하며 대화를 재미있고 유익하게 이끌어 나가고 지속적인 만남을 통해 교우 관계를 심화시키기 위해서는 여러 가지 대인 관계 기술이 필요하다. 이러한 대인 관계 기술이 부족한 사람은 친구를 사귀고 싶은 동기가 강해도 어떻게 행동해야 하는지를 잘 모른다. 따라서 타인에게 접근하여 대화를 나누는 것에 대해 매우 어색해하고 자신감이 없다. 또 이런 사람은 타인에게 미숙한 행동을 하여 타인으로부터 거부당하는 결과를 초래하기도 한다. 이렇듯 대인 관계 부적응을 겪는 사람 중에는 대인 관계 기술에 문제가 있는 사람들이 있다. 이처럼 대인 관계 기술의 문제로 부적응을 겪는 사람은 크게 대인 관계 기술 미숙형과 대인 관계 기술 억제형으로 나누어 볼 수 있다.

대인 관계 기술 미숙형은 성장 과정에서 적절한 대인 관계 기술을 습득하지 못한 사람이다. 이런 사람은 앞에서 설명한 언어적 또는 비언어적 기술이 부족하여 대상과 상황에 적절하게 행동하지 못한다. 따라서 다른 사람과 친밀한 관계를 맺고 싶은 대인 동기는 강해도 대인 관계 기술의 미숙으로 원하는 대인 관계를 맺지 못한다. 대인 관계 기술 미숙형은 타인이 호감을 느끼도록 자신을 나타내지 못하고 타인의 행동에 적절하게 반응하지 못한다. 예를 들어, 사람을 만나면 무슨 말을 해야 할지 적절한 화제를 찾지 못하고 자신의 의사를 명료하게 표현하지 못하는 사람이 있다. 상대방의 이야기를 진지하게 경청하지 못하고 화제를 제멋대로 돌리거나 부적절한 화제를 내놓는 사람도 있다. 이처럼 대인 관계 기술이 미숙한 사람은 다른 사람에게 호감을 주지 못하게 되므로 관심을 받지 못하거나 거부당하게 된다.

반면, 대인 관계 기술 억제형은 적절한 대인 관계 기술을 갖추고는 있으나 특정한 상황에서 이러한 기술이 억제되어 적절한 대인 행동을 하지 못하는 사람이다. 흔히 대인 관계 기술이 억제되는 주된 이유는 심한 긴장, 불안, 두려움 등의 심리적 요인 때문이다. 대인 관계 기술 억제형에 속하는 사람은 가족이나 친한 친구와 같이 익숙하고 편안한 대상에게는 자기표현도 잘하고 상대방에 대해서 적절한 대인 행동을 나타낸다. 그러나 익숙하지 않고 위협적인 상황, 예를 들면 낯선 사람을 만나 부탁을 해야 하는 상황에서는 긴장하고 불안하여 적절한 행동을 하지 못한다. 말을 더듬고 할 말을 찾지 못하거나 당황하여 횡설수설하는 등 자기표현을 제대로 하지 못할 뿐만 아니라 손발이 떨리고 땀이 나고 몸이 굳는 등 심한 긴장과 불안을 경험한다. 따라서 이러한 상황을 두려워하여 회피한다.

대인 관계에서 목표를 실현하기 위한 행동적 수단인 대인 관계 기술은 그 형태가 미묘하고 복잡하여 그 진실성, 양과 빈도, 다양성, 시기 적절성 등에 따라 효과에 현저한 차이를 보인다. 따라서 단기간의 학습을 통한 대인 관계 기술의 향상은 불가능하기 때문에 대인 관계 향상을 위해서는 보다 지속적인 노력을 하는 것이 필요한 요인이라 할 수 있겠다.

3. 인간관계에서의 부적응

인간관계는 사회 속에서 개인이 적응해 나가는 과정으로 누구나 좋은 인간관계를 맺기를 원한다. 대개 개인과 사회의 상호작용을 통해 적응하는 과정에서 부적응을 경험하고 인간관계의 소중함을 깨닫는 경우가 많다. 이렇듯 우리의 삶은 인간관계와 밀접하게 관련되어 있어 인간관계의 부적응에 대한 이해는 무엇보다도 실질적인 요소다. 이번 장에서는 인간관계의 부적응과 부적응적인 인간관계의 양상, 여러 가지 부적응적 인간관계의 유형에 대해 알아보고자 한다.

1) 인간관계 부적응의 기준

인간관계는 개인과 환경의 상호작용을 통해서 이루어지는 사회 과정으로, 적응 과정의 한 측면이다. 적응은 변화하는 주변 환경 속에서 살아가기 위한 개인의 노력으로, 우리는 사람과의 관계 속에서 적응해 가야 한다. 현대사회에서 다양한 상황과 다양한 사람을 만나면서 부딪히는 인간관계에 적절히 적응하는 일은 쉽지 않다. 그래서 많은 사람이 인간관계 속에서 고통을 느끼고 부적응을 경험한다.

인간관계의 부적응을 정의하는 기준은 다양하다. 먼저, 통계적 기준이 있다. 통계적으로 정상의 기준에서 많이 벗어나는 경우를 부적응으로 보는 것이다. 즉, 보통을 정상으로 보는 것이며 통계학적인 평균에 들어가는 것이다. 구체적인 행동이나 특정한 사안에 대해서 수학적인 정규분포 곡선을 이용하여 해당하는 사람이 많은 평균 주위에 위치하면 정상인 인간관계의 적응으로 보고 양극단에 위치하면, 즉 통계적 평균으로부터 두 배의 표준편차를 벗어나면 비정상인 부적응으로 보는 것이다. 예를 들어, 행동이 지나치게 많아도 과잉행동 증후군으로 비정상이고 우울증처럼 너무 적어도 이상이 있다고 본다. 이러한 통계적 기준에는 인간의 모든 행동을 측정하는 것이 불가능한 것과 인간의 모든 특성에 통계적 기준을 적용할 수는 없는 오류가 존재한다.

둘째, 사회적 규범의 기준이 있다. 사람들이 상호 간에 교류하며 하나의 집단을 형성하면 그 집단 내에는 공통된 행동의 규준이 생기는데 이것이 사회적 규범이다. 우리 사회에 있는 여러 풍습 · 습관 · 사회 통념 등은 사회적 규범으로 그 사회의 대다수의 사람이 가치 있다고 생각하는 행동의 규준이다. 사회에 적응한다는 것은 인간에게 일정한 사회적 행위를 당위적으로 의미지울 것을 요구하는 관념을 받아들이고 생활한다는 것이다. 반면에 사회의 기대와 어긋나는 의견, 태도, 행동 등을 통해 사회적 규범을 어기는 것을 인간관계 부적응으로 본다. 예를 들어, 수업 시간에 집중하지 못하고 큰 소리로 노래를 부르는 것은 사회의 규범에 적응하지 못한 것이기 때문에 이상행동이라고 할 수 있다. 이러한 사회적 규범의 기준에도 문화적 상대성의 오류가 있다.

셋째, 주관적 불편감의 기준이 있다. 개인이 자신의 상태에 대해서 스스로 불편해하고 고통스러워 할 때 인간관계의 부적응이라고 할 수 있다. 이 기준은 부정적인 감정(불안, 분노, 우울, 고독, 좌절감)을 포함하며, 부적응은 이러한 부정적인 감정이 참기 어려울 정도로 과도한 상태를 말한다. 이러한 불쾌 감정이 과도한 상태는 네 가지 경우로 구분할 수 있는데 먼저 인간관계에서 느끼는 불쾌 감정의 강도가 지나치게 강한 경우가 있다. 예를 들어, 무대 앞에 서는 상황에서는 누구나 불안을 경험하지만 사회공포증의 경우 불안이 과도한 상태가 되어 시선을 두려워하고 자신 때문에 상대방이 피해를 당할 수도 있다는 걱정에 사로잡힌다. 다음으로 부정적인 감정이 지나치게 장기간 지속되는 경우로서 아버지의 죽음으로 인한 우울 감정과 죄책감이 수개월 동안 지속되어 고통받는 경우가 그 예다. 다음으로 부정적인 감정을 느끼지 않아도 되는 상황에서 그러한 감정을 느끼는 경우인데 그 예로 평범하게 지나다니는 길거리에서 다른 사람의 시선이 두려워 집

밖으로 나가지 않는 경우다. 마지막으로 부정적인 감정이 사회적 · 학업적 · 직업적 일상생활의 부적응을 초래할 때를 인간관계의 부적응으로 규정한다. 예를 들어, 앞서 설명한 것과 같이 시선이 두려워 집 밖으로 나가지 않고 학교에 결석을 하는 경우, 그리고 영업 직종의 사원이 다른 사람과 접촉하는 것에 두려움을 느껴 이직하는 경우가 있다.

넷째, 인간관계의 역기능의 기준이 있다. 이 기준은 개인의 적응에서 결과적으로 부정적인 영향을 미치는 인간관계를 뜻한다. 자신의 목표를 달성하고 능력을 발휘하는 데 결과적으로 인간관계에서 손해를 초래하는 것은 부적응적 인간관계라고 말할 수 있다. 예를 들어, 학교의 학급에서 선생님이 지나치게 권위적이고 공격적이어서 학생의 사기를 저하시키고 괴롭게 하며 학업에 영향을 주는 경우다. 당사자는 자신의 행동에 대해 불쾌감을 느끼지 않지만 불쾌감을 느낀 집단 성원은 효율성이 떨어지고 결과적으로 자신에게도 손해가 온다.

이렇게 정상적인 부적응과 비정상적인 부적응을 구분하는 기준은 확고한 것이 아니라 사회적 · 문화적인 환경의 차이에 의해 유동적인 것이라고 할 수 있을 것이다.

2) 인간관계 부적응의 유형

권석만(2004)에 따르면 부적응적 인간관계의 유형에는 인간관계 회피형, 인간관계 피상형, 인간관계 미숙형, 인간관계 탐닉형이 있다.

첫째, 인간관계 회피형은 고립된 생활을 하며 소극적이고 제한된 인간관계를 맺는다. 이 유형은 다시 인간관계 경시형과 불안형으로 나뉜다. 경시형은 삶에서 인간관계의 중요성을 느끼지 못하고 무의미하다고 생각하는 유형이다. 이들은 혼자만의 인생이라고 생각하며 인간관계보다는 학업이나 예술 등 그 외의 활동을 더 중시한다. 또한 과거에 긍정적이고 의미 있는 인간관계를 경험하지 못하여 고독함을 즐긴다. 하지만 이러한 기간이

길어질 경우 권태감과 무력감에 빠지고 삶의 의욕이 저하된다. 다음으로 불안형은 경시형과 달리 사람을 사귀고자 하는 욕구가 있지만 사람을 만나는 것이 불편하고 피곤하여 결과적으로 경시형과 같이 고립된 생활을 한다. 자신이 편한 사람과의 만남은 이루어지나 새로운 관계 형성이 어려워 대인공포증으로 발전할 가능성이 있다.

둘째, 인간관계 피상형은 대부분 발이 넓은 인간관계를 가지고 있으나 깊이 있는 인간관계를 맺지 못하고 피상적인 인간관계를 맺는다. 이 유형은 인간관계 실리형과 유희형으로 나뉘어진다. 실리형은 주된 의미를 실리적인 목적에 두는 유형으로 관계를 현실적 이득을 위한 거래 관계로 생각하는 경향이 있다. 이들은 손해 보는 일을 하지 않고 주는 만큼 받는 교환적인 거래를 인간관계에 적용한다. 다음으로 유희형은 쾌락과 즐거움을 인간관계에서 최고의 가치로 생각하며 구속과 규제를 회피한다. 항상 분위기를 즐겁게 만드는 것을 좋아하는 반면 진지하고 무거운 상황을 두려워하여 깊은 관계를 맺기보다는 상대를 여러 번 바꾸는 경향이 있다.

셋째, 인간관계 미숙형은 사교적 기술이 부족하여 대인 관계가 원활하지 못한 유형이다. 이 유형은 인간관계 소외형과 반목형으로 나뉜다. 소외형은 다른 사람으로부터 따돌림을 받고 소외받는 유형이다. 이들은 적극적인 대인 관계를 원하지만 외모나 옷차림에 신경을 많이 쓰지 않고 상황에 부적절하게 행동하여 타인에게 혐오감을 준다. 악의를 가지고 행동을 하는 것은 아니지만 인간관계에서 지켜야 할 기본적인 예의나 규범에 무지하여 어긋난 행동을 한다. 다음으로 반목형은 반복적으로 말다툼과 싸움을 경험하는 유형이다. 이 유형은 소외형과 달리 친밀한 관계를 맺기도 하지만 상대방의 언행에 쉽게 감정이 상하며 자신의 감정을 조절하는 기술이 부족하여 갈등의 해결책으로 공격을 택한다. 또한 자기주장과 신념이 강하고 인내심과 자제력이 부족하여 갈등 해결의 어려움이 있다.

넷째, 인간관계 탐닉형은 인간관계에서 강박적으로 친밀한 유대 관계를 추구하고 관계를 구속하는 경향을 가진 유형이다. 이 유형은 인간관계 의존형과 지배형으로 나뉜다. 의존형은 내면의 자신을 외롭고 나약한 존재라고 믿으며 관계에 자신을 맡기고 의지한다. 이 유형은 상대방을 과대평가하고 이상화하며 대상이 떠날 것을 두려워한다. 결정권 또한 중대한 문제일지라도 상대방에게 미루어 의존하려는 경향이 있다. 다음으로 지배형은 의존형과 달리 관계에서 집단을 이끌려는 성향이 강하여 상대방을 통솔하는 데 만족감을 얻는다. 혼자서는 허전함과 불안정한 감정을 느끼지만 자신이 주도적인 역할을 하지 않으면 불만족감을 느낀다. 또한 자기주장이 매우 강하여 집단 내 경쟁자가 있을 경우 대립하는 경향이 있다.

누구나 부적응적 인간관계의 단면을 다양하게 경험해 봤을 것이다. 이러한 부적응적 인간관계의 문제가 다양한 유형에 따라 나뉘어지는 것을 살펴보았다. 이를 통해 유형을 이해함으로써 자신의 모습을 인지하고 자신의 경향을 줄이기 위해 노력함으로써 부적응적 인간관계의 개선이 가능하다.

3) 인간관계 부적응과 관련된 정신장애

(1) 정신장애

사람들은 일시적으로 인간관계의 부적응 상태가 지속되면 여러 가지 심리적 문제를 나타낼 수 있다. 비교적 원만한 인간관계를 나타내던 사람도 새로운 상황(이사, 전학, 상급 학교 진학, 새로운 직장)에 잘 적응하지 못하면 심리적 부적응 상태를 나타낼 수 있다. 특히 이러한 부적응 상태로 인하여 심한 심리적 고통을 받거나 사회적/직업적 적응에 현저한 부적응을 초래할 경우에는 심리적 장애로 간주될 수 있다. 심리적 장애는 인간관계의 부적응으로 인해 발생하는 경우가 많다. 특히 이러한 장애로 인하여 인간관계 부적응 상태가 더욱 악화되는 경우가 흔하다. 여기에서는 특히 인간관계 부적응과 밀접한 관계를 맺고 있는 심리적 장애를 살펴보기로 한다.

① 우울증

우울증은 보통 무기력하거나 슬프거나 우울한 증상을 가지는 것으로 알려져 있다. 이러한 우울증은 대인 관계에서 개인이 원하는 대로의 관계를 맺지 못하면 충분히 나타날 수 있는 정신장애다. 우울증이 있는 상태에서는 상황에 대한 부정적이고 비관적인 판단이 주를 이룬다. 자존감의 수준도 떨어지고 자신에 대한 타인의 반응을 매우 비판적으로 받아들인다. 현실에 대한 허무함과 공허함을 느끼는 경우가 많아 죽음에 대한 생각이 많아지고 급기야 자살을 시도하는 경우도 생긴다.

정신장애로서의 우울증을 진단하는 DSM-Ⅳ 상의 진단 기준을 살펴보면 우울증의 주요 증상에 대해서 더욱 잘 알 수 있다. 지속적인 우울한 기분과 일상생활에서의 무기력증은 가장 큰 특징으로 들 수 있으며 그 외에도 식욕 감퇴, 수면 장애, 불안감, 피로감, 부주의, 죽음에 대한 생각과 시도 등이 있다. 이러한 증상이 5개 이상 관찰되는가의 여부가 정신장애로서 우울증을 가지고 있는가에 대한 판단 기준이 될 수 있다.

우울증은 증상의 원인, 강도, 패턴 등에 의해 하위 유형으로 나눌 수 있다. 우울증 증상을 유발한 사건이 외부에 있다면 외인성 우울증(exogenous depression), 특별한 사건이 없이 유전적 요인 등에 의한 우울증이라면 내인성 우울증(endogenous depression)으로 나뉜다. 우울증 증상이 조증(mania)을 수반하면 양극성 우울증(bipolar depression), 그렇지 않으면 단극성 우울증(unipolar depression)이다. 우울증 증상이 망상 수준까지는 아닌 우울한 기분의 수준일 경우 신경증적 우울증(neurotic depression), 현실감각이 떨어진 수준까지 진행되면 정신증적 우울증(psychotic depression)이라고 한다.

우울증은 보통 부정적인 생활 사건을 경험할 경우 잘 발생하는데, 우울한 성향을 가지고 있는 사람일수록 사소한 일에도 부정적인 사고를 더욱 많이 하게 되는 경향이 있다. 지속적인 상호 교류를 하는 대인 관계에서 부정적인 사건을 겪었을 때 그와 같은 성향이 맞아떨어지면 우울증으로 발전할 수도 있는 것이다.

② 사회공포증

사회공포증은 특정 사회 상황에 노출되었을 때 극심한 불안을 겪는 증상을 말하며 그와 같은 불안 때문에 특정 상황을 회피하려는 공포증의 한 유형이다. 아동기에 겪은 사회적 억제나 과민한 수줍음이 원인이 되는 경우가 많으며 평균적으로 10세 중반 이후 잘 나타난다. 성인기가 되면 증상이 완화 혹은 약화되기도 하지만 보통 평생 지속되는 경우가 많다. 이들은 타인으로부터 관찰당하거나 부정적 평가를 받거나 모욕을 당하거나 당황하는 것을 몹시 두려워한다. 그래서 이러한 상황에 처하면 매우 불안한 반응을 보이는데 그 불안이 비정상적이라고 인지하면서도 불안감을 해소하지 못하고 상황 자체를 회피하려고 한다. 사회공포증은 다른 불안장애에 비해 흔하게 생기는 편이며 보통 10대 중반에 많이 시작한다. 특히 아시아 3개국인 한국과 일본, 중국에서는 '가해성 사회공포증'이라 지칭되는 독특한 사회공포증 유형이 나타나기도 한다. 이것은 타인에게 피해를 주는 것처럼 상황을 인식하여 사회적 상황을 회피하는 특이한 형태의 사회공포증이다.

DSM-Ⅳ 상의 진단 기준을 살펴보면, 친숙하지 않은 사람에게 노출되거나 다른 사람에게 주시되는 한 가지 이상의 사회적 상황 또는 활동 상황에 대해 뚜렷하고 지속적인 공포심을 가지고 있으며 자기가 창피를 당하거나 난처해질 만한 행동을 할까봐 두려워한다. 또한 두려운 사회적 상황에 노출되었을 때 거의 예외없이 불안이 유발되고 이는 상황과 관계가 있거나 상황이 소인이 되는 공황발작의 형태로 나타날 수 있으며 불안을 지나치거나 비합리적인 것으로 인식한다. 그리고 두려운 사회적 상황이나 활동 상황을 회피하려고 하고, 그렇지 못한 경우에는 강한 불안과 고통을 경험한다. 이것은 회피, 불안 예기 또는 두려운 사회적 상황이나 활동 상황에 대한 고통이 정상적인 일상생활, 직업적(학업적) 기능, 사회적 활동이나 관계를 심각하게 방해하거나 그에 대한 공황을 가지고 있는 것에 대해 뚜렷한 고통을 느끼는 경우다.

사회공포증을 가진 사람은 자기 자신에 대해 역기능적 신념을 가지고 상황이나 자신에 대해 부정적인 해석을 하며 판단을 내리는 경우가 많다. 이러한 부정적 신념은 때로 자신에 대한 부정적 평가를 피하기 위한 하나의 방어기제일 수도 있다. 타인이 부정적으로 보는 것을 두려워한 나머지 자기상을 다시 부정적으로 인지하고 과소평가하려는 경향이 생기며 이러한 악순환이 다시 불안을 심화시켜 사회적 공포까지 느끼게 하는 것이다.

③ 신체형 장애

인간관계의 갈등이 심해지면 신체적 증상을 통해 표출되는 경우가 있다. 신체형 장애는 심리적 원인으로 인해 다양한 신체적 증상을 나타내는 경우를 뜻한다. 신체형 장애로서 DSM-IV에서 기준으로 내세운 증상은 통증·위장·성적·가성신경학적 증상이다. 통증 증상에는 두통, 복통, 요통, 관절통, 흉통, 월경통 등이 있고 소화기 증상에는 메스꺼움, 위 팽창감, 구토, 설사 등이 있으며 가성신경학적 증상은 신체 마비, 감각 상실, 시력 감퇴, 청력 감퇴, 삼키기 어려움, 목에 무언가 걸려 있는 느낌, 목소리가 나오지 않음, 기억력 저하 등이 있고, 성적 증상으로는 불규칙한 월경, 과다한 월경량, 성적 무관심, 발기부전 등의 증상이 있다. 이러한 신체적 증상을 환자가 말하더라도 실제 검사에서는 그에 상응하는 신체적 손상이 발견되지 않을 가능성이 높다. 심리적인 원인이 가장 크게 작용하는 증상이기 때문이다.

신체형 장애의 한 유형인 건강염려증은 실제로는 건강에 이상이 없음에도 자신의 몸에 심각한 질병이 있다는 생각에 집착하여 불안해하는 증상이다. 이들은 흔히 몸에서 느껴지는 사소한 증상을 심각한 질병으로 잘못 생각하는 경우가 많다. 또 한 유형인 신체 변형 장애는 가상적으로 또는 과장하여 신체적 외모에 결함이 있다는 생각에 집착하며 그로 인해 사회적, 직업적 또는 다른 중요한 기능 영역에서 임상적으로 심각한 고통이나 손상을 초래하는 경우가 많은 증상이다. 특히 외모에 대한 관심과 외모가 지니는 경쟁력이 커져가는 현대사회의 추세 속에서 이러한 신체 변형 장애 증상은 더욱 많아질 가능성이 높다. 이러한 신체형 장애는 인간관계의 갈등으로 인한 심리적 문제를 부인하고 신체적 증상에 집착함으로써 자신의 책임을 회피하려는 경향과 관련될 수 있다.

④ 알코올 관련 장애

알코올의 부정적 사용으로 인해 다양한 심리적 장애가 발생할 수 있다. 알코올 관련 장애는 알코올 사용 장애와 알코올 유도성 장애로 나뉘며 알코올 사용 장애는 알코올의 중독 정도에 따라 알코올 의존과 알코올 남용으로 나뉜다. 알코올을 섭취하지 않을 경우 금단증상이 나타나 지속적으로 알코올 섭취를 하려는 상태를 알코올 의존 상태라고 한다. 또한 알코올을 지속적으로 적정량 이상 섭취하여 일상생활에서 문제를 일으키거나 좀 더 심각한 법적인 문제를 일으키는 경우를 알코올 남용이라고 한다. 한편 알코올 유도성 장애는 알코올 중독과 알코올 금단 등의 증상으로 나뉜다.

성인의 경우 스트레스 해소를 위한 방편으로 알코올을 사용하는 경우가 있으며 청소년의 경우 품행 장애나 반사회적 행동과 함께 알코올을 사용하는 경우가 있다. 이것은 알코올에 의존하는 성향이 사회문화적으로 청소년에게 부정적으로 영향을 미치는 경우다. 이 외에 알코올에 의존하는 이유로 또래 집단의 음주 문화를 받아들이는 경우, 음주를 통한 관계 형성이 지속되어 타인으로부터 긍정적 평가를 받기 위한 수단으로 마시는 경우도 있다.

⑤ 섭식장애

섭식장애란 음식물을 섭취하는 데에 장애를 가지게 되는 것을 말하며 신경성 식욕부진증과 신경성 폭식증이 있다. 신경성 식욕부진증은 비만 혹은 체중 증가에 대한 거부감으로 말미암아 음식 섭취에 문제가 생기는 것이다. 반대로 신경성 폭식증은 단시간에 많은 양을 섭취한 후 체중 증가에 대한 거부반응으로 구토를 하고 다시 음식물을 폭식하는 행동을 반복하는 증상을 말한다.

두 증상 모두 신경성이라는 점이 주목할 만하다. 사회생활을 하는 대인관계 속에서 자신의 모습에 대한 자신감 있는 태도가 부족하여 이 같은 증상이 나타날 수 있는 것이다. 특히 현대의 외모지상주의 세태 속에서 현대인의 외모에 대한 스트레스는 더욱 심해지고 있으며 이것이 섭식장애라는 증상으로도 나타날 수 있다. 자신의 외모에 대한 자신감 부족 혹은 타인과의 비교를 통한 지나친 자기비하가 섭식장애를 가져오는 원인이 될 수 있다.

(2) 성격장애

성격장애란 어린 시절부터 서서히 발전하여 성인기에 개인의 성격으로 굳어진 심리적 특성이 부적응적 양상을 나타내는 것을 말한다. DSM-IV에서는 성격장애를 크게 A군, B군, C군으로 나누고 있다. A군 성격장애는 사회성이 떨어지고 행동이 이상하며 엉뚱하다는 인상을 많이 주는 성격으로서 편집성 성격장애, 분열성 성격장애, 분열형 성격장애가 이에 속한다. B군 성격장애는 행동이 극적이며 감정적이고 변덕스러운 특징을 주로 나타내며 반사회성 성격장애, 경계성 성격장애, 연극성 성격장애, 자기애성 성격장애가 포함된다. 마지막으로 C군 성격장애는 불안하거나 근심·걱정을 많이 느끼는 성격으로 회피성 성격장애, 의존성 성격장애, 강박성 성격장애가 포함된다.

우리는 일반적으로 사람들이 어떻게 행동하고 생각하며 느낄 것이라는 데 대한 기대나 틀을 가지고 있는데, 이 틀은 일반적으로 생각이나 감정, 타인과의 관계, 자신의 충동을 조절하는 능력을 기준으로 구성된다. 이러한 기대나 틀을 크게 벗어난 행동이나 생각, 느낌을 갖고 있는 사람을 우리는 '이상한' 사람으로 보아 성격적인 면에서 문제가 생겼다고 인식하기 시작한다.

① 편집성 성격장애

편집성 성격장애의 가장 큰 특징은 타인을 믿지 못한다는 것이다. 즉, 편집성 성격장애는 타인에 대한 강한 불신과 의심을 지니고 적대적인 태도를 나타내어 사회적 부적응을 보이는 성격 특성이다. 편집성 성격장애는 망상이나 환각을 수반하지는 않지만 충분한 근거 없이 타인을 의심하는 경우가 많다. 타인의 행동에 대해 왜곡해서 받아들이고 그에 대해서 공격성을 보이기도 한다. 타인에 대한 신뢰감의 부족과 자신에 대한 자신감의 부족이 왜곡된 시각과 행동을 만드는 것이다.

충분한 근거 없이 타인이 자신을 착취하고 해를 주거나 속인다고 의심하고, 친구나 동료의 성실성이나 신용에 대한 부당한 의심을 한다. 정보가 자신에게 악의적으로 사용될 것이라는 부당한 공포 때문에 터놓고 얘기하기를 꺼리며 타인의 말이나 사건 속에서 자신을 비하하거나 위협하는 숨겨진 의미를 찾으려 한다. 자신에 대한 모욕이나 손상, 경멸 등의 자신이 가진 원한을 오랫동안 풀지 않으며 타인은 그렇게 생각하지 않지만 자신의 인격이나 명성이 공격당했다고 인식하고 즉시 화를 내거나 반격한다. 또한 이유없이 배우자나 성적 상대자의 정절에 대해 반복적으로 의심한다.

이들은 대인 관계에서 의심을 바탕에 둔 상대를 경계하고 예민하게 반응하며 조심하는 자세로 대할 때가 많다. 타인의 진실성을 계속해서 확인하고자 하며 그 숨은 의미를 자꾸 찾으려 하기 때문에 관계에서 긍정적으로 대응하지 못하여 상대방이 자신에게 화를 내도록 만들 때가 종종 있다. 이들이 타인을 믿지 못하고 지나치게 조심하며 방어적인 자세를 취하는 것은 자기 내부에 타인의 근거 없는 모욕에 대한 분노가 숨어 있기 때문이다. 자신 외에 다른 사람은 대부분 편법을 동원해 성공했다고 생각하며 자신은 타인에 비해 공정한 대우를 받지 못했다고 느낀다.

② 분열성 성격장애

분열성 성격장애의 가장 큰 특징은 사회성 발달이 부족하다는 것이다. 타인과의 관계에서 감정을 잘 표현하지 못하며 보다 긴밀한 관계를 맺는 것에 관심이 없어 사회적으로 적응을 하는 데 큰 어려움을 겪는다. 이들은 사회성을 발달하는 것보다 자신의 자율성을 지키는 것에 더욱 큰 비중을 두기 때문에 타인과의 관계를 위한 행동보다는 자신을 위한 행동을 더욱 많이 실행한다. 만약 스스로 타인과 매우 친밀한 관계를 맺었다고 생각할 경우, 관계 속에서 자신의 정체성을 유지하기 어렵고 친밀한 관계를 맺은 타인에게 통제당할 가능성이 높다고 본다.

분열성 성격장애는 거의 항상 혼자서 하는 활동을 선택하며 가족의 일원이 되는 것을 포함하여 친밀한 관계를 원하지도 즐기지도 않는다. 정서적인 냉담, 무관심 또는 둔마된 감정 반응을 보이며 타인의 칭찬이나 비평에 무관심하다. 직계가족 이외에는 가까운 친구나 마음을 털어놓는 친구가 없다. 또한 성 경험에 거의 흥미가 없으며 만약 있다고 하더라도 소수의 활동에만 즐거움을 얻는다.

이들은 타인과 거리감을 갖는 데 주력한다. 근본적으로 자신은 혼자라고 인식하기 때문에 불필요한 친밀관계를 맺으려고 하지 않는다. 친밀하지는 않더라도 다른 사람과 어울리는 때가 생기면 타인의 행동이나 감정에 거의 반응하지 않는다. 대인 관계에 있어 이런 소극적인 태도를 견지하는 것은 달리 말하면 타인의 정서를 이해하는 능력이 떨어지는 것으로 해석할 수 있다.

③ 분열형 성격장애

분열형 성격장애의 핵심은 특이한 사고와 연결짓기다. 분열형 성격장애는 분열성 성격장애와 유사한 대인 관계 문제 이외에 약간의 사고장애와 기괴한 언행을 수반한다. 사고장애라는 것은 여러 사상을 연결짓는 특이한 양상을 나타내는 관계 사고를 주로 하는 것이다. 다양한 사건이 연결되어 있고 그것이 암시하는 것이 있다고 사고함으로써 사회생활을 할 때에 막연한 불안을 겪거나 타인과 친밀한 관계를 맺기 어려우며 비현실감을 종종 경험하게 된다. 분열형 성격장애를 가진 사람은 동반하는 불안이나 우울 및 불쾌한 감정으로 더욱 힘들어 한다. 사회적 고립, 친밀하지 못한 친구 관계, 사회적 불안, 과민성, 특이한 사고와 언어 행동, 공상 때문에 건강한 사회생활을 하기 어려워진다.

분열형 성격장애를 가진 사람은 분명한 관계망상까지는 아니더라도 관계망상과 비슷한 사고를 하며 행동에 영향을 미치는 괴이한 믿음이나 마술적 사고를 하고 신체적 착각을 포함한 유별난 지각 경험을 한다. 의심이나 편집증적인 사고를 잘 하며 부적절하거나 메마른 정동을 하고 괴이하고 엉뚱하거나 특이한 외모를 추구하는 경향이 있다. 직계가족 외에 가까운 친구나 마음을 털어놓을 수 있는 사람이 없고 친밀한 관계를 가지더라도 과도한 사회적 불안이 줄어들지 않으며 이는 자신에 대한 부정적인 판단보다는 편집증적 공포와 연관되어 있다.

분열형 성격장애를 갖는 사람은 어릴 때 타인을 잘 사귀지 못하고 다른 아이들의 비난에 민감하게 반응했을 가능성이 높으며 어린 시절의 그런 좌절스러운 경험이 자기상을 왜곡해서 가지게 했을 수 있다. 그래서 자신이 생각하는 대로의 타인과의 관계에 대한 믿음을 유지하기 위해 다른 사람을 믿지 않거나 과민한 반응으로 상대를 경계하게 된다.

④ 반사회성 성격장애

반사회성 성격장애의 핵심은 자신이 원한 만큼의 애정에 대한 욕구 충족이다. 반사회성 성격장애를 가진 사람은 타인의 권리를 무시하고 침해하는 광범위한 행동 양상을 지닌다. 자기중심성, 교활함, 냉담성이 주요 성격적 특징이며 공감과 죄의식 또는 양심의 결핍 또한 주 내용이라 할 수 있다. 타인을 통제하려는 부적절한 충동을 아무런 거리낌 없이 실행하려는 경향을 가지는 반면 그 자신은 독립을 추구하기 때문에 타인의 통제에 저항한다. 기본적으로 자신뿐만 아니라 타인에 대해서도 무관심하기 때문에 타인에게 친절하다거나 혹은 사교적으로 대한다 하여도 그것은 무관심이 기저에 깔려 있는 것이고, 정서적 공감을 통한 사교성은 아닐 가능성이 높다.

법에서 정한 사회적 규범을 준수하지 않으며 구속당할 행동을 반복하고 개인의 이익이나 쾌락을 위한 반복적인 거짓말, 가명 사용 또는 타인을 속이는 사기 행동을 하기도 한다. 충동성 또는 미리 계획을 세우지 못한다던지 빈번한 육체적 싸움이나 폭력에서 드러나는 호전성과 공격성도 반사회성 성격장애를 가진 사람의 특징이다. 자신이나 타인의 안전을 무시하는 무모성, 꾸준하게 직업 활동을 수행하지 못하거나 채무를 이행하지 못하는 행동으로 나타나는 지속적인 무책임성, 타인에게 상처를 입히거나 학대·절도 행위를 하고도 무관심하거나 합리화하는 행동을 하여 자책이 결여되어 있을 때도 있다.

반사회성 성격장애를 가진 사람은 사회라는 것을 상호작용하는 곳이라 생각지 않고 자신 혼자 있는 곳이라고 생각한다. 자신의 관점과 타인의 관점을 동시에 수용할 수 없으며 상대방의 입장을 생각지 못하기 때문에 먼저 행동하고 그 뒤에 사람들의 반응을 생각하는 경향이 있다. 그래서 사회적 상식에 부합하는 행동보다는 자기 자신의 욕구에 따른 행동을 먼저 한다.

⑤ 경계성 성격장애

경계성 성격장애의 핵심은 불안정하다는 것이다. 자기상도, 대인 관계도, 정서적으로도 모두 불안정하다. 경계성 성격장애를 가지고 있는 사람은 버림받는 것에 대한 병적 두려움과 신체적 근접성을 통해 얻게 되는 보호적 양육에 대한 소망이 있다. 그 자신이 만족할 만큼의 애정을 받지 못하게 되면 적의적 통제로 변하여 양육자가 은밀하게 의존성을 좋아한다는 믿음을 지니고 행복감 또는 성공의 표시만이라도 보이면 악의적인 내재화된 대상이 자아를 공격한다. 타인의 시선이 중요하고 불안감을 표출하는 충동성을 잘 억제하지 못하는 성향을 가진다. 자신의 일과에서 만족감을 느끼기보다는 성취 후 공허감을 느끼는 증상도 나타날 수 있다.

DSM-IV 기준상에서 경계성 성격장애의 진단 기준을 살펴보면 대체로 버려지는 것, 외면당하는 것에 대해 매우 불안해할 경우 경계성 성격장애로 진단받기 쉬움을 알 수 있다.

이들은 실제적이거나 가상적인 유기를 피하기 위해 필사적인 노력을 하며 극단적인 이상화와 평가절하가 교차하여 반복되는, 불안정하고 강렬한 대인 관계를 가지기 쉽다. 정체감의 혼란으로 심각하게 지속적으로 불안정한 자기상 또는 자기 지각을 하기 쉽고, 자신에게 손상을 줄 수 있는 충동성이 적어도 두 가지 영역에서 나타난다. 반복적인 자살 행동, 자살 시늉, 자살 위협, 자해 행동을 하려 하며 현저한 기분 변화에 따른 정동의 불안정성과 만성적인 공허감을 가진다. 부적절하고 심한 분노를 느끼거나 분노 조절을 하는 것이 어려우며 스트레스에 따른 일시적인 망상적 사고 또는 심한 해리 증상을 나타낸다.

이들은 타인에게 관심과 애정을 갈구하지만 타인을 조종하려는 경향이 있다. 행동이 충동적이어서 대인 관계에서 반항적이고 변덕스러울 때가 많다. 이러한 행동은 역설적이게도 타인으로 하여금 그들이 원하는 애정 대신에 거부감을 느끼게 만든다. 타인에게 과도한 의존성으로 애정을 받고자 하지만, 동시에 타인에게 구속당하는 것에 거부감을 가지고 있다. 그래서 사람들과 어울리고자 하면서도 한편으로 부담스러워하고 혼자 있고 싶어 하는 모습을 보인다.

⑥ 연극성 성격장애

연극성 성격장애의 핵심은 타인으로부터의 사랑과 관심에 대한 욕구다. 이 욕구는 일반인이 가진 수준보다 훨씬 강하며 이를 충족하기 위해서 연극성 성격장애를 가진 사람은 일반인이 이해할 수 없는 범위의 행동까지도 한다. 행동이 지나치게 강렬하거나 때로 거짓말을 하거나 이성에게 유혹적인 태도를 보인다. 타인의 감정이나 생각에 대해 매우 민감한 편에 속하면서도 행동은 자기중심적일 경우가 많다.

자신이 중심적인 관심 대상이 아닌 상황에서 불편해하거나 다른 사람과 종종 부적절한 성적 유혹이나 도발적인 행동으로 특징지어지는 상호작용을 하기도 한다. 감정이 빨리 변하며 감정 표현이 피상적이고 신체적 매력을 이용하여 관심을 끌려고 한다. 과도하게 인상주의적이면서 세부적인 것은 결여된 언어 양식을 보이고 자기극화, 연극성 그리고 감정 표현의 과장성이 나타난다. 다른 사람이나 환경에 쉽게 영향을 받고 관계를 실제보다 더 친밀한 것으로 받아들인다.

연극성 성격장애를 가진 사람은 대인 관계에서 피상적이거나 요구가 많고 지나치게 의존적이며 신경질적일 가능성이 높기 때문에 관계를 유지하는 데 많은 노력이 필요한 사람일 것이다. 일종의 분리불안적 특성도 있기 때문에 관계가 미약해지거나 자신이 돋보이지 않게 되는 심각한 상황에 직면하게 되면 극도의 위협을 느낀다. 연극성 성격장애의 경우 단순 성격적인 부분뿐만 아니라 신체적 패턴까지도 같이 나타나는 장애라고 볼 수 있다. 자신이 중심이 되어야 하고 시선을 끌기 위해서 과장된 표현과 타인을 유혹하는 성향을 가지는데, 이때 신체를 사용하는 경우가 많다. 자신을 알리기 위해 육체적 부분을 부각하는 경향이 강하고 대화 양식을 사용하는 데 있어서는 세밀함이 떨어지는 경우가 많다. 피암시성이 높아 타인과의 관계나 환경에 쉽게 영향을 받고 대인 관계를 실제보다 더욱 친밀하게 생각한다.

⑦ 자기애성 성격장애

자기애성 성격장애를 가지고 있는 사람은 자신의 중요성에 대해 과도한 인지를 하는 것이 특징이다. 이상향적인 것에 집착하고 그것이 자신과 관련될 경우 자신이 이상향을 우러러 보는 것처럼 타인에게도 자신을 우러러 보기를 강요하기도 한다. 이것이 과해지면 자신의 우월함에 대해 타인의 질시나 질투를 받는다는 망상까지도 가지게 된다. 비판과 무시를 당하는 것에 대해서 견딜 수 없이 힘들어하며 타인으로부터 지지와 찬사를 받고자 하는 강한 열망이 있다. 만약 이러한 지지가 없어지거나 자신의 불완전함을 깨닫게 될 경우 심한 자기비판으로 이어지게 된다. 한편으로는 타인에 대한 공감력이 떨어져 언제나 자신이 타인보다 낫다고 생각하기도 한다.

자신의 중요성에 대한 과대한 인식을 지니고 있으며 무한한 성공, 권력, 총명함, 아름다움, 이상적인 사랑에 대한 환상에 사로잡힐 때가 있다. 자신이 특별하고 독특하다고 믿으며 다른 특별하거나 높은 지위에 있는 사람만이 자신을 이해할 수 있고 그들과만 어울려야 한다고 믿으며 타인에게 과도한 칭송을 요구한다. 특권 의식을 지니고 있어서 자신이 특별 대우를 받는다든지 타인이 자신이 원하는 대로 자동적으로 순응할 것을 기대하며 대인 관계에서 착취적인 양상을 보인다. 공감 능력이 결여되어 타인의 감정이나 욕구를 인정하거나 동일시하려 하지 않으며 종종 타인을 시기하거나 타인이 자신을 시기하고 있다고 믿으며 거만하고 방자한 행동이나 태도를 보인다.

남과 차별되는 명예나 재산 등을 추구하는 과정에서 타인을 이용 가능한 대상으로 지각하여 그 사람의 가치를 평가절하하는 경우가 많다. 만약 그가 유용하다고 여기면 관계를 지속하지만 그렇지 않다면 관계를 끊거나 필요한 만큼 이용한 후 관계를 단절한다. 이러한 관계를 맺는 것에 대해서 부끄러움을 느끼지 못하고 서로 주고받는 관계에 대한 이해 또는 공감을 하지 못한다.

⑧ 회피성 성격장애

회피성 성격장애의 가장 큰 특징은 거절에 대한 두려움이다. 다른 사람과의 만남에 대한 불안과 두려움 때문에 사회적 상황을 회피함으로써 적응에 어려움을 나타내는 경우가 많다. 회피성 성격장애는 전반에 걸친 사회적 억제, 부적절감, 부정적 평가에 대한 과민성이 여러 측면에서 나타난다.

비난이나 비판 혹은 거절에 대한 두려움 때문에 중요한 대인 간의 접촉을 필요로 하는 직업 활동을 회피하며 자신을 좋아한다는 확신이 없으면 다른 사람과의 관계에 관여하지 않으려 한다. 창피를 당하거나 조롱받을까봐 두려워서 친밀한 관계 외에는 관계를 갖지 않으려 하며 사회적 상황에서 비판을 받거나 거절당하는 것에 대하여 집착하고 부적절감 때문에 새로운 대인 관계적 상황에서는 억제되어 있다. 자신을 사회적으로 어리석고 개인적으로 매력이 없으며 다른 사람에 비하여 열등한 것으로 여기고 당황하게 될까봐 개인적 위험을 감수하거나 새로운 활동에 참가하는 것을 지나치게 주저하는 경향이 있다.

대인 관계에 있어 타인의 반응을 적절히 평가하는 데 어려움을 가지고 있고 자신의 존재가 근본적으로 사랑스럽지는 않지만 잠깐은 상대를 속일 수 있다고 믿으며 자신의 진실을 알리지 않기 위해 누구와도 가까워져서는 안된다고 생각하는 경향이 있다. 그래서 관계 유지를 위해 무엇을 해야만 한다는 가정을 하고 타인의 기준에 맞춰 움직이려는 경향을 가져 제대로

된 관계를 형성하지 못하게 된다.

⑨ 의존성 성격장애

의존성 성격장애의 큰 특징은 타인에게 과도한 의존과 순종을 한다는 것이다. 어떠한 일에 대해 책임을 지는 것이 의존성 성격장애를 가진 사람에게는 무엇보다 큰 스트레스가 된다. 자신에 대한 자아상이 본질적으로 무기력한 쪽에 가깝기 때문에 혼자서는 세상에 대처할 수 없으며 이러한 자신의 무력감을 해결해 줄 누군가를 찾으려고 노력한다. 도움을 받기 위해서 자신의 권리와 책임을 포기하고 자신을 보호해 줄 수 있는 사람에게 종속되려 한다. 이처럼 문제 해결을 타인에게 의존하려 하므로 자율성 발달에 필요한 기술을 습득하기 어렵고 자신이 이미 가진 기술도 인식하지 못하여 의존성을 더욱 심화시키기도 한다.

다른 사람으로부터 과도한 정도의 조언이나 확인이 없이는 매일매일의 결정을 내리기가 어려우며 자기 인생의 매우 중요한 영역까지도 대신 책임져 줄 수 있는 타인을 필요로 한다. 지지와 승인을 상실할까봐 두려워하여 타인의 의견에 반대하지 못하며 스스로 어떤 일을 시작하거나 수행하기가 어렵다. 타인의 보살핌과 지지를 얻기 위하여 불쾌한 일까지도 자청해서 하며 스스로 잘 해 나갈 수 없다는 과도한 두려움으로 인하여 혼자 있으면 불편하거나 무력하게 느끼는 경우가 많다. 어떤 친밀한 관계가 끝났을 때 보살핌과 지지를 얻기 위하여 곧바로 또 다른 관계를 찾으며 스스로 자신을 돌봐야 하는 상황에 처할지도 모른다는 두려움에 비현실적으로 집착하는 경향이 있다.

대인 관계에서 의존성 성격장애를 가진 사람은 지속적으로 자신에게 애정과 보호를 줄 수 있는 사람을 찾는데 그들이 원하는 만큼의 애정과 보호를 줄 수 있는 타인은 거의 없다고 보아야 한다. 따라서 그들은 대인 관계에서 자주 크게 낙심하여 우울에 빠지거나 관계를 맺는 것에서 후퇴하는 태도를 보이고 또다시 자신의 욕구를 충족해 줄 수 있는 사람을 찾아 관계를 맺으려고 노력한다. 만약 속해 있는 곳이 대규모의 사람이 있는 곳일 경우 그곳의 떠들썩한 분위기는 관계를 맺는 데 있어서 큰 장애로 여겨지며 되도록 이런 환경을 피하기 위해 때로 더 큰 고통도 감내한다.

⑩ 강박성 성격장애

강박성 성격장애의 가장 큰 특징은 완벽함과 통제에 대한 집착적 성향이다. 그들은 자신이 속해 있는 상황에 대해서 물리적 · 심리적인 상황 모두를 통제해야만 안정감을 느낀다. 또한 다양한 형태의 불안을 가지고 있기 때문에 공존 장애도 다양하다. 우울증이나 정신 · 신체 장애, 성 기능 장애 등을 대표적 예로 들 수 있다. 그들이 특징적으로 보이는 중요한 인지 도식은 이분법적 사고다. 모든 상황에 이분법적 사고를 대입하므로 대인 관계처럼 이분법적 사고가 통하지 않는 장면에서는 문제가 발생할 가능성이 높다. 근본적으로 자신이 생각한 어떠한 것에 대해 해야만 한다는 강박성을 가지고 있어 의도나 목적을 탄력성 있게 수용하기 어렵다.

사소한 세부 사항, 규칙, 목록, 순서 시간 계획이나 형식에 집착하여 일의 큰 흐름을 잃을 때가 자주 있고 완벽주의로 인해서 일을 완수하는 데 방해를 받는다. 여가 활동과 우정을 나눌 시간을 배제하면서까지 지나치게 일과 생산성에 몰두하며 도덕, 윤리 또는 가치문제에 지나치게 양심적이고 고지식하며 융통성이 없을 때가 많다. 감상적인 가치조차 없음에도 닳아빠지거나 무가치한 물건을 버리지 못하며 타인이 자신의 방식을 그대로 따르지 않을 경우에 타인에게 일을 맡기거나 같이 일하는 것을 꺼려 한다. 자신과 타인 모두에게 돈을 쓰는 데 인색하며 돈은 미래의 재난에 대비해서 축적해야 하는 것으로 생각하는 경향이 있다. 성격적으로 경직성과 완고함을 보이는 경우가 많다.

대인 관계에서 공손하고 정해진 방식대로 행동하지만 상대의 계층이나 지위에 따라 다르게 행동하는 경향이 있다. 항상 윗사람으로부터 인정받기를 갈망하며 만약 충족되지 못할 경우 심한 좌절과 불안을 갖는다.

II. 건강한 인간관계를 위한 방법

1. 환경적 요소

1) 물리적 환경

현대인은 가정, 학교, 직장 등의 환경 속에서 적응하며 살아간다. 우리가 환경에 잘 적응하기 위해서는 다양한 사회적 기술뿐만 아니라 적합한 환경 조성도 필요하다.

환경의 조성과 더불어 심리적 요인도 적응에 큰 영향을 미친다. 우리는 심리적으로 가까운 사람에게 쉽게 다가설 수 있다. 가깝게 앉아 친밀감을 표현하고 의견을 나누기도 한다. 이때 물리적 거리뿐만 아니라 서로를 바라보는 방향도 중요한 요소가 된다. 보통 옆자리에 앉는 경우는 서로 친밀한 사이거나 협동적인 태도를 가진 경우다. 반면, 서로 마주보는 자리에 앉는 경우는 낯선 사이인 경우가 많다. 즉, 같은 공간에서 심리적 거리에 따라 물리적인 위치가 달라진다. 물리적인 배치 이외에 적극적인 의사소통도 중요하다. 상대방을 배려하면서 자신의 주장을 내세우는 분위기가 조성될 때 원만한 대인 관계가 가능해진다.

물리적 환경은 주거 단지, 직장의 사무실 구조, 일상적 대화를 할 수 있는 공간까지 포함한다. 최근에는 주거 단지를 조성할 때도 상호작용의 기회를 높일 수 있는 공간을 만들어 건축을 하기도 한다. 아파트 단지 안에 있는 공원, 벤치 등의 자연 친화적인 공간은 바쁜 생활 속에서 즐길 수 있는 휴식 공간인 동시에 대화의 장이 될 수 있다. 직장의 사무실 구조 속에서도 상사와 부하 직원 간의 관계가 잘 반영되어 있다. 상–하 관계인 상사와 부하 직원의 경우, 부하의 자리가 상사의 눈에 보이도록 배치할 수 있다. 하지만 서로 동등한 입장에서 의견을 내세우는 토론의 장에서는 둥근 원탁에서 서로의 눈을 바라보면서 의견을 주고받을 수 있다. 운동장이 내려다보이는 학교 벤치, 서로 마주 볼 수 있도록 배치된 동아리방과 같은 다양한 공간의 배치는 인간관계를 맺는 데 도움을 준다.

인간관계에 있어서 특정 공간에서의 배치나 거리도 중요하지만 공간을 선택하는 기술 또한 중요하다. 자유롭게 의견을 교환하기에는 카페와 강의실, 토론장과 같은 공간이 적합하며 스터디 그룹끼리 전문적인 내용에 대한 의견을 나눌 때는 스터디 룸을 활용할 수도 있다. 친한 사람과 간단한 대화를 하기 위해 만난 경우에는 좋은 음식점, 공원 같은 공간이 관계를 더욱 좋게 해 줄 수 있다. 가족 구성원 간의 관계, 친구 관계, 그 밖의 사회적 관계에 있어서 공간의 선택으로 효과적인 의사소통이 이루어질 수 있는 것이다.

물리적 환경 조성과 더불어 다양한 의사소통 기술은 원활한 대인 관계 형성에 많은 도움을 준다. 대화를 할 때는 자신의 주장을 내세우기에 앞서 상대방의 마음을 먼저 생각하는 것이 중요하다. 아무리 논리적인 말이라고 할지라도 상호 간의 마음이 통하지 않는다면 설득력을 얻기 힘들다. 즉, 상대방의 말에 공감해 주면서 자신의 주장을 내세우는 것이 중요하다. 대화를 할 때는 상대방의 눈을 바라보며 고개를 끄덕이는 공감적인 반응을 해 줄 때 비로소 마음이 통한다. 우리 사회에는 심리적 문제 해결에 도움을 주는 상담 기관이 많다. 상담 전문가와의 상담을 통해 의사소통의 문제점을 해결하고 더욱 발전적인 인간관계를 형성할 수 있다.

2) 가정환경

가정은 인간의 가장 기초적인 인간관계 형성의 장이다. 인간은 태아 시기 어머니의 뱃속에서 영양분을 받으며 정서적 · 신체적 교류를 하고 안정감을 형성한다. 그리고 태어나자마자 가장 먼저 어머니와의 접촉으로 세상에 대한 신뢰감을 형성하기 시작한다. 어머니와 애착을 잘 형성한 아동의 경우 세상에 대한 믿음을 가지기 시작한다. 따라서 가정은 인간에게 가장 먼저 인간관계를 형성해 주며 정상적인 사회생활을 하기 위한 기반이 된다. 가정생활이 원만한 경우 아동뿐만 아니라 부모 역시 원만한 대인 관계를 형성하며 행복한 삶을 살아간다.

현대사회의 변화에 따라 전통적인 가정의 형태는 많이 변화하였다. 여성의 사회 진출 기회가 늘어나면서 가족의 형태도 변화하였다. 여성의 경제적 독립, 사회적 가치관의 변화와 더불어 이혼율 급증으로 인한 한부모·조손 가족이 증가하였고 그와 함께 자녀 수도 감소하였다. 또한 가정 내에서 안정적인 유대 관계를 형성하지 못함에 따라 직장인 한부모 가정의 자녀는 사회에 적응하기 힘들어졌다. 그로 인해 학교생활에서 규범 준수 및 원활한 교우 관계, 사제 관계를 맺기 어려워하는 문제가 생긴다. 이에 따라 학교 적응을 하지 못하는 청소년은 각종 심리적 고통을 안고 있다.

가정에서 가지는 심리적 안정감은 아동의 신체적·정서적 발달에 큰 역할을 한다. 가정에서 안정적으로 심리 발달이 이루어진 아동은 성장함에 따라 학교 적응, 직장에서의 적응까지 시기에 따라 유연하게 대처할 수 있게 된다. 이때 부모는 아동의 발달단계에 따른 세심한 주의를 기울이는 태도를 가져야 한다. 지금부터는 행복한 부부, 긍정적인 역할을 하는 부모가 되기 위해서는 어떻게 대처를 해야 할지 기술하고자 한다.

행복한 가정을 만들기 위해서는 가족 간의 대화 방법을 바꾸는 것만으로도 큰 변화를 가져올 수 있다. 즉, 가족 간 원활한 의사소통만으로도 화목한 가정을 이룰 수 있다. 가족 간에 도움이 필요한 일이 있을 때 명령조로 일을 시키는 것보다 부탁하는 어조로 부드럽게 이야기하며 칭찬과 보상을 준다면 긍정적인 영향을 미칠 수 있다. 가족 간 대화 시간을 가지기 위해서는 텔레비전 시청과 인터넷 사용을 줄이고 가족과 함께 휴식을 취하는 방법도 있다. 휴식하는 동안 음식을 먹거나 대화를 나누면서 힘든 일에 대해 이야기하고 서로 격려해 주는 것만으로도 가족 관계 향상에 도움이 된다. 가족 간 대화는 사회에 나가서도 좀 더 긍정적으로 생활하기 위한 에너지원이 될 수 있다.

칭찬 릴레이를 하는 방법도 도움이 된다. 하루를 마무리하면서 칭찬을 해 주면 칭찬을 받은 사람이 다른 사람에게 칭찬을 해 주는 것이다. 서로 칭찬을 하는 과정에서 미소를 짓기도 하면서 생활해 나감에 있어서 서로 더 챙겨주는 배려심이 생길 수 있다. 감사한 마음을 가지고 있더라도 그 마음을 말로 표현할 때 듣는 사람의 입장에서는 뿌듯함을 느낄 수 있고 기분이 좋아질 수 있다.

가족 구성원 간에 서로 비교하거나 비난하기보다는 있는 그대로의 모습을 사랑하고 아끼는 마음가짐이 중요하다. 다른 사람과의 비교는 열등감을 갖게 하고 발전적인 에너지를 부정적으로 소모하게 할 수 있다. 보통 자녀에 대해 다른 사람과 비교하는 경우가 많은데, 비교하기보다는 있는 그대로의 모습을 지켜봐 주면서 자연스럽게 성장하도록 격려해 주어야 한다.

맞벌이 부부나 직장을 다니는 한부모 가장의 경우 사회적인 지원이 필요하다. 직장인이 가정생활을 병행하기 위해서는 적합한 환경을 조성해야 한다. 또한 가족 구성원이 정서적 유대감을 형성하면서도 독립적으로 사회에 적응하기 위해서는 자율성을 길러야 한다. 이처럼 보다 탄력적으로 사회 속에 적응할 때 건강한 가족 관계가 형성되는 것이다. 가족 간의 지속적인 상호작용을 위해서는 부모와 자녀 간의 대화 시간을 늘려야 하며 부모의 지속적인 관심이 필요하다. 가족에서의 안정된 생활은 자녀가 학교생활에 적응하는 데에 긍정적인 역할을 할 것이다. 이때 아동의 작은 변화에도 피드백을 지속적으로 주며 관심을 표현하는 것도 좋은 방법이다.

맞벌이와 외벌이의 고충을 덜어주기 위해서는 자녀에 대한 교육적 지원과 가족 관계 향상을 위한 가족 친화 프로그램을 실시할 수 있다. 그러한 가족 프로그램을 통해 가족 간 의사소통 향상을 기대할 수 있으므로 기업에서는 이와 같은 가족 프로그램의 필요성을 인식하고 적극적으로 활용하는 분위기를 조성해야 한다. 또한 가정에서는 부부 간, 부모-자녀 간 의사소통 시간을 점차로 늘려감에 따라 보다 깊이 있는 관계를 형성할 수 있다. 그에 따라 가족은 서로 독립적인 역할을 수행하면서도 문제에 대해 함께 고민하고 해결하는 태도를 가지게 된다. 이처럼 가족 구성원의 끊임없는 노력이 뒷받침될 때, 비로소 건강한 가정환경을 조성할 수 있는 것이다.

2. 성 격

1) 건강한 성격에 대한 견해

건강한 성격의 개념 자체는 그다지 중요한 것이 아닐 수 있다. 하지만 누구나 건강한 성격에 대해서는 궁금증을 가지고 있으며 그것을 가지기 위해서 필요한 요건을 갖추고 싶어 한다. 그리고 그렇게 하기 위해 개인마다 부단한 노력을 하고 있다. 현대를 살아가고 있는 우리의 관심 분야가 신체의 건강뿐 아니라 정서적인 건강으로도 넓어지고 있으므로 여기에서는 전문학자의 견해와 건강한 성격을 위한 요건에 관하여 알아보고자 한다.

모든 이론가가 인간의 잠재력 개발 운동에 동의하는 것은 아니다. 그러나 그들은 하나같이 다음 같은 문제를 제시하고 있다. 즉, 건강한 성격의 본질은 무엇인가 하는 문제다. 각 이론가는 각기 다른 전망을 가지고 있으며 인간이 가진 잠재 능력은 겉으로 드러나는 것보다 훨씬 다양하고 훌륭한 것이라고 인식하고 있다.

(1) Rogers

Rogers는 건강한 성격의 사람을 '충분히 기능을 발휘하는 사람'이라고 정의하였다. 그는 하나의 상태가 아닌 건강한 성격을 향해 나아가는 과정의 중요성을 강조하면서 비록 그 과정이 평탄치만은 않고 고통스러운 일도 있겠지만 그 안에서 인간의 정서가 발달하고 건강해진다고 하였다. Rogers의 충분히 기능을 발휘하는 사람의 특징은 첫째, 창조성이다. 충분히 기능을 발휘하는 사람은 고도로 창조적이며, 독창적인 사고력과 창조적 삶으로 자신을 나타낸다. 또한 그들은 행동에 자발적이며 자신의 삶의 수많은 작용에 반응하며 살아간다.

둘째, 자유감이다. 건강한 사람은 자유롭게 선택할 수 있고 삶에 대한 개인의 선택을 즐기며 자기 자신이 미래를 좌우한다고 생각한다. 자신이 가진 선택권으로 원하는 모든 것을 할 수 있다고 느낀다.

셋째, 자신의 유기체에 대한 신념이다. 자신이 옳다고 느끼는 방식으로 행동하는 것이 다른 어떤 이성적이거나 지적인 것보다 더 신뢰성이 높다는 것이다.

넷째, 실존적 삶이다. 건강한 성격의 사람은 자아나 성격이 모든 경험에 끊임없이 영향을 받거나 새롭게 된다. 그들은 자아 구조가 적응력이 있다.

다섯째, 경험에의 개방성이다. 건강한 성격의 사람은 긍정적이며 부정적인 정서의 넓은 범위를 정서적으로 강렬하게 경험한다고 말할 수 있다.

(2) Allport

Allport는 건강한 성격의 사람을 '성숙한 사람'이라고 정의하였다. 성숙한 사람이 되기 위해 필요한 요건으로는 첫째, 정서적 안정감이다. 즉, 건강한 사람은 좌절을 경험했을 때 정서적 안정감을 통하여 자신을 포기하지 않고 목표에 도달하기 위해 좌절을 감소시키는 다른 방법을 발견할 수 있다는 것이다.

둘째, 자아감의 확장이다. 자아가 발달함으로써 사람과 사물에 대한 범주도 넓어진다. 따라서 어떤 사람이 다양한 활동이나 특정한 이념에 온전히 관련되어 있을수록 그는 심리적으로 더욱 건강해질 것이다.

셋째, 타인과 따뜻한 관계를 가지는 자아다. Allport는 따뜻한 관계를 친근함과 연민의 두 가지 종류로 구분하였는데 친밀감은 발달이 잘 된 자아 정체감의 표현이고 연민은 성숙한 성격으로, 타인의 행동을 판단하지 않고 비판하지 않으며 관용을 베푸는 것이다.

넷째, 자아 객관화다. 즉, 타인이 자기를 어떻게 생각하고 있으며 자기는 어떤 사람인가에 대한 통찰력이 필요하다는 것이다. 타인 지각과 자기 지각 두 개념 간 연관성이 높을수록 개인의 성숙도는 높아지게 된다.

다섯째, 기술과 과제다. 일의 성공은 기술과 능력의 발달, 유능함의 수준을 의미하며 적절한 방법으로 기술을 사용해야 하고 충분히 투자해야 한다는 것이다.

여섯째, 현실적 지각이다. 건강한 사람은 자신의 세계를 객관적으로 보며 다른 사람이나 상황을 현실의 있는 그대로 받아들인다.

일곱째, 일관성 있는 생의 철학이다. 건강한 성격은 미래 지향적이고 목표와 계획에 의해 형성된다. 따라서 목표와 계획을 충실히 세움으로써 성격은 일관성을 나타낸다.

(3) Jung

Jung은 건강한 성격의 사람을 '개별화를 이룬 사람'이라고 정의하였다. 그는 사람이 자기가 살아 있는 것의 의미를 깨닫고 독립적인 사람이 될 때 건강한 성격이 이루어진다고 보았다. Jung은 건강한 성격에 대해 자세하게 말하지는 않았지만 미루어 짐작해 보건데 몇 가지로 추론할 수 있다.

첫째, 보편적인 성격으로, 인간은 개별적이기 때문에 어떤 특정한 유형으로 묶어 사람을 설명할 수 없다는 것이다.

둘째, 미지의 것에 대한 수용으로, 무의식적인 요소를 의식화 속에서 받아들일 수 있는 것이다.

셋째, 인간 본연의 모습을 수용하여 인간이 겪고 있는 모든 상황과 지각하는 것에 대한 관대함을 보이는 것이다.

넷째, 자기표현으로, 스스로 사고나 감정을 자율적으로 표현할 줄 아는 것이다.

다섯째, 자기 통합으로, 내면의 모든 것이 통합을 이루고 조화를 이루는 것이다.

여섯째, 자기 수용으로, 자신에게 나타나는 모든 장점과 단점을 있는 그대로 수용하는 것이다.

일곱째, 자아 인식을 통해 스스로에 대해 잘 아는 것이다. 자아 인식은 본능적인 것으로, 노력만을 통해서 이루기는 어려운 목표임은 분명하다.

(4) Maslow

Maslow는 건강한 성격의 사람을 '자아실현을 이룬 사람'이라고 정의하였다. 건강한 성격의 사람의 특징으로는 첫째, 독립성과 자율성을 추구하고 스스로 결정할 수 있는 결정 능력이 있으며 자율적으로 행동한다.

둘째, 타인과 확고한 인간적 유대를 가질 수 있는 능력을 갖는다. 그들은 타인과 가족에 대한 깊은 우정과 사랑을 지닌다. 또한 누구나 좋아하는, 뜻이 있는 유머 감각을 지닌다.

셋째, 인간이 처한 환경과 상황에 대해서 공감하며 애정으로 인간을 바라보고 모든 인간에 대한 인류애를 느낀다.

넷째, 생활 속에서 겪는 모든 것에 대해 즐거워하고 신선하게 받아들이며 새로운 체험에 대해 개방적인 자세를 갖는다.

다섯째, 인간의 본성, 자기 자신과 타인의 속성에 대해서 수용적인 태도를 갖고 있으며 그것을 있는 그대로 받아들인다.

여섯째, 자신을 가식 없이 있는 그대로의 모습으로 나타내고 자기표현을 억제하지 않고 자율적으로 한다. 그러나 타인에 대해서는 신중하고 사려가 깊어서 자신의 감정 표현이 타인에게 상처를 주지 않게 하기 위해 노력한다.

일곱째, 자기가 하는 일에 대해서 애정을 갖고 집중하며 동시에 책임감을 갖는다.

여덟째, 객관적인 지각 능력과 판단 능력을 갖는다. 즉, 자신과 타인을 왜곡하지 않고 있는 그대로 현실을 본다는 것이다.

아홉째, 창의적이다. 그들은 독창적이며 새로운 것을 추구하고 창조적 노력을 한다.

열째, 민주적인 성격 구조를 갖는다. 그들은 사회, 정치, 인종, 문화 그 어떤 것에도 구애받지 않고 모든 사람에게 관대하고 수용적이며 평등하게 대한다.

(5) Perls

Perls는 건강한 성격의 사람을 '지금-여기의 사람'이라고 정의하였는데 그 특성을 살펴보면 다음과 같다.

첫째, 지금-여기의 현실에 바탕을 두고 있다.

둘째, 순간 느끼는 감정과 상황에 반응하며 분노를 솔직하게 표현할 수 있다.

셋째, 있는 그대로의 자기 자신을 인식하고 수용하며 억제 없이 개방적으로 지금-현재 느끼는 충동과 욕망을 표현할 수 있다.

넷째, 건강한 사람은 자신의 삶에 대해 책임을 질 수 있으며 외부의 규칙에서 자유롭다.

다섯째, 심리적으로 건강한 사람은 자신이 누구고 어떤 상태인지에 대해 완전히 알고 있고 그것을 받아들인다.

여섯째, 자아와 세계 모두와 완전하게 접촉하고 있다.

일곱째, 타인에 대한 책임에서 벗어난다.

여덟째, 행복에만 열중하여 에너지를 몰입하지 않는다.

(6) Frankl

Frankl은 건강한 성격의 사람을 '자아 초월의 사람'이라고 정의하였다. 그는 인간에게 있어서 의미에의 의지(will to meaning)의 중요성을 강조하였다. Frankl의 관점에서 본 자아를 초월한 건강한 성격의 특성은 다음과 같다.

첫째, 인간은 자신의 행동을 스스로 자유롭게 선택할 수 있고 외부의 힘에 의해 결정되지 않으며 자신의 생활을 스스로 통제할 수 있다.

둘째, 자신의 외부의 힘이 아닌 내부로 향하는 마음을 초월하며 미래지향적이다.

셋째, 인간이 추구하고자 하는 삶의 궁극적인 목표인 관심과 사랑을 주고받을 수 있다.

넷째, 가치를 통해서 창조적으로 자신의 일을 행하고 결정한다.

다섯째, 자기 삶의 모든 행동과 상황 및 관련 태도에 책임 의식이 있다.

(7) Fromm

Fromm은 건강한 성격의 사람을 '생산적인 사람'이라고 정의하였다. 그의 관점에서 본 생산적인 건강한 성격의 특성은 다음과 같다.

첫째, 그는 건강한 성격을 생산적 정향이라고 하면서, 사람 내면의 잠재력을 온전히 사용하고 그것을 활용하여 잠재력을 실현함으로써 건강한 성격이 된다고 하였다.

둘째, 생산적인 사람은 서로가 각자의 개성을 유지할 수 있는 자유롭고 동등한 인간관계를 맺는다.

셋째, 생산적인 사고는 생각하는 사람이 그 대상에 대해 지성, 이성, 객관성을 가지고 관계를 맺는 것과 관련이 있다.

넷째, 행복은 행복하다는 감정의 측면에서만이 아니라 모든 면에서 건강하고 유기체가 가진 모든 것을 증진하는 상태를 말한다.

다섯째, 양심을 권위적인 것과 인본적인 것으로 구분하였는데, 권위적인 양심은 외현적인 것이 내면화된 것을 말하며 인본적인 양심은 자아 내면의 소리라고 표현하였다.

각 이론가마다 건강한 성격에 대해 관심을 가지고 있다는 점은 공통적이지만 각자 다른 관점에서 건강한 성격에 대해 말하고 있다. 그들은 건강한 사람의 특성과 건강한 성격에 대한 잠재 능력을 입을 모아 말하고 있다. 즉, 건강한 사람은 심리적인 건강만이 중요한 것이 아니라 그 이상의 초월적인 의미도 담고 있어야 함을 말하고자 하였다. 우리는 이처럼 건강한 성격의 중요성을 깨닫고 건강한 성격을 이룬 사람, 다시 말해 성숙하고, 생산적이고, 충분히 기능을 하고, 지금-여기에 있고, 자아실현적이고, 초월적이며 개별화를 이룬 온전한 사람이 건강한 성격을 지닌다는 것을 알고 이를 위해 노력하여야 할 것이다.

2) MBTI로 본 인간관계의 이해

MBTI는 외향성(에너지의 방향이 밖으로 향함)과 내향성(에너지의 방향이 안으로 향함), 감각(오감을 통한 인식)과 직관(사실과 사건 이면의 의미 이해), 사고(논리적 근거를 통한 판단)와 감정(정서나 관계, 상황을 통한 판단), 판단(외부 세계에 대한 빠른 판단)과 인식(정보 자체에 대한 관심)의 4가지 척도를 통해 이루어져 있다(심혜숙 · 김정택, 2007).

4가지 척도별 인간관계를 살펴보면 다음과 같다.

외향적인 사람은 폭넓은 대인 관계를 유지하고 사교적이고 정열적이며 활동적이고 사람을 만나고 활동할 때 에너지가 생긴다. 또한 다양한 사람과 폭넓은 관계를 형성하고 말을 통한 의사소통 방식을 선호하며 생동감 넘치고 활동적이다.

내향적인 사람은 깊이 있는 대인 관계를 유지하고 조용하고 신중하며 이해한 다음에 경험한다. 또한 혼자 조용히 있을 때 에너지가 충전되며 소수의 사람과 밀접한 관계를 형성하고 글을 통한 의사소통 방식을 선호하며 조용하고 신중하다.

감각형인 사람은 오감에 의존하여 실제의 경험을 중시하며 지금, 현재에 초점을 맞추고 정확하고 철저하게 일처리를 한다. 또한 오감을 통해 직접 경험한 정보를 더 잘 받아들이며 구체적으로 표현하고 현재에 초점을 두며 실용성을 추구하고 현실적이다. 그들은 전통적인 가치를 중요하게 여긴다.

직관형인 사람은 육감 내지 영감에 의존하며 미래지향적이고 가능성과 의미를 추구하며 신속하고, 비약적으로 일처리를 한다. 그들은 이론적이고 개념적인 정보를 더 잘 받아들이며 추상적으로 표현하고 과거, 현재, 미래를 전체적으로 살펴보며 미래의 가능성이 중요하다고 생각한다. 또한 새로운 변화를 시도하고자 한다.

사고형인 사람은 진실과 사실에 주로 관심을 갖고 논리적이고 분석적이며 객관적으로 판단한다. 의사결정을 할 때 인과관계를 파악하여 객관적으로 판단하며 원리원칙이 중요하고 이성적이다. 또한 진실과 사실에 주된 관심을 가지며 무엇이 잘못되었는지 잘 분석하고 목표 달성이 사람들과의 관계보다 앞선다.

감정형인 사람은 사람과의 관계에 주로 관심을 갖고 상황적이며 정상을 참작한 설명을 한다. 주관적 가치를 중시하기 때문에 의사결정을 할 때 주관적 가치에 근거해 무엇이 중요한지 판단하고 감성적이며 사람들과의 관계에 주된 관심을 갖는다. 또한 다른 사람의 의견에 잘 공감하며 사람들과의 관계가 목표 달성보다 앞선다.

판단형인 사람은 분명한 목적과 방향이 있으며 기한을 엄수하고 사전에 계획하며 체계적이다. 또한 조직적이고 구조화된 환경을 선호하며 어떤 일을 하기 전 미리 계획을 세운다. 그들은 미리미리 준비해서 여유롭게 끝내는 것을 선호하며 분명한 목적의식과 방향을 갖고 빠르게 결정하고자 한다.

인식형인 사람은 목적과 방향이 변화 가능하고 상황에 따라 일정을 바꿀 수 있다고 생각하며 자율적이고 융통성이 있다. 그들은 새로운 것에 대해 유연하고 개방적이며 어떤 일이든 먼저 시작하고 본다. 또한 마지막 순간에 집중해서 끝내며 결정을 보류하고 정보를 수집하고자 한다.

위의 4가지 척도에 따른 16가지 성격유형으로 인간관계를 살펴보자.

ISTJ 유형은 내향적 감각형으로 맡은 일을 매우 철저히 수행하고 건실하며 체계적이다. 이 유형의 사람은 인내력이 있어 관계된 모든 사람에게 안정감을 준다. 대인 관계에서 다른 사람을 돌보고 책임지려는 경향으로 인해 어른 대 어른이 아니라 부모-자식 간의 관계와 유사한 인간관계를 맺기가 쉽다. 그들은 자신의 방법과 생각만을 고집하기 쉬우므로 변화와 다른 가능성에 대해 개방적인 태도를 취할 필요가 있으며 장기적인 안목을 가질 필요가 있다.

ISTP 유형은 내향적 사고형으로, 조용하고 말이 없으며 인생을 논리적으로 분석하고 객관적으로 관찰한다. 자신을 필요 이상으로 개방하지 않으려 하며 대체로 가까운 친구 외에는 다른 사람을 사귀려고 하지 않는다. 직장에서 외롭게 보이지만 노는 것에서는 또래 동료와 함께 어울려 다닌다. 다른 사람과 친분은 그들이 다루는 도구를 통해 맺어지고 대화는 드물다. 이 유형의 사람은 계획을 세우고 목표하는 결과를 이루기 위해 집중해서 노력하고 인내심을 키울 필요가 있다. 또한 지나치게 편의적이고 노력을 절약하는 경향이 있으므로 열성과 적극성을 키울 필요가 있으며 느낌이나 감정, 타인에 대한 고마운 마음을 표현하기 어려워 할 때가 많으므로 자신의 느낌이나 생각, 정보, 계획을 개방하고 타인과 나누는 노력이 필요하다.

ESTP 유형은 외향적 감각형으로 관대하고 느긋하다. 이 유형의 사람은 어떤 사람이나 사건에 대해 별로 선입관을 갖지 않으며 개방적이고 자신과 다른 사람에 대해 관용적이며 일을 있는 그대로 바라보고 받아들인다. 인간관계는 대개 조건적이며, 그 조건이란 자신이 그 관계에서 무엇을 얻어

내느냐 하는 그들의 판단 기준에 근거한 것이다. 그들의 독특한 개성을 신비한 존재로 이해하는 이는 거의 없다. 그들이 주의하고 개발할 점은 끈기와 인내 그리고 의지를 더 키우는 것이다. 또한 즉흥적 행동에 지나치게 의존하고 사전 계획 없이 일을 벌이는 경향이 있으므로 마무리하려는 노력이 필요하며 물질적 즐거움에 집착하기 쉬우므로 그 즐거움의 이면을 볼 수 있어야 한다.

ESTJ 유형은 외향적 사고형으로, 이 유형의 사람은 타고난 관리자로서 일의 목표를 설정하고 지시하며 결정권을 행사하는 역할을 즐긴다. 비합리적이거나 일관성이 결여된 상황을 쉽게 파악하는 능력이 있으며 자기가 속한 집단, 일, 사회에 충실하고 월등한 배우자와 부모가 된다. 또한 자기의 업무를 잘 파악하고 수행하며 상당한 자기희생이 따르더라도 그 의무 수행을 회피하지 않는다. 그들이 주의하고 개발할 점은 지나치게 일 중심으로 나가는 것을 경계해야 한다는 점이다. 또 성급하게 결정하는 경향이 있으므로 모든 측면, 특히 자신과 타인의 정서적 측면을 고려할 필요가 있다. 변화와 새로운 시도, 추상적 이론 등을 고려하려는 노력이 필요하다.

ISFJ 유형은 내향적 감각형으로 책임감이 강하고 온정적이며 헌신적이다. 또한 세부적이고 치밀하며 반복을 요구하는 일을 끝까지 수행하는 등 인내심이 강하다. 이 유형의 사람은 다른 사람의 사정을 잘 고려하며 자신과 다른 사람의 감정의 흐름에 민감하다. 다른 사람이 필요할 때 돌봐 주는 것을 기뻐하며 친절하게 도움을 준다. 수혜자가 더 이상 도움을 필요로 하지 않으면 관계의 성격도 변하여 무관심하게 된다. 그들이 주의하고 개발할 점은 주체성과 독단성을 키우고 명령하고 지시하는 역할에도 익숙해지도록 노력하는 것이다. 또한 장기적인 안목으로 미래를 볼 필요가 있으며 자신의 견해를 남에게 이야기할 때 충분한 확신을 갖도록 해야 한다.

ISFP 유형은 내향적 감정형으로, 다른 사람을 대하거나 일을 할 때 자신의 내적인 이상과 개인적인 가치에 근거하여 대하며 이를 말로 잘 표현하지 않는다. 또한 자신의 주관이나 가치를 타인에게 강요하지 않으며 16가지 성격 유형 중 자신의 능력에 대해 가장 겸손하다. 타인을 지나치게 신뢰하고 비판하지 못하는 반면 쉽게 마음이 상해서 물러나 버리는 경향이 있다. 그들이 주의하고 개발할 점은 자기 자신의 능력을 남에게 알리고 남에게 부정적 피드백을 주는 방법을 배울 필요가 있다는 것이다. 따라서 보다 독단적으로 다른 사람에게 지시하는 것과 객관적인 분석력을 육성할 필요가 있다.

ESFP 유형은 외향적 감각형으로, 추상적인 관념이나 이론보다는 구체적 사실을 잘 기억하는 편이다. 이 유형의 사람은 논리적 분석보다는 인간 중심의 가치에 따라 어떤 결정을 내린다. 그들은 우호적이고 적응력 있는 현실주의자로, 대인 관계가 원만하고 재치 있으며 타인의 요구를 쉽게 또한 흔쾌히 들어주어 매력적이다. 따라서 손쉽게 친구를 사귀고, 사람들은 대개 그들과 함께 있으면 기분이 좋다. 그들이 주의하고 개발해야 할 점은 논리적이고 분석적인 판단 기능을 육성할 필요가 있으며 일과 레크레이션을 잘 조정하여 균형을 맞출 필요가 있다는 것이다. 또한 시간 관리에 노력할 필요가 있으며 일을 시작하기 전에 전체적인 계획을 세울 필요가 있다.

ESFJ 유형은 외향적 감정형으로 다른 사람에게 관심을 쏟고 인화를 도모하는 일을 중요하게 여기며 다른 사람을 잘 돕는다. 또한 지지를 받으면 일에 열중하고 무관심한 태도에 민감하다. 이 유형은 가장 사교적인 유형으로, 어디를 가더라도 조화로운 인간관계를 진전시킨다. 하지만 조직 내에서 인간관계의 중대한 실책에 대한 책임을 지고 비난받을 경우 우울해하거나 의기소침하며 심지어는 극단적인 행동을 하는 경우도 있다. 또한 그들은 속단하는 경향이 있으며 '이렇게 되어야 한다'는 마음의 규율이 많고 일이나 다른 사람에 관한 문제에 대해 냉철한 입장을 취하는 것을 어려워한다. 따라서 그들이 주의하고 개발할 점은 타인에게 정말 필요한 것과 타인이 원하는 것이 무엇인지를 진지하게 듣는 것이다. 그리고 반대 의견에 부딪쳤을 때나 자신의 요구가 거절당했을 때 지나치게 개인적으로 받아들여 마음의 상처를 쉽게 입는 경향이 있으므로 객관성을 키울 필요가 있다.

INFJ 유형은 내향적 직관형으로, 이 유형의 사람은 창의력과 통찰력이 뛰어나다. 어떤 일을 할 때 그 일이 갖는 의미가 중요하고 대인 관계를 형성할 때는 진실한 관계를 맺고자 한다. 또한 매우 지각이 깊고 타인을 잘 다루며 조직에서도 잘 해내는 경향이 강하다. 홍보, 교섭에도 탁월하며 동료와의 관계에서도 유대가 강하다. 자녀와 친구 같은 관계를 잘 맺지만 동시에 규율은 엄하게 한다. 따라서 그들이 주의하고 개발해야 할 점은 자신과 남의 비전을 현실에 비추어 검토할 수 있어야 한다는 것이다. 현재 상황에서 무엇을 완수할 수 있는가에 대해 여유를 갖고 보다 개방적인 자세를 가질 필요가 있다. 한편 남에게 강요하지 못하고 비판에 정면으로 부딪치지 못하며 지나칠 정도로 자신이 혼자 감당하려고 하기 때문에 자기 내면의 갈등이 많고 복잡하므로 현실을 있는 그대로 수용하고 현재를 즐기고자 하는 노력 역시 필요하다.

INFP 유형은 내향적 감정형으로, 이 유형의 사람은 조용하며 자신과 관련된 사람이나 일에 대해 책임감이 강하고 성실하다. 또한 자신이 지향하는 이상에 대해서는 정열적인 신념을 지니고 있으며 어떤 일에 깊은 관심을 가질 때 완벽주의로 나가는 경향이 있다. 그들은 근무지에서 적응을 잘하며 타인의 정서를 잘 이해하고 원만한 관계를 맺는다. 단지 약간의 심리적인 거리는 유지한다. 조화롭게 살고자 하며 분쟁을 피하기 위해서 철저하다. 하지만 그들은 많은 사람을 만족시키려는 경향과 이런 자신의 신념에 지나치게 완벽주의로 나아가는 경향이 있다. 따라서 다양한 관심으로 여러 가지 일을 벌이지만 마무리가 잘 안 될 수 있다. 그러므로 그들이 주의하고 개발해야 할 점은 사실과 자신의 개인적 아이디어를 논리적으로 분석하는 것이다.

ENFP 유형은 외향적 직관형으로, 이 유형의 사람은 풍부한 상상력과 영감을 갖고 새로운 프로젝트를 잘 시작한다. 뛰어난 통찰력으로 그 사람 안에 있는 성장 가능성을 들여다 볼 줄 알고 자신의 열성으로 다른 사람도 어떤 프로젝트에 흥미를 느끼도록 하며 다른 사람을 잘 돕는다. 동료와 잘 어울리고 같이 있는 것을 좋아하며 사람들을 모으고 회합, 모임을 주도하는 재주가 있다. 폭넓은 대인 관계를 형성하며 전화로 연락하고, 경력과 인간관계를 넓게 유지하기 위해 힘을 쏟는다. 하지만 그들은 지나치게 확장하고 너무 많은 일을 벌이는 경향이 있으므로 그들이 주의하고 개발해야 할 점은 중요한 세부 사항에 주의를 기울이는 것이다. 관심이 가는 모든 것을 시도하기보다는 일의 우선순위를 두고 어떤 것에 집중할지 선별하는 데 노력을 기울일 필요가 있다.

ENFJ 유형은 외향적 감정형으로, 이 유형의 사람은 다른 사람의 의견을 존중하고 그 의견이 갖고 있는 가치를 볼 줄 안다. 공동의 선을 위해서 대체로 상대방의 의견에 동의하며 새로운 아이디어에 대한 호기심이 많다. 쓰기보다는 말로 생각을 잘 표현하고 타인의 인격, 정서, 신념을 잘 고려한 특별한 공감 능력으로 다른 사람과 관계를 맺는 데 탁월한 능력이 있다. 하지만 그들은 인간관계에 끌려 과업을 소홀히 다루기가 쉽고 비판을 개인적인 것으로 여기며 필요 이상으로 민감하게 받아들이는 경향이 있다. 그들이 주의하고 개발해야 할 점은 인간의 한계를 인정하고 남을 이상화하거나 맹신하며 충성하려는 경향을 조심하는 것이다.

INTJ 유형은 내향적 직관형으로, 이 유형에 속하는 사람의 내적인 신념과 비전은 산이라도 움직일 만큼 강하다. 16가지 유형 중에서 가장 독립적이고 단호하며 때로는 특정한 문제에 대해 고집이 세다. 또한 자신과 다른 사람의 능력을 중요하게 여기며 목적을 달성하기 위해 모든 시간과 노력을 바친다. 그들은 조직 내의 개인이 아니라 조직 자체에 대한 충성을 보이며 가정과 인간관계에 조화와 질서를 원한다. 반면 지나치게 확신하고 조금도 양보하지 않으며 남이 접근하거나 도전하는 것을 두려워한다. 한편 자신의 명석한 분석력을 지나치게 대인 관계에 적용하려는 경향 때문에 인간미가 부족하다는 오해를 받을 수 있다. 그들이 주의하고 개발해야 할 점은 남을 인정하는 방법과 비현실적인 아이디어를 포기하는 것을 배우는 것이다.

INTP 유형은 내향적 사고형으로, 이 유형의 사람은 사람이 중심이 되는 가치보다는 아이디어에 관심이 많다. 매우 분석적이고 논리적이며 객관적인 비평을 잘하고 실체보다는 실체가 안고 있는 가능성에 관심이 많으며 개인적인 인간관계나 파티 혹은 잡담에는 별로 흥미가 없다. 조직의 설계사지만 그것을 응용하는 것은 다른 사람이 해야 한다. 따라서 자신에게는 성과가 돌아오지 않고 아이디어를 실현하고 응용한 다른 사람이 명예와 재운을 얻는다. 때로는 조용하게 방해받지 않고 혼자 일하고 싶어 한다. 또한 지나치게 추상적이므로 비현실적이고 너무 이론적일 수 있으며 지나치게 비판적이고 분석적인 사고를 대인 관계에 적용하려는 경향이 있다. 그들이 주의하고 개발해야 할 점은 타인의 노력을 인정하는 태도와 개인적인 관점을 고려하는 것이다.

ENTP 유형은 외향적 직관형으로, 이 유형의 사람은 복잡한 문제 해결에 뛰어난 재능을 가졌으며 지칠 줄 모르는 에너지를 소유하고 있다. 그들은 새로운 관심사로 눈을 돌리고 잇따른 새 프로젝트를 시작함으로써 끊임없이 에너지를 충전한다. 매력이 넘치는 대화를 잘하며 타인의 복잡한 언어 구사에 대해서도 이해가 빠르다. 상대방이 가까운 사람이라도 그를 불리하게 만드는 논쟁 기술을 곧잘 이용하고 순응적인 사람이 드물다. 또한 새로운 아이디어와 비전에 몰입하여 현재의 중요성을 잊기 쉽다. 그들이 주의하고 개발해야 할 점은 일상 규범, 표준 절차를 경시하고 자신을 과도하게 확장하는 경향을 감안하여 현실적 우선순위를 고려한 일정 계획을 세우는 것이다.

ENTJ 유형은 외향적 사고형으로, 이 유형의 사람은 활동적이며 일과 장기 계획을 선호한다. 그들은 사전 준비를 철저하게 하는데, 조직적으로 계획하여 목적을 달성하기 위해 체계적으로 추진하는 지도자가 많다. 조직을 맡았을 때 다른 유형보다 조직이 어디로 가고 있는지 조망하려는 욕망이 강하고, 일반적으로 그것을 파악할 수 있는 능력도 갖추고 있다. 천부적인 조직의 구축자로서, 지휘자 역할을 하지 않고는 못 배긴다. 그들이 주의하고 개발해야 할 점은 다른 사람의 감정과 일에 대한 기여를 인정하고 그들의 요구가 무엇인지 귀 기울이는 것이다. 또한 그들은 자신과 타인의 감정을 인정하고 이해하며 자신의 감정을 표현하는 방법을 배울 필요가 있다. 즉, 속단속결하고 참을성이 부족하여 강압적으로 보이기 쉬운 면을 고려해야 한다.

3) Big-5로 본 인간관계의 이해

Big-5 성격은 신경증(Neuroticism), 외향성(Extraversion), 개방성(Openness), 친화성(Agreeableness), 성실성(Conscientiousness)의 다섯 가지 요소로 구성되어 있다(안현의 · 김동일 · 안창규, 2008).

(1) 신경증

신경증(neuroticism)은 불안, 적대, 우울, 위축, 충동성, 심약성, 정서 충격, 특이성, 신체 신경, 자존감 등을 나타내고 정서적 불안정성이나 부적응의 수준으로 자신의 충동을 잘 조절하지 못하며 스트레스에 잘 대처하지 못하는 성향을 말한다. 신경증 요인이 높으면 보통 사람에 비해 예민하며 잘 참지 못하고 일상생활에서 욕구 불만이나 스트레스를 많이 느끼고 있을 수 있다. 반면에 이 점수가 낮으면 다른 사람보다 정서적으로 안정되고 일상생활에서 잘 적응하고 있다는 것이다. 혹시 자신의 어려운 문제를 스스로 억압하고 있거나 둔감하고 무신경하여 그냥 지나칠 수 있기 때문에 한번쯤 돌이켜 볼 필요가 있다.

(2) 외향성

외향성(Extraversion)은 사교, 지배, 자극, 활동을 나타내며, 사교적이고 모임을 좋아하며 리더십이 있고 활동적인 적극적 성향을 가진다. 외향성 요인이 높으면 다른 사람과 만나고 사귀기를 좋아하고 명랑하고 쾌활하며 자기주장을 잘하고 열성적이며 낙천적인 사람이다. 반면 이 점수가 낮으면 번잡하고 시끄러운 분위기를 싫어하고 조용한 곳을 좋아하며 혼자 지내는 것에 편안함을 느낀다. 그리고 자신을 잘 드러내지 않으며 조용한 성격을 지닌다.

(3) 개방성

개방성(Openness)은 창의, 정서, 사고, 진취를 나타내며, 상상력과 창의성이 높고 아이디어가 풍부하고 감정적 · 정서적으로 풍부한 성향을 가진다. 개방성 요인이 높으면 새로운 가치관에 개방되어 있으며 자신과 타인의 감정에 민감하고 지적이며 문화적으로 풍부한 삶을 살아가고 있다. 반대로 개방성 요인이 낮으면 자신과 타인의 감정에 민감하지 못하고, 한정되고 고정된 생각과 가치에 머물며 따라서 자신과 다른 경험 세계의 사람을 이해하거나 수용하지 못하는 경향이 있다.

(4) 친화성

친화성(Agreeableness)은 온정, 신뢰, 이타, 관용을 나타내며, 타인에게 따스한 감정을 가지고 신뢰하며 친밀한 관계를 맺고 남을 돕고자 하는 성향을 가진다. 친화성 요인이 높으면 타인을 신뢰하고 그들에게 관심이 많으며 다른 사람을 잘 배려하고 갈등 상황에서 타인에게 잘 양보하는 경향이 있다. 즉, 인간적인 사랑이 많은 사람이다. 반대로 이 점수가 낮으면 타인을 신뢰하지 않으며 그들에게 관심이 없고 친밀한 관계를 유지할 필요성을 별로 느끼지 않는 사람으로, 다른 사람의 어려움에 무신경하고 잘 배려하지 못하는 경향이 있다.

(5) 성실성

성실성(Conscientiousness)은 유능, 조직, 책임, 동조를 나타내고, 유능감과 자신감을 보이며 과제 조직력과 책임감이 강하고 계획적이며 신중한 성향의 사람이다. 성실성 요인이 높으면 사려 깊으며 분별력이 있다. 성취욕구가 강하고 목표 지향적인 사람이다. 자신의 의무 이행에 철저하며 자신이 해야 할 것으로 판단되는 일을 뒤로 미루지 못한다. 반대로 이 점수가 낮으면 스스로 유능하지 못하다고 생각하며 사려 깊지 못하다. 또한 과제나 일에 대한 조직력이 부족하고 성취 의욕이 없으며 자신의 의무를 수행하지 못하고 자신이 해야 할 일을 뒤로 미룰 때가 많다.

대인 관계의 유형을 살펴보면 외향성과 친화성 척도가 모두 높은 사람은 환영자 유형으로, 많은 사람의 동료가 되는 것을 즐기며 새로운 사람을 사귀려 한다. 좋은 성격과 동정심을 가지며 다른 사람의 생각에 귀 기울이고 자신의 생각을 나누기 좋아한다. 그들은 사람을 쉽게 사귀고 인기가 많아 가장 원만한 대인 관계를 갖는다. 모든 것이 “I'm OK, You're OK.”다.

반면, 외향성과 친화성 척도가 모두 낮은 사람은 경쟁자 유형으로 타인을 적으로 보는 경향이 있고 타인과 거리를 두며 자신을 지키려 한다. 우정보다는 존경받길 원하며 자신의 사생활을 중시 여긴다. 이 유형의 사람은 상호작용 시 자신의 필요성을 느끼도록 여유를 주는 것이 좋다. 그들은 대인 관계가 가장 힘든 사람으로, 혼자 지내고 타인과 함께하는 일은 힘이 들고 어려우며 협동적이지 못하고 오히려 경쟁적이다. 뿐만 아니라 타인에 대해서도 따뜻하거나 친절하지 않으며 따뜻하게 대해야 할 필요성조차 인식하지 못한다.

외향성 척도가 높고 친화성 척도가 낮은 사람은 지도자형으로, 자신을 빛낼 수 있는 사회적 상황을 즐기며 의사결정을 잘 했다고 믿게 만들고 다른 사람에게 지시하기 좋아하며 자만심이 있고 다른 사람을 다스리는 방법을 잘 알고 있다. 또한 사교적이고 자기 주장적이며 활발하다. 그러나 타인을 배려하는 힘은 부족하다.

반면, 외향성 척도가 낮고 친화성 척도가 높은 사람은 겸손한 유형으로, 자기를 낮추며 혼자 있기 좋아하지만 타인의 욕구에 공감하고 타인을 신뢰하기 때문에 다른 사람이 득을 볼 때가 있다. 즉, 친구들과 친밀하게 지내고 친구들도 그를 좋아하지만 조용하고 자기주장을 잘하지는 못한다. 따라서 친구들은 그에게 관심을 가지고 사생활도 존중해 줘야 한다.

인간관계에 있어서 자신과 타인을 이해하고 성격의 유형과 유형별 특성에 대해 알아보는 것도 중요하지만, 우리의 성격은 선천적인 요인과 후천적인 요인의 합으로 이루어져 있기 때문에 변화시키는 것이 어려울 수 있다. 따라서 이러한 성격적 특성을 잘 이해하고 각기 성격에 맞는 인간관계를 형성해 나감으로써 가정 안에서의 관계, 학교에서의 교사나 또래와의 관계, 직장에서의 동료나 상사와의 관계를 개선하고 올바른 인간관계를 맺는데 도움을 줄 수 있도록 유용하게 활용하여야 할 것이다. 이러한 성격 유형별 특성은 스트레스 상황에서의 대처와 부적응적인 인간관계를 개선해 나가는 데 필요한 하나의 도구로 유용하게 사용될 수 있을 것이다.

3. 대인 관계 및 의사소통 기술

성격이 그러하듯 인간관계는 쉽게 변하지 않는다. 그러나 지속적인 노력을 기울이면 인간관계는 개선되고 발전할 수 있다. 따라서 인간관계의 실질적인 개선을 위한 필수 요소는 새로운 행동을 시도하는 것이다. 인간은 익숙한 행동 방식을 고수하려는 경향이 있는데 진정으로 인간관계의 개선을 원하는 사람에게는 새로운 행동을 시도하는 용기와 노력이 필요하다. 한편, 인간의 성격과 인간관계가 잘 변하지 않는 또 다른 이유는 새롭게 시도한 행동의 결과가 만족스럽지 않기 때문이다. 새로운 행동은 익숙하지 않아 어색하고 부자연스럽게 느껴질 뿐만 아니라 미숙한 형태로 실행되어 그 결과가 실망스러울 때가 많다. 따라서 새로운 행동을 시도하는 초기에 그러한 경험을 하는 경우가 많아 포기하기 쉽지만 그러한 문제를 잘 극복하는 것이 중요하다.

1) 가족

가족은 관계에 있어 가장 기본적인 단위로, 복잡한 감정 과정이 얽혀 있는 역동적인 집단이라고 볼 수 있다. 건강한 가족은 가족 외부의 영향으로부터 견뎌내고 성장할 수 있는 근원적 힘을 구성원이 공유하고 있으며 가족의 공고함을 위한 개별적 책임감을 가지고 있다. 가족 간 신뢰와 개방성 등의 긍정적 흐름이 지속되고 있어서 구성원의 긍정적인 면, 부정적인 면 모두를 수용하려는 자세를 가지므로 가족 내 갈등이 생기더라도 이를 대화로써 잘 풀어나가는 특징을 가진다.

가족 내 갈등은 부부 간의 갈등도 있을 수 있고 자녀와의 관계에서 오는 갈등도 있을 수 있다. 우선 가정이라는 단위의 기본 구성 요소가 부부임을 고려할 때 부부 간의 갈등을 먼저 다뤄 볼 필요가 있다. 부부 관계의 갈등은 인과적 인식론에 편향되어 있는 정도에 비례한다. 따라서 부부 관계를 개선하고 진정한 자기 성장을 도모하기 위해서는 인식론적 편향의 문제를 해결하여야 한다. 이것은 인과적 인식론으로부터 순환적 인식론으로의 전환을 통해 가능하다.

순환적 인식론이란 주체와 객체 두 개의 근본적 카테고리를 하나로 통합하여 순환한다는 생각을 하는 것을 말한다. 이는 상대를 허용하고 동반자로서 인정하는 태도다. 서로를 반대하지 않으니 방어할 필요성을 느끼지 않으며, 방어할 필요성을 느끼지 않으니 동반자로 여겨 힘을 합칠 수 있다. 체제 개념에서 보면 이러한 부부 관계는 항상성 혹은 균형을 유지하도록 설계된 방식에서 반응하는 것이다. 따라서 어느 한 쪽의 일방적 관계가 아니라 상대성을 지니고 이루어지는 관계를 말하고 있다. 그렇다면 우리는 이러한 가족 관계에서 나타나는 갈등을 해결하기 위해 어떠한 방법을 활용할 수 있을 것인가 간단하게 살펴보겠다.

우선 말하기 방법으로, 자신을 배우자에게 설명하는 것이다. 사람들은 이따금 두 사람이 진정으로 사랑한다면 무슨 말이든 무슨 행동이든 할 수 있어야 하고 또 상대방은 이를 무조건 받아들이고 이해해야 하는 것이 아니냐고 할 때가 있다. 그러나 가장 가까운 사이일수록 우리의 말이 어떻게 받아들여지고 있는지 정확하게 인식할 필요가 있다. 말하는 것을 들을 때 또한 우리는 일반적으로 상대방의 말에 대해 두 사람에게 직접적인 영향을 미치는 부분만을 선택하여 듣는 수동적 듣기에 익숙해져 있다. 그러나 감정이입적 경청을 하게 되면 상대방에 대한 이해도 높아질 뿐만 아니라 함께한다는 정서적 공유감을 더욱 공고히 할 수 있어 관계 증진에 더욱 효과적이다.

듣기와 말하기 이외에 마음 읽기나, 분노를 표출하기, 건강하게 싸우기 등도 가족 관계에서 꼭 필요한 기술로 볼 수 있다. 마음을 읽는다는 것은 배우자에 대해 우리가 가지는 기대와 관련되어 있다. 즉, 우리가 배우자에 대하여 갖고 있는 기대와 추정이 무엇인지를 정확히 아는 것이 중요하다. 기대와 추정이 무엇인지 안다면 상대방을 보다 더 있는 그대로 보고 느낄 수 있게 되는 것이다.

분노에 대한 기술은 특히 밀접한 관계인 배우자와의 관계에서 주로 나타나는데, 배우자가 우리의 분노를 터트리는 지점에서 어떠한 일을 하는 경우가 생길 수 있다는 것이다. 이것은 우리 개인의 주도적 감정의 흐름을 흐트러지게 하고 종종 분노에 이르게 한다. 이럴 경우 우리는 분노에 직면하는 것이 중요하다. 분노를 건강하게 발산하여 부부가 스스로 자유롭게 논리적 해결을 추구해 분노의 파괴력을 줄일 수 있는 것이다.

그 외 공정한 싸움 기술이 있다. 공정한 싸움은 주어진 쟁점의 상세한 부분을 두 사람이 함께 검토해 보도록 함으로써 그들이 원하는 것이 무엇인지를 분명히 알아내고 상대방에게 아주 분명하게 말로 표현할 수 있도록 하는 것이다. 이를 통해 배우자와의 관계에서 오는 갈등을 더욱 건강하게 풀어낼 수 있는 방법이 되는 것이다.

부모와 자식이라는 관계는 자녀의 연령에 따라 부모의 역할과 기능이 달라지는 것을 보면서 갈등을 어떻게 해결해야 할지 좀 더 생각해 볼 수 있는 지점이 된다. 자녀가 어릴 때는 성장을 위한 밑거름을 제공하는 역할을 하지만 자녀가 더욱 크면 독립하려는 자녀를 어떻게 다룰 것인가가 문제가 되는데 부모는 권위와 힘을 가지고 자녀의 욕구를 채워주는 한편, 건강한 독립이 될 수 있도록 도움을 주어야 한다. 부모와 자녀 간의 대화를 통한 갈등 해결 방법은 부부 간의 관계와 마찬가지로 듣기와 말하기에서 상대를 좀 더 인지하려는 대화법 혹은 경청법이 필요하다. 즉, 잔소리를 하기 보다는 자녀를 존중하는 유연한 자세가 필요하다. 만약 가족 간의 관계가 너무 밀접하여 관계 갈등이 온다면 가족 구성원 간의 경계선을 확립할 필요가 있고 너무 멀어져 있어서 관계 갈등이 생긴다면 대화를 통해 상대를 알기 위한 노력을 지속적으로 끊임없이 시도하여야 한다. 부모와 자식은 수평적이라기보다는 수직적 관계일 가능성이 높으므로 부모 쪽에서 먼저 자녀와의 대화를 시도하는 것이 좋을 수 있으며 비록 시도했더라도 일방적 관계가 아닌 쌍방적 의사소통을 목표로 해 갈등을 해결하고자 노력해야 한다.

2) 또래

또래 관계는 사회생활을 함에 있어서 많은 영향을 미치는 관계 중 하나다. 인간은 어린 시절부터 성인기, 노년기를 거치면서 일생을 친구를 사귀게 된다. 힘든 일이 있을 때는 서로 도움을 주고받으며, 기쁜 일이 있을 때는 서로 축하해 주면서 기쁨과 슬픔을 공유하기도 한다. 사회관계를 원만하게 형성하지 못할 경우에 개인은 고립감을 느끼게 되고 자신감이 떨어지며 심지어 사회 부적응의 문제를 겪기도 한다. 지금부터는 우리가 또래와 갈등을 완화하고 상호보완적이고 긍정적인 방향으로 관계 형성을 하기 위한 기술에 대해 알아보자.

첫째, 항상 상대방의 입장에서 먼저 생각해 보고 대화를 건넨다. 상대방의 기분을 고려하지 않은 채 대화를 건네는 경우에는 지속적으로 대화가 이루어지기 힘들다. 따라서 상대방의 입장과 상황을 판단한 후에 밝은 표정으로 인사를 하고 관심 있는 주제에 대해 대화를 시작하는 것이다. 공통된 관심사가 있다면 그 주제에 대해 이야기해 봄으로써 정보를 얻을 수 있고, 그로 인해 심리적으로 뿌듯함을 느낄 수 있다. 서로의 관심사가 다르다고 할지라도 몰랐던 부분에 대해 서로 대화해 볼 수 있는 좋은 기회가 된다.

둘째, 상대방이 말을 걸어왔을 때 적극적으로 공감하고 경청하는 태도를 보인다. 상대방이 나에게 말을 걸었을 때는 심리적 안정을 찾고 싶어서 일수도 있고 정보를 얻고 싶어서일수도 있다. 이처럼 대화를 하는 것은 다양한 이유가 있을 수 있지만 상대방의 말에 귀 기울이는 태도가 중요하다. 이때 상대방과 눈을 마주치면서 고개를 끄덕여 주는 것도 필요하다. 대화에서는 언어적 표현뿐만 아니라 비언어적 표현도 중요한 영향을 미치기 때문이다. 상대방의 말을 경청하고 있다고 할지라도 시선을 다른 곳에 두거나 다리를 떠는 등 상대에게 집중하지 못하는 태도를 보이면 공감을 얻지 못한다고 느낄 수 있다. 충분한 공감을 한 후에는 따뜻한 위로의 말을 전해 마음을 안정시키거나 적절한 의사 표현을 하는 것도 도움이 된다. 상대방의 말에 대한 자신의 생각을 말하거나 조언을 해 준다면 뜻 깊은 대화가 될 것이다. 대화를 함에 있어서 상대방의 말에 긍정적인 피드백을 해 주고 때로는 잘못된 점에 대해 우호적인 태도로 조언을 해 주는 것은 또래 관계 형성에 많은 도움을 줄 수 있다.

셋째, 자신의 감정과 의사를 표현해야 한다. 대화는 서로 주고받는 것이기 때문에 일방향적인 의사소통은 한계가 있다. 상대방의 감정, 의견에 대해 듣고 충분히 공감하며 이해를 한 후에는 자신의 생각을 말해야 한다. 자신을 지나치게 감추거나 적대적인 태도를 보인다면 좋은 관계를 형성하기 어렵다. 이때, 적절한 시기에 자신의 의사를 얼만큼 표현할 것인지를 미리 생각해 두는 것도 도움이 된다. 오래 사귄 친구와는 속 깊은 이야기를 나누면서 삶의 고민을 해결하는 데 도움을 받을 수 있다. 하지만 사귄지 얼마 되지 않은 친구에게 지나친 자기 개방을 하고 공감을 얻기를 바라는 것은 상대방에게 부담을 줄 수 있다. 관계를 형성해 나갈 때의 적절한 자기 공개는 더욱 깊은 관계를 형성하는 데 많은 도움을 준다.

넷째, 감정을 조절하는 연습을 한다. 우리는 다양한 상황 속에서 다양한 감정을 가진다. 또래 관계에서 감정을 해치는 말을 했을 경우 상대방은 마음에 상처를 받거나 화가 날 수 있다. 이때 화난 감정을 직접적으로 상대에게 표현하기 전에 자신의 감정에 대해 먼저 생각해 보는 것이 중요하다. 어떤 사건에 대해 화, 분노의 감정을 느꼈을 경우 호흡을 느리게 하거나 간접적으로 화를 표출할 수 있다. 또한 왜 그런 감정을 느끼게 되었는지 차분하게 생각해 보아야 한다. 사건의 원인과 과정에 대해 생각해 본 후 잘못을 따지기보다는 최선의 해결 방법이 무엇인지 생각해 보아야 한다. 성급히 판단하고 잘잘못을 가릴 경우에는 친구와의 관계가 나빠질 수 있다. 친구가 비록 잘못을 저질렀다고 할지라도 잘못을 할 수밖에 없었던 이유와 상황에 대해 먼저 생각해 보고 친구의 입장에서 생각해 보는 태도를 가져야 한다. 일시적으로 참을 수 없는 감정을 표출한 경우에는 친구와 헤어진 후에라도 자신의 감정을 추스르고 생각을 정리해 봐야 한다. 즉, 타인의 감정을 이해해 주고 자신의 감정을 다스릴 줄 알 때 좋은 또래 관계를 형성할 수 있다.

다섯째, 물질적 · 감정적 교류를 할 때 주고받음이 있어야 한다. 상대방에게 호의를 베풀 때 돌아올 반응을 염두에 두는 것은 마음이 불편할 수 있다. 하지만 상대방이 나에게 물질적으로나 정서적인 호의를 베풀었을 경우 적당한 피드백을 주는 것이 중요하다. 한 사람은 계속해서 호의적인 태도를 보이는데 호의를 받는 사람이 아무런 반응이 없다면 좋은 관계를 유지하기 힘들기 때문이다. 따라서 기쁜 감정을 표현하기 위해 긍정적인 피드백을 주거나 신체적 접촉을 통해 자신의 감정을 표현해야 한다.

3) 직장

직장에서의 성공적인 적응은 동료 관계를 통해 살펴볼 수 있다. 동료와 친밀한 유대 관계를 가지는 것은 직장 내 스트레스를 줄일 뿐 아니라 그 자체로 사회적 지지가 된다. 이러한 동료 관계의 개선을 위해 지녀야 할 자세에 대하여 몇 가지 알아보고자 한다.

정진선과 문미란(2011)은 첫째, 공동체 의식을 가져야 한다고 주장했다. 직장이란 어차피 하나의 조직이고 조직에서 구성원에게 기본적으로 요구하는 것은 공동체 의식을 함양하는 것이다. 그렇기에 우리는 하나라는 공동체 의식을 가지고 서로 상부상조하는 자세를 가져야 한다.

둘째, 서로의 인격을 존중해 주어야 한다. 인간은 누구나 다 하나의 인격체로, 상-하 지위 관계를 떠나 누구든지 서로 존중받기를 원한다. 이를 위해서는 상대방의 존재 가치를 받아들이고 개성을 인정하면서 자유로운 의사표현이 이루어질 수 있게 해야 한다.

셋째, 서로 신뢰해야 한다. 모든 인간관계의 바탕은 상호 간의 신뢰로, 직장에서의 건강한 인간관계의 시작 또한 상호 신뢰감에서 출발한다고 할 수 있다.

넷째, 건설적인 비판을 수용할 수 있어야 한다. 무조건적인 비판이 아닌 건설적인 비판은 긍정적인 강화와 함께 개인의 성장을 위한 필요 요건이다. 직장 내에서도 개인의 성장과 같이 서로 건설적인 비판을 주고받아 서로 간의 발전과 성장을 꾀해야 한다. 이는 기업이나 조직에 있어서도 마찬

가지로, 기업이나 조직체의 입장에서도 조직 구성원의 건설적인 비판을 받아들여 더욱 성장할 수 있는 밑거름으로 활용할 수 있는 포용력을 지녀야 함을 알 수 있다.

다섯째, 각자 업무를 충실히 담당하여야 한다. 기업이나 조직은 이윤 추구가 일차적 목적이다. 따라서 구성원은 각자 업무를 충실히 담당하여야 한다. 구성원 모두가 자신의 맡은 바 임무에 대해 책임감을 가지고 성실히 행하면 직장 내에서의 인간관계에도 자연히 긍정적인 영향을 줄 것이다.

4) 대인관계 및 의사소통훈련의 예

의사소통훈련 같은 경우, 그 대상을 누구로 하느냐에 따라 다양한 기법이 적용될 수 있다. 그중 교류분석(Transactional Analysis: TA)은 여러 장(場)에서의 인간관계 개선에 탁월한 효과성이 있는 것으로 검증되어 왔다. 여기서는 부모를 대상으로 하는 교류분석 부모 교육 프로그램 사례를 알아보고 부모-자녀 간 의사소통과 가족 기능이 향상될 수 있도록 제시한 실제 활동도 잠깐 살펴보도록 하겠다.

교류분석에서는 의사소통 과정을 일련의 의사 거래로 보고 있다. 그리하여 교류분석 상담의 핵심은 두 사람 간의 의사 거래 내용을 그 시점에서 드러나는 자아 상태로 분석하는 데 있다. 즉, 의사의 교환이 이루어지는 거래에서 각자의 상태에 대한 알아차림을 통해 보다 건강한 의사소통을 하고자 하는 것이다.

〈표 4-1〉 프로그램 주요 내용

회기	주제	목표	주요 내용 및 집단 활동
1	나는 왜 여기에 왔는가?	• 진행자와 참여자 간 신뢰감 형성하기 • 프로그램 소개, 계약 • 자아 상태 점검하기	• 프로그램 소개, 서약서 작성 • 강의-부모-자녀 관계의 중요성 • 별칭 짓기와 자기소개 및 참여 동기 • 에고그램 검사 • 첫모임에 대한 느낌과 기대 발표하기

2	마음속 5인 가족	• 자신의 성격을 이해하고 개선 방법 찾기	• 노래 – '내마음에 사랑이' • 강의 – 자아 상태의 작용과 갈등 • 에고그램을 통해 본 나의 모습은? • 성격 분석과 개선의 실천 방법 • 마무리 – 소감 나누기
3	우리는 어떻게 대화하는가?	• 대화 패턴 알기 • 인생 태도 분석하기	• 강의 – 교류분석의 종류와 이해 • 나의 인생 태도 분석 • '어머니와 아버지를 위한 시' • 나는 어떻게 대화하고 있는가? • 마무리 – 소감 나누기
4	자녀에게 주는 마음의 선물	• 자녀의 심리적 허기 쓰다듬기 및 분석하기	• 노래 – '당신은 사랑받기 위해 태어난 사람' • 강의 – 스트로크(긍정, 부정) • 자녀가 원하는 스트로크 탐색하기 • 마무리 – 소감 나누기
5	자녀와의 게임 분석	• 의사소통의 걸림돌 알기 • 자녀와의 게임 장면 바라보고 벗어나기	• 퀴즈 게임 – 자녀에게 자주 하는 말 • 강의 – 어머니와 자녀의 게임 역동 이해 • 나누기 – 의사소통 걸림돌 점검, 발표 • 게임 장면에서 벗어나기 • 마무리 – 소감문 작성, 나누기
6	시간의 구조화	• 시간 사용의 패턴 알기 • 삶을 구조화하기	• 강의 – 인생 또는 매일의 시간 사용 • 시간 사용의 구조화 분류하기 – 폐쇄, 의식, 활동, 잡담, 게임, 친교 • 시간의 구조화 욕구와 삶의 의욕 간의 관계 • 나누기 – 소감문 작성
7	나의 인생 각본	• 인생 각본 돌아보기 • 자기와 긍정적 대화하기	• 노래 – '인생은 미완성' • 나의 인생 드라마 되돌아보기 • 성공적 삶을 위한 자기와의 대화(촛불) • 마무리 – 소감 나누기
8	재결단과 새로운 삶	• 인생 재결단하기 • 전체 프로그램 평가하기 • 서로에게 힘 실어주기	• 강의 – 재결단 과정 • 재결단 작업과 새로운 인생 설계 • 소감문 작성 • 마무리 – 느낌 발표 및 피드백 주고받기

학습 과제

1. 인간관계 갈등을 유발하는 세 요소를 각각 진술해 보시오.
2. 인간관계 부적응의 기준을 설명하시오.
3. 부적응적 인간관계의 유형을 설명해 보시오.
4. 인간관계 부적응과 관련된 장애에 대해 진술하시오.
5. MBTI로 본 인간관계에 대해 설명하시오.

참고문헌

강선경(2011). 부모역할훈련 프로그램이 부모-자녀 간 의사소통, 가족유연성 및 가족관계 향상에 미치는 효과성에 관한 연구. 한국가족사회복지학회, 34, 109-136.

권석만(2004). 젊은이를 위한 인간관계의 심리학(개정판). 서울: 학지사.

권석만(1997). 인간관계 심리학. 서울: 학지사.

김청송(2002). 정신장애 사례연구. 서울: 학지사.

박영신, 김의철(1997). 스트레스 경험, 대처와 적응 결과: 토착심리학적 접근. 한국심리학회지 건강, 2(1), 96-126.

송정애(2006). 가족상담의 이론과 실제. 파주: 양서원.

심혜숙, 김명권(1997). 비행청소년을 위한 MBTI성장프로그램 개발 및 효과검증. 한국심리유형학회지, 4(1), 52-78.

심혜숙, 김정택(2007). 16가지 성격유형의 특성(개정판). 서울: (주)어세스타.

안현의, 김동일, 안창규(2008). NEO아동 및 청소년 성격검사의 해석과 활용. 한국가이던스. 부산: (주)한국MBTI연구소.

오만석(2011). 다문화가정 자녀교육의 현실과 과제. 한국다문화교육학회, 4(1), 43-77.

이경희(1996). 청소년의 스트레스와 대처에 관한 연구. 대한가정학회지, 34(6), 127-139.

이주일, 김명언(1999). 조직 생활에서 체험된 정서와 표현된 정서 간 불일치의 효과:

경쟁가설의 검증. 한국심리학회지 산업 및 조직, 12(2), 171-193.
정덕자(1998). MBTI 타당도에 관한 연구. 서강대학교 대학원 석사학위 논문.
정은(2009). 가족상담 모델과 사례, 서울: 창지사.
정진선, 문미란(2011). 인간관계의 심리-이론과 실제(제3판). 서울: 시그마프레스.
홍경자(2007). 대인관계의 심리학. 이너북스.

Beak, A. T., Freeman, A., Davis, D. D. S., & Associates (2008). 성격장애의 인지치료.(민병배, 유성진 역). 서울: 학지사. (원저는 2004에 출판).
Costa, P. T., & McCrae, R. R. (1992). *NEO PI-R professional manual.* Odessa, FL: Psychological Assessment Resources, Inc.
Gaines, J., & Jermier, J. M. (1983). Emotional Exhaustion in a high Stress organization. *Academy of management Journal, 26*(4), 567-586.
Heider, F. (1964). *The Psychology of interpersonal relations.* NY: Harper & Row.
Hirsh, S., & VanSant, S. (1996). *MBTI: Myers Briggs type indicatior.* 한국심리유형학회, 한국심리검사연구소(공편), MBTI OD 2단계 과정 자료집. 서울: 한국심리유형학회.
Jung, C. G. (1971). *Psychological Types.* (H. G. Bayners, Trans.: Rev. R. F. C. Hull) Princeton, NJ: Princeton Univ.
Leiter, M. P., & Maslach, C. (1988). The impact of interpersonal environment on burnout and organizational commitment. *Journal of Organizational Behavior, 9*, 297-308.
Schultz, D. (2007). 성장심리학 [*Growth psychology*]. (이혜성 역). 서울: 이화여자대학교출판부. (원저는 1977에 출판).

제5장

대화의 기술

하도겸

학습 목표

1. 대화의 의미와 중요성을 알아본다.
2. 감정 표현의 필요성을 알아본다.
3. 비효과적인 대화 요인을 이해한다.

'사람'을 의미하는 인(人)자는 한자의 형상 그대로 사람이 다른 사람과 서로 의지하며 살아가는 사회적 존재임을 상징적으로 나타낸다. 인간(人間)이라는 한자어는 그러한 의미를 다시 한 번 강조하여 사람이 '사람과 사람 사이'에서 살아가야 하는 사회적 존재라는 의미를 내포한다. 결국, 인간은 태어나면서부터 인간관계 속에 던져지며 인간의 삶은 그곳에서 펼쳐지는 것이다. 그러한 삶에서 우리가 해결해야 할 주요한 과제는 함께 살아가야 할 사람들과 불필요한 갈등 없이 친밀하게 협동적인 인간관계를 형성함으로써 우리의 삶을 풍요롭고 행복하게 만들어 나가는 일이다. 그러므로 삶의 문제는 인간관계의 문제로 귀착될 수 있다. 하지만 인간의 심리적 갈등과 고통 대부분이 그러한 인간관계의 문제에서 파생됨으로써 '사람과 사람 사이'는 우리의 삶에서 행복과 불행을 결정짓는 중요한 요소가 된다. 이처럼 인간은 타인과의 관계 속에서 살아가야 하는 사회적 존재인 것이다.

'인간은 만남을 통해 자란다'고 한다. 사회적 존재로서 인간은 의식적이든 무의식적이든 여러 형태의 인간관계를 맺으며 살아간다. 특히, 현대인이 하루에 만나는 사람의 수와 한평생 인간관계를 맺어야 하는 사람의 수 또는 유형은 과거 어느 시대보다 많고 다양하다. 즉, 현대 사회의 구조적 특성이 인간을 많은 사람과 복잡한 인간관계를 맺으며 살아갈 수밖에 없는 사회적 존재로 만들고 있는 것이다. 다시 말해서 인간 상호의 관계성이 인간관계의 본질적인 측면이며 필연적인 사실인 것이다. 그러므로 인간관계를 자신의 다른 목적을 달성하기 위한 수단이나 도구로 생각해서는 곤란하다. 그러한 생각은 참된 인간관계를 형성하고 유지하는 데 방해가 되는 가장 큰 원인이 된다.

더불어 인간관계는 개인의 안녕과 복지에 많은 영향을 미친다. 그것은 개인적인 성장, 정체감의 형성, 삶의 의미와 질을 결정하며 심리적 안정, 자아실현뿐 아니라 직업적인 성공과 생산성에도 영향을 준다. 따라서 인간은 타인과 상호작용을 함에 따라 자신의 행동에 대한 그들의 반응과 지각을 피드백 받음으로써 보다 명료하고 정확한 자신에 대한 상을 형성할 수 있다. 이처럼 타인에 의해 자신이 하나의 인간으로서 정상적이고 건강하며 가치 있는 존재임을 인정받는 것이 중요하다. 또한, 인간관계는 다른 사람과 깊은 유대를 맺거나 애정을 나누고 싶은 기본적 욕구를 충족시키며 그로부터 삶의 활력을 얻는 터전이다. 그러한 인간관계의 욕구는 다양하며 여러 유형의 사람과 친밀한 관계를 형성함으로써 충족할 수 있다.

이와 같이 모든 사람에게 인간관계는 삶을 영위하기 위한 필수적인 요소인 반면, 다양한 상황과 사람 간에 부딪치는 인간관계에서 적응하기란 쉽지 않다. 인간관계가 다양한 상황에 직면할 때 적절한 판단과 선택을 하는 과정에서 각자의 삶의 경험과 시각에 따른 차이 때문에 갈등과 반목이 발생할 수 있기 때문이다. 이처럼 우리 인간은 완벽하지 않아서 누구나 부적응적 인간관계의 요소를 다양하게 조금씩 지니며 살아가는 것이 사실이다. 하지만 인간이 경험할 수 있는 그러한 관계는 서로의 이해와 노력을 통해, 긍정적 관점을 가지고 사람, 관계, 사회를 보는 태도를 통해, 그리고 스스로 자신의 인간관계를 살펴보고 부적응적 요소를 찾아내어 교정하려는 노력을 통해 개선될 수 있다. 즉, 친밀하고 깊이 있는 인간관계는 저절로 이루어지는 것이 아니며 그에 대한 깊은 관심과 실제적인 노력 및 훈련을 통해서 이루어 낼 수 있는 소중한 열매인 것이다.

한편, 사람과 사람이 서로의 생각과 감정을 교류하는 것을 대화라고 한다. 두 사람 이상이 모여 하나의 목적을 위해 일하는 조직에서는 상하 간, 동료 간, 부서 간에 활발한 대화를 통해 통일된 사고와 행동을 불러일으킬 수 있다. 이처럼 대화는 소통을 전제로 한다. 또한 2인 이상의 참여를 기본으로 한다. 그런 의미에서 대화란 2인 이상이 소통을 전제로 끊임없이 상호작용하는 과정이라고 할 수 있다. 그렇다고 대화가 친밀감과 공감만을 형성하는 것은 아니다. 각기 다른 사고와 감정, 삶의 경험, 욕구, 능력, 가치관에 의해 서로의 의도를 바로 이해하고 조화를 이룬다는 것은 생각처럼 쉬운 일이 아니기 때문이다. 자기만의 사고와 감정의 틀에 갇혀 원래 의도한 대화가 이루어지지 못하고 많은 갈등을 야기하는 것을 흔히 볼 수 있는데, 이는 인간이 만나는 모든 장면에서 상대방보다는 자신의 뜻에 따라 해결을 시도하려는 데서 비롯된다.

상대방을 자신의 뜻에 일방적으로 따르게 할 경우 상대방은 만족할 수 없고, 자신이 상대방의 뜻에 일방적으로 따르는 것도 진정한 해결책이 아니다. 바람직한 것은 서로의 욕구를 만족할 수 있는 최선을 추구하는 것이다. 이는 활발한 의견 교환과 인간에 대한 신뢰를 기반으로 하여 공유 영역을 넓히고자 하는 대화의 자세에서 기대할 수 있다.

현대 사회는 소통의 시대다. 표면적으로는 인터넷이나 각종 매체를 통해 많은 정보가 쌍방향으로 소통되는 듯 보이지만 인간 대 인간의 심리적 교류는 점점 힘들어지고 있는 것 같다. 하지만 우리의 사회 활동은 기본적으로 대화를 통한 활동이다. 그러므로 대화의 기술이 부족하거나 대화의 중요성을 모르는 사람 혹은 의미 있는 대화를 하기 위해 노력하지 않는 사람은 자신이 어디로 가고 있는지를 미처 깨닫지 못한 사람일 것이다. 따라서 인간의 대화와 대화의 장애에 관해 깊은 관심을 가져야 한다. 성숙 사회에 접어든 현재의 우리 사회에서는 모든 사람에게 상대방과의 원만한 인간관계 형성이 무엇보다도 중요해졌다.

대화는 목적에 따라 다양한 방법으로 일어나며 사람들이 대화를 하는 양식에 따라 더 많이 사용하는 대화 방법과 덜 사용하는 대화 방법이 발생한다. 면 대 면 방식은 사람 간에 메시지를 더 정확하게 전달할 수 있게 해 주기 때문에 사람들이 선호하는 방식이다. 직접 얼굴을 맞대고 대화를 하면 언어적인 메시지와 비언어적인 메시지를 동시에 받을 수 있으므로 자신이 들은 것을 더 쉽게 해석하고 왜곡하지 않을 수 있다. 이러한 면 대 면 대화도 비언어적인 대화와 언어적인 대화를 내포하고 있다.

I. 비언어적 대화

비언어적 대화는 신체 언어를 통해 자신의 의사와 감정을 표현하는 기술을 의미한다. 매우 다양한 신체 언어로는 사람이 메시지를 전달할 때 사용하는 여러 가지 팔과 손동작, 표정, 목소리의 고저, 자세 그리고 신체의 움직임 등을 들 수 있다. 신체 언어는 언어적 표현을 돕는 역할을 한다. 말투나 억양, 높은 음성이나 낮은 음성, 숨소리나 말의 속도 변화, 얼굴의 홍조, 말을 더듬는 것, 특정 단어를 힘주어 말하는 것, 입술, 눈동자의 변화 등 다양한 몸짓 등은 언어적 표현을 더 분명하게 전달해 준다. 사람은 몸 전체를 사용하여 대화를 한다. 신체 언어는 사람이 대화할 때 언제 말을 중단하고 다른 사람이 말할 때 언제 끼어들며 언제 주제를 전환할 것인가 하는 것을 결정하는 데 도움을 준다.

사람은 표정, 눈 맞춤, 몸동작, 자세 등 몸의 움직임을 통해 많은 의미를 전달하기도 하고 악수, 어루만짐, 팔짱, 어깨에 손 얹기, 포옹, 키스, 애무 등의 다양한 신체 접촉으로 상대방에 대한 감정과 태도를 표현한다. 또한 머리 모양, 옷차림새, 장신구, 화장, 향수와 같은 겉모습을 꾸밈으로써 많은 의미를 표현하기도 하고, 상대방과의 공간적 거리나 상대방을 대하는 방향 등의 공간적 요인도 중요한 대화 수단이 될 수 있다. 그리고 만남의 장소, 상황, 분위기 등의 환경적 요인이나 말의 강약, 목소리의 음색 및 높낮이, 말하는 방식 등 언어적 의미가 없는 음성적 행동도 의미를 전달하는 주된 수단이 된다. 비언어적 대화는 언어적 대화 과정을 보다 효과적으로 진행하는 데 도움을 주며 언어적 대화만으로는 표현하기 어려운 복잡하고 미묘한 감정이나 태도 등을 전달하는 데 매우 유용하다고 할 수 있다. 대화할 때 사용하는 신체 언어의 유형과 역할은 다음과 같다.

1. 신체 언어

1) 신체 접촉

신체 접촉은 여러 가지 감정을 표현하는 중요한 수단인데, 친밀감은 흔히 신체 접촉을 통해 표현된다. 가까운 친구 사이에는 서로 손을 만지고 몸을 기대고 어깨동무를 한다. 이렇듯 서로의 몸과 몸을 접촉하는 것은 친밀감을 표현하는 가장 직접적인 방법이다. 사람이 다른 사람에게 접촉하는 방식이나 그 부위 등은 그 사람에 대한 애정이나 친밀감, 편안함 등을 표현하는 것이며 어떤 경우에는 지배성과 힘, 권력 등을 표현하는 것이다.

2) 신체 방향

사람이 다른 사람과의 관계에서 어디에 앉는가 또는 서는가 하는 것은 대체로 협동하고자 하는가, 경쟁하고자 하는가, 지배하고자 하는가, 친구가 되고자 하는가 등의 마음가짐과 상대적인 지위를 알 수 있게 한다. 예를 들어, 일반적으로 더 지배적이거나 높은 지위에 있는 사람은 다른 사람보다 높은 위치에 앉거나 선다. 다른 사람의 옆에 같은 높이로 앉는 것은 기꺼이 협조할 마음 또는 친구와 같은 태도로 행동할 마음을 나타낸다.

3) 몸짓

우리는 대화하면서 끊임없이 몸을 움직여 많은 것을 표현하고 전달한다. 자신의 이야기를 강조할 때 손을 번쩍 들거나 주먹을 불끈 쥐고, 상대방의 이야기를 반대하거나 중단시킬 때는 손을 내젓기도 한다. 주먹을 꽉 쥐는 것은 공격성의 표시일 수 있고 계속해서 얼굴을 만지는 것은 근심이 있음을 나타내는 것일 수 있다. 또한 상대방의 의견에 동의할 때는 고개를 끄덕이고 반대할 때는 가로젓기도 한다. 이렇듯 몸짓은 언어적 의미 전달의 보완적 수단이 된다.

4) 고개 끄덕임

고개를 끄덕이는 것은 특별한 몸짓으로써 사람이 다른 사람에게 흥미가 있음을 보여 주고 강화하며 대화를 계속하도록 만든다. 예를 들어, 누군가 이야기하고 있을 때 고개를 끄덕이는 것은 이야기에 흥미가 있다는 표시다. 끄덕임을 멈추는 것은 그 사람이 말하고 싶다는 것을 암시하는 것일 수 있다. 이야기를 듣는 사람이 더 많이 끄덕일수록 다른 사람은 더 오래 이야기하기 쉽다.

5) 표정

표정은 개인의 감정을 표현하는 대표적인 비언어적 대화 수단이다. 미소를 짓거나 웃는 얼굴은 상대방에 대한 호감이나 기쁨, 만족감을 표현하는 것인 반면, 인상을 찡그리거나 입술을 꽉 깨물거나 험한 인상을 짓는 얼굴은 상대방에 대한 불쾌감 혹은 단호한 의지, 분노를 표현한다. 대화 과정에서 우리는 자신의 감정을 절대 겉으로 드러내지 않아야 할 경우도 있고 때로는 감정을 좀 더 분명하게 드러내는 것이 필요한 경우도 있다. 이렇듯 필요에 따라 원하는 표정을 잘 조절하는 능력은 매우 중요한 비언어적 대화 기술이다. 표정을 잘 조절하는 것뿐만 아니라 상대방의 표정을 잘 지각하여 감정과 태도를 정확하게 간파해 내는 것도 역시 중요한 대화 기술이다. 표정을 정확하게 잘 지각하는 것은 상대방의 감정과 의사, 태도를 정확하게 포착하는 것이기 때문이다. 그러나 표정을 통해 상대방의 감정을 읽는다는 것은 쉬운 일이 아니다. 감정은 얼굴 전체를 통해서 전달되지만, 특히 입과 눈썹이 가장 중요한 역할을 한다. 따라서 상대방의 감정을 파악하고자 할 때는 입과 눈썹의 미세한 움직임에 주목할 필요가 있다. 눈, 눈썹, 입, 다른 얼굴의 요소에서의 변화는 사람의 정서적 상태와 연결된다.

6) 눈의 움직임

응시하는 위치나 시간은 개인의 흥미나 정서를 암시하고 다른 사람과 함께 대화를 진행하는 것을 돕는다. 대화를 할 때는 적절한 시간 상대방과 눈을 마주치며 쳐다보기도 하고 눈을 깜박이기도 하며 때로는 눈빛을 다른 곳에 주기도 하는 것이 자연스러운 행동이다. 눈은 마음의 창이라는 말이 있듯이 감정을 표현하는 주된 통로다. 눈 맞춤은 상대방에 대한 관심과 여러 가지 감정을 표현하는 수단이 되므로 대인 관계에서 상대방과 적절하게 눈빛을 주고받는 일은 매우 중요하다. 그러나 이런 눈빛 처리에 어려움을 느끼는 사람이 있다. 눈 맞춤의 회피나 중단은 관심이 없다는 신호가 될 수 있으며, 이런 경우 자신감이 없거나 상대방에게 무관심한 사람으로 비춰질 수 있다. 반대로, 지나치게 빤히 쳐다봐서 상대방을 불편하게 만드는 사람도 있다.

7) 목소리의 표현

목소리의 크기, 높이, 속도, 음질과 말의 부드러움은 정서와 관련되어 있다. 이것은 대화를 지속시키고 지배성과 힘의 지표가 된다. 예를 들어, 걱정이 있는 사람은 평상시보다 더 빨리 더 높은 음으로 이야기하는 경향이 있다. 실망한 사람은 천천히 그리고 보통 더 낮은 음으로 이야기한다. 화가 나고 공격적일 때는 보통 더 크게 이야기한다.

2. 대화에서 심리적 요인과 개인 공간

1) 심리적인 크기와 심리적인 거리

심리적인 크기란 한 사람이 다른 사람에게 미치는 지각된 영향력을 의미한다. 심리적인 크기가 큰 것으로 지각되는 사람은 다른 개인에게 영향을 주고 통제력을 미칠 잠재력이 높은 사람이다. 심리적인 거리는 사람과 사람 사이에서의 긍정적인 혹은 부정적인 감정의 정도를 의미한다. 지각되는 거리가 멀면 멀수록 그들 관계에는 부정적인 감정 혹은 불쾌한 감정이 커진다.

사람 간에는 서로 지위나 전문성, 언어적 유창함 그리고 여러 가지 많은 요인에서 차이가 있다. 이 같은 차이가 사람 간의 심리적인 크기와 심리적인 거리에 대한 지각을 형성한다. 사람이 이러한 차이를 인위적으로 없앨 수는 없다. 심리적인 크기와 심리적인 거리에 대한 지각은 사람이 다른 사람과 상호작용하는 것을 증진하기도 하고 방해하기도 한다. 그러한 지각이 상호작용에 도움이 될 것인지 방해가 될 것인지는 사람이 지위와 감정의 차이를 어떻게 받아들이느냐에 달려 있다.

심리적인 크기와 심리적인 거리의 수준이 적당하지 않다는 지각은 사람 간의 관계에 긴장을 유발할 수도 있다. 사람은 자신이 만나는 사람이 자신보다 심리적으로 더 크다고 지각되면 그 사람에 대해 겁먹을 수도 있다.

2) 개인적인 공간의 역할

심리적으로 가까운 사람과는 물리적으로도 가깝다. 친밀한 사람과 대화를 나눌 때는 서로 가깝게 앉지만 낯선 사람과는 어느 정도의 거리를 유지하며 상호작용을 한다. 이처럼 두 사람 사이의 물리적 거리는 친밀감이 높을수록 좁아지는 경향이 있다. 즉, 공간이나 영역으로 알려진 거리감은 접촉과 밀접하게 관련되어 있다고 볼 수 있다.

어느 정도의 거리를 유지하느냐에 따라 우리는 상대방에게 다른 감정을 가진다. 사람은 자기 주위의 물리적 공간을 마치 자신의 일부인 것처럼 취급하는 경향이 있기 때문이다. 이러한 영역을 개인 공간이라 하는데, 자신의 공간 안으로 들어오는 상대방에 대한 반응은 그 상황을 정의하는 양식에 따라 크게 달라진다. 즉, 상대방의 행동에 대한 귀인을 어떻게 하느냐에 따라 우리의 감정이나 행동은 차이가 있다. 거의 모든 사람은 자신이 사적인 영역으로 생각하는 개인 공간의 '경계선'을 자기 주변에 쳐 놓고 있다.

II. 언어적 대화

1. 효과적인 대화

1) 대화의 중요성

우리는 정확한 대화를 하는 것에 초점을 맞추어야 하는데 그것을 통하여 오해의 소지를 줄일 수 있기 때문이다. 진실한 생각과 느낌을 감추고 있다면, 또는 게임을 하거나 가면을 쓰거나 어떤 몸짓을 가장한다면 상대방은 우리의 의미를 제멋대로 상상하고 오해할 수 있다. 오해는 항상 불행한 결과를 가져온다. 그러므로 우리는 분명한 대화를 함으로써 오해라는 불필요한 고통을 예방할 수 있다. 더구나 분명한 대화는 관계를 깊게 지속시킨다. 관계는 인격적 성숙의 근원이다. 따라서 사회 안에서 함께 살아가는 우리가 온전히 우리일 수 있기 위해서는 깊고도 영속적인 관계가 필요하다. 그러한 관계는 효과적인 대화로써 성숙해 나간다.

이것을 예술에 비유하면, 예술을 완성하기 위해서 가장 먼저 작업이 필요한 것처럼 관계 역시 관계를 위해 애쓰는 사람에게 미소를 보낸다. 이때 관계를 위해 해야 하는 작업은 물론 대화다. 대화는 심오하고 명쾌한 관계를 천천히 가져다준다. 그러나 우리가 그것을 위해 꾸준히 작업할 때만이 그러하다. 다른 일도 마찬가지겠지만 대화 역시 부단히 행해야 할 과제인 것이다. 대화의 기술을 익히지 않는다면 어떠한 말이건 그것은 무용지물로 전락한다. 애쓰지 않고 성공을 바랄 수는 없기 때문이다.

앞에서 언급한 바와 같이 대화의 중요성은 이루 다 말할 수 없다. 인간은 항상 다른 사람과 대화를 하면서 살아가기 때문이다. 우리는 대화가 안 되는 사람을 일컬어 '말이 안 통한다'고 표현하기도 한다. 흔히 말과 대화를 같은 것으로 이해하고 "나는 발표는 잘하는데, 상대방과 말을 하는 것은 어렵다"라고 말하는 사람이 많다. 하지만 자세히 보면 말은 의사 전달이어서 일방통행인 반면, 대화는 의사 교환이어서 양방통행적이다. 따라서 자기의 생각이나 의견을 상대방에게 잘 전달하고 상대방이 원하는 것을 잘 들어줄 때만 효과적인 대화를 할 수 있다.

2) 효과적인 대화의 방법

인간의 언어는 자신의 내면 상태와 의도를 전달하는 가장 효과적이고 강력한 대화 수단이다. 우리는 유아기일 때 습득한 언어 기술과 대화 기술이 다르다는 것을 유념해야 한다. 대화를 통해서 자신의 욕구와 희망 사항을 표현할 수 있어야 하며 그러기 위해서는 서로 존중하는 분위기가 형성되어 있어야 한다. 좋은 대화 기술은 두 사람 사이에 중요한 정보가 오고가는, 상호 왕래할 수 있는 '다리'와 같으며 이를 위해 매일매일 주의를 기울여서 노력해야 한다. 좋은 대화 기술에서 중요한 점은 '함께' 존재한다는 것을 알아야 한다는 점이다. 좋은 대화 기술이 없다면 친밀감이 생기기 어렵다. 상대방의 이야기를 제대로 들으려면 우선 눈이 열리고 귀가 뚫려야 한다. 상대방의 표정이나 태도를 유심히 봐야 하고 상대방의 말을 열심히 들어야 한다. 그런 다음 마음을 열고 상대방이 터놓고 이야기할 수 있도록 해 준다. 상대방을 받아들여 줄 수 있는 너그러움이 있다면 더욱 좋다. 그런 기본적인 태도를 바탕으로 삼고 그에 더해 곰곰이 생각하는 태도가 있어야 한다.

(1) 적극적 경청

이야기를 잘하는 사람은 이야기를 잘 들어 주는 사람이라는 말이 있다. 경청은 대화의 기본적인 과정이며 상대방이 보내는 내용에 주의를 기울이고 이해를 위해 노력하는 행동을 의미한다. 이러한 경청은 상대방이 전달하는 대화 내용에 대한 관심과 흥미를 표현하며 상대방으로 하여금 개방적이고 솔직하게 표현하도록 촉진하는 기능을 갖는다. 대화 기술에서 경청은 그 중요성이 점점 더 부각되고 있다.

경청은 상대방이 전달하고자 하는 말의 내용은 물론 그 내면에 깔려 있는 동기, 정서에 귀를 기울여 듣고 이해한 바를 상대방에게 피드백 해 주는 것, 상대방의 표현을 통해서 의미를 이해하고 상대방의 감정을 느끼는 것이다. 누군가 자신의 고민을 들어 준다는 사실만으로도 그 사람은 힘을 얻는다. 우리는 '얘기하고 나니 속이 풀리는 것 같다'는 말을 종종 한다. 남의 얘기를 아무 판단 없이 들어 준다는 것은 분명 기술이다. 자기 삶의 틀을 버리고 도덕적인 판단을 유보한 채 오로지 잠잠히 상대방의 이야기에 귀 기울여 듣는 것이다.

이는 대화에서 가장 기본적인 자세로서, 상대방의 말뿐 아니라 생각과 감정을 알아차리는 '마음의 귀'를 갖고 이야기를 듣는 것이다. 그렇게 하면 상대방으로 하여금 자신이 가치 있는 존재로 받아들여지고 이해되고 있다는 느낌을 갖게 하므로 보다 친밀한 관계가 형성된다.

한편, 자신의 이야기를 들어 주지 않는 사람과는 무관심해 보이기 때문에 더 이상 이야기를 나누고 싶어 하지 않는다. 따라서 다른 사람의 이야기에 진지하게 관심을 기울이고 잘 들어주는 것이 중요하다. 또한 상대방의 말에 대하여 자신의 생각대로 판단하거나 평가하지 않는 가운데 그의 감정과 생각을 이해하려고 노력하면서 그것을 말로 표현할 때 효과적인 대화를 경험할 수 있다.

상대방의 이야기를 경청하는 방법은 다양하며 크게 적극적 경청과 소극적 경청으로 나누기도 한다. 적극적 경청은 자신이 상대방의 이야기에 주의를 집중하고 있다는 외적인 행동 표현을 하며 듣는 것을 말한다. 이것은 상대방의 입장에 서서 상대방의 생각이나 기분을 이해하기 위해 적극적으로 듣는 태도다. 소극적 경청은 상대방의 이야기에 대해 특별한 외현적 표현 없이 가끔 "아! 그래." "으음." "저런." 등의 감탄사와 비언어적 몸짓을 보여 주는 것을 의미하며 수동적으로 듣는 경우를 말한다. 즉, 상대방이 말하는 화제를 다른 화제로 돌리거나 반박하지 않고 그의 이야기를 수동적으로 잘 듣고 있다는 것을 표현하는 것이다.

적극적 경청에 대해서 자세히 살펴보면, 그것은 인간에게 내면적 변화를 가져올 정도로 중대한 방법이다. 흔히 듣는다는 것을 수동적인 것으로 생각하기 쉬우나 사람은 자기 이야기를 귀담아 들어 주고 자기를 소중하게 대접해 주면 줄수록 주의깊게 말을 하게 되며, 자기 기분이나 생각을 정확하게 표현하려고 노력한다. 또한 적극적 경청을 하면 비판받거나 무시당하는 위협을 느끼지 않으므로 상대방은 자기 생각을 솔직하게 표현할 수 있고 나아가서 자기가 이야기하는 것이 무척 가치 있는 일이라고 느낄 수 있다.

이렇듯 적극적 경청은 대화에서 핵심을 이루는 기법으로, 관계 회복을 위한 촉진의 역할, 발전할 수 있는 윤활유 역할을 한다. 대화가 원활하면 인간은 자긍심을 갖는다. 자긍심은 인간에게 건강과 풍요를 가져다주고 행복감에 젖게 한다. 듣는다는 것은 수도꼭지와 같이 자신이 자유자재로 틀거나 잠글 수 있는 것이 아니다. 따라서 잘 듣기 위해서는 스스로 마음의 준비를 끝내야 한다.

① 적극적 경청을 위한 태도

• 충분한 시간과 심적인 여유를 가지고 상대방이 말하고자 하는 것을 들어야 하고 상대방을 돕고자 해야 한다.
• 자신의 감정과 상대방의 감정 간에 차이가 있어도 무시, 왜곡하지 않고 진심으로 수용할 수 있어야 한다.
• 상대방은 자신의 감정을 처리할 능력이 있고, 나아가 문제를 해결할 수 있는 능력이 있다는 신념을 갖고 있어야 한다.

- 감정은 일시적인 것임을 이해하고, 표현되는 감정을 두려워하지 않아야 한다.
- 상대방을 자기 자신과는 분리된 개체적 존재로 이해할 수 있어야 한다.

② 적극적 경청의 효과

- 정화 작용(catharsis)을 촉진한다.
- 부정적인 감정에 대한 두려움을 없애 준다.
- 상대방과의 온정적인 관계를 증진시킨다.
- 상대방 스스로 문제를 해결할 수 있게 장려한다.
- 상대방이 자신의 생각과 감정을 보다 잘 경청할 수 있게 한다.
- 의사소통에서 생길 수 있는 오해를 방지한다.
- 상대방의 이야기를 중단시키지 않는다.

(2) 따뜻한 공감

공감이란 상대방과 대화를 나누는 동안 서로 다르다는 인식을 유지해 가면서 상대방의 입장이 되어 그의 방식대로 그의 세계를 수용·지각하고 그 생각과 느낌을 표현해 주는 것을 말한다. 이것은 상대방의 입장에서 상대방의 눈으로 보고 상대방의 가슴으로 느끼고 상대방의 머리로 생각할 수 있는 능력이 필요하다. 즉, 상대방의 주관적 경험 세계를 자신의 입장에서가 아니라 그 사람의 입장에서 이해하는 능력을 갖추어야 한다.

공감을 잘하기 위해서는 상대방의 입장에 서야 한다. 상대방을 이해할 수 있는 가장 좋은 방법은 그 사람의 입장에 서서 그 사람이 보는 대로 세상을 보는 것이다. 자신의 입장에서 벗어나 그 사람의 입장에서 보면 왜 그런 말을 하며 왜 그런 식으로 행동하는지를 쉽게 알 수 있다. 공감이란 상대방의 이야기를 들으면서 그의 표현 내용에 대한 사실적 이해를 넘어 말 속에 담긴 주관적 기분이나 감정을 그의 입장에서 이해하고 받아들이는 것이다.

사람은 대화를 통해 자신이 한 이야기에 대해 이해받고 공감받고자 하는 내면적 욕구를 지닌다. 따라서 원활한 대화를 위해서는 상대방의 말을 수용하고 공감하며 지지해 주는 반응이 필요하다. 공감은 상대방의 마음을 깊이 있게 이해하고 느끼는 것을 말하며 대화를 촉진하고 대인 관계를 심화하는 매우 중요한 요인으로 알려져 있다. 상대방의 발언 내용을 정확하고 깊이 있게 이해하며 감정적으로도 공감하는 반응을 보여 주는 것은 깊이 있는 인간관계를 촉진하는 필수 요소다.

① 공감적 반응의 방법

공감적 반응은 '경청'→'감정 이해'→ '적절한 말'로 표현해서 전달하는 것이다. 이때 상대방의 말을 있는 그대로 들어 주고 그의 말이나 행동에 대한 평가나 가치 판단을 하지 않으며 말의 내용 자체뿐만 아니라 주변 상황과 여건을 감안하여 들어야 한다. 자신의 입장에서가 아니라 말하고 있는 상대방의 그 당시 입장에서 이해하고 그 상황에서 그렇게 할 수밖에 없었던 상대방의 심정과 어려움 등을 이해하려고 노력해야 한다.

- 상대방이 당면한 문제에 대해 어떻게 생각하고 느끼는지 그의 이야기를 주의 깊게 경청한다.
- 자신을 상대방의 위치에 놓고 생각하고 느낀다.
- 상대방의 생각이나 느낌을 잘 반영해 줄 수 있는 적절한 말을 찾는다.
- 상대방을 이해하고 있음을 구체적인 언어적 표현과 비언어적 표현으로 상대방에게 전달한다.

② 공감적 반응의 형식

공감을 하기 위해서는 상대방이 느끼는 감정을 이해하는 것과 이해하는 바를 말로 표현하는 것이 필요하다. 공감의 기본 형식은 "당신은 ……라고

(하게) 느끼는군요(느끼겠군요)." "……하다니 ……하겠어요."와 같이 상대방이 특정한 기분과 감정을 갖게 되는 이유와 배경을 함께 알아주면 훨씬 도움이 된다. 예를 들어, "내일 시험인데 공부해 놓은 게 없어서 오늘 밤에는 밤샘을 해야 할 것 같아요."라고 말하면, 이에 대한 공감적 반응은 "걱정이 많겠구나."라고 할 수 있다. 또 "이번에는 정말 열심히 공부했는데 결과가 너무 엉망이에요. 마지막 두 문제는 제대로 답도 쓸 수 없었어요."라고 말하면, 이에 대한 공감적 반응은 "열심히 공부했는데도 결과가 만족스럽지 못해 실망이 크겠구나."라고 할 수 있다.

③ 공감적 반응의 두 수준

• 표면 공감

표면 공감은 상대방의 말 또는 행동, 이야기에 대해 겉으로 드러난 기분이나 감정 상태를 알아주고 이해해 주는 것으로 현재 감정이 어떤지, 이야기 속에는 어떤 감정이 담겨 있는지를 잘 파악해야 한다. 예를 들어, "이번에 취직을 했어요. 이제야 부모님께 체면이 섭니다."라고 말하면, "기분이 좋겠습니다."라고 반응해 준다.

• 심층 공감

심층 공감은 상대방이 진정으로 말하고 싶지만 쉽게 표현하지 못한 속마음을 읽어 주는 것이다. 예를 들어, "생일 때 친구에게 책을 한 권 선물 받았는데 정말 큰 감명을 받았어요. 평소에 꼭 읽고 싶었던 책이에요."라고 말하면, "친구가 고맙겠어요. 그런 친구를 가진 것이 든든하기도 하고 자랑스럽기도 하겠군요."라고 반응해 준다. 심층 공감은 표현된 상대방의 감정이나 기분 이면에 숨겨진 내적인 기분을 알아주는 것이기 때문에 다소 어렵고 어느 정도 추측이나 해석적 요소가 포함되므로 자칫 부정확할 수도 있다. 따라서 심층 공감을 사용할 때에는 신중을 기해야 한다.

④ 공감의 효과

- 상대방에게 자신의 말이 주의 깊게 경청되고 있음을 전달할 수 있다.
- 상대방의 방어 심리가 축소되어 개방적인 표현이 보다 촉진된다.
- 상대방은 부정적인 생각, 감정도 수용된다고 생각하여 자신의 부정적인 감정도 받아들일 수 있어 문제에 대한 통찰이 가능해진다.
- 상호 간에 신뢰, 존중, 매력이 더해져서 상대방이 자신을 더 많이 개방함으로써 대화가 더욱 촉진되고, 관계가 더욱 진전된다.

⑤ 공감할 때의 유의 사항

- 상대방의 비언어적 표현이나 표현하지 않은 내용에도 관심을 기울인다.
- 알아듣기 쉬운 말로 표현한다.
- 상대방의 목소리와 비슷한 목소리로 말한다.
- 상대방과 표정을 일치시킨다.
- 기본적인 주요 감정, 즉 상대방이 강렬하게 이야기하는 것을 찾는다.
- 과거보다는 현재 경험을 반영한다.
- 완벽한 감정 단어를 사용할 필요는 없으며, 적절한 것이 좋다.
- 상대방이 진술한 것을 포착하는 것보다 자신이 그 순간에 가장 강렬한 감정이라고 생각하는 것을 반영한다.
- 짧고 간결하게 유지한다.
- 거절하거나 거부감을 느낄 수도 있으므로 가정(假定)적 어조를 사용한다.
- 상대방이 이해할 수 있는 감정 단어를 사용한다.
- 자신이 부정확한 공감을 했다거나 상대방이 자신의 공감에 잘 반응하지 않는다면, 상대방에게 느끼는 것을 좀 더 설명해 줄 것을 부탁하고 다시 그 감정을 이해하려고 노력한다.

(3) 효과적인 질문

상대방의 이야기를 듣다 보면 질문을 해야 할 경우가 많다. 즉, 상대방이 하는 이야기 내용에 대해서 더 알아볼 것이 있거나 문제를 좀 더 깊이 이해하기 위해서 질문을 사용할 수 있다. 그러나 어떻게 질문을 하느냐에 따라 불쾌감을 주거나 대답하고 싶지 않도록 만들 수도 있다. 이렇듯 질문은 인간관계의 상호작용을 촉진하는 중요한 기술이다. 이는 상대방에게 추가적인 정보를 요청하고 상대방의 태도, 감정, 의견을 확인하는 행동이다. 또한 이런 행동은 상대방과 그의 이야기에 관심과 호기심을 표현하는 것이기도 하며 때로는 대화 과정을 통제하는 수단이 될 수 있다. 이처럼 질문은 상대방에게 정보를 요청하는 소극적인 기능뿐만 아니라 상대방의 의견을 변화시키는 적극적인 기능도 지니고 있다.

질문은 상대방에 대한 관심과 호기심의 표현이지만 적절한 내용의 질문을 하는 것이 중요하다. 즉, 질문에는 기술이 필요하다. 정보 습득이나 정확한 이해를 위해서 질문은 필수적이지만 같은 질문일지라도 그것이 언제 어떤 방식으로 주어지느냐에 따라 매우 효과적인 대화 수단이 되기도 하고, 반대로 비효과적일 뿐만 아니라 오히려 대화나 관계에 부정적인 영향을 미치기도 하기 때문이다. 따라서 적절하지 않은 시점의 비효과적인 질문은 관계에 장애 요인으로 작용할 수 있음을 기억해야 한다. 또한 질문하는 시기를 잘 포착하는 것도 중요하므로 상대방이 이야기하는 중간보다는 어느 정도 핵심적인 이야기가 끝났을 때 묻는 것이 자연스러운 대화에 효과적이다.

이처럼 질문을 효과적으로 하는 방법을 익혀서 활용한다면 대화에 도움이 된다. 공격적인 질문은 피해야 하며 존중과 성의의 뜻을 내포한 질문을 주로 해야 한다. 상대방의 질문을 들을 때는 그 질문의 의도는 파악하되 반박해서 묻지는 말아야 한다. 대화를 청하는 사람은 대부분 어떤 문제가 있든지 혹은 누군가에게 이야기를 하고 싶어서 온 것이다. 그러므로 상대방이 자기 문제를 어떤 방식으로 보고 있는지 알아차려 이해해 주는 일이 필요하다.

① 폐쇄형 질문과 개방형 질문의 차이

질문은 직접적으로 상대방에게 어떤 반응을 요구하는 메시지로서, 폐쇄형 질문이나 개방형 질문의 형태로 제시할 수 있다. 폐쇄형 질문은 상대방이 예/아니요로 답할 수 있는 형태이거나 특정한 사실적인 정보나 분명한 답변을 요구하는 형태이며 범위가 좁고 한정되어 있다. 폐쇄형 질문을 하면 상대방에게 권위적으로 군림하는 인상을 주며 상대방과의 대화에 관심이 적은 듯 보일 위험이 있고 명백한 사실만을 요구하므로 더이상 진행이 되지 않을 수 있다.

이와는 달리 개방형 질문은 명확한 답을 요구하는 것이 아니라 포괄적이며 상대방의 자유롭고 다양한 반응을 촉진하고 관점, 의견, 사고, 감정까지 끌어내는 특징이 있다. 개방형 질문의 목적은 감정의 초점을 맞추거나 그것을 명확히 하거나 부적절한 사고를 파악하거나 감정을 파악하고 강렬하게 만드는 데 있다. 결과적으로 폐쇄형 질문은 '촉진 관계'를 닫는 경향이 있지만 개방형 질문은 '촉진 관계'를 여는 경향이 있다.

② '왜'라는 질문의 영향과 대안적 방법

우리는 상대방의 행동에 대해서 알고 싶을 때 흔히 '왜'라는 질문을 한다. 특히, 특정 행동의 이유나 동기가 궁금할 때 '왜'라는 질문을 던짐으로써 대답을 듣고 싶어 한다.

그러나 '왜'라는 말을 사용하면 정보를 구하거나 행동의 원인을 탐색하기 위한 말이라고 해도 상대방은 자신이 잘못했거나 나쁘게 행동했다는 비난의 말로 받아들이기 쉽다. 많은 경우에 이 '왜'라는 질문은 상대방에게 따지는 것 같은 인상을 주거나 무엇인가 그와 동의하지 않는다는 불쾌감 또는 비판적인 감정을 표현하는 것 같은 느낌, 추궁하는 것 같은 느낌을 줄 뿐만 아니라 대답을 강요하는 것 같은 심리적 부담까지 준다. 물론 고의는 아니라 할지라도 본의와 상관없이 섭섭하게 또는 언짢게 받아들일 수 있다.

그러므로 가능하면 '왜'라는 질문은 하지 않는 것이 바람직하다. 그렇다면 상대방의 행동에 대한 이유나 동기에 대해 질문하고 싶다면 어떻게 해야 할까? '왜'라는 질문에 대한 대안으로서 '어떻게'나 '무엇'과 같은 것을 생각해 볼 수 있다. 또는 '어떤 이유로'나 '어떤 동기로'와 같은 표현을 통해서 간접적으로 '왜'라는 질문의 효과를 얻을 수 있다. 이때 질문만 하지 말고 공감과 질문을 섞어가며 사용하는 것이 좋다.

이와 같은 간단한 질문 기법도 중요하지만 더 중요한 것이 있다. 그것은 인간에 대한 애정과 진실한 마음이다. 이런 기본적인 애정과 진실성에 기초해서 앞에 제시한 기법을 사용한다면 인간관계는 풍요로워질 것이다. 아울러 대화 과정에서 적절한 방법을 활용하되 억지로 특정 방법을 고수할 필요는 없으며, 오히려 상황에 따라 융통성 있는 적용이 필요하다.

③ 질문 기법

- 상대방이 도저히 대답할 수 없는 질문은 하지 않는다.
- 답변을 원하지 않으면서 의례적으로 질문하지 않는다.
- 폐쇄형 질문 대신 개방형 질문을 한다.
- 지나치게 직접적인 질문으로 위협감을 주지 않는다.
- 간접 질문에서 시작하여 관계 진전 정도에 따라 직접 질문으로 나아간다.
- 이중 메시지로 상대방을 혼란에 빠트리지 않는다.
- 모호한 방식이 아닌 구체적이고 뚜렷한 방식으로 질문한다.
- '왜?'라는 취조식의 질문을 삼간다.
- 똑같은 내용의 질문일지라도 시기가 중요함을 잊지 않는다.

(4) 적절한 설명

설명은 자신이 가지고 있는 정보를 상대방에게 정확하고 충분하게 제공하고 공유하기 위한 중요한 대화 기술이다. 이는 어떤 현상에 대한 불확실성을 감소시키고 자신의 지식, 이해, 의견, 태도, 가치를 표명하는 기능이 있다. 따라서 자신이 소유한 정보나 의견을 상대방에게 정확하고 신속하며 충분하게 전달하는 것이 설명하기의 주된 목적이다.

설명을 잘하기 위해서는 듣는 사람의 이해 수준에 맞추어 설명해야 하고, 설명할 내용이나 순서 및 방식 등을 미리 계획하고 준비하는 노력이 필요하며, 간결하고 분명하며 정확하고 체계적으로 표현하는 것이 바람직하다.

(5) 도움되는 피드백

피드백은 대화 행위에 대해 어떻게 인식하고 평가하느냐에 관한 정보를 제공해 준다. 대화 과정에서 각 개인은 자신이 겪어온 경험, 욕구, 감정, 가치관, 신념 등에 따라서 메시지를 자기 나름대로 해석하고 수용하려는 경향이 있다. 따라서 대화 중에 자칫 오해와 왜곡 현상이 나타날 수 있으므로 메시지를 적절하게 해석했는지 확인하기 위해서는 적절한 피드백이 이루어져야 한다. 피드백은 정보를 정확하게 전달하고 자신의 이해를 명료화하는 과정이라 할 수 있다. 이와 같은 피드백을 통해 메시지의 의미를 정확히 확인하고 대인 간의 대화를 명료하고 분명하게 해 준다.

상대방이 전달하고자 하는 의미나 의도를 정확하게 이해했다는 확신이 서지 않을 때 자신이 이해한 바를 상대방에게 말하고 그것을 확인할 필요가 있다. 대화 중에 미소를 짓거나 고개를 끄덕이는 것과 같은 긍정적 피드백은 말하는 이로 하여금 자신감을 가지고 더 많은 이야기를 계속 할 수 있도록 하는 효과를 갖는다. 자신의 말을 잘 들어 준다고 느낌으로써 기분을 좋게 할 뿐만 아니라 상대방에 대한 신뢰를 쌓을 수 있는 출발점이 된다. 또 상대방의 이야기를 듣는 중에 고개를 가로저음으로써 상대방의 의견에 동조하지 않음을 나타낼 수 있다. 이와 같이 피드백은 상대방에게 직접 묻는 방법도 있지만 흔히 지속적인 관계 속에서 상대방의 행동을 통해 확인하는 경우가 많다.

효과적인 대화 규칙

효과적인 대화는 양방통행적인 과정이다. 양방으로 통로를 개방하도록 하기 위해서는 양쪽의 참여자가 협동을 해야 한다. 이렇게 형성되는 호감가는 대화는 최고의 자산이다. 같은 말이라도 '아' 다르고 '어' 다르다는 말만큼 대화의 중요성을 정확하게 짚어낸 말도 없을 것이다. 대화는 인간관계를 살리기도 하고 죽이기도 하는 위력을 가지고 있다. 말을 조리있게 잘하는 것도 중요하지만 상황에 따라 순발력과 융통성을 발휘하는 것도 중요 요소가 된다.

다음에 제시하는 것은 기본적인 규칙으로서 대화를 원만한 수준으로 지속할 수 있도록 도와줄 것이다.

• 감정을 공감하라

자신이 상대방의 입장에 서고 상대방에게 자기 자신의 온정과 이해를 전달하는 능력을 갖는다는 것은 아주 중요하다. 사람이 상대방과 똑같은 경험을 한다는 것은 필요하지도 않고 가능하지도 않다. 그러나 공감을 통해서 상대방의 기쁨을 나름대로 볼 수 있고 상대방의 슬픔을 '내면화'할 수 있으며 상대방과 '동반자 의식'을 느낄 수 있다. 그럼으로써 상대방과의 관계를 강화할 수 있다.

• 장애물을 의식하라

바람직한 대화를 방해할지도 모르는 고정화된 장벽을 가능한 한 제거해야 한다. 무엇보다도 중요한 것은 대화를 자발적으로 하려는 태도다. 자신의 마음을 개방한 상태에서 상대방의 이야기를 듣되 선입견을 갖고 대화 과정에 참여해서는 안 된다. 그리고 상대방의 관점에서 상황을 보도록 노력한다.

• 피드백을 주고받아라

양방통행적인 대화가 잘 된다고 할지라도 피드백은 중요하다. 만일 상대방이 전달하고자 하는 의미를 이해했다는 확신을 갖지 못했다면 다시 물어본다. 상대방의 말을 들으면서 그 말을 자신의 말로 의역하고 자신의 말에 반영하는 능력을 개발해야 한다. 피드백을 주고받을 때는 새로운 통찰을 얻도록 노력한다.

• 상대방의 말을 경청하라

경청이란 적극적인 책임 의식이다. 대화 과정에서 상대방이 말하고 있는 경우 자신은 듣는 사람이 된다. 따라서 단순히 그 사람이 하는 말뿐 아니라 그 사람의 생각과 감정을 알아차리는 '마음의 귀(inner ear)'를 갖고 이야기를 들어야 한다.

• 대화 시의 마음가짐에 대해 고민하라

상대방의 기분을 정중하면서도 밝게 그리고 즐겁게 만드는 친절 표현을 연구하고 대화를 즐겁게 진행하는 방법을 연구해야 한다. 자기가 맡은 분야에서 자주 사용하는 표현을 친절하게 바꾸어 익숙해질 때까지 연습한다.

• 권력과 조작에 의한 전달을 피하라

권위를 갖고 있는 사람은 그 지위로 자신이 하고자 하는 특정한 방식으로 권력을 이용할 권리를 갖고 있다고 생각한다. 사람은 자신이 권력의 남용이나 조작적인 상황에 처해 있다는 것을 알면 인간관계를 승리와 패배의 시각에서 본다. 그러나 진실한 마음으로 효과적인 대화를 바라고 있다면 어느 누구도 권력 싸움에서 전적으로 이기지는 못한다.

• 일대일로 의사소통하라

일대일의 관계는 대화에서 통합적인 요소다. 사람들이 진정한 '배려'의 태도를 전달하고자 하는 인간적인 토대에서 상대방을 대한다면 대화의 통로는 개방될 것이다. 일대일의 관계는 이해와 존경을 포함하기 때문에 개인차를 인정해야만 하고 상대방의 있는 그대로의 모습을 수용해야 한다.

• 상대방을 수용하려고 노력하라

상대방과 상대방의 견해에 대하여 존중과 배려를 하는 것, 상대방의 강점을 격려해 주고 강화해 주는 것은 수용과 관련된다. 조건 없이 상대방을 수용하는 것은 대화를 원활하게 하며 그러한 분위기 속에는 애정어린 수용이 있다. 사람이 자기 관심사를 자유롭게 이야기하고 그러한 관심사가 토론할 만한 가치가 있는 것으로 수용될 수 있다는 것을 알도록 하는 것은 중요하다.

• 자신과 상대방을 신뢰하라

상대방에게서 신뢰를 발견하고자 한다면 자신이 먼저 신뢰받는 사람이 되어야 한다. 정직하고 개방적인 대화는 모험을 수반한다. 상호작용의 결과는 이로운 것일 수도 있지만 해로운 것일 수도 있기 때문이다. 사람은 자신과 상대방을 믿을 때만 성장과 문제 해결을 위해 모험을 한다.

• 자기 나름의 언어 사용 원칙을 가져라

명확하고 부드럽게, 즐거운 기분으로 말하여 말에 생명력을 불어 넣는다. 또한 상대방을 움직이는 데는 진실 이상의 것이 없으므로 진심으로 말하되, 설득력과 호소력이 반감되지 않도록 적당한 톤으로 짧게 말한다. 좋은 점을 칭찬하고 자신이 하는 말의 두 배를 상대방이 말하게 하는 1:2의 원칙을 지킨다. 마지막으로 상대방에 맞춘 정중한 말, 겸손한 말, 존댓말을 사용한다.

2. 비효과적인 대화

1) 비효과적인 대화가 일어나는 경우

(1) 대화가 쌍방적이지 않고 일방적일 때

대화는 한쪽에서 의사를 보내면 상대 쪽에서 내용을 받아들이는 과정이다. 따라서 송신과 수신이 제대로 이루어질 때 효과적인 대화가 이루어진다. 이것을 소홀히 하면 제대로 된 대화를 할 수 없다.

(2) 상대방이 자신의 의도와는 다르게 이해할 때

자신의 과거 경험, 선입견, 고정관념, 가치관, 태도 등을 기준으로 삼아 화자가 말한 내용을 왜곡하여 받아들이는 경우다. 그렇게 되면 말하는 사람은 듣는 사람이 자신의 대화 내용이나 자신의 감정을 이해하지 못한다고 생각하여 상대방을 신뢰하지 않고 대화를 이어나가지 않으려 한다.

(3) 듣는 사람이 말하는 사람을 평가하려 할 때

대화는 내용과 전달하는 방법이 중요한데, 내용보다 화자에 대해 '좋다' '나쁘다' '저래서는 안 된다' 등으로 평가하는 것은 그 사람의 행동이나 말 또는 감정보다 사람 자체를 평가하는 것이므로 대화를 지속하기가 어렵다.

(4) 진정으로 반응하지 않거나 듣는 사람이 주의를 집중하지 않을 때

말하는 사람은 자신의 의도를 전달하려는 욕심 때문에 상대방의 말을 잘 듣지 않고 말하려고만 하는 경향이 있다. 또한 듣는 사람은 자기가 다음에 할 말을 생각하느라고 잘 듣지 않거나 듣자마자 자신의 반응을 제시하려는 경향이 있다. 자기 입장에서의 불평이나 제안, 상대방의 말을 건성으로 듣거나 무시하기 등 일방적이고 비수용적인 대화 방법은 진정한 문제 해결의 자세가 아니다.

(5) 언어적 대화에만 관심을 갖고 비언어적 대화에 무관심할 때

대화는 겉으로 표출된 언어뿐만 아니라 말 속에 숨겨진 의미, 표정, 몸짓, 감정 등을 포착하지 않으면 효과적으로 이루어지기 어렵다.

(6) 서로가 신뢰감을 형성하지 못할 때

상대방을 서로 불신하면 전달하려는 내용도 진실한 것이 되지 못하고 받아들이는 사람도 곡해해서 받아들이기가 쉽다. 또한 자기 잘못을 감추어 상대방에게 전가하기 위해 부모, 형제, 친척, 친구, 자녀, 배우자 등을 희생양으로 만들며, 자기 자신의 문제로부터 도피하려고 하기 때문에 진정한 대화를 할 수 없다.

(7) 위협하고 경멸하거나 비판을 일삼을 때

자신의 관점을 관철하기 위하여 강제적인 수단을 동원하거나 여러 가지 모욕적인 대화 방법을 동원하는 것은 감정적인 손상을 준다. 잘 듣거나 이해하려고 하지 않고 상대방의 잘못을 들추어내고 상대방의 힘을 억누르려 하며 불공평하게 비난하고 상대방의 자존심에 상처를 주는 태도는 대화를 방해한다.

(8) 침묵으로 일관하고 문제에 진정으로 반응하지 않을 때

상대방에게 이야기하지 않는 태도는 화나 적대감을 표현할 때 흔히 쓰이는 방법으로, 이러한 태도는 문제에 대해 의논하기 어려운 상황을 만들거나 결국에는 상대방의 의욕을 떨어트리고 염증이 나도록 할 우려가 있다.

2) 비효과적인 대화의 요인

효과적인 대화를 방해하는 여러 가지 요인이 있는데, 이것은 대화에 걸림돌로 작용하는 경우가 있다. 과거의 경험, 선입견, 고정관념, 잠재적 의도, 물리적 환경 등이 이에 해당한다. 이와 같은 걸림돌의 조건을 정확하게 파악하여 자신의 메시지가 가능한 한 왜곡, 오역되거나 누락되지 않도록 그러한 조건을 변화시키는 것은 아주 현명한 방법이다.

(1) 과거의 경험

사람은 자신의 과거 학습 경험에 따라 대화의 의미를 받아들이기 때문에 과거의 경험은 효과적인 대화를 방해하는 걸림돌이 된다. 종종 사람은 경험을 통해 자신에게 어떤 메시지가 있지만 그것이 흥미롭지 않거나 중요하지 않다고 판단함으로써 '왜곡하여 받아들이는' 경우가 있다. 선생님, 부모, 지인과의 인간관계에서 이와 비슷한 경험을 한 적이 있을 것이다. 이러한 상황에서는 메시지가 전달되기보다는 과거의 경험 때문에 왜곡되어서 쌍방적 대화가 단절되고 일방적 대화가 되어 버린다.

(2) 선입견

선입견은 바람직한 대화를 방해하는 또 다른 걸림돌이다. 사람은 마음속으로 어떤 일을 생각하고 있을 때 메시지의 의미를 완전히 이해하지 못하고 그냥 지나친다. 선입견을 갖고 있는 사람에게 메시지를 보냈을 때 그 사람이 "그것 좋은데." 또는 "아, 그건 별로야."라고 가볍게 받아넘기는 경우를 생각해 보자. 그것은 그 사람의 선입견으로 인해서 메시지가 차단된다는 것을 말해 준다. 또한 어떤 일을 골똘히 생각하고 있으면 그것이 선입견이 되어 다른 사람이 보내는 메시지를 정확하게 듣지 못해 오해를 할 수 있다.

(3) 고정관념

사람들이 흔히 갖고 있는 단순하고 일반화된 고정관념 또한 메시지를 지각하는 데 영향을 주는 걸림돌이다. 고정관념은 시각적인 것뿐만 아니라 가치, 편견, 불완전한 정보 등 여러 가지 요인을 기초로 형성되기도 한다. 자신은 메시지 왜곡의 걸림돌이 되는 어떤 고정관념을 가지고 있는지 한번 찾아보라.

(4) 잠재적 의도

자신의 욕구에 따라 메시지를 잘못 이해하는 걸림돌을 잠재적 의도(hidden agenda)라 부른다. 사람은 마음속에 특별한 관심사를 갖거나 시비를 걸려고 하거나 어떤 사람에 대한 증오심을 품으면 의식적이거나 무의식적으로 모임을 방해하고 대화를 자신의 목적에 관련되는 방향으로 이끌려고 하는데, 그런 잠재적 의도 때문에 대화가 왜곡되는 경우가 있다. 그러므로 자신이 어떤 의도를 갖고 있는지 깨닫는 것도 대화를 잘하는 데 중요한 일이다.

(5) 물리적 환경

차량의 소음이 심하거나 온도가 너무 높아 더워서 마음이 산란하거나 그밖에 다른 외적인 일의 발생 등 물리적인 환경도 걸림돌로 메시지가 왜곡될 수 있다.

3. 대화에서의 감정 표현

감정을 표현하지 않고 마음에 쌓아두면 생산이 위축되고 능률을 저하시키며 자기 역할에 대하여 무관심해진다. 또한 의욕도 줄어들고 생기가 없으며 쉽게 피로해진다. 자신이 억압한 감정을 통제하는 데 에너지를 많이 소모하므로 창조적 생활을 위한 마음의 여유도 상실한다. 감정을 참는 사람은 스스로를 고립시키거나 주위 사람 또는 어떤 일과의 접촉을 피함으로써 자기에게 오는 정서적 자극을 회피하고자 한다. 외부의 일에 관심과 흥미를 보이지 않으며, 하는 일에 의욕이 없고 자발성과 독창성이 결여되어 현실에 적응하기 어렵다. 따라서 성격의 성숙을 위해서는 자기 감정을 인식하고 수용하고 표현하는 것이 기본이다.

감정 표현 연습

상대방과 정서적 교류를 하기 위해서는 감정을 언어로 표현하는 훈련을 받아야 한다. 감정을 언어화하기 이전에 그것을 있는 그대로 느끼고 감지하고 수용하는 감수성 훈련이 되어 있으면 감정을 언어로 표현하는 일이 훨씬 쉬워진다. 그러나 '어휘 부족' 때문에 감정을 적절하게 말로 표현하는 것은 생각보다 쉬운 일이 아니다. 효율적으로 하기 위해서는 감정 단어를 몇 가지로 분류하여 익숙하게 익혀 두는 것이 중요하다.

왜냐하면 말을 주고받는 동안에 말이라는 그릇 속에 담긴 감정을 알아준다는 것은 상대방이 나에게 전달하고자 하는 뜻만이 아니라 그 뜻을 전달하고자 하는 상대방을 알아주는 것이기 때문이다. 상대방이 이야기하는 내용이나 생각은 그것이 아무리 중요한 것이라 하더라도 상대방이 하고 있는 수많은 생각 중 단 하나일 뿐이다. 그러나 상대방이 감정을 이야기할 때는 아무리 단순하고 순간적으로 스쳐가는 것이라고 할지라도 그가 평생 살아온 경험을 바탕으로 우러나오는 것이므로 자신의 전부를 드러내 보이는 것과 같다.

1) 감정 억제의 결과

- 해결되지 않은 감정은 편협한 판단과 행동을 초래한다. 자신이 싫어하는 사람이 제시한 좋은 의견은 거부하고 좋아하는 사람이 제시한 불합리한 의견을 받아들인다.
- 감정이 해결되지 않으면 선택적인 자각이 일어난다. 이로 인해 불쾌하거나 위협적인 사실은 부정하고 무시하며 자기에게 유리한 내용만 받아들인다.
- 서로 간에 벽이 생기고 관계를 회피한다.
- 만성적으로 누적된 부정적 감정은 고혈압, 협심증, 위장 질환, 당뇨병, 천식, 암, 변비, 대장염, 동맥경화, 관상성 심장병 등 스트레스성 병을 일으킨다.

2) 자유로운 감정 표현을 위해 가져야 할 태도

- 감정을 표현하지 않으면 상대는 자신의 마음을 모른다.
- 감정 표현은 서로의 관계를 잠시 불편하게 하지만 서로의 관계를 생각해 보게 하는 계기가 되고 관계 개선을 이루어 낼 수도 있다.
- 감정 표현을 받아들이지 못하는 것은 수용성이 부족한 이기적인 태도다.
- 감정을 표현하면 소심하다고 보는데, 그것은 사실 모든 사람이 느끼는 감정을 다만 표현하느냐 참느냐의 차이일 뿐이다. 감정 표현을 너무 참는 것은 남의 눈치를 보고 남에게 싫은 소리를 들으려 하지 않기 때문이다.
- 감정을 표현하면 관계가 나빠진다고 하는데, 감정 표현 자체가 관계를 불편하게 하는 것이 아니라 신경질이나 화, 짜증을 내는 식으로 감정을 표현했을 때 관계가 나빠지는 것이다.
- 공격적인 감정 표현에는 상대의 입장을 무시하고 자신의 입장을 강요하는 마음이 있는데, 그러한 점이 상대에게 반발심을 일으킨다.

연습 1 다음의 유목에 따라 감정 단어를 찾아보라.

① 희(喜), 락(樂) ② 노(怒), 악(惡), 증(憎)
③ 애(哀), 우(憂), 비(悲) ④ 애(愛), 정(情), 호(好)
⑤ 욕(慾) ⑥ 경(驚) ⑦ 구(懼) ⑧ 공(恐) ⑨ 사(思)

예) ① 기쁨 ② 증오 ③ 비통 ④ 사랑 ⑤ 탐욕
⑥ 동요 ⑦ 근심 ⑧ 협박 ⑨ 마음

연습 2 현재 감정을 서로 표현해 보라.

현재 마음속에서 느껴지는 감정을 서로 돌아가면서 나눈다.

예) '슬픕니다' '기쁩니다' '떨리네요' 등

연습 3 경험이나 행동을 붙여 화자의 감정을 표현해 보라.

현재 마음속에서 느껴지는 감정과 그 이유가 되는 경험이나 행동을 붙여서 서로 돌아가면서 나눈다. 이때 감정의 강도를 표현하는 부사(약간, 상당히, 아주, 굉장히, 몹시, 강하게 등)를 사용하여 기분의 정도를 나타낸다.

예) "앞으로의 일을 생각하니 몹시 슬픕니다." "서로 대화하게 되어 무척 기쁩니다." "무슨 말을 해야 할까 생각하니 굉장히 떨리네요."

연습 4 앞 사람의 감정을 받아들이는 활동을 하고 나서 경험이나 행동을 붙여 현재 자신의 감정을 표현해 보라.

예) "대화를 나누게 되어 기쁘게 생각하는군요." "저도 당신과 이 자리를 함께 할 수 있어서 무척 기쁩니다."

대화의 걸림돌(대화를 저해하는 You-message 표현 방식)

어떤 사람이 당신의 결점을 들추어내며 고치라고 명령한다면 그러한 충고를 기쁘게 받아들여 실천할 수 있을지 한번 생각해 보자. 이런 경우 당신은 그 충고가 옳다고 생각해도 남의 충고를 듣는다는 것이, 더구나 명령조의 충고를 듣는다는 것이 마냥 즐겁지는 않을 것이다. 마찬가지로, 어떤 사람이 당신의 행동을 비난하였다고 생각해 보자. 이런 경우 당신의 기분은 어떻겠는가? 창피하기도 하고 화가 나서 모욕감도 느낄 것이다. 당신은 즉시 공격적으로 그와 맞서려 할 것이다. 이와 같이 해결책을 제시하는 말투와 정신적 좌절감을 일으키는 말투는 상대방에게 좋은 영향을 미치지 못한다.

• 평소 어떤 말투를 주로 사용하는가? 다음의 여러 가지 대화의 걸림돌을 살펴보고 자신이 자주 쓰는 말투가 어떤 것인지 확인해 보자.

종 류	의 미	예 문	역효과
강요 명령과 지시	상대방의 생각, 감정, 문제 따위는 중요하지 않고 자신의 생각과 의견을 따르는 것이 중요하다고 생각함	"좀 일찍 다녀라." "공부 열심히 해." "규칙적인 생활을 해라." "휴지통 좀 치워."	무엇을 해라, 하지 마라 식의 말투는 상대방의 성장 욕구나 잠재능력을 무시함으로써 반발감을 불러일으킴
경고와 위협	명령과 지시를 어기면 좋지 않은 결과가 따를 것이라는 점을 더하여 더욱 강한 거부의 결과를 나타냄	"내 말 어기면 재미없어." "떠들면 퇴실시킬 거야." "내 말대로 하는 게 좋을 걸. 만약 그렇지 않으면, 별로 좋지 않을 거야." "이미 말했는데 자꾸 그러면 가만두지 않겠다."	명령적 말투가 효과를 얻지 못했을 때, 보다 강력하게 의사를 표현하는 방식으로 상대방에게 공포감과 굴욕감을 주며 강한 반발과 저항, 적개심을 갖게 함

당부 도덕적 교훈과 설교	사회적 · 도덕적 권위를 도입하여 상대방의 생각과 감정을 거부하고 자신의 요구에 순응하도록 함	"언제나 근면해야 한다." "내일 시험인데 친구와 놀기만 하면 되니?" "맡은 일은 스스로 척척 해야지." "맡은 일에 최선을 다하면 언젠가는 자신의 능력을 인정받을 때가 올 거야."	상대방에게 당위적 규범에 대한 반발과 저항심을 갖게 함
충고와 해결책 제시	자신의 우월성을 강조하고 상대방의 잠재력을 거부함	"옛부터 변심한 친구는 잊어버리라 했다." "내가 선생님께 잘 말씀드릴 테니 염려하지 마."	상대방에게 의존심을 갖게 만들고 때로는 '내 마음을 이해하지 못하는군'이라는 생각을 갖게 함
강의 논리적 설득	논리에 입각한 체계적 설득을 통해 상대방의 생각이나 행동이 비논리적이고 그릇된 것이라는 점을 강조함	"그런 일은 어른과 의논해야 하는 거야." "어려울 때일수록 저축을 해야지. 적은 돈이라고 함부로 쓰면 되겠니?"	상대방에게 굴욕감과 열등감을 느끼게 하며 논리적 공격에 방어적 태도를 갖게 함
부정적 평가와 비난	상대방의 생각과 행동에 대한 부정적 비판은 곧 거부를 뜻함	"풀어놓은 망아지처럼 그 꼴이 뭐니?" "넌 그렇게 설명해도 못 알아듣니?"	상대방의 성장과 잠재 가능성을 무시하고 자존심을 짓밟음으로써 강한 분노와 공격적 태도를 갖게 하며 복수심을 불러일으킴
비웃음과 조롱	상대방의 생각과 행동에 대해 거부함	"이걸 글이라고 써 왔니? 초등학생만도 못하구나?" "철들려면 아직 한참 멀었구나." "이 실력으로 제대로 졸업하겠냐?"	상대방의 행동을 어리석은 것으로 규정하고 거부하는 것으로, 상대방이 분노와 함께 공격적 태도를 갖게 함
분석과 진단	상대방의 어떠한 은밀한 생각이나 감정도 인정하지 않겠다는 강한 거부와 부정을 보임	"넌 아버지에 대한 죄책감 때문에 부모에 대한 효도를 강조하는 것 같아."	분석이 맞으면 큰 위협이 되고 틀리면 자기를 잘 이해해 주지 못한다고 느낌

칭찬과 부추김	지나치거나 상대방을 조종하려는 의도(상대방을 자신의 편으로 만들고 손아귀에 쥐려고 함)로 사용할 경우에 부작용을 일으킬 수 있으므로 격려가 효과적임	"넌 무슨 일이든 하면 완벽하게 잘하잖아."	칭찬은 적절하고 진솔하게 사용하면 자존심을 높이고 긍정적인 인간관계를 형성하는 데 도움이 되지만, 지나치면 상대방에게 미심쩍은 마음과 거부감을 느끼게 함
동정과 위로	선한 마음에서 출발하지만 상대방의 능력에 대해 의심함	"너무 심각하게 생각하지 마. 잘 되겠지! 시간이 해결해 줄 거야."	'당신은 겪어보지 않아 내 고통을 모를 것'이라는 반응을 일으키고 자존심을 손상시키며 거부감을 느끼게 함
심문과 탐색	상대방에게 문제를 자신이 다 해결해 줄 테니 걱정하지 않도록 함	"무슨 말만 하면 그렇게 기분 나빠 하는 걸 보니 심한 열등감이 있는가 보군?" "사실대로 말해. 화났지?"	상대방에게 불안과 방어적 태도를 갖게 하고 친밀감을 상실하게 함
비교	다른 사람과 비교함으로써 상대방이 수치심, 시기심을 일으키게 함	"누구는 저렇게 잘하는데, 너는 그 사람 반만이라도 해봐라."	상대방에게 의존심을 길러주며 문제를 해결하고 성장하려는 노력을 포기하게 함
회피 관심 전환 교란	상대방의 문제에 별 관심이 없고 신경쓰고 싶지 않음	"벌써 고3이 되었니?" "그럴 일이 좀 있어." "자! 자! 골치 아픈 건 다 잊어버리고 술이나 한잔 마시기로 하자."	진지하게 받아들이지 않는다고 생각하여 거부감을 느낌

관심 기울이기

• S. O. F. T. E. N

'soften'은 '부드럽게 하다' '마음을 누그러뜨리다'의 의미를 가지고 있다. 부드러운, 마음을 누그러뜨리는 대화를 하기 위해서는 말을 잘하려고 애쓰기보다 말을 잘 들어 주는 것이 좋다.

–S: 은은하고 여유가 담긴 미소(Smile)를 지으면서 대화한다.

–O: 개방적인 손동작과 몸짓(Open posture)이 대화를 부드럽게 만든다.

–F: 몸을 약간 앞으로 숙이는(Forward posture) 자세가 개방적이면서도 자연스러운 느낌을 준다.

–T: 상대방에게 거부감을 주지 않는 범위에서 부드럽게 접촉(Touch)하는 것도 좋다.

–E: 상대방의 눈을 바라보면서(Eye contact) 이야기한다.

–N: 상대방의 말을 들으면서 반응을 보이고 고개를 끄덕이면서(Nod) 이야기한다.

• S. O. L. E. R

신체적으로나 심리적으로 상대방과 함께 할 수 있는 방법이다.

–S: 내담자를 바로(Squarely) 바라본다.

고개를 다른 곳으로 돌리면 상대방은 자신에게 관심이 적다고 느끼는 경우가 많다. 그렇다고 항상 바라보아야 하는 것은 아니다. 상대방이 어색하게 여길 경우 약간 비스듬히 바라보아도 좋다.

–O: 개방적인(Open) 자세를 취한다.

팔짱을 끼거나 다리를 꼬고 앉아 있으면 적극적으로 자신을 돕지 않는다고 생각하는 경향이 있다. 따라서 항상 열린 자세로 상대방을 대할 수 있어야 하며 솔직하고 진지한 관심을 보여야 한다.

–L: 이따금 상대방 쪽으로 몸을 기울인다(Lean).

상대방 쪽으로 몸을 기울인다는 것은 관심이 깊다는 자연스러운 증거다. 상체를 뒤로 젖히거나 팔짱을 끼고 앉으면 교만하거나 거만하다고 인식할 수 있고 불안을 가중시킬 수 있다.

–E: 좋은 시선 접촉(Eye contact)을 유지한다.

부드러운 시선으로 상대방을 바라보아야 한다. 잦은 시선의 회피는 상대방에게 불편하다거나 함께 있고 싶지 않다는 인상을 줄 수 있다.

–R: 편안하고(Relaxed) 자연스러운 자세를 취한다.

조바심내거나 주의를 흐트리는 표정을 짓지 않는다. 몸짓을 편안하고 자연스럽게 한다.

• E. N. C. O. U. R. A. G. E. S

Hill과 O'brien이 제시한 경청의 요령이다.

–E: 눈(Eye)을 뜻한다. 눈을 크게 뜨고 상대방을 주시한다.

–N: 끄덕거린다(Nod)는 말이다. 상대방의 말에 고개를 끄덕인다.

–C: 문화적 차이(Cultural difference)라고 하여 경청에도 문화적 차이가 있을 수 있다는 것을 말한다.

–O: 개방적이고 여유로운 자세(Open stance)를 말한다. 넉넉하게 포용하려는 자세를 취한다.

–U: '음(Uhm)'을 뜻하는데, 우리말로 "으흠." 하고 받아주는 것을 말한다.

–R: 이완(Relax)을 뜻한다. 긴장을 풀고 편안한 자세로 듣는다.

–A: 피한다(Avoid)는 말이다. 너무 많은 웃음이나 다리를 떤다든지 하는 잡동작은 피한다.

–G: 사용하는 언어적 · 문법적 표현(Grammatical style)이 다르다는 말이다.

–E: 귀(Ear)를 뜻한다. 마음을 열어 열심히 듣는 것을 말한다.

–S: 공간(Space)을 뜻한다. 상대방과 적당한 공간적 거리를 두는 것이 중요하다.

학습 과제

1. 대화의 의미와 중요성에 대해 진술하시오.
2. 대화 방법의 중요성에 대해 진술하시오.
3. 대화 방법의 종류에는 어떤 것이 있는지 설명하시오.
4. 대화를 잘하기 위한 촉진 기술에는 어떤 것이 있는지 설명하시오.

참고문헌

김혜숙, 박선환, 박숙희, 이주희, 정미경(2008). 인간관계론. 파주: 양서원.

송관재(2003). 생활 속의 심리. 서울: 학지사.

이영실, 이윤로(2008). 정신건강론. 서울: 창지사.

장선철(2002). 현대인의 정신건강. 서울: 동문사.

장연집, 강차연, 손승아, 안경숙(2008). 정신건강. 서울: 파란마음.

제6장

스트레스 대처

유채은

학습 목표

1. 스트레스 대처의 본질을 알 수 있다.
2. 스트레스 대처 방식을 알아본다.
3. 스트레스 대처와 방어기제를 이해한다.

스트레스가 인간에게 미치는 영향은 매우 다양하다. 우리는 대부분 스트레스를 부정적인 심리적 특성으로 보고 있으며 만병의 근원으로 간주하고 있다. 그러나 스트레스 자극이 우리의 건강에 항상 부정적인 영향을 주는 것만은 아니다. 스트레스는 정도가 지나치면 병이 되지만 적당하면 일상생활에 유익한 활력소 역할을 하기도 한다. 우리 인간은 항상 새로운 일에 도전하거나 새로운 환경에 적응하며 살아야 하므로 여러 가지 스트레스에 노출될 수밖에 없다. 이때 우리가 경험하는 여러 자극이 스트레스인(stressor)이 되므로 보다 긍정적인 삶을 위해서는 스트레스의 관리가 필요하다. 즉, 현대인이라면 누구나 겪을 수밖에 없는 스트레스를 잘 극복하고 긍정적인 자극으로 받아들여 자신의 내면적 성숙을 위한 소중한 기회로 삼아야 한다.

일상생활에서 피할 수 없는 스트레스를 극복하며 여유로운 생활을 하고 있는지 자신의 스트레스 태도에 대해 점검해 보자.

- 스트레스는 피할 수 없는 것임을 수용하고 있는가?
- 스트레스는 무조건 나쁜 것이 아님을 인식하고 있는가?
- 스트레스를 이해하고 자신의 스트레스 증상을 최대한 인식하고 있는가?
- 당면한 스트레스인을 파악하여 자신의 행동 양식을 바꾸려고 노력하고 있는가?
- 자신에게 맞는 스트레스 대처법을 개발하여 스트레스를 해결하기 위해 노력하고 있는가?

I. 스트레스 대처의 본질

인간의 성장 과정 중 적응 단계에서 경험하는 물리적 · 심리적 자극이나 사건의 스트레스원에 대하여 효과적인 대처 방식을 결정하는 것은 생각처럼 쉬운 일이 아니다. 여기서 대처(coping)란 개인이 스트레스에 직면했을 때 생기는 피해를 최소화하기 위한 의식적 또는 무의식적 반응을 말한다.

현대인이 경험하는 스트레스의 종류만큼이나 대처 방식 또한 매우 다양하다. 이처럼 스트레스 대처 전략이 매우 다양하지만 대다수의 사람은 자신이 선호하는 대처 전략을 사용한다. 하지만 스트레스에 대한 대처 전략의 성공 여부는 개인의 특성과 상황에 따라 달라질 수 있다.

그렇다면 우리는 스트레스에 어떻게 성공적으로 대처할 수 있을까? 물론 모든 스트레스를 대처할 수 있는 유일한 스트레스 관리 전략은 없다. 여기에서는 스트레스 극복에 도움이 되는 전략 중 다섯 가지를 소개하고자 한다(장현갑 · 강성군, 1996).

- 주어진 문제와 자신의 능력 간의 올바른 균형을 유지한다.
- 스트레스를 긍정적인 것으로 보고 에너지를 바깥으로 분출하도록 노력한다.
- 스트레스 관리를 위한 여러 가지 전략을 익힌다.
- 효과가 없는 대처 기제를 사용하는 것을 피한다.
- 자신의 성격과 상황에 가장 적합한 스트레스 극복 방법을 선택한다.

앞서 언급한 바와 같이 일반적으로 개인은 어떤 문제나 상황을 극복하는데 자신의 경험을 바탕으로 자신에게 적절한 스트레스 대처 방식을 사용한다. 흔히 사용하는 대처 방식은 매우 부적응적인 대처에서부터 매우 적응적인 대처까지 다양하다.

Lazarus와 Folkman(1984)은 스트레스 상황에 대한 인지적 평가에 따라 개인이 행동하는 대처 방식을 문제 중심 대처 방식과 정서 중심 대처 방식으로 나누었다. 문제 중심 대처 방식은 인지적인 측면에서 문제 행동이나 환경 등 스트레스를 일으키는 부정적인 요인을 변화시킴으로써 스트레스에 대처하는 전략을 말한다. 정서 중심 대처 방식은 스트레스 사건을 직접 다루기보다는 스트레스로 발생한 부정적인 감정을 조절함으로써 정서적 고통을 감소시키는 전략을 말한다.

한편, 이민규(2004)는 스트레스 대처 방식을 다음의 세 가지로 분류하였다. 첫째, 스트레스를 효과적으로 다루어 그에 따른 부작용을 최소화하는 적응적 대처(adaptive coping)와 스트레스를 비효과적으로 다루어 부작용을 야기하는 부적응적 대처(maladaptive coping)가 있다. 둘째, 스트레스의 부정적인 효과를 줄이기 위해 상황에 대한 사고체계를 수정하는 인지적 대처(cognitive coping)와 행동체계를 수정하는 행동적 대처(behavioral coping)가 있다. 셋째, 스트레스를 유발한 사건보다는 부정적인 감정 해소에 초점을 맞추는 정서 중심적 대처(emotional-centered coping)와 스트레스의 상황 자체를 수정하고자 하는 문제 중심적 대처(problem-centered coping)가 있다.

II. 스트레스 대처 방식

현대사회에서는 스트레스가 문제인 것만큼이나 적절하게 대처하는 것 또한 매우 중요한 문제다. 최근 들어 다양화·복잡화되고 있는 스트레스를 극복하기 위한 체계적이고 전문적인 여러 가지 스트레스 대처 방식이 연구되고 있다. 스트레스 대처 방식에 대한 분류는 관점에 따라 달라지므로 여기에서는 인지적 대처, 신체적 대처, 환경적 대처로 나누어 살펴보고자 한다.

1. 인지적 대처

우리는 일상생활에서 발생하는 스트레스 때문에 다양한 생각과 정서를 경험한다. 수많은 생각은 의식 수준 바로 아래 부분에서 일어나는 인지 과정이다. 이러한 인지 과정은 사건에 대한 해석을 바꾸어 스트레스와 연관된 문제를 해결하므로 스트레스와 긴밀한 관계가 있다. 그러므로 보다 체계적이고 바람직한 인지적 대처를 통해 스트레스를 완화하는 방법을 모색해야 한다. 인지적 대처는 주어진 상황의 인식을 변화시켜 비합리적인 생각을 버리고 현실적이며 논리적으로 스트레스를 극복하고 예방할 수 있도록 한다. 최근에는 인지적으로 스트레스에 대처하는 다양한 방법이 개발되고 있다. 그중 긍정적으로 생각하기, 분노 다스리기, 자신감 키우기에 대한 내용을 소개한다.

1) 긍정적으로 생각하기

20세기 이후 많은 심리학자는 자극을 바라보는 관점을 바꾸어 반응 자체를 변화시키려는 노력이 필요하다고 강조하였다. 인간은 어려운 상황에 직면할 때마다 생각하는 습관이 있다. 그것은 자신의 말과 행동을 지배함으로써 많은 스트레스를 유발하여 건강을 위협하기도 한다.

현재 자신은 스트레스로부터 얼마나 안전한가? '긍정적으로 생각하기'를 실천하기 위하여 다음과 같은 내용으로 자신을 점검해 보자.

- 현재 자신의 모습을 긍정적으로 바라보고 있는가?
- 친구, 가족, 학업이 소중한 만큼 자신을 소중하게 여기고 있는가?

- 자신의 소망을 마음속으로 간직하고 있는가?
- 자신만의 행복 목록을 가지고 있는가?
- 작은 성취에도 감사함을 가지고 있는가?
- 지금까지 이룩한 자신의 업적에 대해 만족하고 있는가?

이 질문 중 '아니요'라고 답한 항목이 한 개 이상이라면 지금부터 스트레스로부터 자신을 보호하는 데 시간을 투자해야 한다. 스트레스는 상황 그 자체가 문제라기보다는 자신이 그 상황을 어떻게 생각하느냐가 중요하다. 자신의 문제를 긍정적으로 보는 힘을 갖는다면 현재 겪고 있는 스트레스의 상당 부분을 해소할 수 있다.

지금이라도 긍정적인 생각으로 자신의 주변 상황을 돌이켜 본다면 부정적인 생각에 빠져 자신을 포기하는 것을 예방하고 어려움을 극복할 수 있는 힘을 얻을 것이다. 이제부터 자기 스스로 부정적인 생각이 들 때마다 긍정적인 생각을 키우기 위해 노력해 보자. 긍정적인 생각은 스트레스를 받지 않도록 몸의 긴장을 풀어 주어 자신의 건강을 지켜 준다. 결국 긍정적인 생각이 새로운 탈출구로 안내하여 자신의 행복을 지켜 줄 것이다.

2) 분노 다스리기

우리가 세상을 살아가면서 가장 많이 경험하는 감정은 분노다. 분노의 감정을 느끼게 하는 것은 타인이 아니라 자기 자신이 가진 어떤 신념이며, 그것이 잘못된 것이라면 그러한 관점을 바꾸고 신념을 재구성하여 분노를 다스려야 한다. 분노의 감정은 지나치게 표출하는 것도 억압하는 것도 정신 건강에 해롭다. 따라서 분노를 적절히 다스릴 줄 아는 사람이 지혜로운 사람이다. 하지만 대부분의 사람은 자신의 분노를 다스릴 수 있다는 것에 대해 회의적이며 실제로도 잘 다스리지 못하는 경향이 있다.

분노는 욕구 좌절, 상처, 생존의 위협, 상실, 거절에 대한 두려움 등으로 생산되는 이차적인 반응이며 정상적인 감정이다. 그런데 동서양을 통틀어 분노를 표출하는 것은 결코 바람직한 행위가 아니라는 관념이 보편적이다. 우리는 '인내가 미덕이다' '참는 자에게 복이 온다'와 같이 지나치게 참을성을 강조하는 사회적 분위기 때문에 분노를 참는 데 너무 익숙해져 있다. 부정적인 감정을 전혀 표출하지 못하고 억압을 반복하다 보면 화병은 물론이고 우울증, 불안증, 두통, 암, 과민성 대장증후군, 고혈압, 협심증, 성기능 장애 등의 정신적·신체적 질환을 유발하거나 악화시킬 수 있다.

그렇다면 우리가 상대에게 분노를 표출하면 스트레스가 얼마나 해소될까? Freud는 상대에게 직접적이거나 간접적인 공격 행동을 하였을 때 정서적 긴장의 카타르시스가 일어나며 이를 통해 분노가 감소한다고 주장했다. 그러나 Tavris(1989)의 연구 결과에 의하면 살아가면서 지속적인 관계를 유지해야 하는 가족이나 친구, 직장 동료에게 직접적인 공격 행동을 할 경우 긴장 해소에 따른 카타르시스가 일어나기보다는 관계 악화에 따른 부정적인 감정만 증가한다고 했다. 이는 분노 표출의 정도를 대상에 따라 다르게 표현해야 하며 직접적인 표출은 스트레스를 해소하기보다는 새로운 스트레스를 만드는 결과를 초래한다는 것을 시사한다. 이런 크고 작은 다툼과 사건은 대부분 분노를 다스리는 법을 몰라서 일어나는 것이다. 따라서 스트레스 상황이 발생하였을 때 해결책을 일관되게 따르기보다는 주변 상황을 집중적으로 분석하여 각각 다르게 대처해야 한다. 또한 자신의 감정을 잘 통제하고 상대방에게 그것을 효과적으로 전달할 수 있는 방법을 익혀야 한다.

Greenberger와 Padesky(1995)에 의하면, 분노를 건강한 방향으로 표현하는 사람은 그것을 일상생활의 일시적이며 정상적인 삶의 일부분이라 생각하며, 건강한 분노는 감정 표현이 아니라 문제 해결에 초점을 두고 상대방이 이해할 수 있게 명확하게 나타내는 것이다. 따라서 분노를 더 잘 다루기 위해서는 자신의 사고 과정을 검토하고 왜곡된 부정적 사고가 불필요한 분노를 일으킨 부분을 찾아내며 그 부정적 사고를 더 현실적이고 합리적인 사고로 변화시키는 연습을 지속적으로 해야 한다. 예를 들면, 어떤 말이 자신을 화나게 만들었나, 자신의 분노 중에서 어떤 부분이 타당한가, 자신의 분노를 악화시키는 왜곡된 사고는 무엇인가, 자신의 분노를 감소시켜 줄 수 있는 현실적이고 합리적인 생각은 무엇인가 등 스트레스 대처에 중요한 부분인 분노에 대한 이해를 증진하기 위해 부정적인 상황을 다루는 법을 제대로 분석해야 한다.

앞으로 분노가 일어날 때마다 우선, 문제의 핵심, 분노의 타당성, 자기표현의 결과가 효과가 있을지에 대해 자신과의 대화를 시도해 보자. 이때 예상 밖의 대답이 나온다면 자신을 설득하는 편이 나을 수도 있다. 또한 상대방의 입장에서 생각해 보려는 노력도 필요하다.

그럼 분노 다스리기를 위한 자기 평가 설문지로 자신을 점검해 보자.

1. 어떤 유형의 사람 또는 상황이 나를 화나게 하는가?

____

____

2. 상대방에게 화가 났을 때 어떤 느낌이 드는가?

____

____

3. 상대방이 화를 내면 어떤 기분이 드는가?

____

____

4. 상대방에게 화를 표현할 때 어떤 방식을 선택하는가?
(공격적으로/자기주장적으로/고집스럽게/투덜대면서/반항하면서)

____

____

5. 화는 자신의 삶에 어떤 문제를 일으켰으며 어떤 부정적인 변화를 초래했는가?

____

____

6. 자신이 화를 내는 방식 중 마음에 드는 점과 개선해야 할 점은 각각 무엇인가?

____

____

7. 화나는 감정을 제대로 인식하고 화를 긍정적으로 표현하며 대화능력을 키우기 위해 무엇을 할 계획인가?

____

____

3) 자신감 키우기

자신감은 어떤 상황에서든 잘 대처하리라는 자신만의 믿음이며 신념이다. 진정한 자신감은 언제나 자기 안에 존재한다. 자기 자신에 대한 믿음만이 진정한 자신감의 원천인 것이다. 자신감이 넘치는 사람은 원하는 것은 뭐든지 할 수 있다는 믿음을 가지고 있으며 긍정적 결과에 집중한다. 반면에 자신감이 부족한 사람은 결과에 대한 두려움 때문에 제대로 시도조차 하지 못하며 실패에 대한 불안 때문에 결정을 미룬다. 자신감 상실은 그 자체로 더 큰 스트레스를 일으킬 수 있고 무력감을 불러와 일에 대한 해결책을 회피하게 하여 효과적인 스트레스 대처 행동을 취하지 못하게 한다. 이처럼 자신감은 자신의 한계를 극복하게 만드는 힘이며 일상생활이나 학교 및 직장 생활에서 성공을 이끌어 내는 데 반드시 필요한 수단이다. 자신감이 어떤 요소로 이루어져 있는지 이해하는 것은 자신감을 갖기 위한 첫 단계다.

자신감을 키우는 요소에는 어떤 것이 있는지 살펴보고 각각의 요소에 대해 자신은 어떤 상태인지 생각해 보자.

• 자기 통제: 자신의 삶에 대해 스스로 결정권을 행사하고 있는가?
• 자부심: 자신이 얼마나 가치 있는 존재라고 느끼는가?
• 유능감: 어떤 일이든 해낼 수 있다고 느끼는가?
• 적극성: 자신이 원하는 활동에 적극적인가?
• 대화 능력: 자신이 원하는 내용을 표현할 능력이 있는가?
• 용기: 두려움을 극복하고 위험 부담을 감수할 수 있는가?

미국에서 커뮤니케이션 및 자기계발 분야의 전문가로 활동하고 있는 Sam Horn은 심리학자, 기업인, 법조인, 교사, 판매원, 예술가, 전업주부, 어린이를 대상으로 자신감에 대한 설문 조사를 실시하였다. 조사 결과 자신감은 선천적인 특성도, 남다른 성공의 부산물도, 초인적인 노력만으로 얻을 수 있는 성과도 아니었다. 즉, 자신감은 누구나 얻을 수 있기 때문에 지금보다 자신감을 더 키우는 일은 얼마든지 가능하다는 것이다.

자신이 일상생활에서 얼마나 자신감 있게 살고 있는지 점검해 보자.

자신감 척도

그렇다: 1점　　보통: 2점　　그렇지 않다: 3점

1. 새로운 친구를 사귀는 것이 힘들다. _______점
2. 주변 친구와 자신을 끊임없이 비교한다. _______점
3. 이상형을 만나도 말을 제대로 걸지 못한다. _______점
4. 친구가 교수에게 인정받으면 질투가 생긴다. _______점
5. 친구의 잘못을 지적해 주면 오히려 친구가 화를 낼까 봐 두렵다. _______점
6. 다른 친구가 수행한 조별 과제가 마음에 들지 않아도 불평하지 못한다. _______점
7. 친구에게 빌려준 돈을 잘 받지 못하는 편이다. _______점

8. 월급을 올려 달라는 이야기를 하기가 쉽지 않다. ______점
9. 학과 활동, 동아리 활동 등에서 지출한 사소한 경비를 잘 청구하지 못한다. ______점
10. 열심히 일하면 월급을 인상해 줄 것이라고 생각한다. ______점

〈점수 결과〉

☞ 전체 항목의 점수를 합산한다.

- 9점 이하: 낮은 수준의 자신감 소유자로 자신감 향상을 위해 많은 노력이 필요하다.
- 10~20점: 보통 수준의 자신감 소유자로 더 나은 자신을 위해 투자해야 한다.
- 21점 이상: 높은 수준의 자신감 소유자로 자신감 있는 태도로 잘 살아가고 있다.

출처: 손정락(2006). 긴장 이완과 스트레스 감소 워크북.

2. 신체적 대처

스트레스의 인지적 관리에 대한 점검이 끝나면 장기적인 스트레스에 대한 저항성을 높일 수 있도록 신체적으로 어떻게 대처할 것인지 관리하는 것이 필요하다. 스트레스를 받으면 온몸의 근육이 무의식적으로 긴장하는데, 이런 경우가 지속되면 통증이 생긴다. 신체 활동을 많이 하는 사람은 그렇지 않은 사람에 비해 스트레스에 대한 저항력이 높으며 스트레스 관련 질환의 발병률이 적은 편이다. 우리 몸의 변화를 확인하기 위해서 거창한 준비나 많은 시간이 필요한 것은 아니다. 따라서 스트레스에 노출되었을 때 시간이 날 때마다 손쉽게 도움을 받을 수 있는 근육 이완법, 운동, 웃음의 세 가지 신체 활동을 소개하고자 한다.

1) 근육 이완법

현대인은 지속적인 스트레스로 긴장감이 고조되면 우울증, 불안증, 근육 긴장, 두통, 소화기 장애 등을 자주 경험하는데 이때 이완 훈련은 다양한 스트레스에 대처하는 데 매우 효과적인 것으로 밝혀지고 있다. 대부분의 사람은 일상생활에서 자기 자신이 얼마만큼 긴장하는지 잘 알지 못한다. 그러나 심신의 긴장이나 경직을 인식하는 것은 건강한 생활을 위해 매우 중요하다. 근육 긴장과 질병의 상관관계는 수백 년 전부터 연구되어 왔는데 19세기에 이르러 이완법이 개발되었다. 이완 훈련은 기본적으로 긴장할 때의 감각과 이완할 때의 감각을 변별하는 능력을 발달시킴으로써 자신의 의도에 따라 근육을 이완할 수 있도록 하는 것이다. 근육 이완법은 다음과 같은 두 가지 상황에서 사용할 수 있다. 첫째는 스트레스 때문에 부정적인 신체 증상을 해소할 때고, 둘째는 어떤 힘든 상황 때문에 심한 불안을 다른 기법으로는 효과적으로 낮출 수 없다고 판단할 때다. 이처럼 이완법은 도저히 변화할 수 없는 스트레스 상황에 대처하는 데 매우 효과적인 기법이다.

근육 이완법은 인체의 많은 근육을 의도적으로 통제하여 긴장감을 감소시킴으로써 스트레스와 관련한 신체적인 각성을 낮추어 준다. 또한 이완을 위한 다양한 기술은 신체의 자동 조절 기제가 적절한 기능을 할 수 있도록 도와주므로 스트레스에 잘 대처할 수 있게 해 준다. 이완법은 여러 학자가 다양하게 개발하였으나 그중 대표적인 것은 Jacobson의 점진적 이완, Benxon의 이완 반응, 그리고 Schultz와 Luthe의 자율 훈련법 등이다. 여기에서는 가장 많이 사용하고 있으며 시간이나 장소에 제한없이 이용할 수 있고 부작용이 없는 근육 이완법을 소개하고자 한다. 근육 이완법은 신경근육을 이완하기 위한 기법으로 개발 당시에는 수술 전 환자의 스트레스 해소와 목과 등의 근육 긴장을 이완하기 위해 사용되었다. 그 후 Joseph Wolpe가 보다 간편한 형태의 근육 이완법을 개발하였다.

근육 이완법의 절차는 몸 전체와 복부 근육으로 이동하면서 어깨, 팔꿈

치, 손목, 손 근육으로 단계적 처치를 한 후 마지막으로 목과 얼굴 근육 순서로 이완한다. 이러한 이완 활동을 통하여 신체의 대부분을 차지하고 있는 근육의 긴장을 감소시킬 뿐만 아니라 심리적 긴장도 의미 있게 감소시킨다. 이완법의 기초는 근육을 이완시키는 것이고, 긴장 상태와 이완 상태의 차이를 정확히 인지하는 것이다. 만약 이러한 차이를 자각하고 꾸준히 반복적으로 훈련한다면 일상생활에서 경험하는 근육 긴장, 신체적 통증, 과민성 대장, 근육 경련, 긴장성 두통, 우울증, 불안증, 고혈압 등의 고통에서 서서히 벗어날 수 있을 것이다. 또한 심리생리적인 에너지를 회복시켜 주기 때문에 스트레스 사건에 더 잘 대처할 수 있게 될 것이다.

근육 이완 훈련은 가장 편안한 자세로 눕거나 앉아서 이완을 시작한다. 그 후 이완 절차의 단계에 따라 각 근육을 5초에서 7초간 긴장시킨 다음 20초에서 30초간 이완시킨다. 근육 이완 훈련을 효과적으로 하기 위해서는 집중력을 강화해야 하며 이를 위해 외부의 소음을 최소화해야 한다. 이처럼 근육 이완 훈련을 3개월 이상 반복하면 긴장 상태의 감지능력이 현저히 높아진다.

근육 이완 훈련을 실시하는 방법은 다음과 같다.

- 편안한 자세로 앉거나 눕는다.
- 몸에 꽉 끼는 옷은 단추를 풀어 느슨하게 하고 신발은 벗는 것이 좋으며 다리는 자연스럽게 편다.
- 한 지점에 시선을 집중했다가 두 눈을 지그시 감고 숨을 깊이 들이마신 후 천천히 내뱉으면서 몸을 이완한다.
- 호흡을 크게 한 번 더 한 다음, 긴장이 풀리도록 충분히 숨을 내쉰다.
- 근육 이완 절차에 맞게 신체 부위를 이완하고 몇 초 혹은 몇 분간 그 자세를 유지했다가 다시 천천히 원상태로 돌아온다.
- 신체 부위별로 긴장과 이완을 반복하면서 긴장감과 이완감의 차이를

느낀다.

- 근육 이완 절차: 양발 이완 → 종아리 이완 → 허벅지 이완 → 복근 이완→ 어깨와 가슴 이완 → 목 주변 이완 → 얼굴 이완

2) **운동**

운동은 활발한 신체 활동으로 긴장을 해소시켜 스트레스를 관리하고 건강을 유지하는 데 효과적이다. 운동은 많은 근육을 의도적으로 통제하는 이완법과는 달리 신체를 각성시키는 방법을 통해서 스트레스를 해소한다. 또한 운동은 심리적 안정제이고 만성피로나 긴장을 줄여 주며 혈액순환을 돕는다.

Gosselin과 Taylor(1999)는 주관적인 자기 보고식 측정 도구와 객관적인 생리적 각성에 대한 측정 도구를 사용하여 운동과 불안에 대하여 연구한 결과 신체 활동이 활발한 사람은 그렇지 않은 사람에 비해서 스트레스가 적었고, 스트레스 관련 질환에 따르는 고통이 적었다고 하였다. 신체 운동의 유용성을 지지하는 또 다른 연구에서도 운동의 항우울 효과는 심리치료의 효과와 맞먹는다고 보고하였다. 운동을 하고자 하는 동기는 스트레스에 대처하는 능력 향상, 자기 효능감의 증대, 심신 건강에 따른 자신감, 사회적 상호작용, 심리적 안정 등에 대한 욕구를 포함한다.

운동으로 얻을 수 있는 스트레스 해소 효과를 살펴보면 다음과 같다.

- 운동은 스트레스로 생성된 자연 화학물질을 방출하여 몸을 정상적인 평형 상태로 회복시킨다.
- 운동은 힘, 유연성, 심장 혈관의 효율성 등이 균형을 이루게 한다.
- 운동은 우울, 불안을 감소시켜 행복감과 편안함을 유지하게 한다.
- 운동은 신체 단련에 의한 자기 효능감을 증대시킨다.
- 운동은 만성피로나 긴장을 줄여 참을성과 강인함을 키워 준다.

- 운동은 정서적 긴장을 해소하여 집중력을 향상시킨다.
- 운동을 통한 이완된 생리적 반응은 긍정적 사고를 돕는다.
- 근육을 적절히 사용하여 급성 혹은 만성 근육 긴장을 감소시킨다.

그렇다면 스트레스를 해소하기 위해 어떤 운동을 하는 것이 좋은가? 운동의 종류는 크게 세 가지로 나눌 수 있다. 첫째, 근력 운동이다. 근력 운동은 유산소 운동의 반대 개념으로 근육량을 늘리기 위해 부분적인 근육 조직의 양을 늘리는 운동이다. 이는 운동 요법 가운데 주로 근력 강화를 목적으로 한다. 근력이 극히 약한 경우에는 자동으로 도움을 주는 운동부터 시작해서 순차적으로 저항 운동으로 나아가야 한다. 근력 운동을 시작하기 전에 자신의 몸 상태에 적합한 운동과 부적절한 운동을 잘 선택해야 한다. 근력 운동의 종류는 아령, 윗몸 일으키기, 누워서 다리 들어 올리기, 누워서 허리 들어 올리기, 앉았다 일어서기, 팔 굽혀 펴기 등이 있다. 근력 운동 시간은 일주일에 2~3회, 1회에 20분 내지 30분이 좋으며 지속적으로 하는 것이 아니라 적어도 일주일 중 하루는 쉬어 준다. 근육이 더 강해지려면 운동뿐만 아니라 휴식도 필요하기 때문이다.

둘째, 유산소 운동이다. 유산소 운동(aerobic exercise)은 신체의 산소 소비량을 늘리는 운동법이다. 1968년 미국의 심장병 전문의인 Kenneth Cooper가 심장병 치료를 위한 운동 요법으로 고안하였는데, 보통 30분 이상 지속 가능한 운동을 일컫는다. 유산소 운동은 스트레스를 감소시키고 혈액순환을 개선하여 심신을 안정시켜 주기 때문에 모든 사람에게 아주 중요하고 유용한 운동이다. 유산소 운동은 종류에 구애를 받지 않는다. 호흡하면서 즐기는 모든 활동, 즉 걷기, 달리기, 자전거 타기, 수영, 줄넘기, 등산, 탁구, 배드민턴, 축구 등이 유산소 운동에 해당한다.

셋째, 스트레칭이다. 스트레칭은 신체의 한 부위를 관절이 허용하는 범위까지 최대로 늘이는 유연체조를 말한다. 스트레칭의 목적은 근육의 긴장을 완화하여 신진대사를 활성화시키고 혈액의 흐름을 촉진하여 긴장감을 줄이는 데 있다. 올바른 스트레칭 방법은 몸과 마음이 이완된 상태에서 자연스러운 호흡을 하며 약 15~20초 정도 한 자세를 유지한 다음 처음 자세로 되돌아오는 것이다. 주의할 것은 근육이 약간의 고통을 느낄 정도로만 실시하고 근육과 관절 부위의 통증을 참아가면서 스트레칭을 해서는 안 된다는 것이다. 스트레칭의 이점은 더 좋은 조정력과 관절운동 범위 증가, 근육 손상 감소, 혈액순환 촉진, 신체 감각 증진, 정신의 더 나은 이완 상태를 포함한다.

3) 웃음

웃음은 운동과 함께 돈이 들지 않는 불로초라 불리며 스트레스에 대처하는 효과적인 방법으로 인식되고 있다. 웃음은 우리 몸의 근육, 호흡, 심장, 내분비, 면역, 중추신경계의 생리적 변화를 통하여 축적된 긴장을 이완시켜 스트레스 반응을 없애 주거나 감소시켜 준다. 웃음의 어원은 '헬레(hele)'인데 그 의미가 '건강(health)'임을 알 수 있듯이 웃음은 아무런 부작용 없이 스트레스에 대한 대처능력과 면역 기능을 키운다.

최근 웃음을 연구한 보고에 의하면 공포, 불안, 분노, 짜증과 같은 부정적인 감정은 교감신경을 자극하여 몸을 상하게 하는 반면, 웃음은 부교감신경을 자극하여 병에 대한 저항력을 길러 준다고 한다. 또한 웃음은 병균을 막는 항체인 '인터페론 감마'의 분비를 증가시켜 스트레스와 분노, 긴장을 완화해 심장마비 같은 돌연사를 예방해 주며, 병균이나 암세포 등을 물리치는 역할을 한다. 이처럼 웃음의 효능은 면역 기능 증진, 혈액순환 촉진, 근육 긴장 및 통증 완화 등 신체의 생리적 효과뿐만 아니라 심리적인 효과도 있다.

많은 연구에서 보고하고 있는 웃음의 심리적 효과를 요약하면 다음과 같다. 첫째, 웃음은 카테콜라아민의 분비를 증가시켜 신체 상태를 최상으로 만들어 대인 간 반응성, 각성 수준 등 정신 기능을 활성화시킨다. 둘째, 웃을 때 분비되는 엔도르핀은 우울, 불안, 짜증, 분노, 불쾌감 등의 부정적인 감정을 감소시켜 각종 스트레스 반응을 완화해 준다. 셋째, 웃음은 상호 간의 적대감을 정화하고 원만한 대인 관계를 형성하여 조직 내 구성원의 유대감을 강화시킨다.

웃음의 열 가지 기술을 소개하면 다음과 같다.

- 입을 최대한 크게 벌리고 웃어라.
- 배꼽이 빠질 만큼 마음껏 웃어라.
- 억지로라도 무조건 웃어라.
- 여럿이 함께 웃어라.
- 박장대소하며 혼신을 다해 웃어라.
- 마음을 열고 밝게 웃어라.
- 만나는 사람마다 웃으며 대하라.
- 화날 때도 웃어라. 웃으면 화가 복이 된다.
- 우울할 때도 웃어라. 우울증은 웃음에 약하다.
- 힘들 때도 웃어라. 웃으면 힘이 저절로 생긴다.

3. 환경적 대처

스트레스는 약물로 해결할 수 없으므로 자신의 취약점을 사전에 파악하여 힘든 상황을 반복하지 않도록 잘 대처해야 한다. 스트레스를 극복하기 위해서는 다양한 변화를 시도하는데, 적극적으로 대처하는 방법 중의 하나가 자신의 환경을 변화시키는 것이다. 좀 더 자세히 설명하면, 자신에게 부정적인 정서를 제공한 환경이 무엇이었는지 탐색해 보고 사회 및 생활환경을 개선하는 것이다. 따라서 일상생활에서 가능한 환경의 변화를 통하여 스트레스에 대처하는 방법을 알아보아야 한다. 스트레스를 줄이기 위해 노력하는 순간 100% 스트레스만 주는 환경은 더 이상 존재하지 않는다. 지금 소개하는 방법을 시도해 보면 작은 변화로 큰 효과를 경험할 수 있을 것이다. 이들이 스트레스를 근본적으로 해결해 주는 것은 아니지만 비교적 단시간에 스트레스를 줄이는 효과를 얻을 수 있다.

1) 건강한 인간관계 맺기

가정이나 학교는 우리가 정서적인 지지를 주고받는 중요한 안식처다. 특히, 가정은 개인의 환경 중 가장 강력한 정서적 지지체계이므로 붕괴하였을 때 매우 심각한 스트레스원이 될 수 있다. 학교나 직장 역시 좋은 인간관계를 맺고 사회적으로 좋은 환경을 만드는 중요한 공간이다. 가정의 경우 서로의 관심과 노력으로 다른 사회 환경에 비해 비교적 쉽게 바람직한 환경을 만들 수 있다. 이처럼 가정, 학교, 직장은 구성원의 노력 여하에 따라 개인의 행복 및 보람 등의 긍정적인 정서 반응을 일으키는 중요한 환경이 된다.

건강한 인간관계란 상호 의존성과 독립성이 적절히 조화되어 서로에게 관심과 애정을 가지고 각자의 목표를 존중하는 것을 말한다. 인간관계에서 상호 의존과 지지는 필수적이지만 자신의 욕구를 일방적으로 희생하는 것은 바람직하지 않다. 인간관계가 어떤 방식으로 유지되느냐에 따라 개인의 스트레스 수준과 행복 지수는 달라진다. 누군가와 건강한 관계를 지속하기 위해서는 무엇이 필수적일까? 많은 요소가 있겠지만 스트레스로 인해 내부 환경과 외부 환경의 균형을 잃지 않도록 적절한 자기주장과 거절하기, 잘 맞서는 방법을 익혀야 한다. 원하지 않는 일을 상대방이 강요할 때 'No'라고 대답하는 힘을 기른다면 스트레스를 받는 일도 줄어들고 자기주장도 쉽게 할 수 있다. 적절한 자기주장과 거절하기는 상대방과의 관계가 깨지지 않으면서 잘 맞설 수 있도록 자신감을 회복시켜 준다. 여기서 잘 맞선다는 것은 상대방과의 관계에 장애물을 만들지 않고 문제를 해결하는 대응을 말한다. 장애물이 생기면 서로의 관계를 파괴하는 부정적인 감정이 발산되고 문제를 해결하는 데 더 많은 시간이 걸릴 수밖에 없다. 그리하여 악화된 관계가 지연될수록 서로가 강한 스트레스에 노출된다. 하지만 인간은 누구나 사는 방식이 똑같지 않기 때문에 불일치가 일어나기 마련이므로 건강한 관계를 맺기 위해서는 충분한 여유와 시간, 노력이 필요하다.

2) 효과적으로 시간 관리하기

현대인이 당면하고 있는 가장 큰 스트레스 요소 중 하나가 시간 관리다. 대부분의 사람이 한정된 시간에 많은 일을 하기 때문에 생활환경 개선의 일환으로 효과적인 시간 관리 기술이 중요하다. 시간 관리능력이 없으면 우리는 과중한 스트레스에 노출될 수밖에 없다. 따라서 효과적인 시간 관리로 스트레스를 해소하고 보다 여유로운 생활을 할 수 있도록 시간을 구조화해야 한다.

한정된 시간에 더 많은 일을 하기 위해 먼저 해야 할 일이 무엇일까? 효과적인 시간 관리를 위한 첫 번째 단계는 일의 우선순위를 규명하는 것이다. 그러기 위해서 많은 일 중 우선적으로 해야 하는 일이 무엇인지를 기록하는 일정표를 작성해 본다. 두 번째 단계는 시간 낭비를 줄이기 위해 힘쓰는 것이다. 이를 위해서는 자신의 행동 패턴을 변화시키겠다는 확고한 의지가 필요하다. 그러기 위해서 지금까지의 생활 습관을 냉철하게 분석해 보자. 자투리 시간을 과소평가하지 않았는지, 주변의 자원을 충분히 활용하였는지, 사소한 일에 많은 시간을 뺏기지 않았는지 등 스스로에게 자문해 보자.

다음은 훌륭한 시간 관리를 위한 다섯 가지 전략이다. 이 전략에 따라 효율적으로 시간 관리를 한다면 스트레스를 줄이는 데 도움이 될 것이다. 또한 다음에 제시한 시간 관리 척도로 그동안 자신의 시간 관리가 어떠했는지 점검해 보자.

- 주간 단위로 일의 중요도에 따라 우선순위를 적는다.
- 개인 달력에 일일 계획표를 시간대별로 체계적으로 기록한다.
- 일정표를 기록할 때 불필요한 일은 과감히 삭제한다.
- 긴급한 일이 발생한 경우 일의 분담 가능 여부를 고려한다.
- 일의 마감 시간을 정하여 작업에 착수한다.

시간 관리 척도

전혀 아니다: 0점	때때로 그렇다: 1~3점
자주 그렇다: 4~6점	매우 자주 그렇다: 7~9점
항상 그렇다: 10점	

1. 나는 일을 하는 데 없어서는 안 될 사람이고 일할 사람이 나밖에 없기 때문에 일을 도맡아 하는 편이다. ______점
2. 매일 벌어지는 일이 내 시간을 모두 빼앗아가고 일처리에서도 급한 불끄기에 급급한 나머지 정작 중요한 일은 할 시간이 없다. ______점
3. 한꺼번에 많은 일을 하고 그것을 다할 수 있다고 느끼면서 상대방의 요구에 대해 'No' 라는 말을 못한다. ______점
4. 항상 남에게 뒤처지고 있고 따라잡지 못할 것 같은 압박감에 시달리며 안절부절못한다. ______점
5. 하루 열 시간 이상, 일주일에 5일 또는 6일 이상을 일한다. ______점
6. 계속해서 사소한 일이나 남으로부터 부탁받은 일에 얽매여 내가 정작 하고 싶은 일에는 시간을 쓸지 못한다. ______점
7. 제 시간에 귀가하는 것에 대해 죄책감을 느끼고 휴식을 취하거나 대인 관계에 관심을 둘 만한 시간이 없다고 생각한다. ______점
8. 항상 마감 시간을 넘긴다. ______점

9. 많은 시간을 비생산적인 일에 쏟기 때문에 피곤하고 무기력하다. ______점
10. 계속 내키지 않는 일에만 얽매여 시간을 보낸다. ______점

〈점수 결과〉

☞ 전체 항목의 점수를 합산한다.

- 35점 미만: 시간 관리를 비교적 잘 하는 편이다. 이에 해당하는 사람에겐 시간에 대한 강박관념이나 스트레스가 그다지 문제가 되지 않는다. 하지만 이들도 시간 관리법을 배운다면 시간을 더 효과적으로 활용할 수 있을 것이다.
- 35~60점 : 시간 관리를 잘 못하고 있다. 이 경우엔 스트레스로 인한 질병에 걸릴 위험이 높다. 이들은 반드시 시간 관리법을 배워야 한다.
- 60점 이상: 위험 수위에 이르렀다고 할 수 있다. 이들은 스트레스 관리나 시간 관리법을 배울 시간조차 내려고 하지 않는다. 건강하고 가치 있는 삶을 희망하고 있다면 지금부터라도 시간의 중요성을 느끼고 시간을 관리하는 법을 배워야 한다.

출처: 고경봉(2002). 세상의 온갖 스트레스로부터 나를 지키는 법, pp. 176-178.

3) 진정한 휴식 시간 가지기

당신은 스트레스가 더해지는 잘못된 휴식이 아닌 진정한 휴식 시간을 가지고 있는가? 일반적으로 신체적 휴식을 우선시하지만 스트레스를 줄이고 건강한 삶을 유지하기 위해서는 사회적 휴식과 정신적 휴식도 중요하다. 최근 장수하는 사람을 대상으로 한 연구 결과를 보면 사회적 유대, 결혼 유무, 종교 생활 등이 인간의 전반적인 생존에 중요하다는 것을 알 수 있다. 그러므로 사회적 휴식을 위해 동료와 편안하게 이야기 나누고 정신적 휴식을 위해 종교 생활 또는 명상으로 진정한 휴식 시간을 가져 보기로 하자. 최근의 휴양 문화도 스키나 골프와 같은 동적 휴가가 아니라 산책, 명상, 삼림욕 등 정신 에너지를 재충전하는 정적 휴가로 바뀌고 있다.

4) 자연 친화적인 실내 환경 만들기

쾌적한 환경을 조성하는 것은 스트레스를 해소할 뿐만 아니라 내적 긴장감을 해소하고 일의 능률을 증가시킨다. 대부분의 시간을 보내는 곳이 녹색 식물 하나 없는 삭막한 공간이라면 그곳에 관리하기 쉬운 화초나 자신이 좋아하는 식물을 두어 자연 친화적인 아늑한 공간으로 만들어 보자. 자연 친화적인 실내 환경 개선이 직장인의 스트레스와 업무 만족도에 미치는 영향에 대한 연구 결과에 의하면, 실내 환경과 스트레스는 매우 유의미한 관계가 있다. 또한 자연 친화적인 환경 조건에서 근무한 결과, 시간이 경과함에 따라 스트레스가 상당히 줄어들었음을 보고하였다. 이처럼 자신이 오랫동안 머무는 장소의 환경을 자연 친화적인 분위기로 개선한다면 스트레스를 극복하고 일의 효율성을 높일 수 있다.

III. 스트레스 대처와 방어기제

인간은 누구나 스트레스를 받으면 무의식적으로 자기를 보호하기 위한 전략을 사용하는데, 이러한 심리적인 책략을 방어기제(defense mechanism)라고 한다. 대부분의 방어기제는 인격 발달 초기에 형성된다. 방어기제는 내적 긴장을 감소시켜 주므로 정신적으로 건강한 사람도 어느 정도 사용한다. 하지만 방어기제에 지나치게 의존할 경우 성격적 부작용을 초래할 수 있으므로 그것의 다양한 특성을 이해할 필요가 있다. 일상생활에서 사용하는 방어기제의 종류에 대해서 살펴보면 다음과 같다.

1. 억 압

억압(repression)은 가장 기본적이고 일차적인 방어기제이며 흔히 사용하는 무의식적 정신기제다. 우리는 의식에서 현실적으로 용납하기 힘든 욕구나 수치스러운 행동, 불쾌한 감정, 고통스러운 기억 등의 형태로 생겨나는 엄청난 스트레스나 불안을 무의식적으로 깊은 곳에 가둬 버린다. 그러나 억압된 욕구나 충동은 그대로 무의식 속에 살아 있어 계속 의식화하려는 경향을 가지므로 비합리적인 행동을 유발하는 원인이 된다. 기억상실증(amnesia)을 그러한 억압의 극단적인 한 형태로 본다.

2. 부 정

부정(denial)은 자신이 받아들이기 힘든 위협적인 사고, 욕구, 현실적 존재에 압도당했을 때 그것을 무의식적으로 거부하는 것이다. 이는 고통이나 불안으로부터 사람을 보호해 주는 데 효과적이지만 결국에는 해가 되는 경우가 많다. 부정은 많은 부분에서 억압과 유사하지만 위협의 원천에서 차이가 있다. 억압은 마음의 역동에서 나오는 위협을 다룬다면 부정은 외적인 위협의 근원을 다룬다.

3. 고 착

고착(fixation)은 성격 발달의 특정 단계에서 위협적인 상황으로부터 과도한 스트레스에 노출되었을 때 성장이 일시적으로 또는 영구적으로 중단된 상태를 말한다. 즉, 인간 발달 과정의 특정 단계에서 욕구가 좌절되거나 과잉 만족을 하면 다음 단계로 발달하지 못하고 그 단계에 머무르는 것이다. 그러한 아동기에 일어나는 고착은 성인이 되었을 때도 성격에 영향을 미친다. 강하게 고착된 성인은 발달 과정의 초기 단계에서 갈등이나 스트레스를 해결했던 방법으로 만족을 찾으려는 성격 특성을 보인다.

4. 퇴 행

퇴행(regression)은 불안과 위협으로부터 자신을 보호하기 위한 스트레스 대처 반응의 하나로, 현재의 갈등 상황 이전의 초기 발달 단계로 되돌아가는 것이다. 이는 성숙한 스트레스 대처 전략이 아니라 미성숙하고 원시적인 부적절한 행동으로 스트레스를 해소하는 과정이다. 퇴행은 흔히 아동기에 이루어지지만 성인기에 나타나기도 한다. 그 예로는, 심한 스트레스를 받을 때 구강기에 고착된 성인은 담배를 많이 피우며 항문기에 고착된 성인은 평소보다 더 강박적인 태도로 반응한다.

5. 승 화

승화(sublimation)는 본능적인 욕구나 부적절한 감정을 사회적으로 수용할 수 있는 바람직한 행위로 전환하여 간접적으로 표현하는 것을 말한다. Freud는 승화가 불안이나 스트레스를 해소하려는 다른 어떤 심리적 기제보다 건강한 형태의 방어기제라고 보았다. 승화는 억제된 성적인 호기심을 예술, 이념 활동, 과학 등의 문화 발전에 집중시킴으로써 사회적으로 승인할 수 있는 방식으로 표현하기 때문에 덜 위협적이다.

6. 억 제

억제(suppression)는 불안을 야기하는 경험이나 고통을 개인이 의식적으로 특정 의도를 가지고 벗어나기 위해 노력하는 것이다. 억압은 고통스러운 경험을 잊고자 하는 과정이 무의식적으로 이루어지는 데 반해, 억제는 의식적으로 혹은 반의식적인 수준에서 이루어진다. 그 예로는 흔히 스트레스 상황에서 벗어나기 위해 춤을 춘다거나 노래를 부른다거나 하는 의도적인 행동을 통하여 고통을 의식에서 배제하려고 하는 것이 해당한다.

7. 반동 형성

반동 형성(reaction formation)은 자신이 가진 내면적 욕구와 반대되는 태도나 행동 양식을 취함으로써 자신을 조절하고 보호하는 방어기제다. 이러한 반동 형성은 의식적 차원에서 이루어지며 생활 환경 적응에 도움을 주는 유용한 기제다. 어떤 사람에 대한 증오나 미움이 지나친 사랑으로 위장하여 나타날 수도 있고 자신이 가진 충동을 숨기기 위해 격렬하게 금주, 금연, 금욕을 주장하는 행동으로 나타날 수도 있다. 이처럼 자신이 가진 원욕의 충동은 표현되더라도 위장하여 내면에서 수용할 수 있도록 한다.

8. 투 사

투사(projection)는 자신에게 용납되지 않는 충동이나 생각을 무의식적으로 타인이나 환경 탓으로 전가하거나 귀속시키는 과정을 말한다. 이 방어기제는 현재 겪고 있는 문제의 원인이 자기 내부에서 비롯한 것이 아니라 외부에서 생겼다고 믿음으로써 자신을 보호하는 역할을 한다. 즉, 자신이 가지고 있는 무의식적인 공격성과 충동을 객관화하여 그 책임을 남에게 돌림으로써 불안을 감소시키는 것이다. 이러한 투사는 편집성 성격장애에서 흔히 나타나는데, 자신의 잘못이나 실패를 쉽게 받아들이지 못하기 때문에 투사 과정을 통하여 갈등의 원천을 타인에게 전가하는 것으로 자존감을 유지한다.

9. 동일시

동일시(identification)는 자신에 대한 부정적인 정서나 무능력을 회피하기 위해 자신보다 우월한 사람의 가치관, 성격, 태도 등을 내면화하여 스트레스를 해결하려는 심리적 방어기제다. 동일시는 인간의 성장 과정에서 일반적으로 나타나는 자기방어의 한 형태로, 자신이 인정할 수 없는 충동이나 욕구를 대리적으로 해결하는 데 도움을 주기도 한다. 예를 들면, 직장상사에게 열등감이 많은 사람은 대개 적대적 질투로부터 자신을 방어하기 위해 그 상사와 동일시한다.

10. 합리화

합리화(rationalization)는 받아들일 수 없는 현실에 대해 그럴듯한 이유를 붙여 자신의 행동을 재해석함으로써 자기를 정당화하는 방어기제다. 즉, 현재의 스트레스나 죄책감의 수준을 낮추기 위해 자신의 행동을 수용할 수 있는 이유로 대치하는 것이다. 이는 다른 방어기제와 마찬가지로 무의식적인 과정이며 적절한 사용은 자존심을 지키는 데 도움을 주지만 지나치면 망상을 초래한다. 이솝우화에서 포도를 좋아하는 여우가 아무리 노력해도 포도를 먹을 수 없자 "저 포도는 너무 시어서 맛이 없을 거야." 하며 돌아선 행동이 합리화의 대표적인 예다.

학습 과제

1. 스트레스 대처 방식에 대해 설명하시오.
2. 스트레스 대처 방어 기술에 대해 진술하시오.
3. 방어 기술 중 합리화를 사용하는 예를 한 가지 드시오.

참고문헌

고경봉(2002). 세상의 온갖 스트레스로부터 나를 지키는 법. 서울: 한언.

김금순, 곽금주, 김성재, 임난영, 임숙빈, 하양숙, 조선희(2009). 스트레스와 긴장 다스리기. 서울: 아카데미아.

변광호, 장현갑(2005). 스트레스와 심신의학. 서울: 학지사.

손정락(2006). 긴장 이완과 스트레스 감소 워크북. 서울: 하나의학사.

이민규(2004). 현대생활의 적응과 정신건강. 파주: 교육과학사.

장현갑, 강성군(1996). 스트레스와 정신건강. 서울: 학지사.

Gosselin, C., & Taylor, A. (1999). Exercise as a stress management tool. *Stress News, 11*(4), 3.

Greenberger, D., & Padesky, C. A. (1995). *Mind over mood.* NY: Guilford Press.

Lazarus, R. S., & Folkman, S. (1984). *Stress, appraisal, and coping.* NY: Springer Publishing.

Tavris, C. (1989). *Anger: The misunderstood emotion.* NY: Touchstone.

제7장

사랑의 기술

박현주

Ⅰ. 사랑의 의미

Ⅱ. 사랑의 유형

Ⅲ. 사랑의 발전과 종결

학습 목표

1. 사랑의 의미를 알아본다.
2. 사랑의 유형을 알아본다.
3. 사랑의 발전과 종결을 알아본다.

I. 사랑의 의미

인생에서 가장 중요한 것은 누군가를 사랑하는 것이며, 또한 자신을 사랑해 주는 누군가가 있다는 것이다. 인류의 시작과 함께 사랑의 역사도 시작되었는데, 시대마다 사랑에 대한 의미는 변화되어 왔다. 시대가 급속하게 변화하고 물질만능에 따라 인간성이 상실되어 갈수록 사랑에 대한 사람들의 욕구는 더욱 강해지고 있다. 그렇다면 사랑이란 무엇인가?

사랑은 누구나 경험하는 보편적인 감정이다. 더불어 사랑은 각 개인마다 각양각색의 모습을 가진다. 따라서 사랑은 공통된 정의와 개념을 찾아내기 어려우며 그것에 대해 사람마다 다르게 느낀다.

의미 있는 한 사람과 인간관계를 맺는다는 것은 그 사람의 삶과 그 사람의 개인적인 발달에서 매우 중요한 부분이다. 그러한 관계 맺음이 개인적으로는 자신의 존재와 상대방의 진정한 의미를 밝혀 주는 것이며, 사회적으로는 개인이 관계를 맺는 다양한 범위에서 사회적 지지를 제공해 주는 주요한 자원이 되기 때문이다.

또한 이성과의 교제를 통해 자신의 진정한 감정, 서로에 대한 감정, 자신의 미래 계획, 희망, 기대에 관해 끊임없이 이야기함으로써 자신이 누구인가를 알아가고 발견하려고 한다(Erickson, 1959). 이성 교제는 단순한 이성에 대한 호기심으로서의 만남의 차원을 넘어 자아 정체성 형성이라는 차원의 관점에서도 보아야 한다. 그런 의미에서 데이트는 진정한 나를 발견하는 데 매우 중요한 과정이라고 할 수 있다. 사실상 인간관계에서 이성과 나누는 사랑만큼 즐거움과 고통, 두려움, 기쁨, 슬픔을 한꺼번에 그리고 강렬하게 맛보는 경험은 별로 없을 것이다. 이성 교제는 사랑의 기쁨과 본질을 알게 하고, 이성에 대한 욕구, 흥미, 관심을 표현하게 하며, 서로의 개성과 인격을 존중하면서 공동의 목표를 가지고 협동할 수 있는 자질을 터득하게 한다. 나아가 장차 배우자를 잘 선택하거나 결혼생활을 원만히 할 수 있도록 기초 자질을 배양하는 좋은 기회가 된다.

사랑에 대한 개념 정의는 학자마다 다양하다. 사랑 자체가 복잡하고 문화적인 제약을 받으며 감정적인 현상이기 때문에 이론적으로 분석될 때 여러 가지 문제가 드러날 수 있다. 또한 사랑의 의미는 개인의 성장 및 생활환경에 근거하여 다양성을 가지고 있으며 끊임없이 변화하고 발달하므로 그 개념의 본질을 정의하는 것이 중요하다.

Fromm(1956)은 사랑이란 다른 사람을 파고 들어감으로써 나 자신과 우리, 더 나아가 인간을 발견하고 찾을 수 있도록 해 준다고 말했다. 그는 사랑은 자신을 성숙시킬 수 있는 기회가 되고 자신의 세계를 벗어나 상대의 세계에 대한 관심을 확대하며 더불어 책임의 윤리를 배우는 과정이라고 보았다. 한편, Maslow(1954)는 결핍적 사랑(Deficiency love)과 실존적 사랑(Being love)이라는 두 가지 형태의 사랑을 제시하였다. 결핍적 사랑은 자신의 불안정감과 낮은 수준의 정서적인 욕구로부터 나오며, 실존적 사랑은 높은 수준의 정서적인 욕구와 자신뿐만 아니라 타인의 자아실현을 위한 욕구에서 나온다고 하였다.

또한 Berscheid와 Walster(1974)도 사랑은 단순히 인간의 본능이나 감정만을 의미하지 않고 문화나 학습의 영향을 받는다고 하였다. 그들은 사랑을 심리적 정서의 차이에 따라 열정적 사랑(Passionate love)과 우애적 사랑(Companionate love)으로 구분하였다. 우선, 열정적 사랑은 격렬한 정서상태, 즉 여러 감정의 특정한 혼합 속에서 공존하고 있는 부드럽고 성적인 느낌, 의기양양함과 고통, 불안과 안심, 이타심과 질투심 등이라고 정의하였다. 우애적 사랑은 자신의 생활과 깊은 연관이 있는 사람에 대해 느끼는 애정이라고 정의하였다.

이와 같이 사랑의 정의가 다양한 것은 다양성을 가지고 있는 사랑의 특성이 반영된 것이고, 각 인간관계에 따라 느끼는 감정이 다르기 때문이며,

사랑의 의미가 개인의 성장 및 생활 환경에 근거하기 때문이다. 그러므로 진정으로 아름답고 성숙한 사랑을 하기 위해서는 무엇보다 사랑에 대한 깊은 이해가 필요하다.

Brown(1993)은 한국 대학생의 낭만적 사랑과 배우자 선택에 관한 연구를 하였다. 연인을 선택하는 데 기준이 되는 12개의 요인을 선정하여 조사하였는데, 그 결과 남성이 애정적 요인을 더 강조한 반면, 여성은 남성의 직업, 가문, 교육 수준과 친구 같은 동일한 취미에 더 높은 점수를 보였다.

II. 사랑의 유형

사랑은 시간이 지남에 따라 변화한다. 이러한 사랑의 유형은 평생에 걸쳐 변화한다. 많은 사람이 성장하면서 어린 시절부터 가져온 종교에 만족하지 못하고 변화를 겪듯이, 사랑의 유형 역시 계속되는 연인 관계 경험을 통해 변화한다. 즉, 사랑은 자연스럽게 생기는 행동이 아니라 학습되는 것이다. 따라서 특정한 사랑의 유형을 습득한 개인이 시간이 지나면서 사랑의 경험을 통해 그것에 만족하지 못하면 또 다른 사랑의 유형을 가질 수 있다.

Rubin(1973)은 데이트를 하는 수백 명의 미시간 대학교 학생 커플에게 사랑의 척도를 실시하여 자신이 생각하는 낭만적 사랑에 관해서 설문을 하였다. 그 결과, 사랑의 척도로는 상대방과 신체적으로 같이 있으면서 정서적인 지지를 하는 애착 관계, 상대방의 안녕(wellbeing)에 관심을 가지는 보살핌, 상대방과 가까우면서 비밀스러운 대화를 유지할 수 있는 친밀감의 세 가지 요소가 지적되었다.

1. Lee의 사랑의 유형 이론

사랑에 대한 선구적 연구자는 Lee(1973)다. 그는 오랫동안의 문학 작품 분석을 기초로 하여 '사랑이야기 카드 분류법'을 개발하고 실제 사람들을 관찰한 경험을 통해 사랑을 색깔로 비유한 후 사랑의 유형론을 만들어 냈다. 즉, '기본색'과 '이차색'이라는 틀을 통해 사랑의 유형을 분류하였다. Lee는 사랑이란 자연스럽게 발생하는 것이 아니라 학습되는 것이라고 보고 사랑의 유형을 '기본색'에 해당하는 1차 유형(primary style)과 '이차색'에 해당하는 2차 유형(secondary style)으로 구분하였다. 1차 유형에는 낭만적 사랑, 유희적 사랑, 우애적 사랑이 있으며, 1차 유형이 조합되어서 나타난 2차 유형에는 소유적 사랑, 논리적 사랑 그리고 이타적 사랑이 있다.

1) 1차 유형

(1) 낭만적 사랑

낭만적 사랑(Eros)은 에로스의 화살에 눈을 맞으면 즉시 사랑에 빠진다는 고대 그리스 신화에서 비롯된 말이다. 낭만적 사랑은 강한 정서적 감정이 특징이며, 첫눈에 반하거나 연인의 신체적인 매력에 끌림으로써 시작된다. 사랑을 인생에서 가장 중요한 것으로 보며 신체적으로 뚜렷한 이상형을 가지고 있고 항상 이성의 육체적인 매력에 이끌린다. 낭만적 사랑은 90%가 성적인 욕구인 강렬한 정서적 상태로 상대방을 이상화하고 질투를 자주 동반하며 성적인 흥분과 관련된다. 이 유형의 사람은 자신감이 강하고 자존심이 센 경우가 많다.

그 밖의 특징을 살펴보면 첫째, 사랑하는 속도가 매우 빠르며 상대방에 대한 강력한 감정이 자신의 전체 생활을 지배한다. 둘째, 이성보다는 감정이 앞서고, '오직 한 사람, 단 한 번의 사랑'이라고 믿으며, 다른 사람에 대해서는 배타성이 강하다. 셋째, 상대방에게 모든 것을 요구하거나 기대하고, 숙명적이고 운명적인 만남임을 굳게 믿는다. 따라서 이러한 사랑을 많은 사람이 선망하기는 하지만 불안정한 특성 때문에 심한 심리적 고통을 겪는 경우가 많다. 첫눈에 반해서 사랑하게 되는 로미오와 줄리엣의 경우가 이 유형에 해당한다. 특히 이 유형의 사람은 주로 어린 시절이 행복했다고 생각하며, 사랑을 위해서라면 어떠한 희생이라도 할 준비가 되어 있고, 말이나 접촉을 통해 사랑을 표현하는 것을 좋아한다.

(2) 유희적 사랑

유희적 사랑(Ludus)은 사랑을 일종의 게임이나 즐거운 오락으로 생각하며 사랑에 빠지거나 헌신할 의사가 없다는 특징을 가진다. 유희적 사랑을 하는 사람은 온 생을 다해 한 사람과 긴밀하고 지속적인 관계를 갖는 것을 원하지 않으므로 여러 가지 취미생활을 할 수 있는 것과 마찬가지로 한 사람의 파트너로 만족하지 못하는 경향이 있다. 또한 쉽게 사랑하는 대상을 바꿀 수 있고 상대방에 대해서도 매우 허용적이다. 이들은 인생이란 즐기기 위한 것이라는 자신의 믿음이 훨씬 솔직하다고 생각하므로 다른 사람도 함께 즐기기를 원한다. 스릴을 추구하기 때문에 다양하고 노련한 취향과 매너를 보여 줄 수는 있으나 지나치게 친밀해지는 것을 경계하고 사랑하는 사람과 헤어져도 심한 고통을 겪지 않는다. 따라서 이 유형의 사람은 성적인 대상으로 즐기려 할 뿐 결혼까지 가는 것을 고려하지 않는다. 이들에게 사랑은 인생에서 가장 중요한 것이 아니라 그저 다양한 대상과 노는 상호작용 게임일 뿐이다. 이 유형에는 바람둥이가 나타내는 사랑이 해당한다. 특히 이 유형의 사람은 대부분 어린 시절은 평범했지만 어른이 되어서 종종 좌절을 경험한 사람이다.

(3) 우애적 사랑

우애적 사랑(Storge)은 처음에는 형제자매나 놀이 친구였다가 시간이 흐르면서 서서히 무르익은 사랑의 감정을 느끼는 관계를 뜻하는 고대 그리스어 'storgay'에서 비롯한 사랑의 유형이다. 우애적 사랑은 다른 사람과의 관계에 대한 지속적이고 깊은 애정으로 친구의 우정, 존경, 신뢰, 이해, 안정성, 상대의 안녕에 대한 배려와 같은 개념이다. 이러한 사랑은 서서히 발달하며 오래도록 지속되는 경향이 있으므로 오랜 기간의 관계에서 형성되는 사랑의 형태다. 함께 많은 시간을 가까이 지내면서 서로 편안함을 느끼고 다양한 관심사를 공유하면서 서로를 잘 이해하는 친구처럼 느끼게 된다. 이처럼 오랜 기간 친구로 사귀다가 연인으로 발전하는 경우가 있어서 열정보다는 친구로서 알아가는 과정을 더 소중하게 여기므로 서서히 발전해 가는 정에 근거한 사랑의 유형이라고 할 수 있다. 이 유형에 속하는 사람은 상대에게 첫눈에 반해 황홀감을 경험하지는 않지만 하는 일이나 취미가 비슷하고 허물없이 지내는 사람에게서 외모보다는 상호 간의 신뢰감을 기반으로 사랑의 감정을 싹 틔운다. 서로 잘 알고 정서적으로 안정되어 있기 때문에 서로 떨어져 있어도 초조해 하지 않으며 애정 표현이 유난스럽지 않다. 비교적 덤덤한 관계를 유지하며, 결혼을 한 경우 이혼율은 낮은 편이다. 특히 이 유형의 사람은 어린 시절 식구가 많고 격려해 주는 가족 분위기에서 자랐거나 안정적이고 우호적인 공동체에서 성장한 경우가 많다.

2) 2차 유형

(1) 소유적 사랑

소유적 사랑(Mania)은 질투와 소유욕이 강하고 연인에 대한 사랑에 사로잡혀 있으며 연인에게 의존적인 특성을 갖고 있다. 감정 기복이 심하고 상대방에게 항상 사랑받고 있다는 것을 확인하고 싶어 한다. 상대방에 대한 헌신에 보답을 받지 못하거나 배신당했을 때는 강한 분노감을 나타낸다. 또한 상대방이 자신을 버리고 떠나가지 않을까 하는 불안과 의심으로 항상 마음을 졸이며 잠을 이루지 못한다. 이러한 불안과 의심이 상대방이 떠나도록 하는 결과를 가져오고, 두 사람의 이별은 늘 두려워하는 것이 현실로 나타나는 결과가 된다. 이들은 상대방에게 지나치게 집착하는 유형이기 때문에 관계로부터 오는 순수한 의미의 즐거움은 없다. 특히, 이 유형의 사람은 주로 자신과 연인에 대한 자신감이 없는 사람으로, 자신의 어린 시절이 불행했다고 회상한다. 성인이 되어서도 외로워하며 종종 자신의 일에 대해서 만족하지 못한다.

(2) 논리적 사랑

논리적 사랑(Pragma)은 그리스어의 'pragmatic'에 어원을 둔 사랑이다. 이러한 사랑을 하는 사람은 논리적이고 실용적이며 현실적이기 때문에 날마다 쇼핑 목록을 작성하듯 상대방에게 원하는 실용적인 자질을 다소 의식적으로 작성한다. 그래서 자신에게 가장 잘 어울리는 배우자를 구하고 두 사람의 관계가 잘 어울리는가에 가장 큰 관심이 있다. 상대방의 능력, 경제 수준, 학벌, 가정 환경, 성격, 외모, 종교 등을 고려하여 자신과 적합한 사람을 선택한다. 이 유형은 현실적이고 현명한 사랑을 추구하기 때문에 관계를 장기적으로 지속하기 어려운 대상은 처음부터 아예 포기한다. 우리나라의 경우 '선'이나 '중매'를 통해서 결혼 상대를 결정하는 것도 대표적인 예다. 특히 이 유형의 사람은 대체적으로 어린 시절과 현재의 삶이 거의 비슷하다고 생각하며, 자신이 노력만 하면 목적을 달성하고 성공도 할 수 있다고 생각하는 경향이 있다.

(3) 이타적 사랑

이타적 사랑(Agape)은 상대방을 위해서 자신을 희생하고 헌신하기를 좋아하는 타인 중심적인 특징을 가진다. 아무런 조건 없이 사랑하는 이에게 사랑을 베푸는 것이 의무라고 생각하는 유형이다. 따라서 상대방이 자신을 실망시키거나 배신한 경우마저도 낙심하지 않고 자비심을 베풀며, 무시하고 학대하는 상대에게도 인내심을 갖고 헌신한다. 고난과 역경에서도 인내심을 발휘하며, 상대방이 떠나도 오랫동안 돌아오기를 기대하면서 참아낸다. 따라서 이타적 사랑은 마음이 아닌 머리가 더 많은 작용을 하며 감정이 아닌 의지의 표출이다. 이타적 사랑을 하는 사람은 상대방이 자신보다 다른 누군가와 함께 있는 것이 더 낫고 행복하다고 생각하면 상대방을 위해 기꺼이 관계를 포기할 수도 있다. Lee(1973)에 따르면, 실제로는 완전히 헌신적인 사랑만 하는 사람이 있다고 보기는 어려우며 그 대신 일시적으로 헌신적이거나 그런 경향성을 가질 수는 있다.

Amelang(1991)에 의하면, 사랑의 유형 중 낭만적 사랑, 우애적 사랑, 유희적 사랑은 상대방에 따라 영향을 받는 반면 논리적 사랑, 소유적 사랑, 이타적 사랑은 개인 성향의 영향을 받는다고 한다. 사람들은 대개 한 가지 유형의 사랑을 선호하지만 그것을 표현하는 데는 한 가지 이상의 유형이 나타난다. 따라서 각 사랑의 유형을 살펴보면서 주의해야 할 점은 사람들이 단 한 가지의 유형에만 제한되어 있지는 않으며, 특정한 사랑 유형에서도 개인사에 따라 완전히 일치하는 특징을 보이지는 않는다는 것이다.

많은 비율의 남성이 유희적 사랑과 낭만적 사랑의 요인에 더 높은 점수를 받은 반면, 여성은 남성보다 약간 더 소유적 사랑, 우애적 사랑과 논리적 사랑의 요인에 더 높은 점수를 받았다(Morrow, Clark, & Brock, 1995).

〈표 7-1〉 사랑의 유형 검사-나의 사랑은 어떤 모양일까?

문항	전혀 그렇지 않다	그렇지 않은 편이다	보통이다	그런 편이다	매우 그렇다
1. 우리(애인과 나)는 처음 만나자마자 곧바로 서로 끌리기 시작했다.	1	2	3	4	5
2. 나 자신의 행복보다 애인의 행복을 우선하지 않으면 나는 행복할 수 없다.	1	2	3	4	5
3. 나는 그녀(그)와의 관계를 약간 모호한 상태로 유지하려고 노력한다.	1	2	3	4	5
4. 나는 내가 사랑하는 사람과 언제나 좋은 친구이기를 바란다.	1	2	3	4	5
5. 나는 사랑에 빠져 있을 때 어떤 일에도 주의를 집중할 수 없다.	1	2	3	4	5
6. 나의 애인은 외모(아름다움/세련됨)가 나의 이상형에 꼭 들어맞는다.	1	2	3	4	5
7. 나의 애인이 나에게 화를 낼 때도 나는 그녀(그)를 한없이, 조건 없이 사랑한다.	1	2	3	4	5
8. 나의 애인이 나에 대해서 모르고 있는 사실이 있다는 것이 그녀(그)에게 상처를 주지는 않을 것이라고 믿는다.	1	2	3	4	5
9. 나는 애인을 선택하기 전에 주의 깊게 내 인생을 계획하려고 한다.	1	2	3	4	5
10. 우리 사이에는 곧바로 신체적 '반응(chemistry)'이 일어났다.	1	2	3	4	5
11. 나의 애인이 나에게 관심을 주지 않으면 나는 매우 아플 것 같다.	1	2	3	4	5
12. 나와 다른 사람 사이에 있었던 일을 그녀(그)가 알게 된다면 매우 속상해할 것이다.	1	2	3	4	5
13. 사랑은 신비스럽고 알 수 없는 정서라기보다는 진실로 깊은 우정이다.	1	2	3	4	5
14. 우리 사랑은 매우 강렬하고 만족스럽다.	1	2	3	4	5
15. 나는 애인이 나에게 너무 의존적이면 뒤로 약간 물러서고 싶어진다.	1	2	3	4	5
16. 나는 애인이 잠시라도 나에게 무관심하면 때때로 그녀(그)의 관심을 돌리기 위해 이상한 짓을 한다.	1	2	3	4	5
17. 애인을 선택할 때 가장 중요하게 고려하는 것은 그녀(그)가 나의 가족에게 어떤 영향을 미칠까 하는 것이다.	1	2	3	4	5
18. 나는 여러 파트너와 '사랑놀이(game of love)'를 하는 것을 즐긴다.	1	2	3	4	5

19. 우리 사이에 어디쯤에서 우정이 끝나고 사랑이 시작되었는지를 확실히 말하기는 어렵다.	1	2	3	4	5
20. 우리는 진실로 서로를 이해한다.	1	2	3	4	5
21. 나는 일반적으로 애인의 소망을 성취하도록 하기 위해서 나 자신의 소망을 희생하려고 한다.	1	2	3	4	5
22. 배우자를 선택하는 데에 중요한 요인은 그녀(그)가 좋은 부모가 될 수 있을까 하는 것이다.	1	2	3	4	5
23. 나는 우리가 서로를 위해 존재한다고 느낀다.	1	2	3	4	5
24. 우리의 우정은 시간이 지남에 따라 서서히 사랑으로 발전되었다.	1	2	3	4	5
25. 나는 애정 관계를 꽤 쉽게 그리고 빨리 극복할 수 있다.	1	2	3	4	5
26. 나의 가장 만족스러운 사랑 관계는 좋은 우정에서 발전하였다.	1	2	3	4	5
27. 나는 나 자신을 누군가에게 맡기기 전에 그 사람이 인생에서 무엇이 되려고 하는가를 생각한다.	1	2	3	4	5
28. 나는 어려울 때 언제나 나의 애인을 도우려고 노력한다.	1	2	3	4	5
29. 진실한 사랑이란 처음에는 먼저 돌보고 싶은 마음이 있어야 한다.	1	2	3	4	5
30. 유사한 배경을 가진 사람을 사랑하는 것이 최선이다.	1	2	3	4	5
31. 나의 애인이 누군가와 함께 있다는 것을 상상하면 나는 견딜 수 없다.	1	2	3	4	5
32. 내가 가지고 있는 것은 무엇이든지 나의 애인이 마음대로 써도 좋다.	1	2	3	4	5
33. 애인과의 사이에 일이 잘 풀리지 않으면 속이 뒤집혀 소화가 잘 안 된다.	1	2	3	4	5
34. 나는 때때로 둘씩 사귀면서 두 사람이 서로 알지 못하도록 한 적이 있다.	1	2	3	4	5
35. 나는 어떤 사람과 사귀기 전에, 만약에 우리가 아이를 가졌을 경우 그녀(그)의 유전적 배경이 나의 것과 얼마나 적합한지 밝혀내려고 한다.	1	2	3	4	5
36. 때때로 나는 사랑에 빠져 있는 흥분 때문에 제대로 잠을 이룰 수가 없다.	1	2	3	4	5
37. 나의 애인이 고통을 당하도록 내버려 두는 것보다 차라리 내가 고통을 당하겠다.	1	2	3	4	5
38. 배우자를 선택할 때 한 가지 고려하는 점은 그녀(그)가 내 이력에 어떤 영향을 미칠까 하는 것이다.	1	2	3	4	5
39. 우리는 상당히 빠른 속도로 정서적으로 휘말려들게 되었다.	1	2	3	4	5

40. 최선의 사랑은 오랫동안의 우정에서 나온다.	1	2	3	4	5
41. 나의 애정 관계가 깨지면 나는 우울증에 빠져들어 자살하고 싶은 생각까지 든다.	1	2	3	4	5
42. 나는 사랑하는 사람을 위해서라면 모든 것을 참고 견디겠다.	1	2	3	4	5

채점 및 평가						
유형	낭만적	유희적	우애적	논리적	소유적	이타적
문항 번호	1	3	4	9	5	2
	6	8	13	17	11	7
	10	12	19	22	16	21
	14	15	24	27	31	28
	20	18	26	30	33	32
	23	25	29	35	36	37
	39	34	40	38	41	42

※점수가 높은 유형일수록 자기 사랑의 유형에 해당됨.

출처: Hendrick, C., & Hendrick, S. (1986). A Theory and Method of Love. *Journal of Personality and Social Psychology, 50*, 392-402.

2. Sternberg의 사랑의 삼각형 이론

사랑을 연구한 여러 학자 중 Sternberg(1986)는 사랑의 기본적 유형을 병렬식으로 분류하려는 기존의 연구와는 다르게 사랑을 보았다. 무엇보다도 이 이론은 사랑 개념의 구조와 과정을 묘사하는 데 다른 모델보다 종합적이어서 보통 사람이 생각하는 사랑의 원형을 이루는 차원에 비교적 잘 들어맞는 듯하다. 즉, 사랑은 감정, 생각뿐만 아니라 행동까지 포함한 다차원적인 구조다. 이 구조는 사랑에 대한 네 가지 측면으로 분류된다. 즉, 사랑하는 사람, 사랑을 하고 있다는 감정, 사랑을 하고 있다는 생각, 사랑하는 사람 사이의 행동과 관계다. Sternberg는 이러한 네 가지 측면 중에서 감정, 생각, 행동과 관련한 사랑의 세 가지 구성 요소를 중심으로 사랑의 현상을 통합함으로써 사랑의 개념을 보다 종합적으로 설명할 수 있는 구조

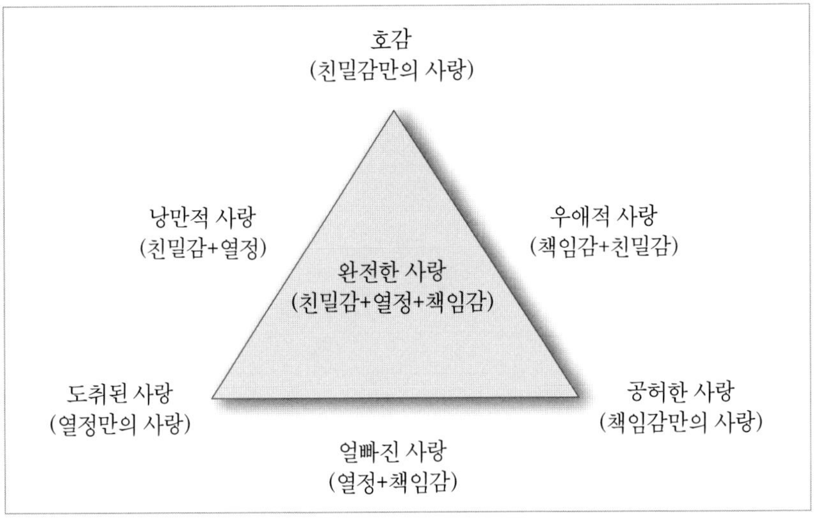

● 그림 7-1 ● Sternberg의 사랑의 요소와 사랑의 유형

출처: Sternberg, R. J. (1998). *Cupid's Arrow: The Course of Love through Time*, 5.

적 모델을 보여 주었다. 그의 사랑의 삼각형 이론에 의하면, 사랑은 친밀감, 열정, 책임감이라는 세 가지 구성 요소로 설명할 수 있으며, 이 세 요소의 조합에 따라 일곱 가지 사랑의 유형이 나온다.

1) 사랑의 구성 요소

Sternberg(1998) 이론을 중심으로 각 요소의 정의와 특성 및 속성을 살펴보자.

(1) 친밀감

친밀감(intimacy)이란 사랑하는 관계에서 나타나는 가깝고, 서로 연결되어 있고, 결합되어 있다는 느낌을 의미하며 이것은 사랑하는 사이에서 경험하는 따뜻한 감정의 체험을 의미하는 구성 요소다. 이러한 친밀감이야말로 사랑의 기초가 된다. 많은 접촉을 하는 것이 친밀감 형성에 도움이 되지만 자주 만난다고 해서 쉽게 얻어지는 것은 아니다. 자신을 끊임없이 노출하고 숨김없이 털어놓으려는 노력을 통해 연대감을 형성해 나가면서 서서히 발전하는 것이다. 친밀감은 다른 두 가지 사랑의 구성 요소(열정, 책임감)와는 달리 부모와 형제자매, 친구 등 다른 친밀한 관계에서도 나타나는 요소다.

가까운 관계에서 친밀감을 나타내는 열 가지(Sternberg & Grajek, 1984) 징표는 다음과 같다.

① 사랑하는 사람이 잘살 수 있기를 열망한다.
② 사랑하는 사람과 함께 행복을 경험한다.
③ 사랑하는 사람에게 높은 존경심을 가진다.
④ 필요할 때 사랑하는 사람에게 기댈 수 있다.
⑤ 사랑하는 사람끼리 서로를 이해한다.
⑥ 사랑하는 사람과 자신 및 자신의 소유물을 나눌 수 있다.
⑦ 사랑하는 사람에게서 정서적인 지지를 받는다.
⑧ 사랑하는 사람에게 정서적인 지지를 해 준다.
⑨ 사랑하는 사람과 친하게 의사소통을 한다.
⑩ 자신의 삶에서 사랑하는 사람을 중요하게 여긴다.

(2) 열정

열정(passion)이란 사랑하는 관계를 낭만, 신체적 매력, 성적인 몰입 등으로 이끄는 강렬한 욕망의 뜨거움을 의미하는 구성 요소다. 열정은 친밀감과 달리 비교적 빠른 속도로 급상승하는 경향이 있다. 때로는 상대방을 처음 만난 순간부터 강렬한 열정을 느끼기도 한다. 그러나 친밀감처럼 오래 지속되기는 어렵다. 열정은 크게 보면 욕망과 욕구로 나누어 볼 수 있는데, 대부분의 사람은 열정을 성적인 것으로 보는 견해를 가지고 있다. 열정에서 성적 욕구가 대부분을 차지하고 있으나, 자아 존중감, 타인과의 친애 욕구, 타인에 대한 지배 욕구, 타인에 대한 복종 욕구, 자아실현과 같은 욕구가 열정에 중요한 역할을 한다.

(3) 책임감

책임감(commitment)은 앞으로 생길 수 있는 대가와 어려움에도 불구하고 누군가를 사랑하겠다는 '결정'의 단기적 측면과 그 사랑의 관계를 지속시키겠다는 '책임감'의 장기적 측면으로 이루어지는 행동적 표현을 포함한 인지적 구성 요소, 즉 생각을 의미한다. 그것은 자신을 사랑하는 상대에 대한 구속력을 나타낸다. 사랑의 징표나 선물의 교환, 주변사람에게 연인을 소개하는 일, 연인과 함께 고통을 나누는 일 등도 여기에 포함되며, 대표적인 것은 약혼과 결혼이라고 할 수 있다. 그러나 결정과 책임감이 반드시 동시에 생기는 것은 아니다. 사랑하겠다는 결정을 했다고 해서 그 사랑을 장기적으로 유지하겠다는 것을 의미하지는 않으며, 그 반대의 경우도 충분히 가능하다.

(4) 사랑의 세 가지 구성 요소의 속성

사랑의 세 가지 구성 요소인 친밀감, 열정, 책임감은 서로 다른 속성을 가지고 있다. Sternberg(1998)도 사랑의 세 구성 요소가 각기 시간이 경과함에 따라 다르게 변화하는 과정을 나타낸다고 시사했다. 즉, 친밀감은 처음에는 꾸준히 증가하다가 점차 느린 비율로 증가하고 마지막에는 감소하며, 열정은 빠른 증가 후에 습관화가 나타나고 출발점 이하로 떨어진 후 점차 회복된다고 하였다. 반면 책임감은 일반적으로 서서히 증가하다가 관계가 더 장기화되면 그 수준이 대체로 감소한다고 하였다. 그러나 이 세 요소의 변화 수준은 개인마다 다르게 나타나며, 개인의 사랑 유형은 일생을 통해 변화할 수 있다.

〈표 7-2〉 사랑의 세 가지 구성 요소의 속성

속 성	구성 요소		
	친밀감	열정	책임감
안정성	상당히 높음	낮음	상당히 높음
의식적인 조절 가능성	보통	낮음	높음
단기간의 관계에서의 중요성	보통	높음	낮음
장기간의 관계에서의 중요성	높음	보통	높음
애정 관계에서의 보편성	높음	낮음	보통
심리적 · 생리적 요소	보통	높음	낮음
의식적 감수성	상당히 낮음	높음	상당히 높음
경험적 특징	불안정함	높음	불안정함

출처: Sternberg, R. J. (1998). *Cupid's Arrow: The Course of Love through Time*, 14.

친밀감과 책임감은 가까운 관계에서 비교적 안정적이지만 열정은 비교적 불안정적이며 그 변화를 예측하기가 어렵다. 친밀감은 어느 정도 의식적인 조절이 가능하며 책임감은 의식적인 조절 가능성이 좀 더 높게 나타난다. 그러나 열정은 거의 통제하기가 어렵다. 사랑의 관계가 장기적인가, 단기적인가에 따라서도 사랑의 세 요소는 다르게 나타나는데, 단기적인 경우 특히 연애 관계에서 열정은 매우 중요한 역할을 하지만 책임감은 거의 역할을 하지 못하며, 장기적인 경우는 친밀감과 책임감이 비교적 중요한 역할을 한다. 실제 사랑의 관계에서도 친밀감은 부모, 형제자매, 연인, 친구 사이와 같이 다양한 관계에서 중요하게 나타나지만 열정과 책임감은 관계에 따라 변수가 많다.

2) 사랑의 유형

Sternberg(1998)는 사랑의 세 가지 구성 요소의 균형과 정도에 따라 질적으로 다른 사랑의 유형을 제시하였고, 이러한 사랑의 유형이 상이한 관계의 특성을 설명해 줄 수 있다고 보았다. 사랑의 삼각형은 사랑의 정도, 형태, 유형을 나타낸다. 삼각형이 클수록 사랑도 그만큼 뜨겁고 삼각형의

〈표 7-3〉 Sternberg의 사랑의 유형

사랑의 유형	사랑의 세 가지 요소		
	친밀감	열정	책임감
호감	○	×	×
도취된 사랑	×	○	×
공허한 사랑	×	×	○
낭만적 사랑	○	○	×
우애적 사랑	○	×	○
얼빠진 사랑	×	○	○
완전한 사랑	○	○	○
비사랑	×	×	×

출처: Sternberg, R. J. (1998). *Cupid's Arrow: The Course of Love through Time*, 14.

특정 각을 바꾸면 사랑의 유형도 달라진다. 세 각이 같은 정삼각형은 이상적으로 균형을 이룬 사랑을 나타낸다.

이와 같이 사랑의 세 구성 요소의 유무 및 조합에 따라 여러 가지 사랑의 유형이 가능하다. 이를 바탕으로 Sternberg는 사랑의 유형을 다음의 여덟 가지로 나누었다. 친밀감만 있는 호감(liking), 열정만 있는 도취된 사랑(Infatuated love), 책임감만 있는 공허한 사랑(Empty love), 친밀감과 열정이 결합한 낭만적 사랑(Romantic love), 책임감과 친밀감이 결합한 우애적 사랑(Companionate love), 열정과 책임감이 결합한 얼빠진 사랑(Fatuous love), 사랑의 세 요소가 모두 있는 완전한 사랑(Consummate love), 마지막으로 사랑의 세 요소가 모두 결여된 사랑이 아닌 것(Nonlove)으로 분류할 수 있다. 사랑의 세 가지 구성 요소의 조합으로 만들어질 수 있는 여덟 가지 사랑과 비사랑의 형태를 구체적으로 살펴보자.

(1) 친밀감만 있는 호감

열정이나 책임감과는 상관없이 단지 친밀감에서 나오는 것이다. 호감이란 평범한 사이나 지나가는 사람에게 단순히 느끼는 감정이 아니라 진실한 우정으로 특징지을 수 있는 관계에서 경험하는 일련의 감정들에 더 가깝다. 따라서 호감은 친구에게 느끼는 것과 같은 가까운 감정을 느끼게 하지만 열정이나 일생을 함께 보내야겠다는 생각을 불러일으키지는 않는다.

(2) 열정만 있는 도취된 사랑

도취된 사랑은 첫눈에 빠진 사랑 혹은 상대를 있는 그대로가 아니라 이상화하는 사랑이다. 즉, 친밀감이나 책임감의 요소가 결여된 열정적 흥분만으로 이루어진 사랑이다. 도취된 사랑은 심장의 박동 소리를 커지게 하고 가슴을 두근거리게 하며, 호르몬의 분비를 촉진시키고, 성적 욕망을 일으킨다. 이 유형의 사랑에서 나타나는 전형적인 문제는 다음과 같다. 첫째, 상대를 있는 그대로 보기보다는 이상화하는 경향이 있다. 둘째, 사랑에 빠져서 다른 일에 투자해야 할 시간과 정력, 동기 등을 잃는다. 셋째, 대개의 경우 상대를 이상화하여 생각하기 때문에 사랑에 빠진 사람은 더욱 더 스트레스에 빠지기 쉽다.

(3) 책임감만 있는 공허한 사랑

공허한 사랑은 열정이나 친밀감 없이 그 사랑을 지키겠다는 책임감만 있는 사랑이다. 주로 장기간의 관계에서 마지막 혹은 마지막에 가까운 단계의 사랑이다. 몇 년 동안 상대방에게 감정적 몰입이나 육체적 매력을 전혀 느끼지 못하는 정체된 관계에서 나타나는 유형이라 할 수 있다. 오로지 책임감만 남아 있고 열정이나 친밀감은 사라졌을 때 그 관계를 회복하는 일은 어렵다. 파트너 중 한 쪽은 아직도 열정이나 친밀감을 느끼고 있지만 다른 쪽에서는 책임감만을 갖는 공허한 사랑을 경험할 수도 있다.

(4) 친밀감과 열정이 결합한 낭만적 사랑

낭만적 사랑은 두 사람이 서로에게 강하게 끌리는 감정과 친밀감을 느끼고는 있지만 책임감은 없는 사랑의 유형이다. 이 사랑에 빠지는 사람은 서로 육체적으로 빠지게 되고 감정적으로도 하나가 된다. 낭만적 사랑을 하는 이들은 그 사랑이 영원하다고 생각하지 않는다. 즉, 낭만적 사랑을 하지만 지속적인 만남에 대해 고려하지는 않는다. 따라서 휴가나 여행에서 만나 잠시 뜨거운 사랑을 나누는 것처럼 서로에게 강하게 이끌리고 친밀감을 느끼지만 결혼과 같은 미래에 대한 책임감 있는 행동은 결여된 채 서로 사랑하는 경우에 해당한다.

(5) 책임감과 친밀감이 결합한 우애적 사랑

우애적 사랑은 상대방에 대한 성적인 흥분을 느끼는 등의 열정 없이 책임감과 친밀감만 존재하는 사랑의 유형이다. 육체적인 매력이 사라진, 즉 열정이 식어버린 결혼에서 흔히 나타나는 장기적인 우정을 말하는 것이다. 사실 대부분의 낭만적 사랑은 차츰 우애적 사랑으로 변하는 경우가 많다. 사랑에 만족을 느끼는 정도에는 연인마다, 개인마다 차이가 있다. 사람에 따라 더 이상의 낭만적 사랑을 원하지 않고 노력도 하지 않을 수 있으며, 반면에 자기 인생에서 그런 낭만적 사랑이 계속 유지되지 않으면 행복하지 않을 수도 있다.

(6) 열정과 책임감이 결합한 얼빠진 사랑

얼빠진 사랑은 친밀감이 결여된 사랑으로, 열정에 근거해서 책임감이 이루어진 사랑이다. 흔히 헐리우드식 사랑이라고도 한다. 이것은 만나자마자 결혼하는 경우로, 헐리우드의 영화를 연상시키기도 한다. 이러한 사랑은 안정적인 친밀감이 없는 상태에서 열정만을 가지고 서로에게 헌신한다는 측면에서 얼빠진 것이다. 열정은 친밀감과는 달리 대체로 순식간에 일어나기 때문에 이러한 얼빠진 사랑은 오래 지속되기 어렵다. 그러므로 열정에 기초를 둔 관계에서 열정이 사라진다면 실망할 수밖에 없다.

(7) 사랑의 세 요소가 모두 있는 완전한 사랑

완전한 사랑은 사랑의 세 가지 구성 요소가 모두 갖추어진 사랑의 유형이다. 이것은 특히 낭만적인 사랑에서 우리 모두가 추구하는 이상적인 사랑이다. 완전한 사랑을 이루고 유지, 발전시켜 나가는 것은 여러 가지 면에서 많은 노력이 필요하다.

(8) 사랑의 세 요소가 모두 결여된 사랑이 아닌 것

사랑이 아닌 것은 사랑의 세 가지 구성 요소 중 어느 것도 없는 상태로서, 주로 우리가 경험하는 다수의 인간관계에서 나타난다. 이는 사랑도 우정도 심각한 방식으로 지속되지 않는 단편적인 관계를 말한다.

III. 사랑의 발전과 종결

1. 사랑의 발전 단계

사랑은 섬광과 같은 순간적인 것이나 어느 한순간에 생기는 것이 아니라 수많은 경험을 통하여 이루어지는 감정적 느낌의 표현이라 할 수 있다. 즉, 사랑은 상대방을 성장 · 발전시키는 동시에 자신의 욕구를 충족시켜 주는 동일시를 내포한 영속적인 감정적 애착이라고 표현할 수 있다.

사랑은 본능적 행위라기보다 배워서 터득하는 학습된 능력이라고 할 수 있다. 누구나 마음먹은 대로 손쉽게 할 수 있는 감정의 놀이가 아니다. 그것은 사랑할 수 있는 능력과 재주, 동기를 가지고 있는 사람만이 할 수 있는 특별한 인간관계인 것이다. 인간관계란 정신건강의 매우 중요한 한 가지 측면이기 때문에 사랑은 정신건강과도 밀접한 관계를 가지고 있다. 특히, 유아기에 부모로부터 따뜻한 사랑을 풍부하게 받으며 부모와 친밀한 관계를 형성한 경험이 사랑의 능력에 기본적 요소가 된다(김중술, 1994).

우리는 모두 어떻게 사랑을 시작하고, 유지하고, 즐길 수 있는가에 대해 많은 궁금증을 가지고 있다. 그러나 이에 대한 해답을 얻기는 쉽지 않다. 한 커플에게 효과적인 방법이 다른 사람에게도 효과적이라고 할 수 없기 때문이다. 따라서 자신에게 맞는 비법이나 방법을 개발해야 한다. 그러나 Crooks와 Baur(2002)는 사랑하는 관계도 인간관계라는 관점에서 볼 때 발전하는 단계와 순서는 있다고 설명하였다.

1) 자기 사랑의 단계

이성 관계의 출발은 자기에 대한 사랑에서 출발한다. 흔히 자신을 사랑하는 것은 미숙하며 이기적이라고 생각하기 쉽지만, 자신에 대한 긍정적인 감정이 만족스러운 인간관계의 출발점이 된다. 다른 사람이 자기를 사랑해 주지 않기 때문에 고독하다고 생각하지만 고독의 가장 큰 원인은 자신에 대한 긍정적인 감정의 결여 때문이다. 긍정적인 인간관계란 자신에 대한 긍정적이고 안정적인 관계가 형성된 상태에서 타인과 관계를 맺는 것이다. 그러나 자신에 대한 불안이나 불만이 있는 상태에서 다른 사람을 통해 자신의 부족한 면을 찾으려고 하면 그러한 관계는 이미 불안을 전제로 하는 것이다. 따라서 있는 그대로의 자신을 수용하고 인정할 때 사랑하고 사랑받을 수 있음을 기억하자.

2) 남녀 간 사랑의 단계

남녀 간에는 사랑이 발전하는 일반적인 단계가 있다. 그러나 모든 연인이 이러한 단계를 거치는 것도 아니고 두 사람의 관계가 항상 예상대로 진행되는 것도 아니다. 사랑을 시작할 때는 그 사랑이 영원하리라는 기대를 하지만 연애 관계는 변화가 많고 결과에 대해서도 예측하기가 어렵다.

(1) 접촉 단계

남녀 간의 일상적인 접촉이 사랑의 출발이 된다. 즉, 정기적이든 불규칙적이든 접촉이 이루어져야 사랑이 싹트기 시작한다. 이 단계에서는 서로의 만남이 즐거우며 가볍게 인사를 나누거나 스킨십을 하기도 한다. 또한 서로의 일상에 대해 호기심을 갖고 안부를 주고받는다.

(2) 반응 단계

남녀의 일상적인 접촉이 이루어진 후 사랑이 한 단계 더 발전하기 위해서는 한쪽에서 반응했을 때 상대방이 어떻게 반응하느냐가 매우 중요하다. 즉, 미소를 보냈는데 무관심하거나 인상을 찌푸리는 모습을 보인다든지, 눈 맞춤을 시도했지만 시선을 피한다면 관계가 지속되지 못한다. 남녀가 사랑으로 발전하기 위한 반응은 상대방이 관심을 가지고 접근해 올 때 적극적으로 열의와 성의를 다해서 대하는 것이 중요하다. 이러한 반응이 더 깊은 사랑의 관계로 발전시킨다.

(3) 보살핌 단계

보살핌은 상대방의 행복에 대해 진심에서 우러나오는 깊은 관심을 보여주는 것이며 그 사람이 특별한 존재임을 확인하는 것이다. 자연히 상대방을 도와주거나 즐겁게 해 주려고 노력하게 된다. 이 단계에서는 상대방이 잘 해 주고 보살펴 줄 때 이것을 당연히 여기고 그에 상응하는 노력을 하지 않으면 사랑은 식는다. 사랑이 발전하기 위해서는 항상 상호작용해야 한다는 것을 잊어서는 안 된다.

(4) 신뢰 단계

신뢰는 자신을 불쾌하게 한 모든 행동에 대해 반드시 그럴 만한 이유가 있었을 거라고 가정하는 것이다. 상대방을 믿어 준다는 것은 사랑의 관계를 위해서 매우 중요하다. 관계에서 상대방이 자신에게 결코 고의로 상처를 주는 일은 없다고 인정할 때 신뢰는 더욱 커진다. 이러한 상대방에 대한 신뢰는 서로가 행동의 일관성을 보일 때 형성되고 더욱 발달한다.

(5) 애정 단계

사랑을 하고 있는 사람에게 가장 중요한 감정은 애정, 즉 상대방에 대한 따뜻한 애착의 감정이다. 애정이 있으면 상대방과 많은 시간을 함께 하고 싶고 신체적으로 접촉하고 싶으며 정서적으로도 의지하고 싶어진다. 애정 있는 커플은 정신적 · 감정적 · 육체적 차원에서 애정을 표현하게 된다.

(6) 즐거움 단계

사랑이 깊어지면 서로에게 편안함을 느끼게 되고 즐거움을 공유하게 된다. 장난을 치거나 농담을 하며 그러한 행동이 자연스러워진다. 서로 만나서 웃고 즐기지만 때로는 상대방이 자기를 버릴 것에 대한 두려움도 있다. 그러나 이 단계에서는 대체로 긍정적인 감정이 더 많다.

(7) 성적 단계

남녀 간의 마지막 단계는 성적 단계다. 이러한 사랑의 단계를 거치면서 성관계를 맺는 경우에 성은 단순히 성적 쾌감뿐만 아니라 서로의 친밀감을 나누고 사랑을 나누는 것을 의미한다. 상대방을 수용하고 인격적인 만남의 관계가 형성될 때 성을 나누어야 한다.

남녀가 데이트를 거쳐서 결혼에 골인하는 경우를 살펴보면 처음에는 서로 친구 관계로 출발해서 애인으로 발전하여 결혼으로 이어진 경우가 35%로 가장 많았고, 혼자 접근한 경우가 32%, 가족의 소개나 도움이 15%, 직장 또는 이웃에서 만난 경우가 13%였다(Michael et al., 1994).

2. 사랑의 발달과 유지를 위한 전략

인생에서 사랑을 키워 나가는 데 너무 늦는 법이란 없다. 사람은 누구나 사람을 사랑하고 사랑을 받고, 그 사랑이 영원히 변치 않기를 바란다. 사랑하고 사랑받고 있다는 사실로써 인생의 보람을 느끼고 행복을 느끼기 때문에 누구나 사랑을 원한다.

남녀 간의 사랑은 화초와 같아서 물을 주고 가꾸지 않으면 시들어 버린다. 남녀 간의 애정을 키우기 위해서 서로를 위한 시간, 돈, 에너지의 투자가 필요하다. 애정 표현을 상대방에게 요구하는 것도 중요하지만 상대방이 애정을 표현했을 때, 그것을 잘 받아들이는 것도 중요하다.

Fromm(1956)은 사랑이란 즐거운 감정이라기보다는 기술(art)이며, 사랑하기 위해서는 지식과 노력이 필요하다고 했다. 그렇다면 사랑의 발달과 유지를 위한 방법에는 어떤 것이 있는지 살펴보자.

1) 남녀의 차이를 인식하라

남녀 간의 근본적인 차이를 인식하는 것은 긍정적이고 애정적인 관계로 발전해 나가는 데 매우 중요하다. 그러나 우리는 이러한 사실을 충분히 인식하지 못하고 있다. 시간이 갈수록 서로의 차이에 대해 원망하고 거부한다. 그러다보니 상대방을 변화시키려는 데 많은 노력과 시간을 낭비한다. 결국 관계는 매력을 상실하고 혼란과 갈등만 야기하게 되며, 사랑의 결속력도 사라진다. 설사 상대방을 변화시켰다고 하더라도 그로 인해 단기적인 요구는 충족될지 모르지만 결국 열정이 식는다.

특히, 남녀는 욕구에서도 차이가 난다고 Gray(1992)는 말하고 있다. 남자의 일차적인 욕구는 사랑받는 것, 가치를 인정받는 것, 수용되는 것, 신뢰받는 것이라고 했다. 여자의 일차적인 욕구는 사랑받는 것, 존중받는 것, 이해받는 것, 보살핌을 받는 것이라고 했다. 그렇다면 남자는 상대방을 배려하고 이해하고 존중하는 태도를 발전시켜 나가야 하며 여자는 상대방을 인정하고 수용하며 신뢰하는 태도를 발전시켜 나갈 필요가 있다.

결국 서로의 차이를 인식하고 받아들이지 않고서는 사랑을 유지하고 발전시켜 나가기란 어렵다는 사실을 기억해야 한다.

사랑의 발달과 유지를 위해 남녀가 바라는 열두 가지 사랑의 빛깔

- 그녀는 관심을, 그는 신뢰를 필요로 한다.
- 그녀는 이해를, 그는 인정을 필요로 한다.
- 그녀는 존중을, 그는 감사를 필요로 한다.
- 그녀는 헌신을, 그는 찬미를 필요로 한다.
- 그녀는 공감을, 그는 찬성을 필요로 한다.
- 그녀는 확신을, 그는 격려를 필요로 한다.

출처: Gray, J., 김경숙 역(2010). 화성에서 온 남자, 금성에서 온 여자.

2) 감정적인 지지를 주고받아라

서로가 무엇을 원하고 필요로 하는지에 대한 표현뿐만 아니라 감정적인 지지를 주고받는 것이 매우 중요하다. 대부분 서로의 심리적 또는 감정적 요구를 충족시키기 위해서 관계를 맺는다. 성장 과정에서 이러한 감정적인 지지를 받은 경험이 있는 사람이라면 마음에서 우러난 감정적인 지지를 해 주는 것이 어렵지 않다. 하지만 애정 있고 협력적인 관계가 어떤 모습이며 어떤 느낌을 주는지에 대한 구체적인 경험이 없다면 어려움을 겪게 된다. Gray(2007)는 진실로 애정이 넘치고 감정적인 협력 관계를 창조하는 데 필수 불가결한 일곱 가지 감정적 요구 또는 태도를 제안했다. 사랑, 보살핌, 이해, 존중, 감사, 수용, 신뢰가 바로 그것이다.

(1) 사랑

사랑하는 태도는 연결하는, 이어주는, 함께 나누는, 참여하는 것이다. 그것은 비난하거나 비평하지 않는 것을 의미한다. 사랑은 정서적인 차원에서 이해를 통해, 감정적인 차원에서 동정을 통해, 육체적인 차원에서 접촉을 통해 표현된다.

(2) 보살핌

보살피는 태도는 다른 사람의 행복에 대해 진심에서 우러나오는 깊은 관심을 보여 주는 것이다. 또한 자기 자신에게 무엇이 중요한지를 인정하는 것이며, 상대방이 특별한 존재임을 확인하는 것을 의미한다.

(3) 이해

이해하는 태도는 말의 의미나 감정 또는 상황의 타당성을 인정하는 것이다. 그것은 이미 모든 답을 알고 있다고 가정하지 않는다. 이해함으로써 우리는 자신의 입장만 주장하는 것이 아니라 상대방의 눈을 통해 세상을 보게 된다.

(4) 존중

존중하는 태도는 다른 사람의 권리와 바람, 요구를 인정하는 것이다. 그것은 두려움에 의해서가 아니라 상대방의 정당함을 인정함으로써 그의 바람과 요구에 양보할 수 있는 것을 의미한다. 존중은 상대방의 요구뿐만 아니라 그 사람 자체의 중요성과 가치를 인정하는 것이다.

(5) 감사

감사하는 태도는 상대방의 노고와 행동의 가치를 인정하는 것이다. 그것은 그의 존재나 행동이 자신을 더욱 행복하게 한다는 것을 알아주는 것이다. 감사는 충만함과 기쁨의 감정을 상대방에게 되돌려 주도록 고무한다.

(6) 수용

수용하는 태도는 상대방의 존재나 행동을 있는 그대로 기꺼이 받아들이고 있음을 인정하는 것이다. 그것은 거부하지 않으며 오히려 호의를 가지고 상대방을 받아들인다는 것을 의미한다. 수용한다는 말은 받은 것에 대해 감사의 마음을 지니고 있다는 의미를 내포한다.

(7) 신뢰

신뢰하는 태도는 정직, 완전함, 믿음직함, 공명정대함 그리고 성실과 같은 상대방의 긍정적인 성격 특성을 인정하는 것이다. 신뢰가 결여되어 있을 때 상대방의 의도에 대해 성급하게 그릇된 결론을 내리거나 부정적인 판단을 하게 된다. 신뢰감을 갖고 다가간다는 것은 상대방이 기꺼이 자기를 도와줄 것임을 믿는 것이다.

3. 사랑의 종결

1) 사랑의 종결 이유

사랑은 왜 실패하는가? 흔히 사랑은 타오르는 불꽃과 같이 시작하고 영원을 약속하지만 많은 사랑이 처음의 기대나 희망을 달성하지 못하고 허무하게 끝나고 만다. 어떤 사랑이 성공하고 어떤 사랑이 실패하는지 알아내는 방법은 없을까?

이러한 의문을 해결하기 위해 Rubin(1979)은 보스턴 지역의 4개 대학에서 데이트를 하고 있는 약 200쌍을 조사했다. 약 2년 후에 대상자의 45%가 헤어졌고 나머지는 여전히 데이트를 하거나 약혼 또는 결혼을 했음이 밝혀졌다. 대체적으로 지속적인 사랑을 유지하는 커플과 비교해 볼 때 헤어진 커플은 첫 2년 동안 서로에게 밀착하지 않았으며 평등한 연인 관계를 유지하지 못했다. 즉, 그들의 관계에서 평등하지 않게 남자나 여자 중의 한 사람이 상대방에게 더 흥미가 있었고 더 많이 투자했다는 사실이 밝혀졌다.

시간이 갈수록 서로에게 매력을 상실하는 이유에 대해서 좀 더 알아보면, 상대방을 기쁘게 해 주려고 자신의 진정한 내적 자아를 억압한다는 것이다. 또한 상대방을 자신의 틀에 끼워 맞추려고 노력한다는 것이다. 자신을 억압하는 것이나 상대방을 변화시키는 것이나 두 가지 모두 관계를 망쳐 놓기는 마찬가지다. 만약에 사랑받기 위해서 자신을 부정하고 억압한다면 자기 자신을 사랑하지 않는 것이다. 그리고 상대방을 뜯어고치려 하거나 조종하려 한다면 상대방이 현재의 상태로는 사랑을 받을 자격이 없다는 말을 계속 전하는 것과 같다. 사랑이라는 이름하에 자신을 억누르거나 상대방을 바꾸려고 할 때 사랑의 힘은 사라진다.

특히 사랑이란 두 사람 사이에 완전히 감정의 일치가 이루어지는 상태로서 언제나 흥분과 낭만으로 가득해야 한다고 생각하는 사람들이 있다. 그들은 처음과 같은 흥분과 낭만이 없으면 사랑이 식었다고 결론짓는다. 사랑하는 사이에는 의견의 충돌이나 갈등이 없어야 하며 항상 긍정적이고 아끼는 마음만 있어야 한다. 또 싫증을 내거나 무관심해서는 안 된다고 주장한다. 그러나 낭만적 감정은 처음 두 사람을 끌리게 할 수는 있으나 지속시키지는 못한다. 진정한 사랑은 서로의 부족한 점을 보완하며 차이점을 이해하려고 노력한 결과 얻어지는 만족감으로, 낭만적 감정보다 더 깊은 친밀감과 애정을 느낄 수 있도록 해 준다(김중술, 1994).

2) 사랑의 종결 단계

연애 관계의 시작과 발전 단계가 상이하고 결혼에 이르는 경로가 다양하듯이 관계의 종결 또한 일회적이거나 순간적으로 일어나는 것이 아니라 관계 발전처럼 일련의 단계를 거친다. Duck(1982)은 사랑이 어떻게 끝나는지 설명하는 모델을 제시하였다. 종결의 패턴은 관계 개선의 시도 없이 일방적이고 간접적인 방법으로 이루어지는 것과 신속하게 쌍방이 원하여 서로 양가감정을 가진 채 이루어지는 것이 있는데, 네 단계 모형은 다음과 같다.

(1) 일반적 심리 단계

연애 관계 종결의 발단이 되는 일을 경험하고 더 이상 참을 수 없다고 결심할 때 일어난다. 이 단계에서는 상대방의 행동 중에서 사랑을 종결시키는 원인이 될 수 있는 행동에 대한 평가를 한다.

(2) 쌍방적 인지 단계

두 사람은 사랑을 끝내게 할 수 있는 어떤 실마리를 인지하고 이 문제 때문에 상당한 시련을 경험한다. 이때 그들은 사랑을 유지하면서 갈등의 원인을 제거할 것인지 아니면 관계를 개선할 것인지 아니면 끝낼 것인지를 결정하게 된다. 또한 헤어진 후에 서로가 감수해야 할 부분을 고려한다.

(3) 사회적 단계

더 이상 길이 없다고 판단하여 사랑을 끝내기로 결정하면서 사회적 적응을 위한 다른 시도를 시작한다. 이때 주위 사람을 상대로 하는 관계 종결에 대한 변명을 준비한다. 이는 자신의 자존심을 보존하기 위한 수단이기도 하며 또 다른 사람과의 사랑에 대한 대비이기도 하다.

(4) 정리 단계

두 사람의 관계를 정신적으로나 육체적으로 완전히 끝내는 시기다. 이 단계에서는 사랑이 실패한 이유가 주위 사람에게 합리적으로 보이도록 하기 위해 사랑이 종결된 이유를 의도적으로 설명하려 한다. 이때 새로운 사랑에 대한 대비도 한다.

3) 사랑의 종결 반응

관계가 종결되면 사실상 함께 했던 여러 가지 상호작용 패턴, 계획, 목표가 더 이상 이루어질 수 없게 되며, 개인의 일상적인 활동이나 생활에까지 깊은 타격을 준다. 의미 있는 사람과 분리된다는 것은 함께 해왔던 모든 생활체계가 흔들리고 지금껏 믿어 왔던 자신의 신념체계가 심하게 흔들린다는 것을 의미한다. 그러다 보니 이전과는 다른 새로운 생활체계를 구성해야 하는 요구에 직면한다. 그렇다면 사랑의 종결에 따른 실연 반응에 대해 구체적으로 알아보자(Cheikin, 1981).

(1) 행동적 반응

연애 관계의 상실로 인한 대표적인 행동적 반응으로는 결석, 학업의 어려움, 사람과 활동에 대한 흥미 상실, 상대방에 대해 계속적으로 생각하거나 과거에 몰두함, 친구 관계에 소원함, 다른 사람과 일로부터 도피, 갑작스러운 부주의, 술이나 음식에 대한 탐닉, 상대방과 관련 있는 모든 활동의 중단 등이 있다.

(2) 정서적 반응

연애 관계의 상실로 인한 대표적인 정서적 반응으로는 우울, 분노, 죄의식, 불안, 슬픔, 외로움, 불행감, 무망감, 실망, 무가치감 등이 있다. 그리고 Headington(1981)에 의하면 실연 후의 감정에 대한 부정, 표현된 혹은 말하지 않은 감정에 대한 죄책감, 포기감과 일상 사건에 대한 통제력 상실에 따른 분노, 외로움에 대한 직면의 두려움, 변화에 대한 큰 저항 등으로 나타난다. 이러한 감정은 미해결 상태로 남아 있게 된다.

(3) 신체적 반응

연애 관계의 상실로 인한 대표적인 신체적 반응으로는 피로감, 불면증, 식욕 상실, 체중 감소, 소화 장애, 각종 통증, 심장박동의 변화, 가슴의 답답함, 목과 어깨의 뻣뻣함, 안면 홍조 등이 있다.

(4) 인지적 반응

연애 관계의 상실로 인한 대표적인 인지적 반응으로는 과잉 일반화, 재앙화, 흑백논리적 판단 경향성, 자신에 대한 부정적 인식, 다른 사람에 대한 불신, 앞으로의 친밀한 관계 형성에 대한 부정적 시각 등이 있다.

이와 같이 친밀했던 관계의 상실을 경험한 사람은 스트레스, 불안, 외로움이 증가하고 자아 개념이나 자신에 대한 인식, 다른 사람에 대한 믿음, 앞으로의 친밀한 관계 형성에 대해 부정적 시각을 가지는 등 여러 가지 변화된 증상을 나타낸다(Duck, 1982). 때로는 연애 관계의 상실 후 고독이 뒤따르기도 하며 새로운 사람이 자기를 좋아하지 않을 것이라고 생각하는 동시에 자신도 친밀감을 갖지 않는 경우가 많다. 연애 관계의 상실은 정리하는 과정 중에 겪는 부정적 영향과 스트레스로 인한 생활 부적응의 심각성을 동반하며, 그 후의 만남을 제한하거나 이전 연애 관계에서 했던 실수를 반복하여 관계 기술의 성장을 위축시키기도 한다. 따라서 연애 관계 상실 후의 과정을 얼마나 잘 견디고 대처하느냐가 무엇보다 중요하다.

학습 과제

1. 사랑의 유형에 대해 설명하시오.
2. 남녀 간 사랑의 발전 단계를 진술하시오.
3. 사랑의 종결에 대해 설명하시오.

참고문헌

김중술(1994). 新사랑의 의미. 서울: 서울대학교 출판부.

Amelang, M. (1991). Results of a nearly comprehensive study of Eysenck's extraversion theory. *Psychologische Beitr ge, 33*(2), 23-46.

Berscheid, E., & Walster, E. (1974). A little bit about love. In T. L. Huston (Ed.), *Foundations of Interpersonal attraction* (pp. 359-374). NY: Academic Press.

Brown, R. A. (1993). Romantic Love and Spouse Selection Criteria of Male and Female Korean College Students. *Journal of Social Psychology, 134*, 183-189.

Cheikin, M. L. (1981). Loss and reality. *The Personel and Guidance Journal, 59*, 335-338.

Crooks, R., & Baur, K. (2002). *Our Sexuality*. Belmont, CA: Thomson Wadsworth.

Duck, S. (1982). Topography of Relationship Disengagement and Dissolution, Personal Relationships. *Dissolving Personal Relationships*. London: Academic Press.

Erickson, E. H. (1959). *Identity and the life cycle*. NY: International Universities Press.

Fromm, E. (1956). *The art of loving.* NY: Harper & Row.

Gray, J. (2010). **화성에서 온 남자, 금성에서 온 여자** [*Men are from Mars, Women are from Venus*]. (김경숙 역). 서울: 동녘라이프. (원저는 1992에 출판).

Gray, J. (2007). **화성남자 금성여자의 관계 지키기** [*Improving relationships by understanding how men and women cope differently with stress*]. (김경숙 역). 서울: 동녘라이프. (원저는 1993에 출판).

Headington, B. J. (1981). Understanding a core experience: Loss. *The Journal of Personnel & Guidance*, 321-330.

Hendrick, C., & Hendrick, S. (1986). A Theory and Method of Love. *Journal of Personality and Social Psychology, 50*, 392-402.

Lasswell, T. E., & Hatkoff, S. (1979). Male-Female Similarities and Differences in Conceptualizing Lobe. In M. Cook & G. Wilson (Eds.), *Love & Attachment.* Oxford: An International Conference Pergamon Press.

Lee, J. A. (1973). *The Colors of Love: An Exploration of the Way of Loving.* Don Mills, Ontario: New Press.

Maslow, A. H. (1954). *Motivation and personality.* NY: Harper & Row.

Michael, R. T., Gagnon, J. H., Laumann, E. O., & Kolata, G. (1994). *Sex in America: A definitive survey.* Boston: Little, Brown.

Morrow, G. D., Clark, E. M., & Brock, K. F. (1995). Individual and Partner Love Styles: Inplications for the Quality of Romantic Involvements. *Journal of Social and Personal Relationship, 12*, 363-387.

Rubin, Z. (1973). *Liking and Loving.* NY: Holt, Rinehart, & Winston.

Rubin, Z. (1979). *Liking and Loving(Revised).* NY: Holt, Rinehart, & Winston.

Sternberg, R. (1986). A triangular theory of love. *Psychological Review, 93*, 119-135.

Sternberg, R. J. (1998). *Cupid's Arrow: The Course of Love through Time.*

Cambridge: Cambridge University Press.

Sternberg, R., & Grajek, S. (1984). The Nature of Love. *Journal of Personality & Social Psychology, 47*, 312-327.

제8장

자기실현

천성문

학습 목표

1. 자기실현의 의미, 특징, 구성 요소를 알아본다.
2. 자기실현과 인간의 성장 및 교육의 관계에 대해 이해한다.
3. 자기실현의 과정을 단계별로 알아본다.
4. 자기실현을 위한 인생 설계에 무엇이 필요한지 알아본다.

I. 자기실현의 의미

1. 자기실현의 정의

자기실현이라는 말은 추상적이고 형이상학적이어서 그 개념이 쉽게 구체적으로 그려지지 않는다. 일반적으로 자기실현은 'self-actualizing'의 번역어로 인간이 타고난 무한한 가능성을 현실화하는 과정이다. 자기실현이라는 용어를 심리학적으로 처음 사용한 사람은 Goldstein(1939)이며, 그는 성격 이론 분야에서 자기실현을 현대적인 개념으로 처음 소개했다고 알려지고 있다. 그 후 Rogers와 Maslow가 자기실현에 대한 이론적인 체계를 잡고 발전시켰으나 자기실현에 대한 정의는 학자에 따라 다양하다.

인간 존엄성에 바탕을 둔 인본주의자는 사람은 누구나 선천적으로 무한한 잠재력을 지니고 있으며 자율적이고 능동적으로 삶을 살아간다고 보았다. 또한 그들은 사람이 자신의 능력을 최대로 개발하고 발휘하고자 하는 욕구와 성향을 갖고 있다고 하였으며, 그러한 욕구와 성향을 자기실현이라고 보았다. 인본주의의 대표적인 학자 Rogers(1951)는 자기실현을 '자신의 독특한 심리적 특성과 잠재력을 개발하여 온전한 자기가 되는 성숙 과정'이라고 하였다. 다시 말해, 인간의 타고난 본성에는 성숙할 수 있는 방향으로 이끄는 힘이 있는데, 환경에 적응하고 각 개인을 성숙으로 이끄는 그 힘을 실현 경향성(actualizing tendency)이라고 하였다. 또한 그는 모든 유기체가 자기 자신을 보존하고 실현하며 고양하려는 하나의 기본적인 경향과 노력을 지니고 있다고 보았다. 즉, Rogers에 의하면 모든 인간은 자기를 실현하고자 하는 경향성을 가지고 있다.

자기실현 이론을 가장 종합적이고 체계적으로 발전시킨 사람은 Maslow다. Maslow(1970)는 자기실현을 '한 개인이 인간으로서 실현할 수 있는 잠재 가능성을 최대한으로 수용하고 표현한 상태'로 보고, 자기실현을 한 사람은 정신적으로나 심리적으로 건강한 사람임을 강조했다. 그는 욕구를 결핍 욕구와 성장 욕구로 나누고 인간의 욕구를 생물학적인 욕구, 안전의 욕구, 소속감과 사랑의 욕구, 자존감의 욕구, 자기실현의 욕구의 다섯 단계로 구분하였다. 앞의 네 가지는 인간 삶의 가장 기본적인 욕구이므로 그 욕구를 채우지 못할 경우에는 삶 자체를 유지할 수 없다. 그러나 네 가지 욕구가 충족되었다 하더라도 자기실현의 욕구를 현실화하지 못하면 건강한 삶을 살아갈 수 없다(Maslow, 1970). 결핍의 욕구를 충족한 후에 나타나는 자기실현의 욕구는 정신적으로 건강한 사람이 더 강하다. 따라서 자기실현은 다음의 두 가지 내용을 반드시 포함해야 한다. 하나는 자기의 내면적 핵심을 수용하고 표현하는 것, 즉 자신이 지니고 있는 잠재적 능력 및 가능성을 실현함으로써 자기 자신의 본질적 가능성을 '완전히 발휘(fully functioning)'하는 것이다. 또 하나는 질병, 신경증, 정신병 또는 기본적 인간 능력의 상실 혹은 감퇴 등이 가장 적게 나타나는 상태로서, 심각한 문제나 정신적인 문제로부터 해방되는 것이다. 그것은 자기실현이 안정된 상태에서 한 개인의 내면적 본성을 인정하고, 나아가 그것을 완전히 개발하며 표현하는 것이어야 함을 뜻한다(석창훈 · 신창호, 2010).

자기실현에 대한 또 다른 주장은 분석심리학의 대표적 인물인 Jung (1953)이 내세웠다. Jung(1954)은 성격 발달이 자기실현의 과정이며 자기실현이란 '자기가 되는 것'이라고 보았다. 즉, 자기실현은 자기의 약점, 장점, 성스러운 면과 악한 면을 받아들이고 무의식 속에 있는 무한한 가능성을 살려서 자기 성격의 부분이 자기의 전체와 통합되고 조화를 이루어 자기표현이 자유로워지는 것이다. 무의식에 관심을 가지면 인식하지 못했던 자신의 부분을 깨달을 수 있으며 그것을 자아의식이 받아들여 실천에 옮길 때 자기실현이 이루어진다. 이처럼 무의식과 의식의 합일이 이루어지기 위해서는 자아의 결단과 용기와 인내심이 필요하다. 그래서 자기실현은 반드시 완전해지는 것이라기보다는 비교적 온전해지는 것(wholeness)이며, 자기실현을 성취할수록 지극히 평범한 사람의 모습을 갖추어 간다.

또한 Jung은 자기실현을 '개성화(individuation)'와 같은 의미로 보았다. 개성화는 온전한 상태의 달성을 지향하는 성격 발달의 과정으로, '자신답게 되는 과정(coming to the selfhood)'이다. Jung이 말하는 개성화는 '남이 만들어 준 나' '남에게 보이는 나'에서 벗어나서 자기 내면의 욕구와 성향에 대한 진정한 이해를 통해 이루어진다. 그래서 개성화는 중년 이후에 인생 후반기의 과제로 부각되는 경향이 크다. 중년에 이르러서는 그동안 버려 두었던 자신의 내면세계를 다시 들여다보고 자기를 찾을 필요가 있다. 청소년기에는 삶에서 후퇴하지 않는 것이 과제였다면 중년 이후에는 바깥 생활 때문에 잃어버렸던 자신을 찾는 개성화가 중요한 과제다. 즉, 인생의 전반기의 과제가 사회에 진출해 적응하는 일이라면, 후반기의 과제는 자기를 찾아 통합하는 일이다. 따라서 자기실현은 심리 발달의 과정으로 이해할 수 있으며 자기 내면의 욕구와 성향에 대한 이해를 통해 자신에게 주어진 소명을 이루어 가는 발달 과정이라 볼 수 있다.

이상에서 살펴본 자기실현의 의미를 종합해 보면 인본주의 학자는 인간이 타고난 무한한 잠재력을 최대한 발휘하거나 개발하는 것을 강조한다. 따라서 자기실현은 자신의 존재 이유를 찾아 자신이 가진 최대한의 능력을 발휘하며 살아가는 것이다. 반면 Jung은 자기실현의 의미에서 자신을 찾는 개성화, 즉 자신다워지는 과정을 통해 진정한 자신이 되는 것을 강조하였다.

2. 자기실현인의 특징

자기실현인의 특징을 제시한 학자는 Maslow(1968, 1970)다. 그는 창조적 업적과 인격적 성숙을 통해 자기실현을 이룬 세계적인 위인의 삶을 치밀하게 분석하였다. 그 결과 Maslow는 자기실현인에게서 발견되는 행동적인 특징을 다음과 같이 설명하고 있다.

- 현실을 보다 정확하게 지각하며 현재 지향적이다.
- 자기 자신을 수용하는 동시에 타인과 자연을 있는 그대로 수용한다.
- 자발적이고 자연스럽게 행동하며 나름대로의 자주적인 윤리 강령을 가지고 있다.
- 자기중심적이기보다 문제 중심적으로 행동한다.
- 호젓한 자기만의 세계를 즐긴다.
- 보다 독립적 · 자율적으로 행동하며 자기 성장에 대한 신념과 의지가 강하다.
- 신기함, 신비스러움에 대한 호기심이 강하고 신선한 감정을 유지하면서 자연을 감상한다.
- 풍부한 감성을 지니며 정상 경험을 자주 맛본다.
- 인간에 대해 풍부한 애정과 동정심을 가지고 있다.
- 대인 관계에서 가급적 방어를 하지 않고 깊은 인간관계를 맺는다.
- 누구와도 우호적 관계를 맺을 수 있는 민주주의적 태도를 가지고 있다.
- 고결한 도덕성을 가지고 수단과 목적을 구별한다.
- 공격적이지 않은 유머 감각을 가지고 있다.
- 독창성과 창의성이 있으며 발명가적 기질이 있다.
- 현실에 안주하기보다는 끊임없이 이상을 추구한다.
- 인간 본성과 자신의 철학에 근거하여 사회적 · 실제적 가치를 평가하는 경향이 있다.

Maslow는 이 세상을 살아가는 사람 중 매우 극소수(1% 이하)만이 이러한 자기실현인에 해당한다고 하였다. 그는 모든 이가 자기실현인이 되지 못하는 이유를 첫째, 많은 사람이 자신이 가진 잠재력에 대해 알아차리지 못하고 자기실현이 가져다주는 이익을 알지 못한 상태에서 오히려 자신의 능력을 의심하며 두려워하는 경향 때문이며, 둘째, 자신에게 주어진 사회적 환경이 자기실현을 억눌러 버리기 때문이며, 셋째, 새로운 시도에 대해 두려워하고 현재에 안주하려는 안전 욕구가 가져다주는 부정적 영향 때문이라고 보았다.

Maslow가 이처럼 극소수만이 자기실현인이 될 수 있다고 했지만 Rogers(1951)는 누구든지 자기실현의 동기를 타고나기 때문에 그러한 동기가 방해받지 않고 오히려 조장되며 격려를 받는 적절한 조건이 이루어지고 또 자신의 실현을 향한 내적인 소망을 발견할 수 있는 환경 또는 관계가 제공된다면 자기실현을 더욱 잘 이룰 수 있다고 하였다. 따라서 인간은 누구든지 자신의 성장과 성숙을 도모하는 선택을 할 수 있고 자신을 실현할 수 있는 가능성이 있다.

3. 자기실현의 구성 요소

자기실현을 이루기 위해서는 필요한 여러 가지 요소가 있다. 자기실현의 구성 요소에 대해 다각적이고 통합적으로 접근한 Shostrom(1976)은 자기실현을 이루기 위한 요소를 크게 시간성과 지향성으로 나누었다. 시간성은 시간을 얼마나 효율적으로 사용하는가에 대한 것으로, 자기실현을 이루는 사람은 과거에 일어난 일에 대해서 죄의식이나 실망, 비난, 분개의 감정을 가지고 있지 않으며 미래에 대한 이상적인 목표나 계획, 기대 등에 의한 의미 없고 분별없는 집중을 많이 하지 않고 현재에 충실한 삶을 산다는 것이다. 지향성은 한 개인의 행동 양식이 자신을 향해 있는지 타인을 향해 있는지에 대한 것으로, 자기실현을 이루는 사람은 다음과 같은 지향성의 하위 요소를 충족하고 있다.

지향성의 하위 요소는 자기실현성, 실존성, 감수성, 자발성, 자기 긍정성, 자기 수용성, 인간관, 포용성이다. 자기실현을 이루는 사람은 자기 지향적인 사람으로서 주로 자신의 내면적인 원리나 동기에 입각해서 행동한다. 또한 자기실현을 하는 사람의 가치관을 긍정하고 따르려고 노력하는 자기실현성을 가지고 있고, 인간의 생활에서 가치나 원칙을 적용하는 데 융통성을 가지는 실존성이 있다. 이들은 자신의 욕구나 감정에 대해 민감하게 반응하는 감수성이 있어 자신의 욕구나 감정에 충실하고, 자발적인 행동으로 감정을 표현하는 것에 대해 두려움을 가지고 있지 않으며, 스스로 자신의 감정을 자발적으로 표현하고 행동한다. 자기 자신을 가치가 있고 존중받아야 할 인물로 생각하여, 자신이 결점이 많더라도 있는 그대로의 자기를 받아들일 수 있으므로 자신의 장점뿐 아니라 단점까지 수용한다. 또한 인간의 본성을 근본적으로 선하다고 보고 타인과의 인간관계를 어떤 기대나 의무감 없이 의미있고 친근하게 가질 수 있다고 생각한다.

II. 자기실현과 인간 성장

1. 자기실현과 인간 성장의 관계

인간의 성장에는 적절한 자연적인 환경뿐만 아니라 외부의 위험으로부터 보호해 주고 성장을 도와주는 사회적 환경 또한 필요하다. 인간의 성장을 돕는 사회적 환경은 성장 과정에서 필요한 고도의 능력을 습득하고 연마할 수 있도록 한다. 장구한 세월에 걸쳐 형성된 사회적 환경은 매우 다양하고 풍부하여 그것을 익히는 데 오랜 시간과 노력이 필요하며 누구든지 전체를 단번에 모두 학습할 수는 없다. 그러므로 모든 인간은 학습해야 할 과제를 가지고 있으며 그러한 과제에 도전하는 과정 속에서 끊임없이 성장

한다.

인간이 성장한다는 것은 본능적인 적응과 잠재된 내면적 힘이 발현되는 것뿐만 아니라 더 깊고 넓게 다양한 형태의 접촉과 습득이 이루어지는 것을 의미한다. 따라서 인간답게 성장하기 위해서는 오랫동안 지속적인 노력의 과정이 필요하며 그러한 과정에서는 미성숙한 존재로 남아 있을 수밖에 없다. 그래서 인간은 오랜 성장 과정을 거쳐 성숙한 인간이 된다(이돈희 · 김신일 · 김계현 · 이종태, 2002).

이러한 인간의 성장에 대해 맹자는, 호연지기(浩然之氣)를 기르기 위해서 인위적인 제재를 가하는 것은 옳은 일이 아니나 벼가 제대로 자라게 하기 위하여 김매고 물주는 일은 필요하다고 하였다. 다시 말해서 성장을 위해 무엇인가를 무리하게 강제로 시키거나 자신의 의사와 관계없이 억지로 주입하는 일은 인간의 순리적인 성장에 도움이 되지 않지만 보호와 돌봄은 필요하다는 것이다. 따라서 자기실현을 위한 성장을 위해서는 스스로의 성장에 도움을 주되 그것이 강제나 간섭이 되지 않는 환경을 조성하는 일이 중요하다.

2. 자기실현과 교육

교육은 인간이 잠재성을 발휘하도록 도움을 주는 과정이다. 따라서 교육의 목적은 인간의 자기실현을 돕는 것이라고 할 수 있다. 그렇다면 각자의 잠재력을 교육을 통하여 실현할 수 있도록 한다는 것은 구체적으로 어떤 의미가 있는가?

교육을 통하여 인간이 성장한다는 것은 인간과 자연 세계에 대한 지식을 획득하고 생활의 규범을 익히며 살아가는 데 필요한 기능이나 기술을 습득하고 감정과 정서를 적절하게 조절 · 표현하는 법을 익히는 것을 의미한다. 그러한 일은 인생의 어느 단계에서 끝나는 것이 아니라 인간이 살아있는 동안 끊임없이 계속된다. 이는 강제나 조작이 아니라 각자의 자율적인 성장을 격려하고 지원함으로써 실현할 수 있다.

유교적 전통에서도 자기실현을 사람다움의 지향이자 실천 행위로 이해한다. 그러한 과정에서 배움과 공부가 필요하고 그것을 통해서 자기실현이 가능하다고 본다. 유교에서는 자기실현의 능동성과 교육 및 학습의 중요성을 지적하며 평생에 걸쳐 완벽한 인격을 꿈꾸는 교육과 학습의 모델을 제시하고 있다. 즉, 인간은 누구나 배움을 통해서 성인(聖人)이 될 수 있다는 것이고 공자의 삶은 그 가르침을 실천으로 증명해 내려는 것이었다고 하겠다. 이렇듯 유교에서는 자기실현의 과정이 내면적으로는 자기 단련이고 외면적으로는 인간의 전형(典型)을 드러내는 것이다. 즉, 그것은 유교가 지향하는 수기치인(修己治人)의 이념을 수행하는 과정이다(신창호, 2010).

인간은 수기치인의 과정을 통해서 몸의 수양은 물론 자신의 문제를 넘어서 사회 전체에 기여하는 건강함을 확보하는 길로 나아간다. 즉, 자기실현은 성인(成人)이나 대인(大人)을 추구하고 바로 그러한 사람이 되는 삶의 과정이다. 자기실현은 자신의 실천 행위지만 그것은 교육을 통해 충실성을 기할 수 있다.

인격의 성장이란 인간 자체의 내적인 힘을 발현하는 것을 의미한다. 교육은 외부의 힘에 의해서 조종된 변화가 아니라 그러한 내적인 힘을 발현하도록 하여 자기실현을 돕는 활동이다. 이처럼 인간의 성장은 교육을 통한 인격적인 성장을 의미하며, 이때 자율적이고 독립적이며 창의적인 자기실현이 가능해진다.

III. 자기실현의 단계

1. 인간의 발달과 성숙 과정에서의 자기실현

자기실현의 과정이 인격의 성장 과정이라고 할 때 인간의 발달과 성숙 과정을 성인 초기, 성인 중기, 성인 후기로 나누어 자기실현의 단계를 살펴볼 수 있다.

성인 초기는 자아 확립의 단계로서, 청소년기를 지나면서 자아 정체감을 획득하고 자기 나름대로 찾은 뜻을 가지고 성인기로 들어가는 시기다. 이 때에는 결혼과 직업의 선택 등 인생의 중요한 결정이 이루어진다. 그리고 온전히 자기 자신이 되어 확고한 자신의 모습을 확립해 나간다. 이 시기에 가장 중요한 것은 육체의 쾌락에 빠지지 않는 일이고 몸의 혈기와 정기를 낭비하지 않고 절제하는 것이며 그것이 가장 큰 공부다.

성인 중기는 왕성한 성인의 활동기인 자기 구현의 단계다. 서구의 심리학에서는 중년의 위기로, 자신의 뜻이 다시 한 번 단련받고 새롭게 세워지는 시기라고 할 수 있다. 중년기의 중요한 덕목은 다음 세대를 위한 관심이나 자기 자신의 삶의 모습을 보다 더 확실하게 해 줄 수 있는 것을 찾아서 힘을 쏟는 것이다. 이때에는 서서히 삶에 대한 초연함을 갖고 자신의 삶을 통합해 나가는데, 그렇지 못하면 사람은 자기 침체에 빠지고 후회와 절망감이 노년기의 삶을 지배하게 된다. 특히 공자는 이 시기에 경쟁의 싸움에 빠지는 것에 조심하라고 했다. 자신의 정체성을 통합하지 못한 사람은 다른 사람을 시기하고 과도한 경쟁 의식에 사로잡히는 반면, 자신의 길을 찾은 사람은 그 길을 실험하는 데 최선을 다하고 경쟁심의 싸움에 사로잡히지 않는다.

성인 후기는 자기완성의 단계다. 65세 전후의 노년기는 자신의 지나온 삶을 한 발 물러나서 되돌아보는 과정이다. 여기서 통합을 잘 이루어낸 사람은 자신의 지나온 삶에 대해 더 이상 어떠한 첨가나 수정을 의도하지 않고 그 시간을 있는 그대로 감사히 받아들인다. 이때 노년의 새로운 지혜가 나온다. 그 지혜는 인생의 불확실성(uncertainty)에 대해 조언할 수 있고 인간 사이의 관계를 다루는 문제에 뛰어나며, 함부로 하지 않는 겸양을 가지고 일상의 삶에서 일상의 언어로 진리를 표현할 줄 안다고 하였다. 유교적인 전통에서는 이 시기에 가장 중요한 의미를 부여하는데, 우리 인생의 목표가 되는 때이며 우리 배움의 지향점이 되기 때문이다.

2. 공자와 맹자의 자기실현 6단계

인간의 삶의 변화와 발달, 성장은 단순히 한정된 시간 속에서만 이루어지는 것이 아니라 삶의 전 과정을 통해서 그리고 지속적으로 일어난다(이은선, 1998). 유교에서의 자기실현은 궁극적으로는 도덕적 완성을 추구한다. 즉, 유교의 핵심인 인의예지(仁義禮智)의 도를 얻어서 실천하는 것이다. 자기실현과 인간 성장의 단계를 동양의 유교 전통에 초점을 두고 살펴보면 공자의 자기실현 과정은 자신이 평생 걸어온 삶의 발자취라고 할 수 있다. 공자의 자기실현 6단계는 자신의 인생 경험에 비추어서 성인 초기에 자기를 확인하고 중년기에 자기를 구현하며 성인 후기에는 자기를 완성하는 과정을 단계별로 제시한 것이다.

15세에 나는 배움에 뜻을 두었으며(志學)
30세에 뜻이 확고하게 섰고(而立)
40세에 더 이상 유혹에 마음이 흔들림이 없었다(不惑).
50세에 나는 천명을 알았고(知天命)
60세에 어떤 말을 들어도 마음으로 다 통할 수 있었으며(耳順)

70세에 마음 내키는 대로 하여도 도리에 어긋남이 없게 되었다(從心).

15세는 자아에 겨우 눈을 뜨는 시기다. 이때는 자신이 누구인지 무엇을 해야 하는지 고민하고 자아를 확인하며 삶의 방향 감각이 아직은 혼란한 시기다. 그러므로 이제 본격적으로 자기를 실현하기 위한 준비를 위해 배움에 뜻을 둔다는 말이다. 30세는 그동안의 배움을 통하여 사람이 살아가는 도리를 알고 지킬 수 있다는 자기 확신을 하는 시기다. 즉, 자기실현이 최초로 이루어지는 시기인 것이다. 40세에는 학문이 더욱 진전되어 도(道)를 터득하고 덕(德)을 밝히며 성(性)을 인식하는 경지에 이르러 흔들림이 없게 된다. 현대적 의미에서는 지도자로서 자신의 본분을 다할 수 있다는 것이고 세상의 일에 대해서 미혹(迷惑)되지 않고 엄격하게 판단할 수 있는 능력을 지닌다는 뜻이다. 50세에 천명(天命)을 알았다는 것은 '이 세상에서 무엇을 해야 하는가?' '나는 무엇이며 어디로 가야 하는가?'에 대한 답을 얻고 인간으로서 세상에 나온 소명 의식이나 사명감을 가졌다는 것이다. 이 시기에는 자신의 능력과 분수를 알고 할 수 있는 일과 할 수 없는 일을 정확하게 인식할 수 있다. 또한 자신이 해야 할 일을 알아차리고 스스로 임무를 맡는다. 60세인 이순(耳順)은 자기실현에서 한 발 나아간 자기완성으로 볼 수 있다. 즉, 말을 듣고 숨어 있는 뜻을 알거나 말을 듣기 전에 마음으로 알아채고 거스르는 것이 없는 경지다. 그래서 안정된 삶의 자세를 가질 수 있다. 70세 무렵은 종심소욕불유구(從心所慾不踰矩)의 단계다. 편안히 행동하면서도 저절로 도에 맞는 자기실현의 완성된 모습을 증명한다. 사람다움의 최고의 모습을 이루는 것이다.

이처럼 자기실현의 과정은 첫 번째는 수양이요, 두 번째는 깨달음이며, 세 번째는 그것을 증명하는 일이다(신창호, 2010). 그것은 자신을 똑바로 세우고 자신의 뜻을 발현하며 자신을 완성하는 과정으로 이해할 수 있다. 이는 삶의 과정이 질적으로 승화한다는 점과 평생에 걸쳐 여섯 번이나 주요한 자기 변화 과정을 거치면서 자기실현이 이루어짐을 보여 주고 있다.

공자를 사숙한 맹자에게서도 인격 성숙은 이와 유사한 패턴으로 이어진다. 맹자의 자기실현 단계는 자기 수양을 통해 착한 마음을 지니려고 함으로써 착한 마음을 지닌 믿음직한 인간으로 성숙하고, 그것을 더욱 공고히 하여 아름다운 사람으로 나아가는 것이다.

선인(善人)–착해지려고 노력하는 이를 일러 착한 사람이라 한다.
신인(信人)–착함을 몸에 지니고 있는 이를 믿음직한 사람이라 한다.
미인(美人)–착함에 힘써서 내면의 알맹이가 꽉 찬 이를 아름다운 사람이라 한다.
대인(大人)–속이 꽉 참은 물론 빛나는 이를 큰 사람이라 한다.
성인(聖人)–큰 사람이면서도 모든 행동에서 저절로 척척 맞는 이를 성스러운 사람이라 한다.
신인(神人)–성스러운 사람이면서도 헤아릴 수 없는 이를 신령한 사람이라 한다.

착한 사람[善人]은 착함을 자기 것으로 만들려는 사람이다. 인(仁)에 뜻을 두고 나쁜 짓을 하지 않는 것뿐 아니라 사람을 사랑하고 열린 마음으로 사람에게 다가가며 인간관계를 잘 맺을 수 있는 좋은 의지를 가지려고 한다. 믿음직한 사람[信人]은 착함을 실제로 소유한 사람이다. 마음의 성숙을 도모하며 거짓이 없어 믿음을 줄 수 있다. 자기실현의 초기 모습이라 할 수 있다. 아름다운 사람[美人]은 몸에 지닌 착함을 힘써 행한 결과 그것이 충만하여 쌓이고 꽉 차서 아름다움이 저절로 나타나는 사람이다. 큰 사람[大人]은 조화롭고 이치에 거스르지 않는 것이 마음에 쌓여서 밖으로 드러나는 사람이다. 유교에서는 개인적인 착함만으로는 인간 사회의 완성을 이룰 수 없다고 본다. 따라서 큰 사람은 개인의 착함은 물론 착함의 사회적 확장을 꾀하는 사람이다. 이는 혼란스러운 전국시대에 행동하는 양심(良心), 즉 대장부(大丈夫)에 대한 시대적 요청에서 비롯되었다고 할 수 있다. 대장부는 양심에 호소하여 자신의 행동을 드러냄과 동시에 다양한 인간에게 그렇게 행동할 것을 요구한다. 성스러운 사람[聖人]은 철저한 배움에 의한 수양과 깨달음을 통해서 나아가는 경지라고 할 수 있으며, 신령한 사람[神人]은 완전히 도통한 사람으로서 현실적으로 불가능한 이상적 인간형, 다시 말해 자기실현의 완성 단계라 할 수 있다.

맹자의 이러한 여섯 단계의 자아 성숙 과정은 평생 완벽한 인격을 꿈꾸는 교육과 학습의 모델이 된다고 볼 수 있다. 공자와 맹자의 자기실현관은 내면적으로는 자기 단련이며 외면적으로는 인간의 전형을 드러낸다. 그것은 유교가 지향하는 수기치인(修己治人), 즉 스스로를 수양하고 다스리는 유기체적 이념을 수행하는 과정이다(신창호, 2010).

두 성인이 말하는 자기실현은 자신을 끊임없이 갈고 닦아서 스스로 성장한 후 그러한 마음으로 자신을 포함한 모든 존재를 수용하는 것을 의미한다. 자기실현 과정은 인간 발달에서 특정 시간만을 구별하여 그것을 성장이라고 하지 않으며, 전 생애를 통해 이루어지는 인간 성장과 인간 되어 감의 과정을 일컫는다.

Ⅳ. 자기실현과 인생 설계

1. 자기를 실현하는 인생 설계

인생 설계는 자기실현보다 훨씬 더 구체적인 과정이다. 인생 설계란 자기가 가진 잠재 가능성을 최대한 실현할 수 있도록 삶을 계획하는 것이다. 그렇다고 인생 설계가 쉽고 가볍게 설명할 수 있는 간단한 문제는 아니다.

다양한 경험을 통한 잠재력의 실현은 그 자체로서 인생의 목적일 수 있다.

예를 들어, 아름다운 자연의 풍경을 감상한다든가 자신의 수양을 위해 명상을 하거나 해외 봉사 활동을 하는 등 인생의 다양하고 개인적인 특별한 경험은 우리 인생의 질을 풍부하게 하고 그러한 모든 경험을 통해 자기실현을 하며 그 과정이 인생의 목적이 된다.

다양한 경험은 양적인 면도 중요하지만 질적인 면 또한 인생의 설계에서 중요하다. 자기 분야에서 정상의 경지, 최고수의 검술, 고매한 사상과 심오한 학문, 심금을 울리는 피아노 연주 등 자기실현의 깊이와 높이를 더 하는 것은 중요한 인생의 목적이 된다. 그런데 최고의 경지를 모든 사람이 달성할 수는 없다. 그래서 사람은 간접 체험으로 그런 경지를 접한다. 예를 들면, 최고 사상가의 책을 읽음으로써 심오하고 완성된 학문을 경험하고 셰익스피어 등이 쓴 세계적인 문학작품을 통해 인생의 여러 경험을 대신하며 최고의 연주를 감상함으로써 천상의 소리를 접한다. 최고 수준의 운동 경기를 보는 것도 비슷한 맥락이다(이돈희 외, 2002).

인생의 발달 단계에서는 다양한 고민과 문제를 겪는다. 그러나 각 발달 단계에서 겪는 고민이나 문제를 회피하거나 두려워해서는 안 된다. 누군가가 해결해 주기를 기다리는 태도도 바람직하지 않다. 그렇다면 적극적으로 인생을 설계하고 스스로 자기실현을 하기 위해 필요한 것은 무엇인가?

첫째, 자신에 관해서 많은 것을 알아야 한다. 더 명확한 자신의 모습을 찾기 위해서 자신의 사고, 감정 및 행동에 주의를 기울이고 타인으로부터의 피드백을 잘 활용하여 자신에 관해서 더 많은 것을 알아야 한다.

둘째, 자신이 무엇을 하고 무엇을 믿을 것인가에 관한 목표를 타인이 설정하지 않고 자신이 하는 것이 중요하다. 또한 자신의 개인적 목표와 기준이 어디에서 나왔으며 어디에 바탕을 두고 있는지에 관해 생각해야 한다. '나의 목표와 기준이 정말로 내가 가치를 두는 이상적인 것인가?' 혹은 '나의 생각 없이 타인으로부터 수동적으로 수용한 신념인가?'를 점검해 보아야 한다.

셋째, 현실적인 목표를 세워야 한다. 많은 사람이 자신에게 너무나 많고 무리한 요구를 하는 습관이 있다. 비현실적인 목표를 세우면 그것을 이루기 위해 최선을 다하지만 성취는 불가능하다. 실패한 경우라도 자신을 비난하지 않기 위해서는 목표의 비현실성을 인식하는 것이 중요하다. 언제나 자기와 비슷한 사람보다 최고의 사람과 비교하는 것은 자존감을 훼손한다. 자존감이 낮은 사람은 여러 가지 비생산적 · 비합리적 양식의 사고를 하는 경향이 있다. 예컨대, 성공했을 때에는 자신의 성공을 행운 때문이라고 여기고 실패했을 때에는 자기를 비난한다. 이러한 비합리적 사고와 부정적 독백은 자존감을 낮춘다. 특히 부정적 독백은 자신이 가진 잠재력을 파괴하는 힘이 있으므로 이를 인식하고 중단하는 것이 중요하다.

넷째, 자신의 장점을 인정해 주고 스스로 강조할 수 있어야 한다. 자존감이 낮은 사람은 자신의 성취와 미덕에 별로 만족하지 않는다. 누구나 장점과 단점이 있기 마련이다. 자신이 변화시킬 수 없는 개인적 단점을 수용해야 하며 변화시킬 수 있는 단점은 고쳐야 한다. 동시에 자신의 장점을 평가하고 그것을 인정할 줄 알아야 한다. 자신에게 만족하지 않는 사람은 자신뿐만 아니라 타인에게도 끊임없는 통제와 불평을 통해 그들을 자신의 크기로 재단하려고 한다.

마지막으로 긍정적인 시각으로 타인에게 접근하는 것이 필요하다. 대인 관계에서 타인에 대한 긍정적이고 지지적인 접근은 보상적 상호작용을 조장하고 타인이 자신을 수용하도록 하지만, 부정적인 접근은 다른 사람과의 관계를 단절시켜 원만한 대인 관계를 이루지 못하게 한다. 타인으로부터 받는 인정, 수용과 진지한 애정은 자존감을 고양한다. 따라서 자신뿐만 아니라 대인 관계에서의 긍정적이고 지지적인 접근이 필요하다.

2. 자기실현을 위한 방법

자기실현의 과정에서 우리는 몇 가지 의문점을 가진다. 자기실현은 자기가 가진 잠재력의 실현인데 자신이 가진 가능성과 잠재력을 실현하기 전에 그것을 어떻게 알아볼 수 있나 하는 점이다. Maslow(1968)가 지적하길, 모든 인간은 서로 사랑하고 사랑받는 능력과 같은 일반적인 몇 가지 능력은 모두 지니고 있지만 음악적인 재능과 같이 특수한 능력은 개별적으로 발견해야 한다고 했다. 이처럼 자기실현에 대한 내용을 다루고 있는 심리학자가 잠재력을 설명하는 데 구체적 내용을 언급하지 않는 이유는 잠재력이 개인에 따라 굉장히 차이가 많이 나기 때문이다. 그러나 다행히 단서가 전혀 없는 것은 아니다. 왜냐하면 한 개인이 무엇을 좋아하고 무엇을 잘하는가 하는 점은 그 사람의 천부적 잠재력에 대한 유용한 정보를 제공해 주기 때문이다. IQ나 흥미, 적성검사와 같은 객관적인 방법을 통해 파악할 수도 있고 혹은 과거의 성취 경험을 통해, 가령 요리, 자동차 수리나 수영 지도 등에서도 잠재력을 발견할 수 있다. 어쩌면 이런 모든 것 중에서 어떤 재주나 재능을 계발했을 때 느끼는 만족감이 바로 가장 좋은 지표일 수 있다.

또 다른 어려운 문제는 어떻게 잠재력을 실현하는가 하는 점이다. Maslow(1968)는 자기실현이라는 것이 우리 안에 이미 내재해 있는 것을 부분적으로 발견한 결과에 지나지 않는다고 했다. 또한 성장이란 우리가 부분적으로 자신을 선택하고 창조하는 시행착오의 적극적 과정이라고 했다. 우리의 잠재력이 타고난 것이라고 하더라도 스스로의 특별한 노력 없이 실현이 가능하다는 것은 아니다. 그것은 우리의 잠재력이 환경과 학습에 크게 영향을 받기 때문이다. 따라서 적극적인 노력을 통해 인간 성장이 가능할 것이다. 자기실현은 그런 노력의 결과로 뒤따를 것이다. 그래서 가능성으로 가지고 있는 성장의 잠재력을 현실화하기 위해서는 적극적인 노력을 쏟는 것이 먼저다.

성장의 과정은 익숙하지 않으며 잠재적으로 위험을 내포하고 있어 자칫 하면 상처받고 실망하기 쉽다. 한 발자국 전진이 그만큼의 후퇴를 초래할 지도 모른다. 그런데 변화를 거부하고 성장을 피하고자 할 때도 역시 위험은 따르기 마련이다. 새로운 발전을 피하거나 도전을 해보기도 전에 회피해 버릴 때마다 우리는 침체되거나 권태로워지는 위험에 부딪히게 될지도 모른다. 그러므로 때론 어떠한 위험에도 불구하고 성장하고자 하는 결심이 서야 하며 위험을 감수할 용기가 필요하다. 한 가지 흥미로운 일은, 성공한 사람 중 놀랄 만큼 많은 사람이 과거에 실패와 좌절, 비행 등의 위험 경험이 있었다는 것인데, 그것은 그들이 위험을 잘 참아내고 그 속에서 헤쳐 나오려는 용기와 노력이 있었기 때문이라고 본다. 위험을 감수하고 헤쳐 나오는 용기야말로 개인 성장의 열쇠일지도 모른다.

또한 좋은 환경은 잠재력을 실현하는 것에 좀 더 열중할 수 있게 하며 자기방어적인 태도에서 벗어나 위험을 감수할 수 있게 한다. 하지만 성장을 가능케 하는 환경과 조건은 다양하다. 때로는 편안한 환경 대신 외적인 압력을 더 필요로 할 수도 있다. 대개의 경우 실망과 실패의 뼈저린 아픔을 경험한 이후에 오히려 성장하려는 강한 충동을 느낄 수 있다. 따라서 주어진 환경을 성장의 기회로 삼을 수 있어야 한다.

밝고 건강하게 살아가는 지혜 또한 자기실현을 앞당길 수 있다. 예컨대, 자신을 있는 그대로 수용하는 것이다. 즉, 개인이 뚱뚱한 몸매, 큰 코, 사업 실패, 건강 문제, 신체 질병 등의 문제를 지니고 있다 하더라도 그것을 수용하는 것이다. 그렇게 수용하면 과거처럼 열등감을 감추기 위해 오류를 되풀이하지 않을 수 있고, 과거의 갈망했던 방법대로 요구하지 않을 수도 있으므로 새로운 현실을 구축할 수 있다. 수용한다는 것은 지금 현재의 자신을 명예롭게 받아들이는 것이다. 당신이 당신 자신의 내면적 자기를 과거와 다른 몸의 능력과 정신능력으로 받아들이고 변화하지 않는 불변적인 것이 아닌 가변적인 존재로 받아들여 나간다면 당신은 보다 자유로워질 것이다. 그렇게 하면 끊임없이 자신을 비난하고 수치스럽게 생각하고 죄의식을 느끼며 불안과 긴장으로 악순환해 왔던 부정적인 자기로 평가하는 악습을 멈출 것이다.

한 가지 중요한 자기실현의 또 다른 방법은 관용을 베푸는 것이다. 다른 사람에 대해 당신이 원하는 방식대로 따라 주기를 바라는 대신 그들 자신이 바라는 방식의 사람으로 되어 가는 것을 살펴보는 것이다. 나 자신의 기준에 따른 사람으로 판단하기보다는 그들 자신의 기준에 맞추어 가는 사람으로 그들을 받아들이도록 해야 한다. 당신 자신이 당신 자신다워지는 것을 수용하면 할수록 다른 사람을 다른 사람다워지는 입장에서 수용할 수 있다. 모든 인간의 핵심은 전혀 오염되어 있지 않은 무조건화된 의식, 즉 자아(自我, self)다. 만약 당신이 종교적이거나 영혼적인 사람이라면 우리 모두는 신성을 갖고 있다고 생각할 수 있다. 산스크리트어 'Namaste'란 'My self salutes your self', 즉 '나의 자성이 너의 자성을 경배한다'는 뜻이다.

그리고 인생의 스승을 받아들이는 것이다. 옛말에 '학생이 준비가 되었을 때 비로소 스승이 나타날 것이다'라는 경구가 있다. 스승은 쉽게 드러나는 복장을 하고 찬란한 모습으로 나타나지 않는다. 가장 힘들어하거나 가장 호된 어려움을 겪은 사람이 바로 인내심, 자비심과 사랑의 스승이 될 수 있다. 뼈아픈 경험을 성공적으로 극복한 위대한 선각자의 삶을 겸허하게 받아들이도록 해야 한다. 그런 사람이 살아있는 참다운 인생의 스승이다.

마지막으로 인내심을 가지는 것이다. 인내심이란 깨어 있는 마음을 지속하는 것을 의미한다. 인내심은 일반적으로 극한 상황에 황급하게 몰아붙이는 것을 통해 알아볼 수 있다. 즉, 인내심이란 삶에 대해 의식을 또렷이 차린 채 기대감에 대해 느긋하게 기다리는 것이다. 그렇게 함으로써 어떤 판단이나 비난없이 그 순간에 그대로 머물러 있을 수 있다. 황급한 마음을 느끼면 그 황급해진 것을 주목하고 몇 번 심호흡을 하고 나서 과거처럼 조건화되어 황급하게 휩쓸려 가지 않은 채 관전자인 자기 자신의 속으로 되돌아가야 한다. 이것이 바로 주의 집중 명상의 실천(Practice mindfulness)이다. 다시 말해, 자신이 자신의 마음 작용을 스스로 살피는 것이다. 그러기 위해서는 일상생활을 하는 동안 몇 가지의 대상을 염두에 두고 그곳에 마음을 집중하여 살피는 훈련을 계속해야 한다. 이렇게 하면 일상생활의 모든 상황에서 자신의 마음을 살필 수 있는 능력이 커질 것이다(장현갑, 2010).

자기실현을 위해서는 자신의 잠재력을 파악하고 성장의 의지와 변화 및 위험을 감수하는 용기를 가지며 적극적으로 노력하는 것, 주어진 환경을 성장의 기회로 만드는 것이 필요하다.

학습 과제

1. 자기실현이란 무엇인지 설명하고, 자기실현의 특징과 그 구성 요소에 대해 서술하시오.
2. 자기실현이 인간 성장 및 교육과 어떻게 관련되는지 그 관계를 서술하시오.
3. 자기실현의 과정인 인간의 발달과 성숙 과정의 단계를 서술하시오.
4. 자기실현의 잠재력을 찾는 방법과 이를 실현하기 위한 방법에 대해 서술하시오.

참고문헌

석창훈, 신창호(2010). 매슬로우 자기실현인 심리학에 의거한 수운 최제우의 삶과 얼에 대한 이해. **인문과학연구**, 27, 380-384.

신창호(2010). 유교의 자아실현과 삶의 맥락-공자와 맹자의 시선을 중심으로-. **한국철학논집**, 29, 155-178.

원종철(2003). 자아의 발달과 자아실현. **가톨릭신학과사상**, 44, 174-197.

이돈희, 김신일, 김계현, 이종태(2002). **교육학**. 서울: 교학사.

이은선(1998). 공자의 자아실현 6단계와 현대 성인기 발달과정의 비교연구. **교육철학, 20**, 117-147.

장현갑(2010). 건강한 마음, 건강한 몸. **부산학교상담학회자료집**, 1-120.

Goldstein, K. (1939). *The organism*. NY: American book company.

Jung, C. G. (1953). *The Collected Works, 9*(2). NJ: Princeton University Press.

Maslow, A. (1968). *Toward a psychology of being*. NY: D. Van Nostrand.

Maslow, A. (1970). *Motivation and personality* (2nd ed.). NY: Harper & Row.

Rogers, C. R. (1951). *Client-centered therapy*. MA: Houghton Mifflin.

Shostrom, E. L. (1976). *Actualizing Therapy: Foundation for a Scientific Ethic*. CA: Educational and Industrial Testing Service.

제9장

행복의 기술

이정희

학습 목표

1. 행복에 영향을 미치는 요인을 알아본다.
2. 행복의 공식을 이해한다.
3. 행복 증진 기술을 알아본다.

많은 사람에게 인생의 목적에 대해 물어보면 구체적 내용은 다르지만 이구동성으로 '행복'을 이야기한다. 누구는 '좋은 직장에 취업하면 행복하겠다'고 하고 누구는 '돈을 많이 벌면 행복하겠다'고 하고 또 누구는 '좋은 가정을 이루면 행복하겠다'고 한다. 이처럼 재산, 건강, 명예, 직업, 사랑 등을 얻고자 하는 이유도 이것이 있으면 '행복'해질 수 있다고 믿기 때문이다.

그렇다면 행복이 무엇인가? 행복의 사전적 의미는 '욕구와 욕망이 충족되어 만족하거나 즐거움을 느끼는 상태, 불안감을 느끼지 않고 안심하거나 또는 희망을 그리는 좋은 감정으로의 심리적인 상태'를 의미한다(위키백과 사전). 또한 옥스퍼드 영어 사전은 행복에 대해 세 항목으로 설명하고 있다. ① 인생 또는 특수한 사건에서의 행운, 성공, 번영, ② 성공 또는 좋은 것으로 간주되는 것으로부터 오는 마음의 만족한 상태, ③ 성공적 또는 알맞은 적성, 적당, 적합성, 적절성, 경사 등이다. 즉, 행복이라는 말은 행운에서 쾌락에 이르기까지 다양한 의미로 쓰인다. 행복에 대한 이해는 아리스토텔레스의 'Edaimonia' 이후 2000여 년 동안 수많은 철학자나 종교인이 나름대로의 행복론을 주장하였지만 별다른 진전을 이루지 못했다(Diener, 1984).

행복에 대한 철학적 주장은 주관적으로 경험하는 유쾌한 상태라는 쾌락주의적 입장과 개인의 잠재적 가능성을 충분히 발현하는 것이라는 자기실현적 입장으로 구분할 수 있다(권석만, 2008). 많은 심리학자가 이러한 추상적 개념의 행복을 실증적으로 연구할 수 있도록 구체적으로 정의하고자 했는데, 쾌락주의적 관점의 연구자는 주관적 안녕(subjective well-being)이라는 용어를 사용하였다. 주관적 안녕감은 한 개인의 자신의 삶에 대한 인지적 · 정서적 평가를 말하는 것으로 삶에 대한 만족, 긍정적 정서가 있는 것 그리고 상대적으로 부정적 정서가 없는 것으로 정의할 수 있다(안신호 외, 2009). 한편, 자기실현적 관점은 행복을 자신이 갖고 있는 잠재성에 대한 충족과 발휘를 의미하는 자기실현으로 정의한다. 즉, 행복한 사람은 이미 자기실현을 이루었거나 완전하게 기능하고, 유능하며, 심리적으로 건강한 사람이 되기 위해 자신의 잠재력을 실현하고자 노력하는 사람이다.

이러한 용어의 정의를 바탕으로 행복을 측정하는 다양한 자기 보고식 검사지가 개발되었다. 대표적인 검사지로는 5개의 문항으로 측정하는 삶의 만족도 척도(SWLS; Satisfaction With the Life Scale; Diener, Emmons, Larsen & Griffin, 1985), Argyle(2001)이 개발한 옥스퍼드 행복 척도-개정판(The Revised Oxford Happiness Scale), 그 외에도 주관적 안녕의 정서적 요소인 긍정 정서와 부정 정서를 측정하는 도구가 다양하게 개발되어 있다. 다음에 제시해 놓은 '주관적 행복 척도'는 캘리포니아 리버사이드 대학교의 심리학과 교수인 Lyubomirsky가 고안한 것이다.

Seligman(2000)에 의하면, 제2차 세계대전 이전의 초기 심리학은 의식과 행동에 대한 과학적 연구를 통해 구현하고자 하는 세 가지의 실천적 사명을 지니고 있었다. 첫째, 정신장애를 치료하는 일 둘째, 탁월한 재능과 천재성을 발견하여 육성하는 일 셋째, 모든 사람이 좀 더 행복한 삶을 살도록 돕는 일이었다. 그러나 미국의 경우 제2차 세계대전을 겪으면서 전쟁에서 돌아온 퇴역 군인의 심리적 장애를 치료하는 데 집중하였고, 1947년에는 국립정신보건원(NIMH)이 창립하면서 질병 모델에 근거하여 정신장애의 연구와 치료에 집중하였으며, 다양한 재능과 천재성을 발견하고 육성하는 일과 행복을 증진하는 일은 뒷전으로 밀려났다. Myers와 Diener(1995)에 의하면, 1990년대까지 이루어진 심리학 연구 중에서 인간의 부정적 측면을 연구한 논문이 긍정적 측면을 다룬 논문보다 17배나 많았다고 한다.

인간의 부정적인 측면으로 기울어진 심리학의 흐름에 반대되는 긍정 심리학(Positive Psychology)이 대두된 것은 1998년 Seligman이 미국심리학회장으로 취임하면서 다음과 같은 제안을 한 것이 계기가 되었다. 그는 "심

주관적 행복 척도

다음의 진술이나 질문을 읽고 당신을 가장 적절하게 묘사한다고 생각되는 숫자에 ○표 하십시오(4개의 각 문항마다 척도의 양 끝에 표시된 표현이 다르다는 것을 유의하십시오).

1. 나는 대체로 나 자신에 대해 ______________ 이라고 생각한다.

매우 행복하지 않은 사람	1-2-3-4-5-6-7	매우 행복한 사람

2. 내 동료들과 비교했을 때, 나는 나 자신이 ______________ 고 생각한다.

덜 행복하다	1-2-3-4-5-6-7	더 행복하다

3. '어떤 사람은 대체로 매우 행복하다. 그런 사람은 삶에서 어떤 일이 일어나든 상관없이 모든 것을 최대한 누리면서 삶을 즐기는 것 같다.'는 진술은 당신을 묘사하는 데 어느 정도 해당되는가?

전혀 해당되지 않는다	1-2-3-4-5-6-7	매우 많이 해당된다

4. '어떤 사람은 대체로 별로 행복하지 않다. 우울증을 앓는 것은 아니지만 그들이 마땅히 행복해야 할 만큼 행복해 보이지 않는다.'는 진술은 당신을 묘사하는 데 어느 정도 해당되는가?

매우 많이 해당된다	1-2-3-4-5-6-7	전혀 해당되지 않는다

〈점수 결과〉

☞ 4개 문항의 값을 더하여 4로 나눈다.

• 해석: 당신이 얻을 수 있는 가장 높은 행복 점수는 7점이고 가장 낮은 점수는 1점이다. 미국인의 평균은 4.5에서 5.5 정도로 나타났고 대학생의 점수는 평균 5보다 조금 낮았는데 이는 직업을 가진 성인이나 나이 많은 은퇴자(평균 5.6)보다 낮은 것이다.

출처: Lyubomirsky, S., 오혜경 역(2008). 행복도 연습이 필요하다.

리학은 인간의 약점과 장애에 관한 학문만이 아니라 인간의 강점과 덕성에 대한 학문이기도 해야 한다. 진정한 치료는 손상된 것을 고치는 것만이 아니라 우리 안에 있는 최선의 가능성을 이끌어 내는 것이어야 한다."라고 제안하여 인간의 강점과 재능을 바탕으로 잠재력을 최대한 끌어내어 행복을 증진시켜야 한다는 심리학의 사명을 일깨웠다.

> 행복의 원칙은 다음과 같다. 첫째, 어떤 일을 할 것, 둘째, 어떤 사람을 사랑할 것, 셋째, 어떤 일에서든 희망을 가질 것.
>
> – Immanuel Kant

I. 행복의 심리학

심리학에서는 행복한 삶을 어떻게 정의하고 있는가? 긍정 심리학의 창시자라 불리는 Seligman(2002)에 의하면 행복한 삶이란 긍정 정서를 많이 경험하는 즐거운 삶(pleasant life), 개인의 장점을 바탕으로 자신이 하는 일에 몰입하는 적극적인 삶(engaged life), 자신으로부터 확장되어 가족, 직장, 사회를 위해 봉사하고 공헌하는 의미 있는 삶(meaningful life)으로 구성된다고 한다.

즐거운 삶이란 과거, 현재, 미래에 대해서 긍정적인 감정을 느끼며 살아가는 삶이다. 즉, 과거의 삶에 대해서 수용과 감사를 통해 만족감과 흡족함을 느끼고 현재의 삶 속에서는 '지금 이 순간'의 체험에 대한 적극적 참여와 몰입을 통해서 유쾌함과 즐거움을 경험하며 미래의 삶에 대해서는 도전의식과 낙관적 기대를 통해 희망감과 기대감을 느끼면서 살아가는 삶이다. 즉, 즐거운 삶은 긍정 정서를 최대화하고 부정 정서를 최소화하는 삶으로서 행복에 대한 쾌락주의적 입장을 반영하는 것이라고 할 수 있다.

적극적인 삶이란 매일의 삶에서 자신이 선택한 활동에 열정적으로 참여하고 몰입함으로써 자신의 성격적 강점과 잠재력을 최대한 발휘하며 자기실현을 이루어 나가는 삶이다. 사람마다 나름대로의 다양한 강점과 재능을 지니고 있다. Seligman(2002)은 개인의 독특성을 가장 잘 보여 주는 것을 대표 강점이라 지칭하고 진정한 행복은 이러한 대표 강점을 찾아내고 계발하여 일, 사랑, 자녀 양육, 여가 활동과 같은 일상생활에서 잘 활용하는 가운데 발견하는 것이라고 주장하였다. 다시 말해, 대표 강점을 활용할 수 있을 때 우리는 열정과 활기를 느끼고 '진정한 자기'가 되는 느낌을 갖는다는 것이다.

의미 있는 삶이란 우리의 삶과 행위로부터 소중한 의미를 발견하고 부여할 수 있는 삶을 말한다. 즐거움 속에서 열정적인 삶을 영위했지만 의미를 발견할 수 없는 경우에는 진정한 행복감을 느끼기 어렵다. 삶의 의미는 자신보다 더 큰 것과의 관계 속에서 발견할 수 있는데, 예를 들어 가족, 직장, 지역사회, 국가 또는 신을 위해 봉사하고 공헌함으로써 자신의 존재 가치를 느낄 수 있다.

1. 행복에 영향을 미치는 인구사회학적 요인

행복은 다양한 신체적 · 심리적 · 사회 환경적 요인과 관련되어 있다. Peterson(2006)은 수많은 연구 결과를 개관하고 이러한 요인을 행복과의 상관 정도에 따라 세 가지 수준으로 분류하였다. 그 결과를 살펴보면, 총 26개의 요인 중에 나이, 성별, 교육 수준, 사회계층, 소득, 자녀 유무, 인종, 지능 수준, 신체 매력도는 행복과 낮은 상관을 보이고 결혼, 종교, 여가 활동, 친구의 수, 신체적 건강, 성실성, 외향성, 정서 안정성, 통제감은 중간 정도의 상관을 보이며 직업 만족도, 낙관성, 자기 존중감, 성적 활동의

자신이 생각하는 행복의 요인 체크리스트

다음에서 제시하는 요인은 행복과 긍정적 상관을 나타내는 요인이다. 높은 상관, 낮은 상관, 중간 정도의 상관이 있는 것을 각각 나누어 써 보자.

나이, 성별, 교육 수준, 신체적 건강, 사회계층, 직업 만족도, 감사 경험, 인종, 지능 수준, 신체 매력도, 통제감, 종교, 자녀 유무, 여가 활동, 친구의 수, 결혼, 성실성, 긍정 감정의 경험 빈도, 외향성, 정서 안정성, 낙관성, 자기 존중감, 행복 척도의 검사-재검사 신뢰도, 일란성 쌍둥이의 행복도, 성적 활동의 빈도, 소득

낮은 상관(9개)	
중간 정도의 상관(9개)	
높은 상관(8개)	

빈도, 긍정 감정의 경험 빈도, 행복 척도의 검사-재검사 신뢰도, 일란성 쌍둥이의 행복도, 감사 경험은 높은 상관을 보이고 있다. 이러한 결과는 잘생기고 교육을 많이 받고 수입이 높으면 행복할 것이라고 생각하는 일반적 상식과 반대되며 '웰빙의 역설'로 일컬어지고 있다(Mroczek & Kolarz, 1998). 한편, 이러한 결과는 행복과 관련 요인 간의 상관관계를 보여 주는 것이지 인과관계를 보여 주는 것은 아니다. 즉, 낙관성과 행복은 높은 상관을 나타내고 있지만 낙관성이 높아서 행복한 것인지 아니면 행복해서 낙관성이 높은 것인지는 알 수 없다.

행복과 관련이 있는 다양한 요인 중에서 행복에 영향을 미치는 인구사회학적인 주요 요인에는 성별, 연령, 소득, 교육 및 지능 수준, 결혼, 직업, 건강, 종교 등이 있다.

1) 성별

여성과 남성 중 누가 더 행복하다고 느낄까? 둘 다 거의 비슷한 수준의 행복을 느낀다. 대규모 조사 연구에 따르면(Inglehart, 1990) 16개 국가를

대상으로 한 삶의 만족과 성별에 대한 연구 결과 남녀의 차이가 없는 것으로 드러났다. 주관적 행복감에 대한 성별의 차이를 조사한 연구도 남성이 여성에 비해 약간 높은 웰빙 수준을 보이는 연구(Haring, Okun, & Stock, 1984)와 여성이 남성에 비해 약간 높은 행복 수준을 보인다는 연구(Wood, Rhodes, & Whelan, 1989) 등 상반된 결과가 동시에 나타났는데 그 차이가 미미하여 여러 연구에서 성별의 주관적 안녕의 개인차를 1% 정도밖에 설명하지 못하고 있다(Nolen-Hoeksema & Rusting, 1999).

2) 연령

나이가 들면 더 행복한가? 어떤 연령대가 다른 연령대에 비해 더 행복한가? Argyle(1999)는 노인이 젊은이보다 삶에 대해 더 만족하며 더 행복하다는 결과를 보고했다. 그 이유는 첫째, 젊은이는 노인보다 더 강력한 감정을 경험하는 것으로 보인다. 즉, 긍정적 정서와 부정적 정서 둘 다를 강하게 느낄 수 있기 때문에 오히려 노인에 비해 덜 행복하다고 느낀다. 둘째, 노인은 그들이 열망하던 삶의 목표와 실제로 성취한 것의 차이를 작게 인식하고 그러한 차이를 수용하기 때문에 삶의 만족도가 높아진다.

또한 특정 연령대에 따라 다른 경향성도 보이는데, 남성의 행복도는 나이가 많아짐에 따라 증가하는 경향이 있는 반면, 여성의 행복도는 25세까지는 증가하지만 어린 자녀의 양육 부담이 높은 25~30세에서는 일시적으로 감소하다가 다시 점진적으로 증가하는 경향을 보이기도 한다(Mroczek & Kolarz, 1998). 한편, 의학이 발전하고 건강과 체력이 향상되면서 은퇴한 노년층의 행복도가 다른 연령층에 비해 높아지는 경향도 있다.

3) 소득

현대사회의 모든 매체는 소비를 부추긴다. 많은 사람이 자신이 원하는 것을 가지면 행복할 것이라고 생각한다. 그렇다면 돈을 많이 벌면 행복할까? 미국의 경우 1950년대에 비해 개인의 수입은 세 배가 늘었지만 미국인의 삶의 만족도는 10점 만점에 7.2 수준으로 거의 변화가 없었다. 즉, 1947년부터 1998년까지의 미국 GNP의 증가와 삶의 만족은 관계가 없었던 것이다.

그럼 경제적 수준이 높은 국가의 국민일수록 행복할까? Diener(1984)의 연구에 따르면, 29개 국가에서 각 국가별로 1,000명을 대상으로 삶의 만족도 평가와 구매력 측정치를 기반으로 한 소득 순위를 비교한 결과 삶의 만족도가 높은 순위는 스위스 8.36, 덴마크 8.16, 캐나다 7.89, 아일랜드 7.88, 네덜란드 7.77, 미국 7.73, 핀란드 7.68 순이었고 한국은 6.69로 삶의 만족도가 29개국 중 18위로 나타났다. 소득 수준을 보면 미국 100(최고)을 비롯하여 삶의 만족도가 높은 나라가 소득 순위도 대체적으로 높았다. 그러나 인도는 삶의 만족도는 6.70으로 17위였지만 소득 순위는 5(최하위)였고, 일본의 경우 소득 수준은 87로 상위였지만 삶의 만족도는 6.53으로 20위, 독일 또한 소득 수준은 89로 상위였지만 삶의 만족도는 7.22로 14위에 머물렀다. 이 결과를 해석하면 비교적 소득 수준과 행복도는 상당한 상관이 있는 것을 보여 준다. 그러나 독일과 일본처럼 예외적인 국가가 있듯이 국가 간 행복도 비교는 고려할 점이 있다. 라틴 아메리카와 같은 국민성이 낙천적인 국가는 힘겨운 삶의 배경에 비해 훨씬 더 행복하다고 지각하고 있다. 이러한 결과는 세계 54개국의 행복도를 조사한 한 연구에서 방글라데시, 아제르바이잔, 나이지리아, 필리핀, 인도가 1위에서 5위를 차지하였고, 대표적 선진국인 미국(46위), 일본(44위), 독일(42위), 프랑스(37위) 등은 하위권이었으며, 한국은 23위였던 것으로 드러났다. 그 보고서에서는 '선진국 국민은 물질적 풍요가 증가함에도 결코 더 행복하지 않다'고 분석했고, '제3세계 국민은 가족, 친구, 이웃 등의 끈끈한 인간관계에서 안정을 느끼고 이것이 행복으로 이어진다'고 해석하기도 했다(안치용, 2008).

갑자기 부자가 된 복권 당첨자는 소득이 극적으로 증가했으니 이전에 비해 훨씬 행복할까? 한 연구(Brickman, Coates, & Janoff-Bulman, 1978)에 의하면 복권 당첨 초기의 행복 수준은 오래 지속되지 않았으며 비교적 빨리 당첨 이전의 행복 수준으로 복귀했고, 일부 복권 당첨자는 갑작스러운 재산 증가로 삶의 혼란이 와서 오히려 행복 수준이 떨어지는 것으로 밝혀졌다(Argyle, 1999).

세간의 관심도 많고 연구의 결과도 다양한 소득과 행복의 관계를 요약하면, 돈은 의식주와 질병 치료 같은 기본적인 욕구를 충족하기 위해서는 필요하며 그때까지는 행복과 관계가 있지만 기본적인 욕구가 해결되면 행복에 미치는 영향이 미미한 것으로 보인다.

4) 교육 및 지능 수준

우리는 학교를 다닐 때 공부를 잘해서 대학만 가면 행복해질 것이라는 부모님과 사회의 근거 없는 압박에 시달렸다. 그러나 연구 결과를 종합하면, '행복은 성적순이 아니었다.' 즉, 교육 수준이 행복도와 정적인 상관을 보이긴 하지만 그 상관 정도가 미약한 것으로 밝혀졌다(Argyle, 1999). 오히려 실업 상태에서는 교육 수준이 높은 사람이 낮은 사람보다 더 많은 불행감을 느끼는데, 이는 기대 수준이 높기 때문인 것으로 해석되고 있다(권석만, 2008).

지능이 높은 똑똑한 사람이 더 행복한가? Diener와 동료들(1999)의 연구에 따르면, 교육 수준이나 소득 등 다른 인구학적인 변인을 통제하면 지능과 행복이 유의미한 상관을 보이지 않았다.

요약하면, 교육 수준은 직접적으로는 영향을 미치지 않지만 Argyle (2001)의 개관 연구에 따르면 더 많은 교육이 더 높은 주관적 안녕감, 더 좋은 정신적·신체적 건강, 증가된 개인의 통제감, 더 많은 타인의 지지와 관련이 있어 행복에 영향을 주는 것으로 정리할 수 있다. 즉, 행복은 성적순이 아니지만 공부를 잘해서 대학에 가고 좋은 직업을 가지고 좋은 사람을 만나면 행복할 것이라는 부모님의 말씀이 완전히 틀린 것은 아니다.

5) 결혼

결혼을 하면 행복해지는가? 주관적 안녕 연구에서 일관성 있게 나타나는 결과는 기혼자의 행복도가 미혼자보다 높다는 것이다(Diener et al., 1999; Myers, 2000). 거의 100개에 달하는 연구에 대한 메타분석은 결혼이 삶의 만족, 행복, 전반적인 웰빙에 대한 강한 예측 요인임을 보여 주었다(Wood et al., 1989).

결혼을 하면 왜 행복할까? 첫째는 선택 효과(selection effect)로, 행복한 사람이 결혼을 하는 반면 불행한 사람은 결혼을 하지 않는 경향이 있다는 것이다. 행복한 사람은 불행한 사람보다 결혼 상대자로서 더 매력적이기 때문이다. 둘째는 결혼 생활이 행복해질 수 있는 다양한 혜택을 주기 때문이라는 것이다(권석만, 2008). 배우자는 친밀감, 애착, 사랑, 사회적 지지를 제공해 주고 배우자와 부모의 역할은 개인을 성장시키는 기회를 줄 수 있다. 물론 결혼의 질이 웰빙에 중요한 영향을 미치는 것은 쉽게 생각해 볼 수 있다. 힘들고 괴로운 결혼 생활은 결혼을 안 한 것보다 당연히 좋지 않을 것이다. 부부 관계와 같은 친밀한 관계에서 갈등과 문제를 지니면 행복 수준이 저하되고 우울증을 유발하는 중요한 요인이 될 수 있다(Paykel, 1979).

결혼과 행복의 관계에서 결혼한 남성과 결혼한 여성 중 누가 더 행복할까? 아직 일관된 결론을 내릴 수는 없지만 결혼이 행복에 영향을 미치는 정도는 남성에게서 좀 더 크게 나타나는 것으로 보인다(권석만, 2008). 남성과 여성의 행복도가 결혼 이후에 모두 증가하지만 남성의 행복 증가도가 더 높은 것으로 드러났다. 그러나 다른 연구는 삶의 만족도에서는 성차를 발견하지 못했고 이혼이나 사별의 영향이 성별에 따라 차이가 있었는데, 여성은 우울증을 더 많이 경험하고 남성은 알코올 남용을 더 많이 경험하는 것으로 나타났다(Horwitz, White, & Howell-White, 1996).

6) 직업

직업을 가지고 있는 사람은 취업을 하지 못한 미취업자보다 더 행복하며, 여기서 중요한 요인은 직업 만족도다(Baumgardner & Crothers, 2009). 특히 직업 만족도와 삶의 만족도는 상당히 높은 상관이 있는 것으로 보고되고 있는데, 두 요인의 상관관계를 분석한 연구에서는 약 .40의 상관 계수를 보고하고 있다(Diener et al., 1999). 즉, 행복한 사람은 직업을 선택할 때 자신의 적성에 맞는 일을 잘 선택하며, 그에 따라 당연히 직업에 대한 만족도와 삶에 대한 만족도가 높은 것으로 볼 수 있다. 이는 실직이 심리적 건강에 미치는 영향을 보면 분명히 드러나는데, 실직은 우울증과 신체적 질환의 유발 위험성을 높이고 자존감을 떨어뜨리며 불행감을 증가시킨다(Argyle, 2001; Diener & Seligman, 2004; Layard, 2005). 또한, 직장에서의 즐거운 하루는 가정에서의 갈등을 줄여 줄 수 있는데, 실직을 하면 그럴 수가 없다(Diener & Seligman, 2004).

7) 건강

건강한 사람이 병약한 사람보다 더 행복한가? 그렇다. 신체 건강에 대한 주관적 안녕감의 영향은 행복하면 장수하고 질병에 잘 걸리지 않으며 심장질환 같은 병으로부터 더 잘 회복하는 것으로 나타났다(Diener & Seligman, 2004). 긍정적 정서는 고통에 대한 인내력을 증가시키고(Weisenberg, Raz, & Hener, 1998), 행복한 사람은 불행한 사람보다 면역체계가 더 효과적으로 작동한다(Segerstrom, Taylor, Kemeny, & Fahey, 1998).

행복은 신체적 건강뿐 아니라 정신건강과도 관계가 있다. 연구는 행복한 사람이 더 낮은 수준의 정신질환 증상을 경험하는 것으로 보고하였다(Diener & Seligman, 2004). 생각해 보면, 시간적 차이와 사건의 유무에 따라 조울증이 아니고서야 행복하기도 하고 동시에 우울하기는 힘들 것이다.

8) 종교

사람은 힘들 때 신을 찾고 종교 활동을 한다. 실제로 종교는 정신건강에 도움이 되며 주관적 안녕에 영향을 미치는 것으로 연구되었다(Argyle, 2001; Myers, 2000). 그러나 종교가 주관적 안녕에 미치는 영향은 개인적 특성에 따라 달라진다. 외향적인 사람은 종교 활동을 통해서 실존적 의미보다는 실제적인 사회적 보상을 많이 받고 집단적 정체감을 느끼며 비슷한 가치와 태도를 지닌 사람과의 사회적 지지체계를 형성할 수 있다. 한편, 종교는 죄책감과 같은 부정적인 영향을 미치기도 한다(권석만, 2008).

2. 행복에 영향을 미치는 심리적 요인

주관적 안녕에는 인구사회학적 요인보다 심리적 또는 성격적 요인이 더 중요한 영향을 미치는 것으로 보고되고 있다. 행복에 영향을 미치는 중요한 심리적 요인으로는 낙관성, 자기 존중감, 외향성, 탄력성, 자기 조절과 자기 통제 등이 있다.

1) 낙관성

낙관성(optimism)은 미래에 대한 긍정적인 기대다. 소망하는 일이 앞으로 실현될 것으로 기대하는 희망적인 태도로서 긍정적 정서와 활기찬 행동을 통해서 목표 지향적 행동을 촉진하게 된다(권석만, 2008). 심리학 연구에서 낙관주의는 두 가지 접근이 있다. 미래에 좋은 일이 많이 일어나고 나쁜 일은 거의 일어나지 않을 것이라는 전반적 기대인 성향적 낙관주의(dispositional optimism)와 사람이 삶에서 벌어지는 부정적 사건의 원인을 어떻게 해석하는지에 관한 설명 방식으로서의 낙관주의(explanatory optimism)다. 이러한 낙관성이 높은 사람은 자신의 행복도와 삶의 만족도가 높은 것으로 보고된다(Dienner et al., 1999). 특히, 낙관성은 개인의 건강과 인생에서 어려움에 직면했을 때 개인의 건강과 행복에 더욱 중대한 역할을 한다. Aspinwall과 Taylor(1992)는 676명의 대학 신입생을 대상으로 자기 존중감, 개인적 통제 및 낙관주의 척도를 응답하게 하고 3개월 후 스트레스 수준, 행복 수준, 전반적 웰빙 수준 및 대학 적응 등을 측정했는데, 자기 존중감과 개인적 통제는 스트레스에 대해 적극적으로 대응할 때만 효과가 있었고 낙관주의는 성공적인 대학 적응과 효과적인 대응에 직접적이고 독립적인 효과를 나타냈다. 한 가지 유념할 것은 낙관성이 장기적인 행복 증진에 기여하려면 현실적인 근거를 바탕으로 해야 한다는 것이다(Schneider, 2001).

2) 자기 존중감

자기 존중감(self-esteem)은 자신에 대한 전반적인 평가로서 행복과 삶의 만족을 예측하는 강력한 예언자임이 확인되었다. Diener와 Diener(1995)는 31개국 13,000명의 대학생을 대상으로 자기 존중감과 삶의 만족도 간의 상관관계를 분석한 결과 .47의 상관 계수를 보고하였다. 자기 존중감은 개인의 건강한 성장과 성취에 따른 결과물인 동시에 인간관계와 생산적 활동에 긍정적인 영향을 미침으로써 행복을 증진시킨다(Ryan & Deci, 2000).

3) 외향성

외향성(extroversion)은 개인의 심리적 에너지가 외부 환경으로 향하는 성향으로서 주관적 안녕을 예측하는 중요한 성격 요인으로 알려져 있다(Diener et al., 1999). 정말 내향적인 사람에 비해 외향적인 사람이 더 행복할까? 외향적인 사람은 사건을 긍정적으로 기억하고 나중에 긍정적인 것으로 회상하는 경향이 있는 것으로 드러났다(Seidlitz & Diener, 1993). 또한, 외향적인 사람은 사교적이어서 긍정적인 관계를 맺을 기회가 많고 그들로부터 긍정적인 피드백을 많이 얻어 행복도가 높아질 수도 있다고 생각해 볼 수 있다.

4) 탄력성

탄력성(resilience)은 적응이나 발달의 심각한 위협에도 불구하고 좋은 결과를 이끌어 내는 것을 특징으로 하는 일군의 현상(Masten, 2001)이다. 즉, 살면서 어려운 일을 경험하더라도 정신적 · 신체적으로 회복하여 유지되고 더 향상되는 심리적 특성을 말한다. 이러한 탄력성의 원천은 무엇인가? Buckner, Mezzacappa와 Beardslee(2003)에 의하면 탄력적인 아동은 지적 능력과 자기 존중감이 높고, 자기 조절 기술이 많은 것으로 드러났다. 또한, 성인기와 만년에 성공적인 노화 및 좋은 정신건강을 유지하는 데에는 자기 수용, 개인적 성장, 삶의 목적, 환경적 통제, 자율성, 다른 사람과의 긍정적 관계와 관련이 있다(Baumgardner & Crothers, 2009).

5) 자기 조절과 자기 통제

자기 통제(self-control)는 원하는 미래 목표를 달성하기 위해 행위를 시작하게 하고 안내하는 개인의 능력이다(Karolyi, 1999). 자기 통제가 높은 사람은 개인 적응이 더 좋고 정신병리가 적으며 보다 건강한 대인 관계를 형성하면서 사회적 기술이 높고 흡연이나 약물 복용과 같은 중독 문제가 더 적었다(Baumeister, Heatherton, & Tice, 1994; Peterson & Seligman, 2004). 자기 조절이 성공하기 위해서는 분명하고 구체적인 계획을 세우는 것과 목표 성취를 방해하는 장애물이 있어도 견뎌내겠다고 결정하고 책임을 느끼며 기꺼이 하겠다는 관여와 자신이 원하는 것을 달성할 수 있다는 자신감이 필요하다.

II. 행복의 공식

행복을 증진시키는 것이 가능한가? Lyubomirsky, Sheldon과 Schkade(2007)는 행복을 결정하는 주요한 요인을 고려하여 [그림 9-1]과 같은 공식을 제시했다. 유전적 설정값은 행복 또한 유전적으로 체질을 타고나는 것과 같이 어느 정도 설정되어 있다는 것이다. 즉, 대부분의 성격 특성이 유전될 확률이 50% 정도라는 결론이 도출되었다. 다시 말해, 일반 행복도 점수 중 절반 가량은 친부모의 성격에 따라 이미 결정된 것이라고 해도 틀린 말은 아니다. 이것은 곧 인간이 이미 정해져 있는 행복한 삶이나 불행한 삶 쪽으로 나아가도록 '조종하는' 유전자를 타고난다는 이야기일 수도 있다(Seligman, 2004).

흥미로운 점은 삶의 환경이나 조건의 차이가 행복의 수준에 단 10% 정

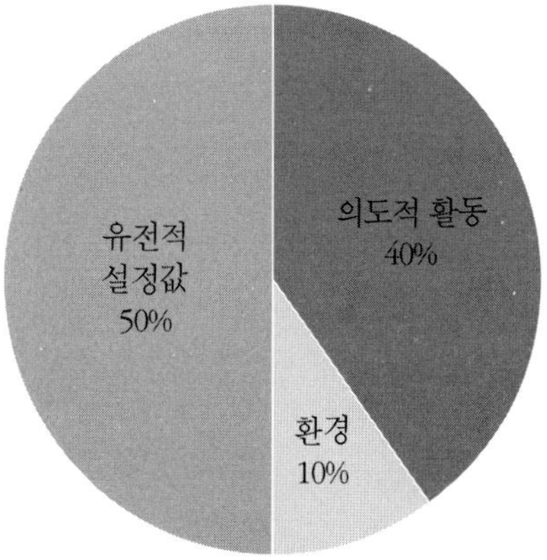

● 그림 9-1 ● 행복을 결정하는 요소

출처: Lyubomirsky, S., 오혜경 역(2008). 행복도 연습이 필요하다.

도박에 영향을 주지 않는다는 점이다. 우리의 삶에서 우연히 주어졌지만 변하지 않는 현실—성, 나이, 민족, 성장 지역—과 어린 시절과 사춘기에 영향을 미친 주요 사건—부모의 이혼, 교통사고, 친구로부터의 왕따, 학교 폭력 등의 부정적인 사건과 화목한 가정, 상을 탄 일, 인기가 있었던 시절과 같은 긍정적인 사건 등—이 여기에 해당한다. 삶의 모든 조건과 상황을 다 합쳐서 고려하더라도 그것은 사람마다 행복한 수준이 왜 다른지 10% 정도만 해명해 줄 수 있다(Lyubomirsky et al., 2007). 우리는 삶의 환경이 바뀌면 행복이 찾아올 거라 생각하고 상황을 변화시키는 데 시간과 열정을 쏟아붓는다. 그러나 삶의 환경을 변화시키는 것은 행복을 증진하는 데 그다지 효과가 없으며 심리학자는 그 이유를 쾌락 적응(hedonic adaptation)으로 설명한다. 쾌락 적응이란 감정을 일으키는 자극에 대한 적응을 의미하는데, Lyubomirsky(2007)는 쾌락 적응이 일어나는 원인을 기대가 높아지고 사회적 비교를 하게 되기 때문이라고 보았다. 예를 들면, 월급이 100만 원에서 130만 원으로 오르면 다음 해에는 150만 원으로 올랐으면 좋겠고 그러다가 200만 원 받는 친구를 보면 갑자기 더 불행해진다는 것이다. 이렇게 쾌락 적응이 일어나면, 그것이 어떤 긍정적인 사건이나 행운 뒤에 따라오는 행복감과 만족감에도 찬물을 끼얹어 행복을 깎아먹는 것이다.

환경을 바꾸는 것이 행복을 증진하는 데 별 도움이 되지 않는다면, 40%의 의도적인 활동에서 희망을 찾아볼 수 있다. 즉, 행복의 원천은 행복해지기로 결심한 후 당신이 어떻게 행동하고 무엇을 생각하며 매일 어떤 목표를 세우는가에서 찾을 수 있다. 다음 절에서 의도적인 활동에 해당하는 행복을 증진하는 기술에 대해 알아보자.

III. 행복 증진 기술

당신은 어떤 때 행복하다고 느끼는가? 각자 자신이 행복했던 순간을 떠올려 보자. 어려운 시험을 통과했을 때, 사랑하는 사람과 함께 있을 때, 소망하는 일을 이루었을 때 등 많은 순간이 있을 것이다. Ryff(1989)에 따르면, 행복은 효율적인 역할 수행, 긍정적인 인간관계, 삶에 대한 목적 의식, 성장의 변화 인식, 자율성과 자기 수용과 같은 다양한 구성 요소로 이루어져 있다. 이제 행복을 증진하기 위해 많은 사람이 경험하고 동의하는 방법을 소개하고자 한다. 각자 자신에게 와 닿는 것부터 실천하도록 하자.

1. 자신의 대표 강점

누구나 타고난 개성과 강점을 가지고 있다. 왼손잡이 학생이 오른손으로 글을 써야 한다고 강요받으면 그 과정에서 유능감이 손상되고 그 결과도 만족스럽지 못할 수 있다. 심리적으로도 자신의 강점을 알고 그 강점을 발휘하여 일상생활을 살아간다면 그 효능감과 만족감이 행복의 토대가 될 것이다. Seligman(2002)은 세계의 주요 종교나 철학에 관한 저술에서 공통적인 미덕을 지혜와 지식, 용기, 사랑과 인간애, 정의감, 절제력, 영성과 초월성의 여섯 가지로 정리하였다. 여섯 가지 미덕은 각자 그것을 함양하는 확실한 방법이 있는데 이를 '강점'이라고 하며, 〈표 9-1〉과 같이 정리할 수 있다.

〈표 9-1〉 여섯 가지 미덕과 스물네 가지 강점

미덕	강점
지혜와 지식	창의성, 호기심, 개방성, 학구열, 통찰력
용기	진실, 용감, 인내, 열정
사랑과 인간애	친절, 사랑, 사회적 기능
정의감	공정, 지도력, 팀워크
절제력	용서, 겸손, 신중함, 자기규제
영성과 초월	미와 경이로움에 대한 인식, 감사, 희망, 유머, 종교/영성

출처: Seligman, M. E. P., 김인자 역(2009). 마틴 셀리그만의 긍정심리학.

다음 체크리스트를 통해 자신의 대표 강점을 찾아 보자. 각 강점의 점수를 계산한 다음 1위에서 24위까지 순위를 매겨 보고 상위 강점을 확인하라.

〈표 9-2〉 나의 대표 강점 찾기

항목	질 문						점수
호기심/세상에 대한 관심	a) 언제나 세상에 대해 호기심이 많다.	1 나와 매우 다르다	2 나와 다르다	3 보통이다	4 나와 비슷하다	5 나와 매우 비슷하다	
	b) 쉽게 짜증을 낸다.	1 나와 매우 다르다	2 나와 다르다	3 보통이다	4 나와 비슷하다	5 나와 매우 비슷하다	
학구열	a) 새로운 것을 배울 때 전율을 느낀다.	1 나와 매우 다르다	2 나와 다르다	3 보통이다	4 나와 비슷하다	5 나와 매우 비슷하다	
	b) 박물관이나 다른 교육적 장소에 한 번도 가 본 적이 없다.	1 나와 매우 다르다	2 나와 다르다	3 보통이다	4 나와 비슷하다	5 나와 매우 비슷하다	
판단력/비판적 사고/열린 마음	a) 판단력이 필요한 주제가 있을 때면 매우 이성적으로 사고한다.	1 나와 매우 다르다	2 나와 다르다	3 보통이다	4 나와 비슷하다	5 나와 매우 비슷하다	
	b) 성급하게 판단하는 경향이 있다.	1 나와 매우 다르다	2 나와 다르다	3 보통이다	4 나와 비슷하다	5 나와 매우 비슷하다	

창의성/독창성/실천성/지능/세상을 보는 안목	a) 어떤 일을 하는 데 필요한 새로운 방법을 찾는 것을 좋아한다.	1 나와 매우 다르다	2 나와 다르다	3 보통이다	4 나와 비슷하다	5 나와 매우 비슷하다
	b) 내 친구들은 대부분 나보다 상상력이 뛰어나다.	1 나와 매우 다르다	2 나와 다르다	3 보통이다	4 나와 비슷하다	5 나와 매우 비슷하다
사회성/대인 관계/정서 지능	a) 어떤 성격의 단체에 가도 잘 적응할 수 있다.	1 나와 매우 다르다	2 나와 다르다	3 보통이다	4 나와 비슷하다	5 나와 매우 비슷하다
	b) 다른 사람의 감정에 아주 둔하다.	1 나와 매우 다르다	2 나와 다르다	3 보통이다	4 나와 비슷하다	5 나와 매우 비슷하다
예견력	a) 항상 꼼꼼히 생각하고 더 큰 것을 볼 줄 안다.	1 나와 매우 다르다	2 나와 다르다	3 보통이다	4 나와 비슷하다	5 나와 매우 비슷하다
	b) 내게 조언을 구하러 오는 사람은 거의 없다.	1 나와 매우 다르다	2 나와 다르다	3 보통이다	4 나와 비슷하다	5 나와 매우 비슷하다
호연지기와 용감함	a) 강력한 반대를 무릅쓰고 내 주장을 고수할 때가 많다.	1 나와 매우 다르다	2 나와 다르다	3 보통이다	4 나와 비슷하다	5 나와 매우 비슷하다
	b) 고통과 좌절 때문에 내 의지를 굽힐 때가 많다.	1 나와 매우 다르다	2 나와 다르다	3 보통이다	4 나와 비슷하다	5 나와 매우 비슷하다
끈기/성실/근면	a) 한번 시작한 일을 끝까지 한다.	1 나와 매우 다르다	2 나와 다르다	3 보통이다	4 나와 비슷하다	5 나와 매우 비슷하다
	b) 일을 할 때면 딴전을 피운다.	1 나와 매우 다르다	2 나와 다르다	3 보통이다	4 나와 비슷하다	5 나와 매우 비슷하다
지조/진실/정직	a) 약속을 반드시 지킨다.	1 나와 매우 다르다	2 나와 다르다	3 보통이다	4 나와 비슷하다	5 나와 매우 비슷하다
	b) 친구들에게 솔직하게 말하는 법이 없다.	1 나와 매우 다르다	2 나와 다르다	3 보통이다	4 나와 비슷하다	5 나와 매우 비슷하다
사랑과 인간애	a) 자발적으로 이웃을 도와준다.	1 나와 매우 다르다	2 나와 다르다	3 보통이다	4 나와 비슷하다	5 나와 매우 비슷하다
	b) 다른 사람의 행운을 내 일처럼 좋아한 적이 거의 없다.	1 나와 매우 다르다	2 나와 다르다	3 보통이다	4 나와 비슷하다	5 나와 매우 비슷하다

사랑할 줄 아는 능력과 사랑받을 줄 아는 능력	a) 본인의 기분과 행복 못지 않게 내 기분과 행복에 관심을 기울이는 사람이 있다.	1	2	3	4	5
		나와 매우 다르다	나와 다르다	보통이다	나와 비슷하다	나와 매우 비슷하다
	b) 다른 사람이 베푸는 사랑을 제대로 받아들이지 못한다.	1	2	3	4	5
		나와 매우 다르다	나와 다르다	보통이다	나와 비슷하다	나와 매우 비슷하다
시민정신/ 의무감/ 협동정신/ 충성심	a) 어떤 단체에 가입하면 최선을 다한다.	1	2	3	4	5
		나와 매우 다르다	나와 다르다	보통이다	나와 비슷하다	나와 매우 비슷하다
	b) 소속집단의 이익을 위해 개인적인 이익을 희생할 생각은 없다.	1	2	3	4	5
		나와 매우 다르다	나와 다르다	보통이다	나와 비슷하다	나와 매우 비슷하다
공평성과 평등정신	a) 어떤 사람에게든 똑같이 대한다.	1	2	3	4	5
		나와 매우 다르다	나와 다르다	보통이다	나와 비슷하다	나와 매우 비슷하다
	b) 내가 싫어하는 사람을 공정하게 대하기 힘들다.	1	2	3	4	5
		나와 매우 다르다	나와 다르다	보통이다	나와 비슷하다	나와 매우 비슷하다
지도력	a) 일일이 참견하지 않고도 사람들이 단합해 일하도록 이끌어 준다.	1	2	3	4	5
		나와 매우 다르다	나와 다르다	보통이다	나와 비슷하다	나와 매우 비슷하다
	b) 단체 활동을 조직하는 데는 소질이 없다.	1	2	3	4	5
		나와 매우 다르다	나와 다르다	보통이다	나와 비슷하다	나와 매우 비슷하다
자기 통제력	a) 내 정서를 다스릴 줄 안다.	1	2	3	4	5
		나와 매우 다르다	나와 다르다	보통이다	나와 비슷하다	나와 매우 비슷하다
	b) 다이어트를 오래 하지 못한다.	1	2	3	4	5
		나와 매우 다르다	나와 다르다	보통이다	나와 비슷하다	나와 매우 비슷하다
사려/ 신중함/ 조심성	a) 다칠 위험이 있는 일은 하지 않는다.	1	2	3	4	5
		나와 매우 다르다	나와 다르다	보통이다	나와 비슷하다	나와 매우 비슷하다
	b) 나쁜 친구를 사귀거나 나쁜 사람을 만나는 경우가 있다.	1	2	3	4	5
		나와 매우 다르다	나와 다르다	보통이다	나와 비슷하다	나와 매우 비슷하다
겸손과 겸양	a) 다른 사람이 나를 칭찬할 때면 슬그머니 화제를 돌린다.	1	2	3	4	5
		나와 매우 다르다	나와 다르다	보통이다	나와 비슷하다	나와 매우 비슷하다
	b) 스스로 한 일을 추켜세우는 편이다.	1	2	3	4	5
		나와 매우 다르다	나와 다르다	보통이다	나와 비슷하다	나와 매우 비슷하다

감상력	a) 음악, 미술, 연극, 영화, 스포츠, 과학, 수학의 아름다움을 보고 전율한 적이 있다.	1	2	3	4	5
		나와 매우 다르다	나와 다르다	보통이다	나와 비슷하다	나와 매우 비슷하다
	b) 평소에는 아름다움과 전혀 무관하게 지낸다.	1	2	3	4	5
		나와 매우 다르다	나와 다르다	보통이다	나와 비슷하다	나와 매우 비슷하다
감사	a) 아무리 하찮은 일이라도 항상 고맙다고 말한다.	1	2	3	4	5
		나와 매우 다르다	나와 다르다	보통이다	나와 비슷하다	나와 매우 비슷하다
	b) 내가 받은 은혜에 대해 거의 생각하지 않는다.	1	2	3	4	5
		나와 매우 다르다	나와 다르다	보통이다	나와 비슷하다	나와 매우 비슷하다
희망/낙관주의/미래지향성	a) 항상 긍정적인 면만 본다.	1	2	3	4	5
		나와 매우 다르다	나와 다르다	보통이다	나와 비슷하다	나와 매우 비슷하다
	b) 내가 하고 싶은 일을 하기 위해 철저하게 계획한 적이 거의 없다.	1	2	3	4	5
		나와 매우 다르다	나와 다르다	보통이다	나와 비슷하다	나와 매우 비슷하다
영성/목적의식/신념/신앙심	a) 삶의 목적이 뚜렷하다.	1	2	3	4	5
		나와 매우 다르다	나와 다르다	보통이다	나와 비슷하다	나와 매우 비슷하다
	b) 사명감이 없다.	1	2	3	4	5
		나와 매우 다르다	나와 다르다	보통이다	나와 비슷하다	나와 매우 비슷하다
용서와 연민	a) 과거의 것을 문제 삼지 않는다.	1	2	3	4	5
		나와 매우 다르다	나와 다르다	보통이다	나와 비슷하다	나와 매우 비슷하다
	b) 기어코 복수하려고 애쓴다.	1	2	3	4	5
		나와 매우 다르다	나와 다르다	보통이다	나와 비슷하다	나와 매우 비슷하다
명랑함과 유머 감각	a) 되도록 일과 놀이를 잘 배합한다.	1	2	3	4	5
		나와 매우 다르다	나와 다르다	보통이다	나와 비슷하다	나와 매우 비슷하다
	b) 우스갯소리를 거의 할 줄 모른다.	1	2	3	4	5
		나와 매우 다르다	나와 다르다	보통이다	나와 비슷하다	나와 매우 비슷하다
신명/열정/열광	a) 무슨 일을 하든 전력투구한다.	1	2	3	4	5
		나와 매우 다르다	나와 다르다	보통이다	나와 비슷하다	나와 매우 비슷하다
	b) 의기소침할 때가 많다.	1	2	3	4	5
		나와 매우 다르다	나와 다르다	보통이다	나와 비슷하다	나와 매우 비슷하다

출처: Seligman, M. E. P., 김인자 역(2009). 마틴 셀리그만의 긍정심리학.

2. 직업적 성취와 자기실현

앞에서도 살펴보았듯이, 직업은 행복과 밀접한 관계가 있다. 특히, 직업의 유형보다 직업 만족도가 행복과 직접적인 상관이 있다. '천재는 노력하는 사람을 이길 수 없고 노력하는 사람은 즐기는 사람을 이길 수 없다'는 Merkle의 말처럼, 자신의 일을 즐기는 사람은 몰입 경험과 함께 행복을 맛볼 수 있다.

Csikszentmihalyi(1990)는 자신의 일을 즐기는 사람은 일을 하면서 몰입 상태를 경험하게 되어 행복해지며, 나아가 Nakamura와 Csikszentmihalyi (2003)는 그 일에서 의미를 발견하고 열정적으로 참여하는 열정적 관여(vital engagement)의 태도가 행복한 삶의 비결이라고 주장하였다.

자신이 현재 하는 일에 심취하여 자신이 일을 하고 있다는 의식도 사라지고, 시간이 언제 흘러갔는지도 모르게 되는 자기 충족적인 '몰입'을 촉진하는 요인으로는 첫째, 분명한 목표가 있는 활동, 둘째, 즉각적인 피드백이 주어지는 활동, 셋째, 개인의 기술 수준과 과제의 난이도가 적절한 균형을 이루는 활동이 있다(권석만, 2008). 이처럼 직업 활동을 하는 과정에서 몰입을 통해 행복을 경험하며, 직업에서의 성취는 자기실현으로 이어진다. 자기실현은 개인의 잠재력을 충분히 발현하려는 경향으로, 직업적 성취를 통해 이룰 수 있다.

Lyubomirsky가 제안하는 몰입 체험을 늘리는 방법

- 주의를 통제하고 일 자체에 완벽하게 집중하라.
- 새로운 가치관을 선택하라. 새롭고 다른 체험에 마음을 열고 죽을 때까지 배워라.
- 몰입이 어떠한 상태인지 배워라. 몰입을 느낄 때의 정확한 지속 시간과 활동의

성질을 파악하여 그것을 늘려라.

- 일상적인 활동을 변화시켜라. 지루한 일도 특정한 목표와 규칙을 지닌 작은 몰입 활동을 만들어 내라.
- 대화에 몰입하라.
- 여가를 현명하게 보내라. 원하는 행동을 정해진 시간만큼 하라.
- 업무 시간을 현명하게 보내라.
- 최상의 몰입 상태를 추구하라. 나의 주변 상황을 잊을 만큼 온전히 몰입하는 경험을 추구하라.

출처: Lyubomirsky, S., 오혜경 역(2008). 행복도 연습이 필요하다.

그렇다면 만족하는 직업을 어떻게 선택할 것인가? 직업 만족에 영향을 미치는 것으로는 흥미, 적성, 가치, 성격과 같은 개인적 요인과 직무 특성, 필요한 능력, 보상체계와 같은 직업적 요인이 있는데, 서로 부합하는 직업을 선택할 때 몰입이 늘어나고 직업 만족도가 올라가서 행복해질 수 있다.

3. 마음 관리

어른들은 모든 것이 마음에 달렸다고 한다. 우리가 아이였을 때는 그 말이 무슨 의미인지 알 수 없었다. 그리나 점차 나와 세상의 한계를 겪으면서 세상을 비추는 마음을 관리하는 것이 얼마나 중요한지 알게 된다. 행복한 사람은 같은 상황에서 불행한 사람보다 낙관적으로 생각하고, 감사함을 느끼고 표현하며, 스트레스에 적극적으로 대응한다.

Seligman은 낙관주의와 비관주의를 영속성과 파급성 두 가지 특성으로 설명하였다(Seligman, 2002). 영속성은 한 개인이 절망하는 기간을 결정하는 특성으로, 나쁜 사건 때문에 느낀 무기력을 영속적으로 여기는지, 아니면 일시적인 것으로 여기고 쉽게 극복하는지를 가늠한다. 파급성은 절망감의 여파를 다른 영역까지 확산시키는지, 아니면 애초에 일어난 한 가지 영역에만 한정시키는지를 결정하는 특성이다. 즉, 낙관적인 사람은 나쁜 일이 일어났을 때, 그것이 일시적으로 일어났다고 느끼고 특수한 경우에 해당한다고 생각하는 것이다. 예를 들어, 중간고사를 망쳤다면 낙관적인 사람은 "이번에 아파서 공부를 못 했더니 두 과목이 성적이 안 좋네."라고 생각하는 반면, 비관적인 사람은 "역시 공부는 내 체질이 아니야. 이러다 대학을 졸업하지 못할 거야."라고 생각한다. 물론 좋은 일에 대해 낙관적인 사람은 영속적이고 보편적으로 설명할 것이다.

원하지 않지만 계속해서 비관적인 생각이 들 때 자기 자신을 설득력 있게 반박하는 네 가지 방법이 있다.

- 과도한 부정적 믿음을 반박할 명백한 증거 제시하기
- 영속적이고 파급성이 큰 원인에 매달리지 말고 대안 찾기
- 부정적인 믿음이 사실일지라도, 다른 의미가 없는지 숨은 진실 찾기
- 설령 진실이 비극적이라도 앞으로 어떻게 할지 실질적으로 접근하기

이렇게 비관적인 생각을 적극적으로 반박한 다음 그러한 어려움을 통해 내가 배울 수 있는 것이 무엇인지를 생각해 본다면, 그 생각에서 빠져나와 더 큰 이득을 가질 수 있을 것이다.

4. 인간관계

'나는 내가 누군가를 사랑하고 누군가로부터 사랑받고 있다고 느낄 때 가장 행복하다.' 많은 연구에서 이 같은 생각이 보편적이라는 것을 보여 준다. Reis와 Gable(2003)은 삶의 만족과 행복에 기여하는 가장 중요하면서도 단일한 원천은 다른 사람과의 긍정적인 관계라고 했다. 왜 인간관계가

행복에 중요할까? Lyubomirsky(2008)는 좋은 사회적 관계가 여러 가지 필수 욕구를 충족시켜 주기 때문이라고 했다. 인간관계는 스트레스, 고통, 정신적 외상을 겪을 때 사회적 지원을 해 준다. 또한, 사랑할 기회를 주고 쾌락 적응이 덜 일어나게 해 준다. 즉, 물질적인 대상은 가졌을 때 그것에 대한 적응이 빨리 일어나지만, 행복한 결혼과 훌륭한 자녀는 그것을 갖는 데 성공한 후에도 행복이 계속 유지된다는 것이다.

그러면 우리 삶에서 중요한 사람은 누구인가? 권석만(2004)은 만족스럽고 행복한 삶을 위해서는 가족 동반자, 낭만적 동반자, 사교적 동반자, 작업적 동반자가 필요하다고 했다. 그러한 동반자는 우리에게 의미 있는 타인(significant others)이 되는데, 의미 있는 타인은 도움이 필요할 때 정서적·물질적 지원을 해 주고, 영향력 있는 의견과 평가를 제공하며, 상호 영향력을 많이 주고받는 사람이다. 당신은 삶에서 의미 있는 사람이 얼마나 많으며 그들과 어떤 상호작용을 하고 있는가? 빈 노트에 자신과 관계된 사람들에 대해 적어 보자. 의미 있는 타인의 이름과 각각의 타인이 자신에게 어떤 의미인지를 적고, 지금 현재 연락 상태가 어떠한지를 적어 본 후 만족스러운지, 더 나은 관계를 위해서 하고 싶은 일이 있는지를 생각해 보자. 예를 들면, 관계의 수는 만족하는가? 동성에 비해 이성 친구가 너무 적지 않은가? 주로 누가 먼저 연락하는가? 최근 관계가 소원한 친구는 누구인가? 자신을 위해, 타인을 위해 더 하고 싶은 일은 무엇인가?

그럼 자신에게 중요한 타인을 어떻게 대할 것인가? Argyle과 Henderson(1984)의 연구에 따르면, 영국, 이탈리아, 홍콩, 일본의 국민에게 우정의 규칙을 선택하게 한 결과 여러 문화권에 걸쳐 공통적으로 선택된 것이 〈표 9-3〉에 제시된 것과 같이 나타났다.

〈표 9-3〉 우정의 규칙

지원해 주기	도움이 필요할 때 자원해서 도와주기 정서적인 지원을 해 주기 그 자리에 없는 친구를 변호해 주기
신뢰할 수 있고 막역한 친구가 되어 주기	친구의 사생활을 존중해 주기 친구를 믿고 친구에게 비밀을 털어놓기 비밀을 지켜주기 여러 사람 앞에서 친구 간에 비평을 하지 않기 친구에게 사적인 감정이나 문제를 털어놓기
즐거움과 유머의 원천이 되어 주기	함께 있을 때 서로를 기분 좋게 해 주기 동반자가 되어 주기 농이나 농담을 주고받기 성공 소식을 함께 나누기
관용과 포용을 베풀기	친구의 다른 관계에 대해 질투하거나 비평하지 않기 친구의 친구들을 관용적으로 대하기 개인적인 충고를 구하기 잔소리 하지 않기

출처: Baumgardner, S. R. & Crothers, M. K., 안신호 외 역(2009). 긍정심리학.

5. 목표 설정

인생의 목표가 무엇인가? 지금 그 목표를 향해 달려가고 있는가? 자신 있게 '예'라고 대답하는 사람은 행복하다. 목표가 있다는 것도 행복하지만 목표를 추구해 나가는 과정에서 우리는 더 큰 행복을 느낀다. 목표를 추구하는 과정에서 자신의 삶에 목적의식이 생기고, 큰 목표를 위한 하위 목표를 차근 차근 성취해 나가면서 자존감이 강화된다. 또한 목표는 시간을 잘 활용하게 해 주고, 어려움이 닥치면 극복할 기회를 주며, 목표 달성을 위해 많은 사회적 관계를 맺게 해 주기 때문에 우리는 행복해진다.

그렇다면 어떤 목표를 세워야 하는가? Lyubomirsky(2008)는 다른 사람의 승인이나 물질적 보상과 같은 외부적인 목표가 아니라 목표 자체가 만족스럽고 의미가 있어 사람이 인간적으로 성장할 수 있게 해 주고 정서적으로 성숙하며 공동체에 공헌할 수 있게 해 주는 본질적인 목표(intrinsic goals)여야 한다고 했다. 그러한 본질적인 목표를 추구하는 동안 자신의 가치 기준과 욕구가 충족되어 긍정적 정서를 경험할 뿐 아니라 자기실현으로 이어질 수 있다.

이제 빈 노트에 현재 자신에게 중요한 목표를 적어 보자. 먼저, 크고 작은 목표를 최대한 많이 써 본다. 목표가 잘 떠오르지 않거나 가치 있는 목표를 선택하는 것이 어렵다면 자신이 죽었을 때 사람들이 자신을 어떤 사람으로 기억하면 좋을지 생각해 보자. 이제 그 목표가 다음에 제시한 Lyubomirsky (2008)의 기준에 비추어 본질적인 목표인지 검토해 보면 된다.

첫째, 목표는 접근 지향적이어야 한다. 접근 지향적인 목표란 부정적인 결과를 회피하기 위한 목표보다는 긍정적인 결과를 추구하기 위한 목표를 말한다. 즉, '더 이상 살찌지 않기'라는 목표보다는 '건강하고 날씬한 몸 만들기'라는 목표가 접근 지향적인 목표다.

둘째, 목표가 서로 조화로워야 한다. 목표가 서로 모순되면 갈등을 유발하고, 결국 지쳐 둘 다 포기하는 경우가 발생할 수 있다. 예를 들어, '다양한 사회 봉사 활동을 통해 폭넓은 경험을 해 보기'라는 목표와 '취업에 활용할 다양한 자격증 획득하기'라는 목표는 서로 갈등을 유발할 수도 있다. 전자의 목표는 다양한 외부 활동을 통해 실현할 수 있지만, 후자의 목표는 책상에 앉아 인내를 갖고 학습을 할 때 실현 가능하기 때문이다. 그럴 경우에는 목표의 우선순위를 정하여 순차적으로 실천해 나가야 한다.

셋째, 융통성 있고 적절한 목표여야 한다. 나이가 들고 상황이 바뀌면 그에 따라 목표가 변화되어야 한다.

넷째, 활동에 기초한 목표가 좋다. 무엇인가를 가짐으로써 발생하는 쾌락은 적응이 빨리 일어난다. '좋은 룸메이트 갖기'를 목표로 잡기보다 룸메이트와 하고 싶은 활동을 목표로 잡는 것이 바람직하다.

자신의 목표를 점검하여 본질적인 목표와 그 하위 목표를 찾았다면, 이제 당신은 그 목표를 추구하는 과정에서 누릴 행복을 기대해도 좋다. 큰 목표를 달성하기 위한 세부 목표를 최대한 작게 자른 후 작은 성공을 계속 성취하면서, 열정적으로 목표를 추구하고 잘할 것이라는 자기실현적인 예언을 하는 과정이 바로 행복이다.

6. 여가 활동

자신의 목표를 향해 달려가기만 하면서 살 수 있는가? 사람은 직업이나 학업과 관련된 일을 하지 않는 시간에 다양한 여가를 즐기면서 긍정적인 체험을 하게 된다. 만약 갑자기 휴강이 된다면 무엇을 하면서 자신을 행복하게 할지 알고 있는가?

사람들은 무엇을 하면서 여가를 보내는가? 문화관광연구원에서 조사한 '2006 국민여가조사'에 따르면, 텔레비전 시청과 라디오 청취(68.3%), 잡담 및 통화(23.6%), 게임(23.4%), 목욕 및 사우나(22.9%), 음주(22.1%), 신문 및 잡지 보기(20.5%), 영화 관람(20.4%), 모임 참석(18.3%), 쇼핑(17.7%), 산책(16.9%), 낮잠(16.1%), 인터넷 서핑 및 채팅(15.5%) 등으로 나타났다. 남성의 경우는 음주, 게임, 신문 및 잡지 보기와 같은 여가 활동에 많이 참여하고, 여성은 잡담 및 통화, 쇼핑, 목욕 및 사우나와 같은 사회적 관계를 중시하는 소통적 여가 활동을 하는 것으로 드러났다(최석호, 2009).

여가 생활과 삶의 만족도 간에 정적 상관이 있다는 것은 여러 연구에서 일관성있게 보고되고 있다(Leitner & Leitner, 1996). 특히, 텔레비전이나 비디오 감상 활동보다는 활동적인 운동을 하는 여가 활동이 우울이나 불안과 같은 부정적 정서를 더 많이 감소시킬 뿐 아니라 행복 수준을 증가시키는 것으로 드러났다(Alfermann & Stoll, 2000). 이제 자신이 좋아하는 여가 활동을 찾아서 긍정적인 기분과 즐거움을 느끼고, 자신과 좋아하는 것이 비슷한 사람을 만나 사회적 욕구도 충족하면서 소속감과 정체감을 찾아보자.

여가를 즐기는 방법

- 돈 들여서 여가 장비를 사지 말고 시간 들여서 여가 활동을 하라.
- 생활권 여가를 즐겨라.
- 다른 사람과 시간의 패턴을 반대로 하라. 사람들이 나갈 때 들어가는 것이다.
- 한 번에 한 가지 여가 활동을 하라.
- 활동적이고 적극적인 여가 활동을 하라.
- 잘 놀 수 있도록 잘 배워라.
- 가장 한국적인 여가를 즐겨라.
- 동시에 가장 세계적인 여가를 즐겨라.

출처: 최석호(2009). 여가의 발견: 새롭게 열리는 여가의 세계.

학습 과제

1. 행복에 영향을 미치는 인구사회학적 요인을 설명하시오.
2. 행복의 공식을 스스로 이해하고 그 개념을 설명하시오.
3. 행복 증진 기술을 진술하시오.
4. 행복 증진 기술 중 '나의 대표 강점 찾기'를 따라 자신의 강점을 찾아보시오.

참고문헌

권석만(2004). 젊은이를 위한 인간관계의 심리학(개정판). 서울: 학지사.

권석만(2008). 긍정심리학-행복의 과학적 탐구-. 서울: 학지사.

안치용(2008). 대한민국 행복지수. 서울: 북스코프.

최석호(2009). 여가의 발견: 새롭게 열리는 여가의 세계. 서울: 일신사.

Alfermann, D., & Stoll, O. (2000). Effects of psysical execise on self-concept and well-being. *Sport Psychology, 31*, 47-65.

Argyle, M. (1987). *The psychology of happiness*. London: Methuen.

Argyle, M. (1999). Causes and correlates of happiness. In D. Kahneman, E. Diener, & N. Schwartz (Eds.), *Well-being: The foundation of hedonic psychology*. NY: Russell Sage Foundation.

Argyle, M. (2001). *The Psychology of happiness* (2nd ed.). London: Routledge.

Argyle, M., & Henderson, M. (1984). The rules of friendship. *Journal of Social and Personal Relationships, 1*(2), 211-237.

Aspinwall, L. G., & Taylor, S. E. (1992). Modeling cognitive adaptation: A longitudinal investigation of the impact of individual differences and coping on college adjustment and performance. *Personality and Social Psychology, 63*, 989-1003.

Baumeister, R. F., Heatherton, T. F., & Tice, D. M. (1994). *Losing control: How and why people fail at self-regulation*. CA: Academic Press.

Baumgardner, S. R., & Crothers, M. K. (2009). 긍정심리학 [*Positice Psychology*]. (이재식, 홍창희, 안신호 역). 서울: 시그마프레스. (원저는 2009에 출판).

Brickman, P. D., Coates, D., & Janoff-Bulman, R. (1978). Lottery winners and accident victims: Is happiness relative? *Personality and Social Psychology, 36*, 917-927.

Brunstein, J. C. (1993). Personal goals and subjective well-being: A longitudinal study. *Personality and Social Psychology, 65*, 1061-1070.

Buckner, J. C., Mezzacappa, E., & Beardslee, W. R. (2003). Characteristics of resilient youths living in poverty: The role of self-regulatory processes. *Development and Psychopathology, 15*, 139-162.

Csikszentmihalyi, M. (1990). *Flow: The psychology of optimal experience.* NY: Harper & Row.

Diener, E. (1984). Subjective well-being. *Psychological Bulletin, 193*, 542-575.

Diener, E., & Diener, M. (1995). Cross-cultural correlates of life satisfaction and self-esteem. *Journal of Personality and Social Psychology, 68*, 653-663.

Diener, E., & Lucas, R. (1999a). Personality and subjective well-being. In D. Kahnemann, E. Diener, & N. Schwarz (Eds.), *Well-being: The foundation of hedonic psychology* (pp. 213-229). NY: Russell Sage Foundation.

Diener, E., & Lucas, R. (1999b). Subjective well-being: Three decades of progress. *Psychological Science, 13*, 81-84.

Diener, E., & Seligman, M. (2004). Beyond money: Toward and economy of well-being. *Psychology in the Public Interest, 5*, 1-31.

Diener, E., Suh, E. M., Lucas, R. E., & Smith, H. L. (1999). Subjective well-being: Three decades of progress. *Psychological Bulletin, 124*, 276-302.

Fujita, F., Diener, E., & Sandvik, E. (1991). Gender differences in negative affect and well-being: The case for emotional intensity. *Journal of personality and Social Psychology, 61*, 427-434.

Haring, M. J., Okun, M. A., & Stock, W. A. (1984). A quantitative synthesis of literature on work status and subjective well-being. *Journal of Vocational Behavior, 25*, 316-324.

Horwitz, A. A., White, H. R., & Howell-White, S. (1996). The use of multiple outcomes in stress research: A case study of gender differences in responses to marital dissolution. *Journal of Health ahd Social Behavior, 37*, 278-291.

Inglehart, R. (1990). *Cultural shift in advanced industrial society.* NJ: Princeton

University Press.

Kasser, T., & Kanner, A. D. (Eds.). (2004). *Psychology and consumer culture: The struggle for a good life in a materialistic world.* Washington D.C.: American Psychological Association.

Kasser, T., & Ryan, R. M. (1993). A dark side of the American dream: Correlates of financial success as a life aspiration. *Personality and Social Pshychology, 65*, 410-422.

Layard, R. (2005a) Rethinking public economics: The implications of rivalry and habit, in L. Bruni and P. L. Porta (Eds.), *Economics and Happiness: Reality and Paradoxes.* NY: Oxford University Press.

Leitner, M. J., & Leitner, S. F. (1996). *Leisure in later life*(2nd ed.). NY: Haworth Press.

Lyubomirsky, S. (2008). 행복도 연습이 필요하다 [*How to be happy*]. (오혜경 역). 서울: 지식노마드. (원저는 2007에 출판).

Masten, A. S. (2001). Ordinary magic: Resilience processes in development. *American Psychologist, 56*, 227-238.

Mroczek, D. K., & Kolarz, C. M. (1998). The effect of age on positive and negative affect: A developmental perspective on happiness. *Personality and Social Psychology, 75*, 1333-1349.

Myers, D. G. (2000). The funds, friends, and faith of happy people. *American Psyhoclogist, 55*, 56-67.

Myers, D. G. (2007). Pshychology of happiness. *Scholarpedia, 2*(8), 31-49.

Myers, D. G., & Diener, E. (1995). Who is happy? *Psychological Science, 6*, 10-19.

Nakamura, J., & Csikszentmihalyi, M. (2003). The construction of meaning through vital engagement. In C. L. Keyes, & J. Haidt (Eds.), *Flourishing: Positive psychology and the life well-lived* (pp. 83-104). Washington

D.C.: American Psychological Association.

Nolen-Hoeksema, S., & Rusting, C. L. (1999). Gender differences in well-being. In D. Kahnemann, E. Diener, & N. Schwarz (Eds.), *Well-being: The foundation of hedonic psychology* (pp. 330-352). NY: Russell Sage Foundation.

Paykel, E. S. (1979). Recent life events in the development of the depressive disorders. In R. A. Depu (Ed.), *The psychology of the depressive disorders: Implications for the effects of stress* (pp. 245-262). NY: Academic Press.

Peterson, C. (2006). *A primer in positive psychology*. NY: Oxford University Press.

Peterson, C., & Seligman, M. E. P. (2004). *Character strengths and virtues: A handbook of classification*. NY: Oxford University Press. Washington, D.C.: American Psychological Association.

Reis, H. T., & Gable, S. L. (2003). Toward a positive psychology of relationship. In C. L. M. Keyes, & J. Haidt (Eds.), *Flourishing: Positive psychology and the life well-lived* (pp. 129-159). Washington D.C.: American Psychological Association.

Ryan, R. M., & Deci, E. L. (2000). Self-determination theory and the facilitation of intrinsic motivation, social development, and well-being. *American Psychologist, 55*, 68-78.

Ryff, C. D. (1989). Happiness Is Everything, or Is It? Explorations on the Meaning of Psychological Well-Being. *Journal of Personality and Social Psychology, 57*(6), 1069-1081.

Schmidt, N., & Sermat, V. (1983). Measuring loneliness in different relationships. *Personality and Social Psychology, 44*, 1038-1047.

Schneider, S. (2001). In search of realistic optimism: Meaning, knowledge, and warm fuzziness. *American Psychologist, 54*, 250-263.

Sears, R. R. (1977). Sources of life satisfaction of the Terman gifted men. *American Psychologist, 32*, 119-128.

Segerstrom, S., Taylor, S., Kemeny, M., & Fahey, J. (1998). Optimism is associated with mood, coping, and immune change in response to stress. *Personality and Social Psychology, 74*, 1646-1655.

Seidlitz, L., & Diener, E. (1993). Memory for positive versus negative life events: Theories for the differences between happy and unhappy persons. *Journal of Personality and Social Psychology, 64*, 654-664.

Seligman. M. E. P. (2000, October). Positive psychology: A progress report. *positive psychology Summit 2000*. Washington D.C.: The Gallup Organization.

Seligman. M. E. P. (2009). 마틴 셀리그만의 긍정심리학 [*Positive Psychology: A Progress Report on Optimism*]. (김인자 역). 서울: 물푸레. (원저는 2002에 출판).

Sirgy, M. J. (1998). Materialism and quality of life. *Social indicators Research, 43*, 227-260.

Weisenberg, M., Raz, T., & Hener, T. (1998). The influence of film-induced mood on pain perception. *Pain, 76*, 365-375.

Wood, W., Rhodes, N., & Whelan, M. (1989). Sex differences in positive well-being: A consideration of emotional style and marital status. *Psychological Bulletin, 106*, 249-264.

〈유익한 동영상〉

▶ 지구가 만약 100인의 마을이라면

–http://www.youtube.com/watch?v=kO5nncVMIFg

▶ 나는 행복합니다 –닉 부이치치 이야기

–http://cue.imbc.com/totalSearch.aspx?nethruCD=AA10018&nethruNm

=%uC5ED%uC804%uC758&query=%uB2C9%20%uBD80%uC774%uCE58%uCE58

▶ 몰입, 최고의 나를 만나다

–http://tv.sbs.co.kr/sbsspecial/

▶ 버킷리스트 – 죽기 전에 하고 싶은 것들

–Reiner, R. (Producer), (2007). *The Bucket List*. [Film]. NY: Warner Bros.

제 10 장

대인 갈등 해결 프로그램

박성미

학습 목표

1. 대인 갈등 해결을 이해한다.
2. 대인 갈등 해결 프로그램을 이해한다.
3. 대인 갈등 해결에 대한 실제를 경험한다.

갈등은 인간이 필연적으로 겪는 현상이다. 특히 대인 갈등은 자기 자신의 목표를 획득하는 데 타인이 방해한다고 인식할 때 두드러지게 나타난다. 이러한 갈등이 복잡해질수록 그에 따른 갈등의 관리와 해결에는 어려움을 겪을 수 있다.

그러나 인간은 고통을 극복하고 성장하려는 경향을 지니고 있다. 대인 관계에서도 마찬가지다. 이에 부적응적인 대인 관계는 적응적 대인 관계로, 불만족스러운 대인 관계는 만족스러운 대인 관계로, 나아가 미숙한 대인 관계는 성숙한 대인 관계를 형성하도록 조력할 필요가 있다.

Jensen-Campbell과 Graziano(2001)에 의하면 대인 갈등과 관련해서 인간에게 나타나는 세 가지 공통적인 심리적 경향성이 있다고 한다. 첫째, 사람은 태도, 신념, 지식, 경험 등이 모두 다르고, 둘째, 그러한 차이점 때문에 인간은 자기중심적이며 다른 사람의 관점을 인지하는 데에 어려움을 겪는다. 셋째, 그 결과 사람은 일반적으로 자기 자신의 이익을 지키고 이를 증가시키려는 방향으로 동기화되고 이러한 방향성에 따라 개인 간에는 갈등이 발생할 수밖에 없는 것이다.

이처럼 대인 갈등은 인간관계 속에서 볼 때 불가피한 현상이다. 따라서 대인 갈등 상황에서 보다 합리적이고 평화적으로 해결하는 것이 사회적 존재로서의 삶과 성장에 도움이 될 것이다.

이러한 시사점에 근거하여 본 프로그램을 통해 갈등 속에서 나타나는 개인적 감정에 대해 탐색하면서 갈등을 능숙하고 효과적 · 평화적으로 해결할 수 있도록 돕고자 한다(McFarland, 1992).

I. 이론적 근거

인간은 사회적 존재로서 다양한 생태학적 환경과 끊임없는 상호작용을 하면서 여러 가지 다양한 형태의 대인 관계를 맺으며 삶을 이어간다.

생태학적 체계 이론에서는 인간을 둘러싸고 있는 환경을 크게 다섯 가지로 제시하고 있는데 ① 미시체계, ② 중간체계, ③ 외체계, ④ 거시체계, ⑤ 시간체계다. 이것은 개인을 둘러싸고 있는 직접적 환경으로부터 개인이 살고 있는 무형의 문화적 환경까지 모두 포함한다.

여기서 미시체계, 중간체계, 외체계는 대인 관계에서의 갈등에 직접적으로 관여하는 환경이며, 거시체계와 시간체계는 미시체계, 중간체계, 외체계에 포함된 모든 요소에 개인이 살고 있는 문화적 환경까지 포함한 것이다. 이들 체계는 일반적으로 다른 체계보다 안정적이지만 때로는 사회 변화에 따라 함께 변할 수 있는 체계로 그 시대를 반영한 신념, 태도, 전통 등을 통해 개인에게 영향을 미친다.

그러므로 대인 갈등 해결 프로그램에서는 미시체계, 중간체계, 외체계, 거시체계와 시간체계를 중심으로 이론적 근거를 마련하고자 하였다. 이에 생태학적 체계 이론에 비추어 볼 때 대인 갈등 해결 내용은 다음과 같은 각각의 하위체계 내에서 구성할 수 있다.

미시체계는 여러 생태학적 체계 속에 존재하지만 환경으로부터 수동적으로 영향을 받는 존재가 아니라 환경을 능동적으로 구성하는 주체로 보아야 한다. 이런 관점에서 볼 때 미시체계에서는 자신을 바로 세우는 데 필요한 덕목을 함양해야 한다. 즉, 자신에 대한 진정한 이해 및 존중을 통해 갈등 상황에서 자기중심적인 방향성을 제한하며 보다 성숙한 방식으로 갈등을 해결하는 데 주안점을 두고 있다.

중간체계는 미시체계 간의 상호 관계, 즉 환경과의 관계를 말한다. 이를

테면 부모 및 형제 관계, 이웃 및 친구 관계 등이다. 일반적으로 이 체계는 대인 관계 형성에서 직접적인 생태학적 하위체계로 볼 수 있다. 그러므로 중간체계 간의 관계가 밀접할수록 원만한 대인 관계를 유지하고 심리적 안녕을 누리며 사회적 기능을 할 수 있다. 여기에서는 타인에 대한 존중 및 관용을 통해 갈등 상황에서 합리적인 해결점을 찾을 수 있는 사고방식을 조성하는 데 주안점을 두고 있다.

외체계는 개인이 직접 참여하지는 않지만 개인에게 영향을 미치는 사회적 환경을 의미한다. 이를테면 정부, 지역사회, 대중매체, 직업 세계 등이다. 이런 관점에서 볼 때 외체계에서는 넓은 의미로서 대인 관계를 형성할 때 개인차를 극복하고 상호 협력을 통해 갈등 해결의 접촉점을 찾는 덕목을 함양해야 한다. 여기에서는 개방적이고 포괄적인 사고방식을 소유한 개인이 주체로서의 넓은 세계인과 성숙한 교류를 하는 데 주안점을 두고 있다.

마지막으로 거시체계와 시간체계 속에서는 수시로 발생할 수 있는 대인 갈등의 문제에 효과적으로 대처하기 위한 갈등 해결의 직접적인 기술을 학습하도록 한다.

II. 프로그램의 운영 및 지침

1. 프로그램의 운영 방법

본 프로그램은 집단 상담의 형태로 운영하며, 경우에 따라서는 개인 상담용으로 심화 지도를 할 수 있다.

1) 집단 상담으로 운영할 경우

본 프로그램은 집단 상담으로 운영하는 것이 더 효과적이다. 이는 제한된 시간에 소수의 내담자를 대상으로 상담할 수 있다는 이점과 집단 활동에 따른 구성원과의 집단 역동을 통해 또 다른 학습의 효과를 기대할 수 있기 때문이다. 더 나아가 각 회기별 목표에 도달하기 위하여 내담자가 충분한 내면화를 형성하려면 소집단으로 나누어 활동을 전개하는 것이 더 효과적이다.

2) 개인 상담으로 운영할 경우

본 프로그램을 개인 상담으로 운영할 경우에는 멘토링(Mentoring: Mentor, Mentee) 관계 형성을 통한 접근이 효율적이다. 본 프로그램은 대인 갈등에서 내담자가 문제에 효과적으로 대처하여 해결할 수 있도록 상담자가 지도하는 교육 프로그램이다. 따라서 단순히 상담자와 내담자 간 면담 혹은 면대 면 관계에서 조력을 받는다는 느낌에서 탈피하여 효과적으로 운영하기 위해서는 멘토링 관계를 형성하는 것이 바람직하다.

2. 프로그램의 운영 지침

본 프로그램을 효율적으로 운영하기 위한 몇 가지 지침 사항은 다음과 같다.

첫째, 본 프로그램의 각 회기는 도입, 전개, 정리, 예고 등 일련의 절차대로 진행하되 주어진 시간은 100분이다. 각 세부 영역마다 해당 시간이 정해져 있으나 상황에 따라 융통성 있게 적용하는 운영의 묘미가 필요하다.

둘째, 본 프로그램을 진행하기에 앞서 상담자와 내담자 간 친밀한 관계 형성을 위하여 매 회기별로 촉진 게임을 실시한다. 각 회기를 운영하는 시점에 가장 적합한 촉진 게임 하나를 선별하여 사용한다. 때로는 내담자에게 재미있는 촉진 게임을 준비해 오도록 함으로써 본 프로그램에 대한 적극적인 참여 동기를 유발하는 것도 도움이 된다.

셋째, 본 프로그램은 이론적으로 숙지하는 것이 아니라 활동을 통해 내담자가 내면화하도록 구성되어 있다. 그러므로 모든 내담자가 적극적으로 참여할 수 있도록 동기를 부여하면서 진행한다.

III. 프로그램의 구성 및 실제

1. 프로그램의 구성

생태학적 체계 이론에 근거한 대인 갈등 해결 프로그램은 주제별로 '1단계 자기 존중' '2단계 타인 존중 및 관용' '3단계 상호 협력' '4단계 갈등 해결'로 나누어져 있다. 이를 도표화하면 [그림 10-1]과 같으며, 구체적인 내용은 〈표 10-1〉에서 제시하고 있다.

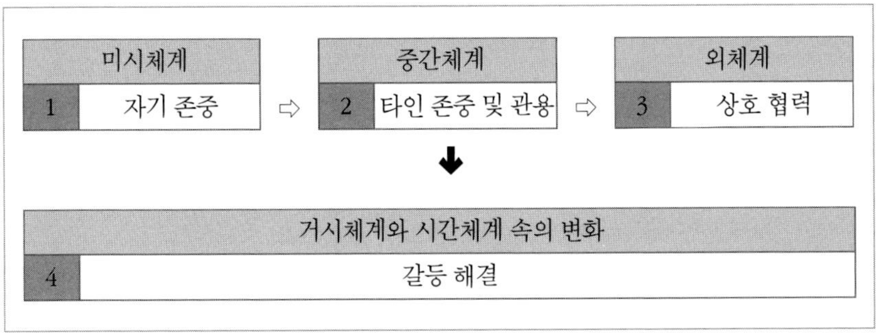

● **그림 10-1** ● 대인 갈등 해결 프로그램의 절차

〈표 10-1〉 대인 갈등 해결 프로그램의 내용

미시체계	1	자기 존중	개인은 이 세상에 하나밖에 없는 소중한 존재로서 당연히 존중받아야 할 가치로운 존재임을 깨닫는다.
중간체계	2	타인 존중 및 관용	자신을 진정으로 사랑하고 존중하는 사람은 타인도 사랑하며 수용할 수 있는 힘이 발생한다. 자신을 사랑하고 존중하는 것을 깨우쳤다면 이를 기초로 타인을 사랑하고 수용하는 방법을 습득한다.
외체계	3	상호 협력	개인마다 차이가 있음을 인정하고 자신과 다른 모습의 사람을 기꺼이 수용하려는 열린 사고로 함께하려는 공동체 의식을 습득(팀워크 형성)한다.
거시체계, 시간체계	4	갈등 해결	갈등을 이해하고 갈등에 대처하는 방법을 확인하며 갈등을 해결하는 새로운 방안을 탐색한다. 또한 갈등에 직면하는 용기와 해결할 수 있는 지혜를 획득하며 합의적으로 문제를 해결하는 방법을 찾는다.

2. 프로그램의 실제

1회기

(1) 개요

1회기	자기 존중		운영 방법	집단 상담
목 표	• 자기 존중에 대해 정확히 인식한다. • 자기 존중감을 향상하기 위한 방법을 찾고 실천할 수 있도록 동기를 부여한다.			
과 정	활동 내용	시간(분)	준비물	
도 입	• 촉진 게임 • 전체 프로그램의 취지, 목적 등에 대하여 소개한다. • 자기 존중에 대하여 간단한 개요를 설명한다.	10		

과 정	활동 내용	시간(분)		준비물
전 개	• 자기 신뢰도 검사를 한 후 그 내용을 살펴보면서 자신이 얼마나 스스로를 존중하고 있는지 생각해 보도록 한다.	40	80	〈활동 1-1〉
	• 자기 존중감 향상 전략을 위해 '내가 가진 장점과 나의 특별한 능력 30가지'를 작성해 보도록 한다.	40		〈활동 1-2〉
정 리	• 오늘 활동을 통해 느낀 점을 간략히 적어 보고 서로 나누어 본다.	10		느낀 점
예 고	• 2회기: 타인 존중에 대한 예고를 한다.			
유의점	• 본 프로그램의 효과를 위하여 첫 회기의 목표 달성이 매우 중요하다. 그러므로 진행자와 참여자 간 충분한 라포 형성이 이루어지도록 진행한다.			

(2) 목표

• 자기 존중에 대해 정확히 인식한다.

• 자기 존중감을 향상하기 위한 방법을 찾고 실천할 수 있도록 동기를 부여한다.

(3) 도입

• 전체 프로그램에 대하여 간단하게 안내한다.

> 여러분, 안녕하세요? (반응) 오늘부터 대인 갈등 해결 프로그램을 진행합니다. 전체 4회기 프로그램입니다. 간략하게 진행하면서 대인 갈등 해결에 도움이 되는 내용으로 여러분과 함께 하겠습니다.

• 집단 활동을 하면서 나누는 개인적인 이야기에 대해서 서로 비밀을 지킬 것을 약속한다.

4회기 동안 진행하는 본 프로그램은 대부분 집단 활동으로 진행합니다. 본 프로그램은 여러분의 자발성과 적극성을 필요로 하며 대부분의 활동은 개인의 생각과 느낌, 경험을 토대로 진행합니다. 따라서 활동 중에는 여러분이 개인적인 이야기를 하는 경우가 많을 것이니 모두가 이 자리에서 나눈 개인적인 사항에 대해서는 비밀을 지켜 주어야 합니다. 서로를 존중하고 신뢰하며 비밀을 지키겠다고 약속한다면 옆 사람과 손을 잡아 보십시오.

• 오늘 회기에 대한 간단한 개요를 설명한다.

우리가 앞으로 함께 할 네 가지 주제 중 첫 번째로 다루는 주제는 자기 존중입니다. 자기 존중이란 '자기를 긍정적으로 평가하거나 좋아함, 자신을 유능하고 중요하며 가치 있는 존재라고 생각함' 을 말합니다. 여러분의 자기 존중감은 어느 정도일까요? 세상의 중심인 자기를 믿고 사랑하는 사람이 타인을 사랑하고 수용할 수 있습니다. 이 시간이 여러분의 자기 존중감을 향상하는 계기가 되었으면 합니다.

(4) 전개

• 소집단별로 나누어 자리 배치를 한다.
• '자기 존중이란 무엇인가?' 에 대한 개념을 파악한다.
• 〈자기 존중의 이해〉를 함께 읽어 본다.

자기 존중의 이해

자기 존중이란? '자기를 긍정적으로 평가하거나 좋아함, 자신을 유능하고 중요하며 가치 있는 존재라고 생각함' 을 말한다. 자기 존중은 자기 자신의 가치를

인식하는 것으로, 인간의 존엄성에 대한 적절한 배려라 할 수 있다. 따라서 자기 존중을 가지면 타인에게 의존하지 않고 자신에 대해서뿐만 아니라 타인에게까지 긍정적인 사고와 태도를 가질 수 있다(고대혁, 1999). 우리가 자신에 대해서 긍정적인 인상을 갖고 있을 때 갖가지 실수와 약점을 알지만 그럼에도 자신을 받아들일 수 있다면 그런 우리는 그렇지 못한 우리에 비해 훨씬 만족스럽게 살고 더 큰 성공을 거두며 더 지적이고 의지 또한 강해질 수 있다. 자기 자신을 믿고 자신을 항상 긍정적인 시선으로 보는 사람에게는 자기 신뢰감이 형성된다(Merkle, 2007).

• 자기 신뢰도 검사 〈활동 1-1〉에 응답하게 한다.

이제 여러분의 자기 가치감은 어느 정도인지 다음 검사를 통해 객관적으로 평가해 보도록 하겠습니다. 〈활동 1-1〉을 하기에 앞서 '점검하기 전에'를 함께 읽어 봅시다.

점검하기 전에

각 문항에 응답할 때는 자신에게 정직해야 한다. 조금의 거짓이라도 있으면 자기 자신을 바로 보는 일이 불가능해지기 때문이다. 또한 문장을 끝까지 읽고 과연 그 내용이 자신에게 어느 정도 해당하는지 가늠해 본다. 그런 다음 각 문항에 대하여 자신이 해당하는 점수를 선택한다. 하나도 빠짐없이 답하고 가능한 한 오래 생각하지 말고 금방 떠오르는 대로 응답한다.

〈활동 1-1〉 자기 신뢰도 검사

항 목	전혀 맞지 않음	부분적으로 맞음	상당히 많이 맞음	완전히 맞음
1. 나를 남과 비교하는 일이 잦다.	0	1	2	3
2. 남 때문에 쉽게 기분이 상한다.	0	1	2	3
3. 남의 인정을 받는 것이 매우 중요하다.	0	1	2	3
4. 남이 나를 공격한다고 느낀 적이 많다.	0	1	2	3
5. 실패할까 겁나서 아예 아무 일도 시작을 안 하는 편이다.	0	1	2	3
6. 모든 일을 110% 해내야 직성이 풀린다.	0	1	2	3
7. 남이 나를 어떻게 생각하는지를 매우 중요하게 생각한다.	0	1	2	3
8. 남에게 진짜 내 모습을 보이기가 겁난다.	0	1	2	3
9. 항상 남을 만족시키고 싶다.	0	1	2	3
10. 남의 부탁을 거절하기가 매우 어렵다.	0	1	2	3
11. 성공한 사람을 보면 샘이 난다.	0	1	2	3
12. 스스로 사랑받지 못한다는 느낌이 자주 든다.	0	1	2	3
13. 나 자신과 남에게 끊임없이 무언가를 증명해 보여야 마음이 편하다.	0	1	2	3
14. 실수 때문에 자책을 많이 하는 편이다.	0	1	2	3
15. 칭찬을 받으면 흔쾌히 받아들이기가 힘들다.	0	1	2	3
16. 스스로 실패자라는 느낌을 자주 갖는다.	0	1	2	3
17. 죄책감을 자주 느낀다.	0	1	2	3
18. 우울하고 기가 꺾여 있을 때가 많다.	0	1	2	3
19. 나에 대한 평판이 혹시 나쁘지 않을까 걱정을 많이 하는 편이다.	0	1	2	3
20. 약하다는 것 자체가 싫다.	0	1	2	3
21. 약점을 보이는 것은 끔찍한 일이다.	0	1	2	3
22. 내가 잘 지내지 못하는 것은 어떻게 보면 당연한 일이다.	0	1	2	3
23. 누군가가 나에 대한 이야기를 하는 것을 보면 즉시 '나쁜 말을 하고 있구나' 하는 생각이 든다.	0	1	2	3
24. 거울을 보기 싫어하는 편이다.	0	1	2	3
25. 남 앞에서 나의 약점과 실수를 숨기려고 한다.	0	1	2	3
26. 나와 남을 비교할 경우 불리한 쪽은 항상 나다.	0	1	2	3
27. 나 자신에 대해 화가 날 때가 많다.	0	1	2	3
28. 항상 자신에게 모든 일을 똑바로 처리하라고 요구한다.	0	1	2	3
29. 나 자신과 내 능력을 의심할 때가 많다.	0	1	2	3
30. 외모 때문에 걱정을 많이 한다.	0	1	2	3
합 계 (체크한 점수를 모두 합한다.)				

출처: Merkle, R., 장현숙 역(2007). 자기사랑의 심리학.

• 응답이 끝나면 점수를 합산하도록 한다.

합산이 끝났으면 이제 결과에 대한 평가를 읽어 보세요. 자신은 어떤 상태인지 살펴보기 바랍니다.

• 〈활동 1-1〉 자기 신뢰도 검사에서 선택한 점수를 모두 더한다. 다음은 해당 점수에 대한 설명이다. 내용을 잘 읽어 보고 자기 자신의 상태를 정확하게 파악해 보자. 그러나 결과에 대해서 실망도 낙관도 하지 마라.

0~10점	축하할 만큼 매우 좋은 결과다. 당신의 자기 가치감은 아주 든든하며 균형이 잘 잡힌 인성이라 할 수 있다.
11~30점	당신은 인생의 두서너 개 국면에서 활짝 꽃피지 못했는데, 자기 가치감이 적어서 그런 것이다.
31~60점	당신은 자기 신뢰라든가 자기 가치감이 아직 신통한 단계는 아니다. 상태가 약간 심각하지만 희망이 없는 것은 아니다. 최소한의 자기 존중은 아직 잃지 않은 상태이므로 스스로 변화하려는 노력을 열심히 해야 한다. 그러면 당신에게도 장점으로 부각할 만한 부분이 많다는 사실을 알 수 있을 것이다.
61~90점	자기 가치감이 떨어질 대로 떨어져 있다. 하지만 절대로 희망을 버리면 안 된다. 설령 인생이 완전히 엉망진창이 되어 말도 못하게 불행하더라도 말이다. 그래도 당신의 경우가 아주 절망적인 것은 아니므로 우선 마음을 편안하게 먹기 바란다. 다만, 자기 가치감을 강화하고 싶다면 시간을 무척 많이 들여야 한다는 점은 미리 알아두자. 자기 자신을 변화시키려면 고생을 좀 하겠지만 심리 치료사의 도움을 받으면 훨씬 효과적이다. 자기 자신을 적이 아니라 친구로서 대하는 법을 배울 수 있다. 혼자서 해결할 수 없는 경우에는 전문가를 찾아가는 용기를 가져야 한다. 누구나 언제 어디서든 도움을 받을 수 있다. 당신도 예외는 아니다.

- 상담자는 자신의 결과에 대하여 어떻게 생각하는지 질문한 후 몇몇 내담자의 의견을 들어 본다.

축하할 만한 결과가 나온 사람도 있고 그렇지 못한 결과가 나온 사람도 있을 것입니다. 결과가 좋지 않다고 하여 낙심하지 말고 앞으로 자기 가치감을 향상시키도록 노력하는 기회로 삼기 바랍니다. 자기 존중감, 자기 가치감을 향상시키는 것은 말처럼 쉽지는 않습니다. 하지만 그것은 자신의 노력에 따라 자라나는 것이기도 합니다.

- 자기 존중감 향상을 위한 전략을 소개한 〈자기 존중감, 자기 가치감은 노력하면 향상된다〉를 함께 읽어 본다.

자기 존중감, 자기 가치감은 노력하면 향상된다

자기 존중감이 부족한 채 태어나는 사람은 없다. 커가면서 차츰 자기 자신을 한심하게 생각하는 법을 배운 것이다. 성인이 된 우리가 부정적인 자기 존중감을 갖고 있다면 그 이유는 바로 자기 자신을 나쁘게 생각하는 것을 배운 탓이다. 우리는 잘 되지 않는 일을 놓고 자신을 비판하도록 배웠다. 자기 자신을 남과, 그들의 능력이나 업적과 비교하는 것도 다 배워서 알게 된 것이다. 따라서 타고난 게 아니라 습득한 것이기 때문에 지워버리는 일 역시 가능하다. 운전이나 타이핑이 그렇듯이 자기 자신을 부정적으로 생각하는 것 역시 배워 익힌 기능에 불과하다. 배워 익힌 것은 지워버릴 수도 있다. 일종의 생각하는 습관인 셈인데 썩 좋은 습관은 아니다. 따라서 이 나쁜 습관을 좋은 습관, 자신에게 도움이 되는 습관으로 바꾸어야 한다.

사실 자기 존중감은 개인적인 은밀한 경험이다. 즉, 그것은 자신의 깊은 내면에 자리하고 있는 것으로, 자기가 자신에 대해서 생각하고 느끼는 것이지 다른 사람이 자신에 대해서 생각하고 느끼는 것이 아니다. 이 사실은 매우 중요한데, 자기 존중감의 기본적 원천은 있는 그대로의 자기 모습이라는 것이다. 만일 다른 사람의 기준에 맞추어 자기 존중감을 찾으려 한다면 그것은 위험스러운 일이다. 왜냐하면 그렇게 되지도 않을 뿐만 아니라 정신적 · 정서적 안정에 치명적인 작용을 하는 인정받기만을 바라는 습관에 빠지기가 쉽기 때문이다.

자기 존중감이 높은 사람은 다른 사람보다 자신이 더 낫다는 생각을 하지 않는다. 즉, 그들은 어떤 표준적 기준으로 자신을 평가하여 자신의 가치를 입증하려고 하지 않는다. 그들은 타인보다 우월한 자신의 모습에서 어떤 기쁨을 찾는 것이 아니라 있는 그대로의 자신의 모습에서 기쁨을 찾는다(Branden, 2001). 이러한 점을 인지하여 자신의 장점을 찾아보고 함께 자랑해 보자.

• 〈활동 1-2〉를 작성하게 한다.

여러분은 있는 그대로의 자기 모습만으로도 많은 장점이 있습니다. 가만히 생각해 보면 50가지, 100가지가 될 것입니다. 오늘은 시간과 지면 관계상 30가지만 써 보도록 하겠습니다. 자기 자랑을 하라고 하는 것 같아서 어색하고 부끄러워하는 사람도 있는데, 있는 그대로의 자기를 긍정적으로 바라보는 것입니다. 자기 자랑은 교만이 아닙니다. 참된 자랑은 인정받으려고 줄곧 애쓰는 것이 아니라 즐기는 것입니다. 자랑은 달성한 일에 대한 감정적인 보상입니다. 그것은 극복해야 할 악이 아니고 획득해야 할 선이며, 자기 자랑과 긍정적인 자기 수용은 자신의 삶을 행복하게 해 주는 중요한 요소임을 인지하고 시작하십시오(Branden, 2001).

〈활동 1-2〉 내가 가진 장점과 나의 특별한 능력 30가지

1	
2	
3	
4	
5	
⋮	⋮
30	

• 장점 쓰기가 끝나면 조별로 모여 함께 나누어 보게 한다.

지금 기분은 어떻습니까? 이 활동을 하고 나니 자기가 얼마나 장점이 많고 가치로운 존재인지 알았을 것입니다. 30가지로는 아쉬운 사람도 많을 텐데요. 생각날 때마다 수첩에 자신의 장점을 메모해 보는 것도 좋을 것입니다.

• 자기 성장에 도움이 될 만한 책 한 권을 소개한다.

건전한 자기 존중감을 가진 사람은 스스로의 능력과 성취를 사실대로 평가하며 그것을 과장하지도 않고 부정하지도 않습니다. 또한 사람은 인생을 즐기는 성향이나 삶에 대한 탄력과 에너지가 다르고 좋아하는 것이 서로 다르므로 자기 존중감은 우리의 의지적인 선택으로 길러집니다. 하지만 말처럼 쉬운 일이 아닙니다. 혼자서 힘들 때는 도움을 받는 것이 좋습니다. 스스로를 돕는 데 지침이 되는 책 한 권을 소개하고자 합니다. 바로 Merkle의 『자기 사랑의 심리학』(2007)입니다.

(5) 정리 및 예고

• 활동 소감을 작성하게 하고 1회기의 내용에 대하여 간략히 정리한다.

이번 시간은 자기 존중에 대한 활동을 해 보았습니다. 지금까지의 활동에 대하여 활동 소감을 작성하고 느낌을 발표하는 시간을 갖겠습니다.

〈느낀 점〉

• 모든 발표가 끝난 뒤 다음 회기에 대한 예고를 한다.

다음 시간에는 '타인 존중 및 관용'이라는 주제로 자기 자신과 우리를 검토해 보는 시간을 갖도록 하겠습니다.

(6) 유의점

• 본 프로그램의 효과를 위하여 첫 회기의 목표 달성이 매우 중요하다. 그러므로 진행자와 참여자 간 충분한 라포 형성이 이루어지도록 진행한다.
• 자기 존중감이 낮은 참여자에게는 소개된 책을 필독하도록 권한다.

2회기

(1) 개요

<table>
<tr><td>2회기</td><td>타인 존중 및 관용</td><td colspan="2">운영 방법</td><td>집단 상담</td></tr>
<tr><td>목 표</td><td colspan="4">• 존중은 인간 그 자체를 가치롭고 소중히 여기는 마음이며 개개인의 서로 다름을 인정하는 것임을 이해한다.
• 사람을 객관적으로 보고자 노력하고 사람 보는 안목을 스스로 살펴 올바른 인간관계를 정립하는 계기를 마련한다.</td></tr>
<tr><td>과 정</td><td>활동 내용</td><td colspan="2">시간(분)</td><td>준비물</td></tr>
<tr><td>도 입</td><td>• 촉진 게임
• 존중과 관용의 의미를 나눈다.</td><td colspan="2">10</td><td></td></tr>
<tr><td rowspan="2">전 개</td><td>• 자기 존중과 타인 존중의 차이점 혹은 공통점이 있는지 생각해 본다.
• 사람을 바로 보는 성찰을 연습한다.</td><td>40</td><td rowspan="2">80</td><td>토론
〈활동 2-1〉</td></tr>
<tr><td>• 타인 존중을 위한 자기 성찰을 한다. 사람을 좋아하고 싫어하는 자신의 판단 기준에 대해 알아본다.</td><td>40</td><td>〈활동 2-2〉</td></tr>
<tr><td>정 리</td><td>• 오늘 활동을 통해 느낀 점을 간략히 적어 보고 서로 나누어 본다.</td><td colspan="2">10</td><td>느낀 점</td></tr>
<tr><td>예 고</td><td colspan="4">• 3회기: 상호 협력에 대한 예고를 한다.</td></tr>
<tr><td>유의점</td><td colspan="4">• 다른 구성원의 이야기를 경청하여 반응을 잘 하도록 지도한다.
• 공통된 혹은 상이한 의견이 언급될 때 구성원과 진지하게 토론하여 객관적인 관점을 도출해 보도록 지도한다.</td></tr>
</table>

(2) 목표

- 존중은 인간 그 자체를 가치롭고 소중히 여기는 마음이며 개개인의 서로 다름을 인정하는 것임을 이해한다.
- 사람을 객관적으로 보고자 노력하고 사람 보는 안목을 스스로 살펴 올바른 인간관계를 정립하는 계기를 마련한다.

(3) 도입

• 존중과 관용의 의미를 나눈다.

우리는 이미 1회기에서 자기 존중이라는 주제를 다루었습니다. 따라서 존중의 의미가 무엇인지 잘 알고 있을 것이라 생각합니다. 오늘은 타인 존중 및 관용이라는 주제입니다. 먼저 존중과 관용이 무엇인지 여러분의 생각을 말씀해 보기 바랍니다. (반응 확인하기)
예. 모두 좋은 의견을 말해 주어 감사합니다. 교재를 보면서 존중과 관용에 대해 다시 한 번 정리해 보겠습니다.

• 〈타인 존중의 이해〉를 읽으면서 존중과 관용의 의미를 파악한다.

타인 존중의 이해

존중이란 개인으로 하여금 자신의 독특한 삶의 목적과 방식을 선택하여 그것을 달성하도록 도움으로써 개개인의 독특한 특징을 수용하는 태도라고 볼 수 있다.

존중은 (상담에서 빈번하게 언급되는 용어인데) 수용, 비소유적 돌봄, 무조건적 긍정적 대우, 신뢰 등 다양한 용어로 표현하고 있다. 존중을 표현하는 대상이 무엇이냐에 따라 존중의 의미를 다음과 같이 구분할 수 있다(이재규, 1995).

첫째, 존중은 인간 그 자체에 대한 무조건적 사랑이라는 의미로 사용된다. 다시 말해, 인간 그 자체를 가치롭고 소중히 여기는 마음이다. 인간 존재를 가치롭고 소중히 여김은 구체적인 행동을 포함한다. 따라서 그 개인과 함께 기꺼이 이야기하기를 원하고 그것에 흥미를 가져야 한다. 또한 인간 존재에 관심을 가지고 그것을 표현해야 한다. 즉, 인간 그 자체를 사랑한다는 것은 그에 대해서 관심을 가지는 것이며 그에게 반응하는 것이다.

둘째, 존중은 인간 개개인의 존재 방식을 수용한다는 의미로 사용된다. 개인은 절대적으로 객관적인 세계에 살기보다는 개인이 독특하게 경험하는 주관적인 세계에 살고 있다. 따라서 어떠한 현상에 대하여 외부의 것을 있는 그대로 받아들이기보다는 개인의 입장에서 지각하고 해석하는 경향이 있다. 그에 따라 독특한 존재 방식을 가지는데, 이처럼 개인이 지각하고 경험하는 세계를 있는 그대로 이해하고 수용하는 것이 존중이다.

셋째, 존중은 개인의 능력과 경향성을 신뢰한다는 의미로 사용된다. 신뢰는 인간의 기본적인 능력과 경향성에 대한 인식을 바탕으로 구체적인 감정이나 행동에서 인간의 본질을 읽어내는 능력이다. 즉, 긍정적인 감정이든 부정적인 감정이든 그것이 포함하는 상대의 긍정적인 욕구, 원함, 목적을 읽어내기 위해 노력한다는 의미를 갖는다. 특히, 신뢰는 부정적인 행동에서 긍정적인 욕구를 읽어낼 수 있을 때 증진된다.

넷째, 존중은 개인의 여러 특징에 대한 배려라는 의미로 사용된다. 개인이 가진 행동 방식, 언어, 감정, 의미 등을 그의 고유성으로 인정하고 그의 관점에서 세상을 보려고 노력하는 것이 바로 상대를 존중한다는 의미다.

결국, 타인을 존중한다는 것은 그의 존재를 소중히 여기는 마음이다. 그것은 관용의 의미와 일맥상통한다. 관용이란 프랑스어로 똘레랑스(Tolerance: 자신과 다른 타인의 사고 및 행동 방식을 용인하는 태도)로 표현되는데, 프랑스말 사전이 밝힌 똘레랑스의 뜻은 '다른 사람이 생각하고 행동하는 방식의 자유 및 다른 사람의 정치적·종교적 의견의 자유에 대한 존중'이다. 똘레랑스는 당신에게 당신과 다른 것을 인정하라고 말한다. 이웃을 인정하고 외국인을 인정하고 또한 당신과 다른 생활 방식, 다른 문화를 인정하라고 요구한다(홍세화, 1995).

타인에 대한 존중과 관용은 그에게 관심을 가지고 그의 존재가 계속 존재하도록 돕는 것이다. 이는 곧 그가 자신과 동일하다는 것을 경험할 때 가능하다. 앞서 1회기에서 다루었듯이 자기 존중은 자신의 있는 그대로의 모습에 대한 인정이며 타인 존중 역시 타인을 있는 그대로 받아들이려는 태도 또는 신념을 뜻한다. 각자의 경험을 토대로 자기 존중과 타인 존중의 차이점 및 공통점에 대하여 나누어 보자.

(4) 전개

• 자기 존중과 타인 존중에 차이점 혹은 공통점이 있는지 생각해 본다.

존중과 관용에 대해서 검토해 보았습니다. 여러분이 경험한 자기 존중은 어떤 것인지, 타인 존중은 어떤 것인지, 그 사이의 차이점과 공통점은 무엇인지 옆 사람(혹은 조별로)과 토론해 보세요.

〈서로 나누기〉 자기 존중의 경험과 타인 존중의 경험
–
–
–
–

• 〈활동 2-1〉을 작성하게 한다.

존중은 일방적인 배려가 아니라 상호 간의 다름을 인정하는 것이며 서로의 다름을 인정하는 것은 개인이 자신의 삶의 목표를 스스로 선택할 수 있게 한다는 것으로, 결국 존중은 개인으로 하여금 자신이 선택한 목표를 향해 나아가도록 돕는 것입니다. 있는 그대로를 인정하고 수용하는 것은 사람을 객관적으로 보고자 하는 노력이 뒷받침되어야 합니다. 타인 존중을 실천하기 위한 전략의 하나로 자신의 사람 보는 관점을 성찰해 보도록 하겠습니다. 자기가 좋아하고 싫어하는 사람에 대하여 생각하며 <활동 2-1>을 작성해 봅시다.

〈활동 2-1〉 **사람을 바로 보는 성찰**

항목	좋아하는 사람	싫어하는 사람
처음 만난 학우		
좋아하거나 싫어하게 된 동기		
장점		
단점		
좋아하거나 싫어하게 된 그의 태도		
나에 대한 그의 태도		
그에 대한 나의 태도		

출처: 김남선(1998). 인성교육 어떻게 할 것인가.

- 자신이 싫어하는 사람과 싫어하는 사람의 구체적 행동을 분석해 보고 자신의 판단 기준에 대해 살펴본다.

<활동 2-1>을 작성하면서 어떤 생각이 들었는지 궁금합니다. 타인을 제대로 이해하고 존중하기 위해서는 자신의 판단 기준을 살펴보는 것이 중요합니다. <활동 2-2>를 작성하면서 사람을 좋아하고 싫어하는 자신의 판단 기준은 무엇인지 살펴보고 자신의 관점을 객관적으로 평가해 보도록 합시다.

〈활동 2-2〉 **타인 존중을 위한 자기 성찰**

1) 사람을 좋아하고 싫어하는 자신의 판단 기준은 무엇인가?

2) 자신이 싫어하는 사람과 싫어하게 된 구체적인 행동을 분석해 보자. 자신에게는 그 사람과 닮은 점이 없는지 찾아보고 정말 왜 싫어하게 되었는지 솔직한 심정을 나타내 보자.

3) 싫어하는 사람과 싫어하는 행동에 대하여 존중의 관점에서 다시 생각해 본다면?

출처: 김남선(1998). 인성교육 어떻게 할 것인가.

- 〈활동 2-2〉가 끝나면 조별로 모여 함께 나누면서 자신의 평가 기준과 타인의 평가 기준을 검토해 보게 한다.

<활동 2-2>가 끝났으면 조별로 모여 작성한 것을 발표하면서 서로의 생각과 관점을 나누어 보기 바랍니다. 오늘의 주제가 타인 존중임을 숙지하여 자신과 다른 의견이나 반대되는 관점이 제시되더라도 경청하면서 객관화해 보기 바랍니다.

(5) 정리 및 예고

- 활동 소감을 작성하게 하고 2회기의 내용에 대하여 간략히 정리한다.

이번 시간은 더불어 잘 살기 위한 덕목인 타인 존중 및 관용에 대하여 생각해 보았습니다. 지금까지의 활동에 대하여 활동 소감을 작성하고 느낌을 발표하는 시간을 갖겠습니다.

〈느낀 점〉

- 모든 발표가 끝난 뒤 다음 회기에 대한 예고를 한다.

다음 시간에는 '상호 협력'이라는 주제로 사회적 존재로서 갈등이 유발되지 않도록 갈등을 예방하는 측면에 대한 전략을 알아보는 시간을 갖도록 하겠습니다.

(6) 유의점

- 다른 구성원의 이야기를 경청하여 반응을 잘 하도록 지도한다.
- 공통된 혹은 상이한 의견이 언급될 때 구성원과 진지하게 토론하여 객관적인 관점을 도출해 보도록 지도한다.

3회기

(1) 개요

<table>
<tr><td>3회기</td><td>상호 협력</td><td colspan="2">운영 방법</td><td>집단 상담</td></tr>
<tr><td>목 표</td><td colspan="4">• 상호 협력은 공동체를 지속시키고 유지시키는 아주 중요한 요소임을 인식한다.
• 상호 협력이 가진 가능성과 잠재력을 일깨워 건강한 사회 구성원으로 살아가는 방법으로서의 팀워크를 실천한다.</td></tr>
<tr><td>과 정</td><td>활동 내용</td><td colspan="2">시간(분)</td><td>준비물</td></tr>
<tr><td>도 입</td><td>• 촉진 게임
• 우리 사회에서 나타나는 협력의 특징과 협력의 긍정적 산물을 검토해 본다.</td><td colspan="2">10</td><td>자,
칼, 가위</td></tr>
<tr><td rowspan="2">전 개</td><td>• '조각 만들기' 협동 활동을 통해 협력의 중요성을 인식한다.</td><td>50</td><td rowspan="2">80</td><td>〈활동 3-1〉</td></tr>
<tr><td>• 협동 활동의 결과를 평가하고 건강한 구성원의 역할에 대해 토론한다.</td><td>30</td><td>〈활동 3-2〉</td></tr>
<tr><td>정 리</td><td>• 오늘 활동을 통해 느낀 점을 간략히 적어 보고 서로 나누어 본다.</td><td colspan="2">10</td><td>느낀 점</td></tr>
<tr><td>예 고</td><td colspan="4">• 4회기: 갈등 해결에 대한 예고를 한다.</td></tr>
<tr><td>유의점</td><td colspan="4">• 집단의 모든 구성원이 적극적으로 참여하도록 유도한다.
• 경우에 따라서 개인주의가 강한 구성원에게는 협력이 불편한 요소이기도 하지만 개인은 공동체의 일원이며 협력은 공동체를 지속시키는 근원임을 인지하게 한다.</td></tr>
</table>

(2) 목표

- 상호 협력은 공동체를 지속시키고 유지시키는 아주 중요한 요소임을 인식한다.
- 상호 협력이 가진 가능성과 잠재력을 일깨워 건강한 사회 구성원으로 살아가는 방법으로서의 팀워크를 실천한다.

(3) 도입

- 우리 사회에서 나타나는 협력의 특징과 협력의 긍정적 산물을 검토해 본다.

오늘의 주제는 협력입니다. 우리 사회는 점점 개별화되고 다양화되고 있습니다. 하지만 우리는 모두 공동체 안에서 서로 의존하며 살고 있기 때문에 협력이 얼마나 중요한 덕목인지 잘 알고 있을 것입니다. 우리는 협력의 힘이 어떤 것인지 몸소 경험하며 살고 있는데요. 우리 사회에서 나타난 협력의 특징과 긍정적인 산물에 대하여 나누어 보도록 하겠습니다.

- 〈협력의 이해〉를 읽으면서 협력의 의미를 파악한다.

협력의 이해

인간은 필연적으로 자신 이외의 다른 인간과의 상호 도움을 필요로 한다. 그래서 인간은 공동체를 구성하고 그 속에서 협동적인 삶을 영위해 나가는 것이다. 인간 사회의 어떠한 공동체건 보편적으로 내재해 있는 윤리 규범은 상호 의존의 원리인 협력에서 출발할 수 있다. 협력은 첫째로 공동체에 소속된 구성원의 연대 의식을 표현하는 것이며, 둘째로는 공동체에 속한 일을 공동의 과제로 보고 애쓰는 책임 의식과 연결된다. 협력의 윤리 규범은 공동체를 지속시키는 큰 활력이다. 구성원 의식과 연대감은 공동체주의적 사고 속에서 중요한 역할을 한다. 그것은 공동체를 지속시키고 유지시키는 데 없어서는 안 될 아주 중요한 요소이기 때문이다(김정연, 2001).

현대 사회가 산업화의 물결을 넘어 정보화의 세계에 들어서면서 사회의 조직과 기능은 점점 분화되고 전문화되어 왔다. 이와 함께 사회 구성원의 사회에 대한 일체감과 소속감은 약해지고 사회 전체의 단결과 결속이 어려워지고 있다. 개인주의에 밀려 협동의 미덕이 차츰 빛을 잃어가고 있는 것이다. 그러나 우리는 분명 공동체를 구성하고 있으며 이를 지속시키고 유지시키려는 욕구를 가지고 있기에 협력이 가진 가능성과 잠재적인 힘을 일깨워 공동선의 성취를 맛보곤 한다.

협력에 대하여 검토해 보았습니다. 우리 사회에서 나타나는 협력의 특징과 협력의 긍정적 산물에 대하여 토론해 보세요.

〈서로 나누기〉 협력의 특징과 협력의 긍정적 산물

–

–

–

–

(4) 전개

• 〈활동 3-1〉을 통하여 협력의 중요성을 인식한다.

자, 지금부터는 협동 활동을 통하여 협력의 의미를 몸소 느껴 보고자 합니다. <활동 3-1>을 보면 제목은 <조각 만들기>입니다. 여기에 사각형 그림이 한 장 있습니다.

• 〈활동 3-1〉 을 지시에 따라 설명해 준다.

〈활동 3-1〉 조각 만들기

점선 아래 부분을 잘라서 사용할 것

-이 사각형이 여섯 조각이 되도록 자유롭게 직선을 그린 후 반듯하게 자릅니다. 반드시 직선으로 잘라야 합니다. 아래의 모형을 참고하여 자유롭게 자르되, 단 자를 때에는 집단 내 다른 사람과 모양이 같지 않도록 서로 상의하지 않습니다.

-모두 다 잘랐으면 각자 자른 여섯 조각을 모두 모아서 섞은 후 다시 1인당 6장씩 나누어 가집니다. 모두 여섯 장씩 들고 있나요?

-자, 지금부터는 모두 말을 할 수 없습니다. 제가 '시작.' 이라고 말하면 모두 사각형을 맞추기 시작합니다. 자기가 조각낸 사각형이 아니어도 됩니다. 각자가 하나씩의 사각형을 완성하면 됩니다.

-이때 지켜야 할 규칙은 다음과 같습니다.

첫째, 절대 서로 말을 하거나 손짓 등의 신호를 사용할 수 없습니다.

둘째, 자신에게 필요한 것이 상대방에게 있다고 그것을 가져오거나 달라고 할 수 없습니다.

셋째, 스스로 판단해 볼 때 자기에게 필요 없는 것이 상대방에게 필요하다고 생각한다면 그것을 줄 수 있습니다.

넷째, 자기에게 주는 것을 받지 않으려고 거부할 수 없습니다.

-그림이 전체적으로 똑같이 완성되었을 때 작업을 완료합니다. 제일 먼저 완성한 팀이 이기는 것입니다.

-자~ 시작!

• 〈활동 3-2〉를 작성하게 한다.

이제 활동을 마무리하고 자리를 정리하십시오. 활동을 평가하고 활동하면서 느낀 점을 함께 나누어 보는 시간을 갖도록 하겠습니다. 활동하면서 느낀 긍정적 경험과 부정적 경험을 함께 나누어 보기 바랍니다.

〈활동 3-2〉 **협동 활동은 ……**

활동 중 느낌은?	
긍정적인 경험은?	
부정적인 경험은?	
개선 방안은?	
알게 된 점이나 배운 점은?	

• 협동 활동의 결과를 평가하고 건강한 구성원의 역할에 대해 토론한다.

협동 활동에 대하여 검토해 보았습니다. 건강한 공동체를 만들기 위한 건강한 구성원의 역할에 대해 토론해 보세요.

〈서로 나누기〉 건강한 공동체를 만들기 위한 건강한 구성원의 역할

–

–

–

–

(5) 정리 및 예고

• 활동 소감을 작성하게 하고 3회기의 내용에 대하여 간략히 정리한다.

이번 시간은 공동체를 구성하고 유지하는 중요 덕목인 협력에 대하여 생각해 보았습니다. 지금까지의 활동에 대하여 활동 소감을 작성하고 느낌을 발표하는 시간을 갖겠습니다.

〈느낀 점〉

• 모든 발표가 끝난 뒤 다음 회기에 대한 예고를 한다.

다음 시간에는 갈등 해결에 대하여 생각해 보는 시간을 갖도록 하겠습니다.

(6) 유의점

• 집단의 모든 구성원이 적극적으로 참여하도록 유도한다.
• 활동에서 제시된 규칙을 지키도록 지시한다.
• 소집단의 인원에 따라서 〈활동 3-1〉의 조각 만들기에서 제시하는 조각의 개수는 조절할 수 있다. 단, 전체가 같은 개수가 되도록 한다.
• 경우에 따라서 개인주의가 강한 구성원에게는 협력이 불편한 요소이기도 하지만 개인은 공동체의 일원이며 협력은 공동체를 지속시키는 근원임을 인식하게 한다.

4회기

(1) 개요

<table>
<tr><td>4회기</td><td>갈등 해결</td><td colspan="2">운영 방법</td><td>집단 상담</td></tr>
<tr><td>목 표</td><td colspan="4">• 갈등에 대처하는 방법을 서로 확인한다.
• 갈등을 해결하는 새로운 방안을 탐색함으로써 갈등에 직면하는 용기와 해결할 수 있는 지혜를 기른다. 아울러 합의적으로 문제를 해결하는 방법을 찾는다.</td></tr>
<tr><td>과 정</td><td>활동 내용</td><td colspan="2">시간(분)</td><td>준비물</td></tr>
<tr><td>도 입</td><td>• 촉진 게임
• 갈등 해결에 대한 간단한 개요를 설명한다.</td><td colspan="2">10</td><td></td></tr>
<tr><td rowspan="2">전 개</td><td>• 2인 1조로 갈등 해결 방법을 공유한다.</td><td>40</td><td rowspan="2">80</td><td>〈활동 4-1〉</td></tr>
<tr><td>• 갈등 상황을 제시하고 대처 전략을 수립한다.</td><td>40</td><td>〈활동 4-2〉</td></tr>
<tr><td>정 리</td><td>• 오늘 활동을 통해 느낀 점을 간략히 적어 보고 서로 나누어 본다.
• 본 프로그램의 종결을 알리고 본 프로그램을 통해 학습한 내용의 전이가 잘 이루어지도록 격려한다.</td><td colspan="2">10</td><td>느낀 점</td></tr>
<tr><td>유의점</td><td colspan="4">• 2인조가 서로를 방해하지 않으면서 대화를 나눌 수 있는 방법을 제공한다.</td></tr>
</table>

(2) 목표

- 갈등에 대처하는 방법을 서로 확인한다.
- 갈등을 해결하는 새로운 방안을 탐색한다.
- 갈등에 직면하는 용기와 해결할 수 있는 지혜를 기른다.
- 합의적으로 문제를 해결하는 방법을 찾는다.

(3) 도입

- 사람은 때때로 갈등을 겪으면서 자기 나름의 갈등 해결 방법을 개발해 왔음을 설명하고 그 방법에 대해 서로 이야기를 나누게 한다.

여러분, 아마도 갈등을 경험해 보지 않은 사람은 한 사람도 없을 것입니다. 갈등이라는 상황 그 자체는 매우 불편한 것이지만 갈등은 잘 대처하면 나와 타인이 모두 성장할 수 있는 좋은 기회가 되기도 합니다. 그동안 갈등을 경험할 때 주로 어떤 대처 방법을 사용해 왔는지 서로 나누어 보겠습니다.

(4) 전개

- 참여자를 2인 1조로 나누고 각 참여자에게 '갈등 해결 자료'를 나누어 준다.
- 참여자에게 서로 돌아가면서 자료의 각 진술에 대해서 답을 하거나 그것을 완성하도록 한다.
- 참여자에게 자료를 앞서서 미리 넘겨 볼 수 없으며 한쪽에서 다음 쪽의 차례로 진행해야 한다고 설명한다.

<활동 4-1>의 갈등 해결 자료를 속으로 읽어 봅니다. 이 프로그램은 당신의 대답이 무의식적이고 연습되지 않은 것일 때에만 효과가 있는 것이므로 자료를 미리 들추어 보지 말고 속으로 읽어 봅니다. 이 자료는 갈등에 대한 당신의 반응과 당신이 그것에 대처하는 방법을 서로 알게 하고 도와줄 일련의 주관식 진술로 구성되어 있습니다. 지켜야 할 규칙은 다음과 같습니다.

-나눔을 시작하는 것은 교대로 돌아가면서 합니다.
-각 진술에 대해서는 쓰지 않고 말로 대답합니다.
-이 토의는 비밀을 보장해야 합니다.

-자료는 미리 들추어 보지 말아야 합니다.
-항목을 건너뛰지 않습니다. 각 항목이 나오는 순서대로 답하고 당신과 짝이 모두 읽기를 마쳤다면 다음 쪽을 넘겨서 시작합니다.

• 〈활동 4-1〉을 작성하게 한다.

〈활동 4-1〉 갈등 해결 자료

1. 갈등이란?
2. 내가 갈등에 대처한다는 것에 가장 보람을 느낄 수 있었던 때는……
3. 누군가가 어떤 중대한 일에 대해서 나와 동의를 하지 않는다거나 다른 이들 앞에서 나에게 도전을 한다면 나는……
4. 화가 났을 때 나는……
5. 협상을 할 때 나는……
6. 갈등의 가장 중요한 이유는……
7. 부정적인 비평에 대한 나의 반응은……
8. 좋아하는 사람과 마주쳤을 때 나는……
9. 갈등 중에 있을 때 내가 가장 연약하게 느껴질 때는……
10. 내가 불쾌하게 생각하는 것은……
11. 누가 나와의 갈등을 회피할 때 나는……
12. 갈등을 처리하는 과정에서 나의 가장 큰 장점은……
13. 지금의 내 느낌은……

다음 <활동 4-2>에 나타난 상황은 당신이 갈등에 쌓여 있는 실제적 상황입니다. 당신은 무엇을 한다고 생각합니까? 당신은 어떻게 느낀다고 생각합니까? 또 당신 짝의 예상은 얼마만큼 정확한지 짝에게 말해 주기 바랍니다.

• 〈활동 4-2〉를 작성하게 한다.

〈활동 4-2〉 **갈등 상황 대처**

1. 일이 잘 풀리지 않을 때 나는……
2. 나는 내 짝이 대부분의 갈등에 대해서 다음과 같이 처리할 것으로 상상한다……
   (짝과 함께 당신의 예상을 확인한다.)
3. 내가 때때로 유쾌하지 않은 상황을 회피할 때 사용하는 방법은……
4. 내가 주로 나의 느낌을 감추거나 위장할 때는……
5. 갈등을 처리하는 과정에서 나의 가장 큰 약점은……
6. 잠재적으로 불쾌한 사람을 대할 것을 생각하면 나는……
7. 내가 때로 누군가를 직접적으로 대면하는 것을 회피하는 때는……
8. 내가 나의 주장을 가장 잘 펼 수 있는 상황은……
9. 당신과 나 사이에 갈등이 생길 수 있다면 아마도 그 갈등은……
10. 갈등에 좀 더 잘 대처하기 위해 내가 내년쯤에 향상시킬 능력은……

(5) 정리

- 활동 소감을 작성하게 하고 4회기의 내용에 대하여 간략히 정리한다.

이번 시간은 갈등 해결에 대한 활동을 해 보았습니다. 지금까지의 활동에 대하여 활동 소감을 작성하고 느낌을 발표하는 시간을 갖겠습니다.

〈느낀 점〉

- 모든 발표가 끝난 뒤 지금까지의 활동에 대하여 최종 종결을 한다.

참고문헌

강순원(2000). 평화 · 인권 · 교육. 서울: 한울아카데미.

고대혁(1999). 자기인식과 자기존중의 유가적 의미. 인천교육대학교 학생생활연구소.

권은영(2005). 수도권지역 청소년들의 시민윤리의식 조사 연구. 이화여자대학교 대학원 석사학위 논문.

김금주(2005). 양성평등교육을 통한 평화교육–여중생의 성차 인식을 중심으로–. 국제평화대학원대학교 대학원 석사학위 논문.

김남선(1998). 인성교육 어떻게 할 것인가. 서울: 내일을여는책.

김미숙, 장화경, 홍미(2006). 정보화로 인한 가족관계와 가족역할의 미래변화. 서울: 정보통신정책연구원.

김비환(1999). 가치다원사회와 공동선, 그리고 한국의 경우. 법철학연구, 2, 175-204.

김양호(2003). 자기계발을 위한 135작전. 서울: 비전코리아.

김정연(2001). 공동체주의의 도덕교육에서 덕 교육의 방향에 관한 연구. 인천교육대학교 대학원 석사학위 논문.

안창규(2003). 진로탐색 상담자 전문교육. 대구: 한국가이던스.

이영란(2006). 학교현장에서 양성평등을 위한 고찰. 교육연구, 25, 385-409.

이재규(1995). 상담에 있어서의 존중의 의미. 청소년상담연구, 3(1), 115-143.

정세구(1992). 민주시민을 위한 윤리 · 도덕. 서울: 형설출판사.

정옥분(2004). 발달심리학: 전생애 인간발달. 서울: 학지사.

홍세화(1995). 나는 빠리의 택시운전사. 서울: 창작과 비평사.

Branden, N. (2001). 열등감: 자기존중감과 성공. 상담과 선교, 9(2), 77-88.

Carlson, R. (1998). 우리는 사소한 것에 목숨을 건다 [*Don't sweet the small stuff*]. (정영문 역). 서울: 창작시대. (원저는 1997에 출판).

Galtung, J. (2000). 평화적 수단에 의한 평화 [*Peace by peaceful means*]. (강종일, 정대화, 임성호, 강승채, 이재봉 역). 서울: 들녘. (원저는 1996에 출판).

Jensen-Campbell, L. A., & Graziano, W. G. (2001). Agreeableness as a moderator of interpersonal conflict. *Journal of personality, 69*, 323-362.

McFarland, W. P. (1992). Counselors teaching peaceful conflict resolution. *Journal of Counseling and Development, 71*, 18-21.

Merkle, R. (2007). 자기사랑의 심리학[*So gewinnen Sie mehr Selbstvertrauen*]. (장현숙 역). 서울: 21세기북스. (원저는 2002에 출판).

제11장

자기표현 훈련 프로그램

이희백

Ⅰ. 프로그램의 목적

Ⅱ. 프로그램의 운영 및 지침

Ⅲ. 프로그램의 구성 및 실제

학습 목표

1. 자기표현 행동이 무엇인지 알아본다.
2. 자기표현 행동에 방해가 되는 요인이 무엇인지 알아본다.
3. 자기표현 방법을 습득한다.

인간관계를 잘하는 사람의 가장 두드러진 특징 중 하나는 다양한 상황에서 폭넓은 의사소통을 할 수 있다는 것이다. 대체적으로 자신을 잘 표현하지만 특정 사람에게나 특정 상황에서는 자기표현의 확신과 기술이 부족한 경우가 대부분이다. 누구나 인간관계를 잘하고 싶지만 어떻게 타인과 대화해야 하는지, 인간관계에서 필연적으로 생길 수밖에 없는 갈등을 어떻게 대화를 통해 풀어 나가야 하는지 알지 못하는 경우가 많다.

따라서 본 장은 이러한 의사소통의 능력을 확장하는 데 실제적인 방법과 훈련을 제공하고자 한다. 1회기는 참여자 간의 친밀성을 높이는 단계로 설정되어 있다. 2회기는 자신의 대인 관계 패턴을 분석하고 갈등을 일으키는 상황을 이해하는 데 초점을 두었다. 3회기는 자기표현 행동이 무엇인지 그 원리를 알고 자기표현 행동과 비표현 행동 간의 구분을 할 수 있는 능력을 키우는 데 목표가 있다. 4회기는 비표현 행동이 일어나는 원인에 대해 이해하고 자신의 비표현 행동의 원인을 찾고자 한다. 5회기는 좋은 인간관계의 핵심인 상대방을 칭찬하고 칭찬을 받아들이는 연습을 하며 비표현 행동을 하게 만드는 비합리적 신념을 발견하고 해결하는 데 초점을 둔다. 6회기는 타인에게 자신의 필요를 요청하는 능력과 타인의 수용하기 어려운 요구를 관계에 손상이 가지 않는 방식으로 거절하는 요령을 습득하도록 한다. 7회기는 자기표현과 의사소통을 잘할 수 있는 내용적 · 음성적 · 신체적 요소에 대해 배우는 데 목표가 있다. 8회기는 자신이 겪고 있는 실제 갈등 문제 상황에 대한 표현 훈련을 실시하고 이에 대한 계속적 연습을 통해 성격 특성으로 굳어지도록 하고자 한다. 9회기와 10회기는 지금까지의 학습 경험을 토대로 자신을 새롭게 정리하는 시간을 가지면서 종결을 위한 다짐을 하도록 한다.

I. 프로그램의 목적

자기표현이란 '표현에 대한 확신을 가지고 기술적으로 자기의 생각이나 감정을 폭넓게 전달하는 능력'이다. 자신을 표현하는 능력(ability)이 있다는 것은 어떤 상황에서도 적절한 행동 방식을 선택할 수 있다는 것을 의미한다. 즉, 자기표현을 잘하는 사람은 다양한 상황에서 폭넓은 의사소통을 할 수 있는 사람이다. 그런데 어떤 사람은 언짢은 기분이나 분노는 잘 표현하지만 애정은 잘 표현하지 못한다. 또 어떤 사람은 동성끼리는 잘 이야기하지만 이성에게는 말문이 막혀 버리고, 어떤 사람은 가족이나 친구에게는 능숙하게 이야기를 잘하면서도 직장에서는 자신의 권리를 옹호하지 못한다. 이에 따라 이 프로그램의 목표 중 하나는 자신을 좀 더 표현하고 싶은 모든 상황을 알아내어 능력껏 표현할 수 있도록 도와주는 것이다.

자기표현 능력이 있는 사람은 자신의 생각을 제대로 타인에게 전달할 수 있다. 자신의 의견이나 가치관, 자신의 행동에 대한 명확한 설명, 자신의 감정 등 자기 내면에서 일어나는 다양한 반응을 타인이 명확히 이해할 수 있도록 분명하고도 선명하게 전달하는 데 익숙하다. 이러한 전달은 타인과의 쓸모없는 관계 갈등을 줄이는 데 큰 역할을 한다. 인간관계 갈등의 주요한 요인 중 하나는 나의 생각과 감정들을 명확히 전달하지 못하는 데서 시작되는 경우가 허다하다.

자기표현 능력을 가진 사람은 자신감을 가지고 있다. 이는 불안감이 전혀 없다는 말은 아니다. 상사와 이야기할 때, 자신은 확신을 가지고 있지만 타인이 선뜻 받아들이기는 힘든 아이디어를 주장해야 할 때, 상대방이 친근감을 느끼고 있는지 알 수 없는 상황에서 "나는 너를 좋아해."라는 말을 해야 할 때 두려움이 생길 수 있다. 자신감이란 항상 두려움이 없다는 것을 의미하지는 않는다는 점을 깨닫는 것이 중요하다. 사실은 정당한 일을 했다고 믿을 수 있을 만큼 자기 자신을 신뢰하면서 자신의 두려움을 받아들이고 다스리며 계속 나아가는 것이 곧 용기라고 할 수 있다.

자기표현을 전달하는 것은 일종의 기술이다. 때때로 진실성이나 자신감만으로는 자신을 잘 표현할 수 없다. 음치가 노래를 할 수는 있지만 음정이 어쩔 수 없이 떨리는 것처럼, 뜻은 좋으나 비효과적으로 대화를 하는 사람은 종종 효과적인 의사 전달에 실패하는 경우가 있다. 낯선 사람과 태연하게 만나는 것은 배울 수 있는 기술이다. 내가 필요로 하는 것을 요청하는 행동, 싫다고 거절하는 행동, 자기표현 능력이 있는 사람이 할 수 있는 행동은 우리 모두가 배울 수 있는 기술이다. 일찍이 그리고 쉽사리 이런 훌륭한 대화 기술을 익힐 수 있을 만큼 운이 있는 사람도 있지만 새로운 대화 기술을 터득해야 할 필요가 있는 사람이 아마 대다수일 것이다. 이에 따라 여기에서는 당신이 배우고 싶어 할 만한 여러 행동을 제시하고 그것을 자신의 것으로 만들 수 있도록 훈련하는 프로그램을 소개하고 있다.

II. 프로그램의 운영 및 지침

- 본 프로그램은 한 집단에 12명 내외로 집단 활동을 하는 것이 좋다. 초등학생을 대상으로 하는 경우에는 프로그램 횟수를 줄이는 것이 더 좋다.
- 프로그램의 진행은 프로그램의 목적 제시, 활동, 소감 나누기의 순서로 이루어진다. 먼저 지도자가 그 시간의 주제와 프로그램의 목표를 제시한 후 이에 관계되는 개념이나 필요성을 이야기함으로써 참여자에게 프로그램의 중요성을 인식하게 하고 동기를 유발한다.
- 매 회 모임은 1회 90분 정도의 길이로 하며 프로그램의 특성상 지루해질 가능성이 높으므로 역할 연습을 하는 시간이 많을수록 좋다.

• 종료 전 10분 동안 활동 경험에 대한 소감을 나누고 매 모임의 평가 시간을 가지도록 한다. 마지막은 지도자가 프로그램을 요약하고 마치도록 한다.

• 참여자가 제시하는 문제는 가능한 한 구체화하는 것이 좋다. 현실적으로 해결할 수 있는 문제를 중심으로 회기를 진행해야 한다. 그리고 한 회기 내에서 그 해결 방법을 모색하고 함께 연습해서 실제 문제를 해결하는 경험을 갖도록 해야 한다.

• 소그룹별 인원이 12~13명 정도이므로 특정 참여자에게 시간을 집중 투자하기보다는 고르게 참여할 수 있도록 이끌어 준다. 그러나 프로그램 진행 시 모든 참여자가 발언을 해야 한다는 의미는 아니며 때로 자기 노출을 꺼리는 참여자는 지도자의 주관에 따라 발표를 하지 않고 지나갈 수 있도록 고려한다.

III. 프로그램의 구성 및 실제

1회기

프로그램 명	훈련 안내 및 자기 소개
목표	• 자기표현 훈련을 하는 목적을 이해한다. • 내가 누구인지 타인에게 소개한다. • 친밀감 향상을 위한 활동을 통해 서로를 알게 한다.
준비물	• 〈자기표현 훈련 프로그램의 필요성〉 • 〈집단 규칙〉 • 명찰, 매직펜
진행 절차	**활동 내용**
1. 모임의 성격 안내	• 집단 훈련의 목적, 필요성에 대해 소개한다.

	〈목 적〉 –대인 관계에서 억제된 감정과 생각을 적절한 방식으로 표현함으로써 부적절한 정서와 비합리적 사고를 없애고 부적절한 행동을 수정하며 적극적이고 생산적인 대인 관계와 생활 태도를 갖도록 하는 데 목적이 있다. • 〈자기표현 훈련 프로그램의 필요성〉을 복사하여 배부하고 강의한다.
2. 진행 과정 및 규칙 설명	• 자기표현 훈련 프로그램의 구성 및 훈련 시간, 집단 구성, 훈련 방법 등을 소개한다.
3. 이름 기억하기 게임	• 〈집단 규칙〉을 복사하여 배부하고 강의를 실시한다. –이름을 소개할 때는 자기 이름 첫글자의 자음으로 시작하는 긍정적 의미를 지닌 형용사를 생각한다(예, '강인한 신규식' '박식한 김병석' '이지적인 박연희'). –프로그램에 참여하게 된 동기와 프로그램에 대해 지니고 있는 불안한 감정을 이야기한다. –한 사람의 소개가 끝나면 그다음 사람이 반복한 후 자신의 것을 덧붙인다(예, "강인한 신규식 옆에 있는 박식한 김병석입니다.").
4. 토의 및 느낌 발표	• 프로그램과 첫 모임에 대한 의문 사항을 질문하게 한다. • 느낌을 발표한다.

자기표현 훈련 프로그램의 필요성

저녁에 조용히 쉬려고 학수고대하면서 집에 들어와 보니 옆집에서 맥주와 밴드를 준비해 놓고 1년에 한 번 벌이는 큰 잔치를 하고 있었다고 상상해 보자. 자기표현을 못하는 사람은 전화를 걸어 경찰에 호소할까 생각하거나(공격적인 경우) 아니면 속으로만 부글부글 끓고 있을 것이다(소극적인 경우). 반면 자기표현을 잘하는 사람은 이웃에 좀 조용히 해 달라고 직접 요청하거나 그렇지 않으면 별로 문제 삼지 않고 이웃이 즐겁게 놀도록 허용하는 등 여러 대안 중에서 하나를 선택할 수 있다.

그러나 최종 선택이 어떤 것이든지 간에 알아야 할 중요한 사항은 자기표현을 제대로 할 수 있는 사람은 적절하고 만족스러운 행동을 할 수 있는 선택의 폭이 넓다는 것이다. 그 선택이 때로는 속 시원하게 말을 하는 것일 수도 있고 때로는 참는 것일 수도 있으나 어떤 경우에라도 의사소통을 효과적으로 할 줄 아는 사람은 자신에게 가장 바람직한 행동을 선택할 수 있다.

집단 규칙

- 자신의 생각을 용기 있고 솔직하게 말한다.
- 집단원끼리 서로 도움을 주고받아야 하며 남에게 알리고 싶지 않은 것까지도 이 자리에서는 자신의 성장을 위해 솔직하고 용기 있게 표현하도록 노력해야 한다.
- 집단원은 서로를 잘 알고 신뢰하려고 노력해야 한다.
- 훈련이 끝날 때까지 빠지지 않으며 적극적이고 성실히 참여하고 활동한다.
- 상대방의 말과 행동에 관심을 기울이고 좋은 의도에서 조언을 한다(긍정적 피드백).
- 과제는 성실히 해 온다.

2회기

프로그램 명	나의 대인 관계와 갈등 상황의 이해
목표	• 나의 대인 관계를 분석한다. • 갈등을 일으키는 상황을 이해한다.
준비물	• 그림 3개, 켄트지, 파스텔 3개 • 〈활동 2-1〉 • 〈활동 2-2〉
진행 절차	활동 내용
1. 친밀감 활동 2. 활동 방법	• 말 전하기 게임을 실시하여 의사소통의 장애 요인은 무엇이며 오해와 오류가 생기는 이유를 찾게 한다. • 집단원을 3명의 소집단으로 나눈다. 각 소집단의 대표가 나와 지도자가 보여 주는 그림을 30초 동안 보게 한 후, 대표는 그림을 본 대로 자기 집단의 첫 사람에게 귓속말로(옆 사람에게 들리지 않게) 설명한다. 귓속말로 전해 들은 사람은 뒤에 있는 다음 사람에게 차례로 전

3. 발표	한다. 다 끝나면 각 조마다 마지막에 들은 사람이 그 내용을 그림으로 그리게 하고 내용을 전체 앞에서 발표하게 한다. 처음 말을 전한 대표가 전한 말을 되풀이하여 발표한다. 그리고 앞사람과 뒷사람의 이야기의 차이를 확인한다. 그림을 보여 준다. • 〈활동 2-1〉과 〈활동 2-2〉를 기술하게 한 다음, 돌아가면서 발표한다.
4. 토의 및 느낌 발표	• 활동 후 느낌에 대해 발표한다.

〈활동 2-1〉 대인 관계 분석

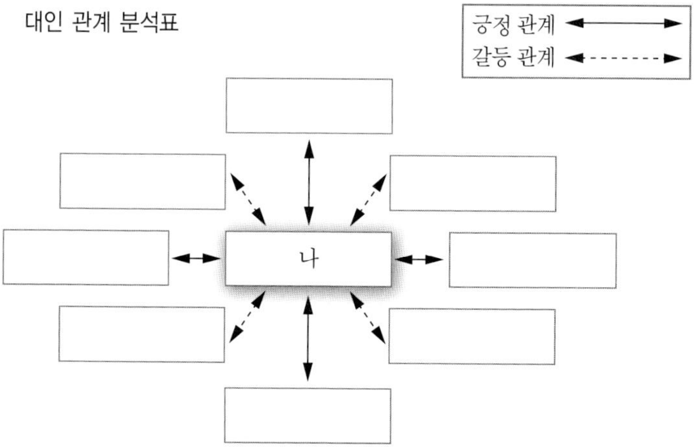

〈활동 2-2〉 갈등 문제 정의

• 갈등 대상:

• 갈등 내용:

• 갈등의 진행 상황:

• 나의 대처 방식:

• 갈등 시 대화하는 방식 및 대화할 때의 어려움:

• 현재 상태:

• 나의 욕구:

• 나의 느낌:

3회기

프로그램 명	자기표현 행동의 이해
목표	• 자기표현 행동이 무엇인지 알게 한다. • 자기표현 행동과 비표현 행동 간의 구분을 할 수 있다.
준비물	• 〈자기표현 행동의 뜻〉 • 〈자기표현 행동 구분〉 • 〈활동 3-1〉
진행 절차	활동 내용
1. 표현적 행동에 대한 설명	• 자기표현 행동에 대해 설명한다. 〈자기표현 행동의 뜻〉, 〈자기표현 행동 구분〉 배부
2. 행동 구별 연습	• 자기표현적 행동과 소극적 · 공격적 행동을 구별하도록 한다. • 자기표현적 · 소극적 · 공격적 행동을 구분하도록 연습한다.
3. 자신의 행동 구별 연습	• 〈활동 3-1〉을 통해 갈등 문제 정의를 활용하여 자신의 행동을 구별하게 한다.
4. 시범 및 역할 연습	• 연습지의 내용으로 역할 연습을 한다.
5. 토의 및 느낌 발표	• 활동 후 느낌에 대해 발표한다.

자기표현 행동의 뜻

• 자기표현 행동: 상대방의 권리를 침해하거나 상대방을 불쾌하게 하지 않는 범위 내에서 자기의 권리를 지키기 위해 하는 행동을 뜻한다. 즉, 자신의 생각이나 의견을 마음속에 있는 그대로 솔직하게 나타내는 행동을 말한다.

• 소극적 행동: 자기표현 행동을 하고 싶은 마음은 간절하지만 눈치나 체면 때문에 혹은 용기가 없어서 자신의 권익을 스스로 포기하고 얌전한 체, 겸손한 체 또는 예의바른 체하는 등의 행동이다. 따라서 자기 자신을 속이면서 아무 말도 하지 않거나 상대방의 기분을 맞추기 위해 전혀 마음에도 없는 말과 행동을 한다.

• 공격적 행동: 다른 사람의 권리를 무시하거나 심지어 다른 사람의 권리를 침해하면서까지 자신의 권리만을 내세워 상대방을 불쾌하게 하는 행동을 말한다.

자기표현 행동의 구분

구별 / 세목 사항	소극적 행동	자기표현적 행동	공격적 행동
행동의 특징	자신의 욕구, 권리를 표현하지 못함	자신의 욕구, 권리를 표현	타인을 희생하여 욕구, 권리를 표현
	정서적으로 정직하지 못하고 간접적으로 표현	정서적으로 정직하고 직접적으로 표현	정서적으로 정직하고 직접적으로 표현
	타인에게 인간적 권리를 침해하도록 허용	인간적 권리를 유지하나 타인의 권리를 침해하지 않음	부적절한 적의의 과잉 반응 및 타인을 멸시하거나 창피를 줌
행동 후의 감정	불안, 자기에 대한 실망과 뒤늦은 분노	좋은 감정, 확신감	당당한 우월감, 분노, 나중에 죄의식
타인이 느끼는 감정	안달, 초조, 동정, 연민, 넌더리	존경	분노, 원한, 복수심
결과	바라는 목표 불성취	목표 성취	타인을 희생하여 목표 성취

〈활동 3-1〉 자기표현 행동의 구분 연습(1)

다음은 올바른 자기표현 학습을 위한 연습 문제입니다. 여기에 나타난 상황은 자기표현적 · 소극적 · 공격적인 표현으로 되어 있습니다. 주의 깊게 읽은 후 자기표현적이라고 생각하면 '표', 소극적이면 '소', 공격적이면 '공'에 ○표를 하십시오.

상 황	반 응	표 소 공
1. 시험 시간에 옆 사람이 좀 보여 달라고 한다. 그런데 나는 보여 주고 싶지 않았다. 그때,	"저…… 보여 주면 안 되는데…… 이번만 보여 줄 테니 앞으로는 보여 달라고 하지 마."	표 소 공
2. 싸움을 아주 잘하는 아이가 나를 겁쟁이라고 놀리면서 한번 겨뤄 보자고 한다. 주위에는 많은 친구가 있었다. 그때,	"너와 한번 겨뤄 보고 싶지만 네가 다칠까 봐 그만두겠어." (사실은 이길 자신이 없다.)	표 소 공

3. 반장 선거에 출마하려고 하는 경쟁자가 내 험담을 하고 다닌다. 그때,	"나는 너와 정정당당하게 대결하고 싶어. 우리 서로 남의 험담은 하지 않기로 하자."	표 소 공
4. 친구와 한참 전화 통화를 했다. 이제 그만 전화를 끊고 싶을 때,	"이거 정말 미안해. 우리 전화를 오랫동안 했지? 난 할 일도 좀 있고 해서 전화를 끊어야겠어. 괜찮겠지?"	표 소 공

4회기

프로그램 명	비표현 행동의 원인
목표	• 비표현 행동이 일어나는 원인에 대해 이해한다. • 자신의 비표현 행동의 원인을 찾는다.
준비물	• 〈활동 4-1〉 • 〈소극적 행동의 이해〉 • 〈활동 4-2〉, 〈활동 4-3〉 • 〈활동 4-4〉
진행 절차	**활동 내용**
1. 자기표현 · 비표현 행동 구분 연습	• 〈활동 4-1〉을 배부하고 지난 시간에 했던 활동을 상기하면서 다시 연습을 한다.
2. 비표현 행동의 원인 이해	• 비표현 행동의 행동, 정서, 사고의 원인을 찾아 분석해 본다. 〈소극적 행동의 이해〉, 〈활동 4-2〉, 〈활동 4-3〉
3. 자신의 비표현 행동 원인 분석	• 앞의 갈등 문제를 살펴보면서 〈활동 4-4〉를 통해 자신의 비표현 행동의 원인을 찾아본다.
4. 발표와 피드백	• 〈활동 4-4〉를 발표하고 서로 피드백 한다.
5. 토의 및 느낌 발표	활동 후 느낌에 대해 발표한다.

〈활동 4-1〉 자기표현 행동의 구분 연습(2)

상 황	반 응	표 소 공
1. 문방구에서 샤프심을 샀는데 개수가 부족해서 다시 돌아가 바꿔 달라고 했더니 그럴 리가 없다며 거절했다. 그때,	"진짜로 부족했는데……." 하며 포기하고 돌아선다.	표 소 공
2. 엄마가 이웃집에 가서 우산을 빌려 오라고 나에게 심부름을 시키신다. 난 우산을 빌리러 가기가 싫다. 그때,	"저…지금 숙제 때문에 무척 바빠요. 동생을 시키세요."	표 소 공
3. 친구와 집에서 함께 숙제를 했는데 그 친구가 돌아간 뒤 새로 산 샤프 연필이 없어졌다. 그 친구를 다시 만났을 때,	"얘, 네가 그런 애인 줄은 몰랐다. 순순히 말할 때 돌려줘."	표 소 공

소극적 행동의 이해

우리는 일상생활에서 여러 가지 사정으로 소극적인 행동을 하는 경우가 허다하고 그 소극적인 행동에 대해 후회하는 경우가 많다. 그러면 이와 같은 소극적인 행동을 하는 이유가 무엇인지 구체적으로 알아보자.

- 행동적 이유: 자신의 권리를 옹호해서 자기표현적으로 행동하고 싶지만 구체적으로 어떻게 행동하는 것이 자기표현적 행동인지를 몰라서 자기표현 행동을 못한 경우를 말한다.
- 정서적 이유: 자기표현 행동에 따른 불안과 관계되는 이유다. 이것은 다시 세 가지로 나눌 수 있다. 첫째, 자기표현 행동을 하는 방법은 알고 있으나 자신이 자기표현 행동을 하고 난 후에 상대방이 어떻게 반응할 것인가에 대해 불안해하고 걱정을 함으로써 자기표현 행동을 못하는 것이다. 둘째, 아직 자기표현 행동을 하는 방법이나 요령이 미숙하여 자기가 하고자 하는 자기표현 행동이 잘 될지에 대해 불안해하고 염려함으로써 자기표현 행동을

못하고 소극적으로 행동하는 것이다. 셋째, 자기표현적으로 생각하고 행동하는 방법을 알고 있어서 늘 자기표현 행동을 하다가도 한번 좋지 않은 결과를 경험하면 그다음부터는 자기표현 행동을 해야 할 장면에서 큰 불안을 느낄 수도 있다.

- 사고적 이유: 자기표현 행동을 할 수 있는 방법을 알고 있어서 마음만 먹으면 할 수 있는데도 자기표현 행동의 밑바탕이 되는 생각하는 방식에 대해 이치에 맞지 않는 비합리적인 생각을 가지고 있기 때문에 자기표현 행동을 해야 할 경우에도 소극적으로 행동한다.

〈활동 4-2〉 소극적 행동의 이유(1)

소극적인 행동을 하는 이유는 행동적 이유, 정서적 이유, 사고적 이유로 나눌 수 있다. 이번에는 우리 각자가 주어진 장면에서 무슨 이유로, 어느 정도로 소극적 행동을 하는지를 생각해 보는 기회를 가져 보자. 우리는 대하는 사람이나 장면에 따라 자기표현적 행동을 하기도 하고 소극적 행동을 하기도 한다. 여기서는 그러한 모든 경우를 종합해서 자신이 일상생활에서 다음과 같은 경우를 어느 정도 겪는지를 오른쪽의 (　　) 안에 숫자로 적어 넣어라.

'거의 그렇다'라고 생각하면 4, '자주 그렇다'라고 생각하면 3, '가끔 그렇다'라고 생각하면 2, '거의 그렇지 않다'라고 생각하면 1이라고 적는다.

- 행동적 이유
  - 하기 싫은 일을 누군가 부탁해 왔을 때 대답이 입속에서만 웅얼거려 상대방이 알아들을 수 없다. ………… (　　)
  - 내 생각이나 의견을 말하고 싶어도 무엇을 어떻게 말해야 할지 몰라서 못한다. ………… (　　)
  - 자기표현적 행동을 할 기회가 있어 연습을 해보고 싶어도 어떻게 하는 것이 보다 더 효과적인지 몰라서 하지 못한다. ………… (　　)
  - 내가 하고 싶은 대로 하면 상대방에게 화를 내거나 공격을 할 것 같고 참으려니 속이 상한다. ………… (　　)

• 정서적 이유

–내 주장을 내세우고 싶을 때나 실제로 내 주장을 하고 있을 때 마음이 편하지 않다. ……………………………………………………………………………………… (　)

–나는 다른 사람과 함께 행동할 경우 마음이 편치 않다. ………………………… (　)

–나는 불안해지기 시작하면 내가 불안해하고 있다는 사실에 대해 점점 더 불안해진다(예, '내가 왜 이러지? 정말 큰일인데……'). ……………………………… (　)

–나는 불안을 느꼈을 때 그 불안을 잘 처리하지 못한다. ………………………… (　)

• 사고적 이유

–다른 사람이 나보다 더 좋은 생각을 가졌거나 더 훌륭하며 더 나은 대우를 받아야 한다고 생각한다. ………………………………………………………………… (　)

–원만한 인간관계가 가장 좋은 것인데 나의 생각이나 의견을 내세우면 원만한 인간관계가 깨질지도 모르기 때문에 그런 행동은 공격적 행동이라고 생각한다. … (　)

–실수는 해서는 안 되며, 실수는 곧 큰 일을 저지르는 것이다. ………………… (　)

–모든 사람에게 좋은 칭찬을 듣고 싶기 때문에 만약 내가 나의 생각이나 의견을 말하여 다른 사람을 화나게 할 경우에는 스스로 죄스러움을 느끼거나 자신을 나쁜 사람으로 생각한다. ……………………………………………………… (　)

–내 주장을 내세우는 것이 당연하지만 그로 인해 상대방의 마음이 상할까봐 두렵다. ……………………………………………………………………………… (　)

–내 주장을 언제 내세우는 것이 적절한지 모르겠다. …………………………… (　)

–나를 위해서가 아니고 상대방을 위해서 나의 생각을 참고 말하지 않는다. …… (　)

〈활동 4-3〉 소극적 행동의 이유(2)

우리는 자기표현 행동을 해야 하지만 그러지 못하고 당황하거나 어쩔 줄 모르는 경우가 있다. 그러한 경우 다음에 있는 겉으로 나타난 행동, 정서적 반응 또는 생각 중에서 자신은 어떻게 하는지 해당하는 것에 ○ 표를 한다.

• 겉으로 나타난 행동

– 나지막한 음성으로 말한다. ……………………………………………………… (　)

– 계속 침묵만 지킨다. ……………………………………………………………… (　)

– 말이 잘 이어지지 못하고 말하는 도중에 "에…" "음…" 등의 말이 들어간다. … (　)

– 말로 상대방을 공격한다. ………………………………………………………… (　)

– 상대방을 바로 보고 말하지 못한다. …………………………………………… (　)

– 굳은 자세로 말한다. ………………………………………………………… (   )
– 서로 많이 떨어져서 말한다. …………………………………………………… (   )
– 한참 생각한 후에 한마디씩 한다. ……………………………………………… (   )
– 얼굴을 찡그리며 불안한 태도(예, 손을 비틀거나 입술을 깨문다)를 취한다. … (   )
– 눈물을 글썽이거나 울어 버린다. ……………………………………………… (   )

• 정서적 반응
– 얼굴이 붉어진다. ……………………………………………………………… (   )
– 심장이 점점 빨리 뛴다. ………………………………………………………… (   )
– 속이 거북하고 매스껍다. ……………………………………………………… (   )
– 몸이 둔해진다. ………………………………………………………………… (   )
– 몸이 좀 떨린다. ………………………………………………………………… (   )
– 입안이 마르고 목소리가 탁해진다. …………………………………………… (   )
– 식은땀이 흐른다. ……………………………………………………………… (   )
– 현기증이 나며 안절부절못한다. ……………………………………………… (   )
– 가슴이 두근거리고 머리가 어질어질하며, 무슨 말을 하고 무엇을 어떻게 하고 있는지 잘 모른다. ………………………………………………………… (   )
– 매우 화가 나거나 놀랐을 때처럼 흥분한다. ………………………………… (   )

• 생각
– 일의 결과가 끔찍하고 무서워 이제 모든 것이 끝난 것처럼 생각한다. ……… (   )
– 하고자 하는 말이나 행동이 내가 속으로 생각한 것과 같을지에 대해 곰곰이 생각한다. ……………………………………………………………………… (   )
– 나는 별로 쓸모없는 사람이라는 생각이 든다. ……………………………… (   )
– 다른 사람이 나를 나쁜 사람으로 여기는 것 같다. ………………………… (   )
– 다른 사람에 비해 나는 인간으로서의 가치가 적은 것 같다. ……………… (   )

〈활동 4-4〉 자신의 비표현 행동 원인 분석

• 상황

−행동적 이유:

−정서적 이유:

−사고적 이유:

5회기

프로그램 명	비합리적 사고의 발견과 해소
목적	• 상대방을 칭찬하고 칭찬을 받아들이는 연습을 한다. • 비표현 행동을 하게 하는 비합리적 신념을 발견하고 해결한다.
준비물	• 〈칭찬을 하거나 받는 요령〉 • 〈Ellis의 A−B−C 이론〉 • 〈활동 5−1〉 • 〈활동 5−2〉
진행 절차	**활동 내용**
1. 상대방 칭찬하기	• 〈칭찬을 하거나 받는 요령〉을 설명해 주고 5명이 1조를 이루게 하여 한 사람씩 칭찬을 하고 이를 받아들이는 연습을 한다. • 마친 후 상호 느낌을 나누게 한다.
2. Ellis의 합리적−정서적 모델	• A−B−C 이론 및 비합리적 사고 강의를 한다. • 〈활동 5−1〉을 나누어 주고 연습을 한다. • 〈활동 5−2〉를 통해 자신의 비표현 행동을 하게 하는 비합리적 사고를 다시 정리해 보고 이를 변화시키는 훈련을 실시한다.
3. 토의 및 느낌 발표	활동 후 느낌에 대해 발표한다.

칭찬을 하거나 받는 요령

- 칭찬은 '나는 너에게 관심이 있다'는 표현이므로 사람은 누구나 칭찬을 하거나 받고 싶어 한다.
- 칭찬을 하는 것은 일종의 자기표현 행동이다.
- 칭찬을 할 때는 구체적으로 해야 한다(예, "넌 참 예쁘구나!"라고 말하기보다는 "머리 모양이 참 예쁘구나!"라고 한다).
- 칭찬을 할 때는 솔직하고 간결하게 해야 하며 빈정대는 투로 해서는 안 된다.
- 칭찬을 받아들이는 것은 상대방의 관심에 대한 감사의 표시다. 고마운 마음으로 받아들임으로써 상대방이 다음에도 칭찬을 하고 싶은 마음이 생기도록 해야 한다.
- 칭찬은 간단한 대답과 함께 받아들인다(예, "고마워, 사실은 나도 청소를 하고서 기분이 좋았어.").
- 칭찬을 받고서 자신을 자랑스럽게 생각한다. 그것은 교만과는 다르다. 교만은 다른 사람을 깔아뭉개고서 기분 좋게 느끼려는 행동이지만, 칭찬을 받고서 자랑스럽게 생각하는 것은 상대방을 무시하지 않으면서 자존감을 높이는 행동이기 때문이다.
- 칭찬을 받고서 즐기는 시간적 여유를 가진다.

- 빈 종이 위에 다른 참여자의 이름을 적고 돌아가면서 그들의 칭찬거리를 기록한 후 이를 돌아가면서 발표한다.

앞에서 우리가 비표현 행동을 분석하는 중에, 사고적 이유로 비표현 행동을 해야 할 장면에서 자기표현 행동을 하지 못하고 비표현 행동을 하는 사람이 있다는 점을 알았습니다. 이것은 바로 생각이나 판단이 잘못되어 자기표현 행동을 하지 못하는 경우를 말하는 것입니다. 우리는 이치에 맞지 않고 논리적으로 모순되는, 즉 비합리적 사고 때문에 충분히 할 수 있는 일을 하지 못하는 경우가 있는가 하면 정신적 안정과 생활에 있어서 보다 효과적인 적응을 이루지 못할 때가 있습니다. 그래서 이러한 비합리적 사고를 논리나 이치에 맞는 합리적 사고로 바꾸면 자기표현 행동을 하는 데 크게 기여할 수 있습니다.

비합리적 사고가 인간의 정서나 행동에 좋지 않은 영향을 미치고 있다는 사실에 대해서는 유명한 심리학자인 Albert Ellis가 지적한 바 있습니다. 다음 자료에서 보는 바와 같이 Ellis는 학업 성적이 나빠서 경고를 받았다는 사실(A)은 그 사실에 대해 어떻게 생각하고 믿느냐는 신념(B)에 따라 그 결과(C)가 많이 달라진다는 점을 지적했습니다. (예 1)에서 보는 바와 같이 학업 성적이 나빠서 경고를 받았을 경우 '나는 실패한 인간이다'와 같이 생각하면, 그러한 경고에 대해 심한 좌절감을 느끼고 그로 인하여 가출이나 심하면 자살까지 하는 학생도 있을 수 있습니다. 하지만 똑같이 경고를 받았더라도 (예 2)에서와 같이 '나는 실패했지만 살다 보면 실패도 있기 마련이다'고 생각하면, 이 학생은 이를 계기로 더욱 열심히 공부하거나 최소한 경고를 받기 전보다 더 나쁘게 자신을 이끌어 가지는 않을 것입니다.

Ellis의 A-B-C 이론

A→	B→	C
사건	행동: A에 대한 자신의 생각이나 믿음	결과: A에 대해 가지는 느낌

(예 1)

A→	B→	C
• 학업 성적이 나빠서 1차 경고를 받았다.	• 나는 실패한 인간이다. • 이것은 도저히 있을 수 없는 일이다.	• 심한 좌절감을 느낀다.

(예 2)

A→	B→	C
• 학업 성적이 나빠서 1차 경고를 받았다.	• 나는 실패했지만 살다 보면 실패도 있기 마련이다.	• 기분이 좋지 않고 다소 걱정이 된다.

우리 중에는 어떻게 생각하는 것이 보다 합리적 사고인지를 몰라서 자기 성장에 도움을 받지 못하고 있는 경우가 많습니다. 그래서 여기서는 어떻게 생각하는 것이 보다 합리적 사고인지에 대해 두 가지 장면을 통해 알아보려고 합니다. <활동 5-1>의 두 가지 장면에서 제시하고 있는 생각들 중 '비합리적 사고'를 찾고 그것을 합리적 사고로 바꾸어 적어 보세요.

비합리적 사고

① 세상 일이나 자신의 행동이 바람직하지 못한 결과를 가져온다면 그것은 곧 파멸이다.
② 어떤 일을 하게 되면 이를 완전무결하게 해야 한다.
③ 자기가 좋아하거나 중요한 의미를 가지고 있는 사람에게는 항상 칭찬과 인정을 받아야만 한다.
④ 자신은 능력이 모자라서 아무것도 할 수 없으며 남이 가진 인간으로서의 기본 권리조차 자신은 가질 수 없다.
⑤ 원만한 인간관계를 위해서는 자신의 기본적 권리를 내세워 갈등에 부딪치기 보다 아무 말도 하지 않고 참는 것이 인간관계에 금이 가지 않는다.
⑥ 자신의 인권을 내세우면 자연히 남의 인권도 인정해 주어야 할 의무를 가지기 때문에 자신의 인권을 주장하는 것은 좋지만 남의 인권을 받아들이기 싫어서 주장행동을 하지 않는다.

〈활동 5-1〉 A-B-C 모델 연습

- 장면 1: 아버지께서 아끼시는 사진기를 말씀도 드리지 않고 사용하려다가 잘못하여 떨어뜨려서 못 쓰게 되었을 때 다음과 같은 생각을 했다.
  - 내가 어떻게 이렇게 부주의할 수 있나, 절대로 이 사진기를 떨어뜨려서는 안 되는 것이었는데!
  - 아버지는 누구보다도 나를 믿고 계시는데 이러한 행동을 했으니 아버지께서 얼마나 실망하시겠나!
  - 나는 역시 모자라는구나! 이래서야 어디 쓸모가 있겠나!
  - 내가 부주의했다. 부주의는 인간이 가지는 과오 중의 하나이긴 하나 떨어뜨리지 않았으면 좋았을 것이다.
  - 내가 조심을 해서 다루었는데도 떨어뜨렸구나. 아버지께 솔직히 말씀드리고 더욱 주의하도록 노력해야겠다.

• 장면 2: 3일 후부터 기말고사가 실시되는데도 전혀 공부를 해 두지 않아서 오늘부터 계획을 세워 공부를 하려고 하는데 친한 친구가 오늘 하루는 기분 전환을 하는 것이 좋다면서 나가자고 할 때 다음과 같은 생각을 했다.

- 내가 따라가지 않으면 내가 가자고 할 때 친구도 같이 가 주지 않을 것이다.
- 내가 따라가지 않으면 이 문제 때문에 앞으로 서로 사이가 나빠질 것이다.
- 내가 거절하면 지금 당장은 친구가 서운해하겠지만 서로가 솔직하였기 때문에 앞으로의 인간관계에 더욱 도움이 될 것이다.
- 내가 항상 이 친구의 마음에 들도록 할 수는 없다. 친구에게 솔직하게 말하고 이해를 구하자.

〈활동 5-2〉 나의 비합리적 사고 이해하고 변화하기

• 비표현 행동을 하게 하는 비합리적 사고는 무엇인가?

____

____

• 비합리적 사고의 문제점은 무엇인가?

____

____

• 비합리적 사고를 대체하는 합리적 사고는 무엇인가?

____

____

• 합리적 사고를 큰 소리로 외워 보자.

____

____

6회기

프로그램 명	요청하기와 거절하기의 연습
목표	• 요청하고 거절하는 요령을 익힌다.
준비물	• 〈자기표현 행동의 시기 및 모험〉 • 〈요청하고 거절하는 요령〉 • 〈요청하기 연습〉
진행 절차	활동 내용
1. 요청하고 거절하는 요령에 대한 강의	• 〈요청하고 거절하는 요령〉을 복사하여 배부하고 강의한다. • 자신의 경험 중에 요청하거나 거절하지 못한 상황을 회상하여 그 결과에 대해 발표하고 요청하거나 거절하는 연습을 한다.
2. 토의 및 느낌 발표	• 활동 후 느낌에 대해 발표한다.

자기표현 행동을 배우는 데 대단히 중요한 것 중 한 가지는 자기표현 행동을 해야 할 때와 하지 말아야 할 때를 분명히 구분하는 것입니다. 그 시기를 구분하지 못하고 자기표현 행동을 해야 할 시기에 소극적이거나 공격적인 행동을 한다거나 자기표현 행동을 하지 말아야 할 때에 자기표현 행동을 함으로써 후회하는 경우도 있습니다. 경우에 따라서는 자기표현 행동에 모험이 따르기 때문입니다. 그러면 자기표현 행동을 해야 할 시기와 해서는 안 될 시기, 그리고 자기표현 행동에 따를 수 있는 모험에 대해 알아봅시다.

자기표현 행동의 시기 및 모험

◆ 자기표현 행동을 해야 할 시기

– 특정 사람에 대한 분노, 관심이 머리에서 사라지지 않을 때

– 그 사람을 만나려고 하면 불안하거나 분노가 생겨 만나기 싫을 때

– 그 사람을 대하면 어딘가 위축될 때

-어떤 일이 머리에서 사라지지 않을 때

-수동적-공격적 행동을 취할 때(예, 어머니께서 외출을 하시면서 동생을 보라고 하셨을 때 거절은 못하고 일부러 동생을 때리거나 보지 않고 내버려 둔다.)

-상대방에게 알아보고 싶은 것이 있는데 솔직하게 물어보지 못하고 간접적으로 말을 돌려서 물어보았을 때

-자신의 행동을 정당화하기 위해 마음에도 없는 행동을 할 때

-자신을 형편없는 사람으로 생각할 때

-합리화를 통해 스스로의 권리를 포기할 때

-상대방에게 욕설이나 공격적 행동을 하게 될 것 같을 때

-변명이나 긴 설명을 늘어놓게 될 것 같을 때

◆자기표현 행동을 하지 않는 것이 좋은 경우

-자기표현 행동에 따른 위험이 너무 크다고 느낄 때

-자신의 자기표현 행동으로 얻는 것이 없다고 여겨질 때

-자신의 권리가 침해당했는지가 분명하지 않을 때

-감정이 대단히 예민한 사람을 보호해야 할 필요가 있을 때

-상대방이 개인적 문제로 많은 어려움을 겪고 있을 때

◆자기표현 행동에 따른 모험

-상대방이 화를 낼 수도 있다.

-상대방이 마음 상해하거나 자기표현 행동을 한 나를 괘씸하게 여길 수도 있다.

-자기표현 행동이 실패할 수도 있다.

그러나 앞서와 같은 경우는 자주 일어나지 않으며 혹시 이러한 경우가 일어난다 하더라도 자신이 자기표현 행동을 익숙하게 하면 잘 처리할 수 있다.

요청하고 거절하는 요령

◆ 요청하기

– 원하는 것에 대해서 분명하고 구체적으로 말해야 한다.

– 상대방이 거절할 경우 어떻게 할 것인지 미리 생각해 두는 것이 좋다.

– 상대방의 대답에 대해 자신의 태도(감사, 실망 등)를 표현한다.

– 상대방이 거절한다고 해서 자신의 모든 것을 거부하는 것은 아니라는 것을 명심하고 용기를 잃지 않는다.

– 상대방의 의사를 묻는 식으로 요청하는 것이 더욱 부드럽다.

예〉 "……해도 좋을까요?" "…… 좀 해 주시겠습니까?"

"……을 하고 싶은데 나와 같이 ……해 볼 마음이 있니?"

◆ 거절하기

– 가부를 확실히 밝혀야 한다. 만일 가부를 밝히기가 어려울 때는 생각할 시간을 가진 후 솔직하게 말하도록 해야 한다.

– 대답은 간단히 하고 변명이 필요할 경우는 짧게 한다.

– "미안하다."라는 말은 꼭 그렇게 느낄 때만 한다.

– 상대방이 자신의 말을 받아들이지 않을 때는 자신 역시 대화를 끝마칠 권리가 있다.

– 침묵도 필요할 때는 써도 좋다. 그것도 결국은 하고 싶은 말을 하는 것이다.

– 일단 가부를 밝혔어도 다시 바꿀 수 있다. (권리)

– 조용한 목소리로 하되 몸짓으로 하지 않는다.

– 대안을 제시할 수도 있다.

예〉 "내일 가면 어떻겠니?"

요청하기 연습

◆ 요청하기의 형태

－상황: 자신이 원하는 바를 분명히 전달해야 하는 경우

－형태: ……하고 싶어요. ……해 주셨으면 좋겠어요. ……하지 않으시겠어요? ……하면 어떨까요? ……해 주시면 고맙겠군요.

－원리:

• 자신이 원하는 바에 대해 상대방은 어떻게 느끼고 있는지 물어본다.

예〉 "나는 모임에 가는 대신 집에 가고 싶은데 넌 무엇을 하고 싶니?"

• 자신이 원하는 정도를 언어적으로 표현—약간, 다소, 매우, 굉장히 등—한다.

예〉 "전 이 일을 혼자서 정말로 잘 하고 싶어요. 일을 하다가 문제가 생기면 전화할게요."

• 자신이 원하는 것이 무엇을 의미하며 무엇을 의미하지 않는지를 명확히 전달한다.

예〉 "이번 주에 함께 지냈으면 하는데 내가 이 말을 하는 건 네 의견이 듣고 싶어서지 나랑 함께 지내자고 강요하는 건 아니야."

◆감정의 전달

－상황: 상대방의 행동, 경험에 대한 당신의 느낌을 전달해야 하는 경우

－형태: 당신이 ……할 땐(경험, 행동) 전 ……해요(감정).

－원리:

• 감정을 구체적으로 표현한다.

예〉 " 난 기분이 나빠." → " 난 굉장히 화가 나."

• 자신의 감정을 유발시킨 상대방의 행동 경험을 구체적으로 표현한다.

예〉 "넌 너무 자기중심적인 것 같아서 난 불쾌해."

→ "네가 늘 약속 시간을 너 편한 대로 변경해서 난 몹시 불쾌해."

• 문제가 되는 행동과 상황에 어떠한 평가나 비판의 의미도 담지 말고 객관

적인 사실만 표현한다.

예〉 "선배한테 건방지게 인사도 안 하니까."

→ "선배한테 인사를 안 하니까."

- 상대방의 행동이나 경험에 대한 자신의 느낌을 표현하고 아울러 자신이 원하는 바를 전달한다.

예〉 "네가 늘 약속 시간을 너 편한대로 변경을 해서 난 몹시 불쾌해. 약속을 바꿀 일이 생기면 미리 내게 물어봐 주었으면 좋겠어."

◆ 행동의 표현

–구체적인 상황에서 일어나는 구체적인 행동으로 표현한다.

예〉 "넌 책임감이 없는 사람이구나."

→ "너는 발표해야 할 내용을 오늘도 반밖에 해 오지 않았구나."

–상대방의 행동을 비평하거나 평가하지 말고 행동 그대로를 표현한다.

예〉 "게으르게 9시가 되어서야 오는구나."

→ "오늘도 9시에 왔구나."

–먼저 행동의 표현법을 사용하여 상대방의 구체적인 행동을 표현한 후에 그에 대한 감정을 표현한다.

예1〉 "오늘 연락을 하기로 하고서 하루 종일 아무런 연락도 하지 않으니(행동의 표현) 제가 얼마나 초조하고 화가 났는지 알아요?(감정의 전달) 다음에 오지 못한다면 1시간 전에 연락을 해 주시겠어요?(요청하기)"

예2〉 "나는 오늘 정희씨와 용두산 공원에 가기로 했는데 사전에 예고도 없이 업무를 맡기니(행동의 표현) 무척 당황스럽고 어찌할 바를 모르겠어요.(감정의 전달) 정희씨와의 약속을 갑작스럽게 취소할 수 없기 때문에 이 일을 할 수 없어요. 내일 와서 이 일을 했으면 해요.(거절하기)"

7회기

프로그램 명	자기표현 연습(1)
목표	• 자기표현의 요소에 대해 알아본다.
준비물	• 〈자기표현의 요소〉 • 〈자기표현 행동의 보기〉
진행 절차	활동 내용
1. 자기표현의 요소 강의 2. 자기표현 훈련의 보기 3. 자기표현 연습	• 〈자기표현의 요소〉를 배부한 후 내용적 · 음성적 · 신체적 요소에 대해 강의를 실시한다. • 지도자가 여섯 가지 장면(형식적 관계, 반복되거나 중요한 관계, 친밀한 관계)에 대한 시범을 보인다. • 여섯 가지 장면에 대해 집단원끼리 연습을 실시한다. • 모든 집단원이 참석할 수 있도록 한다.
4. 토의 및 느낌 발표	• 활동 후 느낌에 대해 발표한다.

자기표현의 요소

◆ 내용적인 것

– 자신의 의견이나 생각을 참는 것이 아니라 말로써 나타낸다.

– 대화의 마지막에 가서 자신의 의사를 밝히는 것이 아니라 대화의 초반에 자신의 의사를 밝힌다.

– 말의 내용이 분명해야지 애매해서는 안 된다.

– 상대방에게 지나치게 사과를 하지 않는다.

– 특히 상대방의 요구를 거절하는 경우 변명을 하거나 거짓말을 하는 경우가 있는데, 이것은 떳떳하지 못한 행위이므로 모든 것이 자기의 생각이나 의견임을 정직하게 밝힌다.

– 친밀한 관계에서는 다음 두 가지를 지켜야 한다.

• "내가 이렇게 말하면 섭섭할지 모르겠지만……."과 같이 상대방의 느낌을 미리 알고 그 느낌을 표현해 준다.

- 자기의 생각이 당연하고 합리적이라고 할지라도 서로 반대가 되는 경우 서로 받아들일 수 있는 타협점을 찾도록 노력해야 한다.

◆음성적인 것

–상대방이 알아들을 수 있을 정도의 크기로 말한다.

–음성이 떨리지 않고 분명해야 자신의 의사가 더욱 분명히 전달된다.

–말이 입안에서 중얼거리지 않고 또렷해야 한다.

–억양이 어색하지 않고 자연스러워야 한다.

–"에……" "음……" 등의 말이 반복되는 등 말이 중간에서 끊어지지 않아야 한다.

◆신체적인 것

–말하기 전에 주저하지 않고 하고 싶은 말을 즉시 한다.

–말하기 전이나 혹은 말하는 도중에 서두르지 않고 침착해야 한다.

–상대방을 바로 보고 말해야 한다.

–표정을 진지하게 가져야 한다.

–손을 비비거나 발을 흔드는 등의 부자연스러운 몸동작이 없이 편안한 자세를 취해야 한다.

여러분 각자 자기표현 행동이 어려운 장면에 대해 구체적으로 어떻게 행동하는 것이 자기표현 행동인지 연습하기 전에, 오늘은 제가 준비해 온 장면을 가지고 시범을 보이도록 하겠습니다.

(다음의 장면 세 가지를 두 명의 지도자가 먼저 시범을 보인 후 각자의 느낌이나 의견을 발표하게 한 후, 집단원과 지도자가 한 조가 되어 역할 연습을 한다.)

자기표현 행동의 보기

◆장면 1: 형식적인 관계

문방구에서 샤프심을 한 통 샀습니다. 그런데 집에 와서 뚜껑을 열어보니, 샤프심이 두 개가 부족하였습니다. 그래서 그 문방구로 다시 가서……

아저씨: 뭘 사러 왔니?

모델 1: (얼굴을 찡그리며 다급한 목소리로) 아저씨, 음…… 이 샤프심 좀 바꿔 주세요.

아저씨: 왜 샤프심이 뭐 잘못 됐니?

모델 1: 제가 이 샤프심을 산 뒤 바로 집에 가서 확인해 보니 두 개가 부족했어요. 아저씨는 그럴 리 없다고 하실지 모르지만 진짜로 부족했어요. 바꾸어 주실 수 없어요?

모델 2: (진지한 표정과 차분한 음성으로) 아저씨, 조금 전에 이곳에서 사 갔던 샤프심이 두 개가 부족했어요. 바꾸어 주시면 좋겠습니다.

아저씨: 그럴 리가 없을 텐데…….

모델 2: 물론 산 즉시 바로 확인해 보지 않은 것은 제 잘못이지만 저는 아저씨를 믿고 그랬던 것인데 부족한 것은 사실이니 교환해 주시면 고맙겠습니다.

◆장면 2: 친하지는 않지만 반복되거나 중요한 관계

점심 시간에 교실에서 열심히 책을 읽고 있는데, 별로 친하지 않은 애가 와서 바로 내 뒤에 앉은 자기 친구와 시끄럽게 이야기를 하고 있어 책이 잘 읽히지 않고 신경이 자꾸 쓰인다.

모델 1: (화를 버럭 내며) 야, 좀 조용히 해! 너희들 때문에 내가 책을 읽을 수 없잖아. 떠들려면 밖으로 나가서 떠들어.

모델 2: (자연스럽게) 너희들 두 사람의 이야기에 내가 신경이 쓰여서 책을 읽을 수 없잖아. 너희들이 조용히 좀 해 주면 내게 도움이 되겠는데, 조용히 좀 해 주거나 다른 곳에 가서 이야기할 수 없겠니? 괜찮겠지?

◆장면 3: 아주 친밀한 관계

등굣길에서 만난 같은 반 친구가 돈을 빌려 달라고 한다. 그런데 그 친구는 전에도 곧 갚겠다면서 돈을 빌려 가서는 아직도 갚지 않고 있다. 그래서 충분한 돈은 있지만 이번에는 결코 돈을 빌려 주고 싶지 않다.

친 구: 오늘 미술 시간에 필요한 준비물을 사야 하는데, 돈이 조금 모자라. 1000원만 꿔줄 수 없겠니?

모델 1: (분명하지 못한 음성으로) 음…… 나도 빌려 주고는 싶지만 너에게 빌려 줄 만한 돈이 못 되는데…….

모델 2: (자연스럽고 또렷한 음성으로) 서운하게 생각되겠지만 이번에는 빌려 줄 수가 없어. 아직 나는 지난 번에 너에게 빌려 준 돈도 받지 못했잖아.

친 구: 학교 파하고 갚을게. 지금 당장에 그 돈이 필요해서 그래.

모델 1: (다른 곳을 보면서) 너가 돈을 안 갚을 것 같아서가 아니고 아무래도 오늘 쓸 데가 있어서 빌려 주기가 어려워, 미안해.

모델 2: (좀 더 목소리에 힘을 주어) 물론 네가 지금 돈이 필요하다는 것은 알지만 더 이상 빌려 주고 싶지 않아.

모델 1: (어색한 표정으로) 사정은 참 딱하지만 나도 써야 할 곳이 있어. 정말 미안해.

모델 2: (단호하게) 나도 너에게 빌려 줄 수 없어 마음이 편치 않아. 섭섭하다는 생각이 들겠지만 내 입장을 이해해 줘야겠어. 정 다급하다면 집에 다녀오면 되잖니? 늦게 되면 내가 선생님께 말씀 드려 줄게.

8회기

프로그램 명	자기표현 연습(2)
목표	• 실제 갈등 문제 상황에 대한 자기표현 훈련을 실시한다. • 자기표현 행동에 대한 계속적 연습을 통해 성격 특성으로 굳어지도록 한다.
준비물	• 〈활동 8-1〉
진행 절차	활동 내용
1. 자기표현 연습(1)의 복습	• 지난 시간에 한 자기표현 연습(1)을 복습한다.
2. 실제 갈등 문제 분석	• 앞에서 기록한 〈활동 2-2〉를 토대로 자세하게 〈활동 8-1〉을 작성한다.
3. 연습	• 3인씩 짝을 지어 〈활동 8-1〉을 발표하게 하고 상호 피드백을 주게 한다. • 전체 학생 앞에서 발표하면서 역할 연습을 실시하여 실습하도록 한다.
4. 토의 및 느낌 발표	• 활동 후 느낌에 대해 발표한다.

〈활동 8-1〉 대인 갈등 해결을 위한 자기표현 연습 모델

• 문제의 정의

–갈등 대상

____

–갈등 내용

____

–갈등의 진행 상황

____

–나의 대처 방식

____

–현재 상태

____

–상대방의 욕구

–상대방의 느낌

• 목표 선정

–나는 무엇을 원하는가?

• 대안 설정

–내가 할 수 있는 것은 무엇인가?

• 결과의 예견

–무엇이 일어날 것인가?

대안	예상되는 결과	순위
1		
2		
3		

• 대안의 선택(어떤 해결책을 선택할 것이고 어떻게 전달할 것인가?)

–선택 1

–메시지 전달

• 예상되는 상대방의 반응(나의 메시지 전달에 상대방은 어떻게 할 것 같은가?)

–선택 1

• 나의 대응(다음 메시지 전달은 어떻게 할 것인가?)

–선택 1

____

• 역할 연습(미리 연습을 해보자.)

–선택 1

____

• 실행(이제 그것을 실시하라!)

–언제

____

–어디서

____

–누구에게

____

–어떻게

____

• 재평가(그것은 잘 되었는가?)

–선택 1

____

※ 해결책이 효과가 없을 것 같으면 그 이유를 자문해 보고 다시 문제의 정의 단계에서 실시한다.
선택 2. 대인 관계 갈등 해결을 위한 자기표현 연습: 선택 1에서 연습한 내용을 토대로 현재 겪고 있는 대인 관계 갈등을 일으키는 실제 사례로 문제 해결 방법을 연습하고 대화법을 연습한다.

9회기

프로그램 명	마무리 및 소감 교류
목 표	• 지금까지의 학습 경험을 토대로 자신을 새롭게 정리한다. • 서로의 성장과 행복을 기원하면서 감사와 애정을 표시한다.
준비물	• 소감문 • 〈장점 백 가지 기록지〉 • 〈참여자 장점 기록지〉
진행 절차	활동 내용
1. 소감문 쓰고 발표하기 2. 따뜻한 마음 전달하기 3. 마무리	• 이 프로그램을 처음 시작했을 때부터 지금까지 나의 변화 • 현재 어떤 모습, 어떤 위치, 어디로 향해 나아가고 있는가? • 자기를 비추어 보고 솔직하게 기록한 후 차례로 읽어 본다. • 한 사람씩 차례로 집단 가운데 나와 서 있게 한다. • 모든 집단원이 차례로 나와서 시선을 부드럽게 마주치면서 그에게서 받았던 좋은 느낌 또는 감사한 일을 전달한다. • 나온 사람은 말없이 듣고만 있다가 감사한 반응을 보낸다. • 집단원 모두에게 차례로 같은 방법을 적용한다. • 2번과 같은 방법으로 진행하되 서로 말은 일체 하지 않고 좋은 느낌 또는 감사의 뜻을 무언의 행동으로만 전달한다. • 서로 안거나 등을 두드려주거나 하는 등의 반응을 보인다. • 일일이 반응 말고 말없이 계속 진행하는 것이 더 바람직하다.
4. 토의 및 느낌 발표	• 활동이 끝나면 활동 시작 전과 활동 중, 끝난 후를 관련 지어 자신의 느낌이나 경험한 사실에 대해 토의한다. • 본 활동을 통하여 새롭게 발견한 것이나 깨달은 점 또는 집단원들에게 하고 싶은 말을 한 마디씩하게 한다. • 둥글게 둘러서서 손을 마주 잡고, 만남의 인연에 감사하며 서로의 성장을 기원하면서 노래를 부르고 인사 후 헤어진다.
5. 과제 주기	• 자신의 장점 백 가지를 기록해 오게 한다. • 다른 참여자의 장점 열 가지를 기록해 오게 한다.

10회기

프로그램 명	장점 세례
목표	• 장점 세례를 통해 자기 긍정감을 향상시킨다. • 지난 시간의 과제를 재검토한다.
진행 절차	활동 내용
1. 과제의 점검과 발표 2. 장점의 발표	• 지난 시간의 과제를 발표하고 토론한다. • 지난 시간 과제로 제시한 장점 백 가지를 돌아가면서 발표한다. • 발표가 끝나면 참여자가 돌아가면서 장점을 말해 준다. • 발표자에게 기록한 장점을 전달한다. • 발표자는 모든 얘기가 끝나면 감사를 전한다. • 자기가 쓴 백 가지 장점과 다른 참여자가 쓴 장점을 비교하면서 느낌을 표현한다.
3. 토의 및 느낌 발표	• 활동 후 느낌에 대해 발표한다.

참고문헌

박경애, 이재규, 권해수(1998). 대인관계향상 프로그램 개발연구. **청소년상담연구, 98**, 6.

배정우(2003). 고등학생을 위한 대인관계능력 증진 집단상담 프로그램의 개발 및 효과. 경성대학교 교육대학원 석사학위 논문.

양창삼(1997). **인간관계와 갈등관리**. 서울: 경문사.

이장호, 금명자(1992). **상담연습교본**. 서울: 법문사.

이재창(1992). **자기성장과 인간관계**. 성남: 한국가이던스.

이형득(1979). **집단상담의 실제**. 서울: 중앙적성출판사.

이형득, 김성회, 설기문, 김창대, 김정희(2002). **집단상담**. 서울: 중앙적성출판사.

정성란, 홍연숙(1999). 대인관계능력 향상을 위한 프로그램 개발. **제주청소년연구, 4**, 161-196.

천성문, 김남희, 김정남, 박미선, 박원모, 배정우, 조정선, 한미경(2004). **중 · 고등학생을 위한 집단상담프로그램**. 서울: 학지사.

제12장

교류분석 프로그램

이동훈

Ⅰ. 주요 개념

Ⅱ. 프로그램의 목적

Ⅲ. 프로그램의 구성 및 실제

학습 목표

1. 교류분석 프로그램의 주요 개념을 이해한다.
2. 교류분석 프로그램의 목적을 이해한다.
3. 교류분석 프로그램의 구성 및 실제를 이해한다.

교류분석(Transactional Analysis: TA) 이론은 1950년대 미국의 정신의학자 Eric Berne(1910~1970)에 의해 창안되어 발전해 온 것으로(Pitman, 1984), 개인의 성장과 변화를 도와주는 데 활용되는 심리치료 및 교육에 관련된 체계적인 이론과 방법을 제공하여 준다(Stewart & Joines, 1987).

국제교류분석협회(International Transactional Analysis Association: ITTA)에서는 교류분석을 성격이론인 동시에 개인적인 성장과 변화를 위한 체계적인 상담 및 심리치료라고 정의하고 있다. Clarkson(1992)은 교류분석을 인본주의적 가치 체계 위에서 행동주의적 명료성과 정신분석적 통찰의 깊이를 더한 개인 내적 및 대인 관계적 심리학인 동시에 심리치료 이론이라 말한다. 그러나 교류분석은 단순히 상담 또는 심리치료 차원에 그치는 것이 아니라 성격이론, 커뮤니케이션 이론, 아동발달이론, 정신병리학이론 등 인간을 이해하는 데 필요한 다양한 접근 방법을 제시해 주고, 구체적 적용 측면에서 심리치료 체계를 제공할 뿐 아니라 부모교육, 부부교육, 인성교육, 조직개발, 심리영성성장 등 다양한 분야에 활용할 수 있다(제석봉 · 최외선, 2006). 즉, 교류분석은 인간의 성격을 이해하고 건강한 의사소통을 통해 성장과 성숙을 촉진하며 타고난 가능성을 실현하여 웰빙을 촉진하는 데 효과적이다. 따라서 교류분석 이론은 증가하는 청소년 문제에 적용하여 행동의 위험 요인을 억제하고 보호 요인의 기능을 증진시킴으로써 청소년의 긍정적 발달에 기여할 수 있다(김민지 · 제석봉, 2010).

I. 주요 개념

1. 구조 분석

교류분석에서는 인간의 성격이 어버이 자아상태(Parent ego-state, 이하 P 자아상태), 어른 자아상태(Adult ego-state, 이하 A 자아상태), 어린이 자아상태(Child ego-state, 이하 C 자아상태)라는 세 가지 관찰 가능한 자아상태로 구성되어 있다고 본다. 세 가지 자아상태를 통해 자신의 성격을 분석하는 과정을 구조 분석(structural analysis)이라고 한다(Lister-Ford, 2002). Berne(1964)은 자아상태를 일단의 관련된 행동, 사고, 감정으로, 특정 순간에 우리 성격의 일부를 드러내는 방법으로 정의하고 있으며 이것이 교류분석 이론의 근본적인 토대를 이룬다. 세 가지 자아상태마다 고유한 사고, 행동 및 감정을 나타내고 특이한 행동의 원천이 되는데, 주변의 환경 또는 상황에 따라 어떤 것이 강하게 또는 약하게 반응하게 된다. 구조 분석에 따르면 모든 사람은 특정한 자극에 대해 서로 다른 자아상태의 방식으로 반응하며 병리적 성격의 경우를 제외하면 P, A, C의 특정 자아상태에만 머물지 않고 끊임없이 이동한다. 이때 어느 자아상태에 많이 머무는가에 따라 그의 특징이 달라진다.

2. 자아상태

1) P 자아상태

P 자아상태는 성장 과정에서 자신에게 의미를 부여하는 타인, 즉 부모님과 같은 권위적인 인물의 말과 행동을 보고 듣게 되면서 관찰한 내용이 내면화하여 그대로 본뜬 듯한 행동을 하는 것이라고 할 수 있다(Hargaden &

Sills, 2002). P 자아상태에서 예의범절이나 사회 규범과 같은 일단의 규칙을 따르는 것은 사회 적응에 유용하다. 그러나 형성 과정에서 불합리한 신념이나 가치관을 자신의 가치와 판단에 의하여 교정하거나 객관적인 비교 대상과 올바른 기준에 의한 검토 절차 없이 받아들인 경우 다른 사람을 고려하거나 주변의 상황 · 요구에 따르기보다는 그것을 통제하고 지배하며 권위를 내세우는 등의 비현실적인 행동을 하는 특징을 나타낸다. 일상의 행동이 융통성이 없고 일방적인 비판이나 독선, 헌신, 보호적인 특성을 지니는 것은 부정적인 P 자아상태에 의한 작용이다. 따라서 청소년이 A 자아상태에서 불합리한 신념이나 가치관을 식별하고 긍정적인 P 자아상태를 형성하여 문제 행동을 예방하고 사회에 적응할 수 있도록 돕기 위한 프로그램이 필요하다.

2) A 자아상태

A 자아상태에서의 사고, 행동, 감정은 과거의 영향으로부터 벗어난 '지금-여기에 대한 직접적인 반응(direct response to the here-and-now)'이다. 즉, A 자아상태는 사고와 행동의 객관적인 기준을 제공하는 기능을 한다. 다시 말해 P와 C 자아상태의 자료를 검토하여 P 자아상태에 의한 편견이나 독선 그리고 C 자아상태에 의한 비현실적인 부적응 행동이나 망상을 조절하는 역할을 한다. 그러나 A 자아상태는 P 자아상태와 C 자아상태의 심리적 에너지를 항상 거부하는 것은 아니고 상황에 맞추어 적절하게 나타날 수 있도록 조정한다(Jongeward, 1973). A 자아상태는 이성적 · 현실적 · 객관적 · 논리적 합리적인 특징을 나타내며 역기능적인 P와 C 자아상태를 스스로 깨닫고 우리가 부딪치는 문제를 해결한다. 따라서 보다 유능하고 효율적인 삶을 살기 위해서는 A 자아상태가 중요하다.

3) C 자아상태

인간은 태어날 때부터 자신의 불쾌한 감정을 알아차리는 작업을 시작하며 만족하고 유쾌한 경험에 감각적으로 반응을 보이면서 C 자아상태를 발달시킨다. C 자아상태는 어린 시절 자주 했던 사고나 감정, 행동을 재연(replay)하는 것으로, 충동적 · 자발적 · 직관적 · 본능적 · 순응적 · 폐쇄적 · 의존적 · 자기중심적인 특징을 나타낸다(김종호, 2009a). 일상의 행동에서 타인에게 구애받지 않고 자유분방하게 감정을 표현하거나 지나치게 분위기를 의식하거나 의존적인 행동을 하는 경우에는 C 자아상태에 의한 작용으로 볼 수 있다. 따라서 부적절한 초기 결정과 같은 부정적 C 자아상태의 전략은 성장한 사람으로서의 효율적인 전략이 되지 못한다는 것을 깨닫고 A 자아상태를 통해 그것을 새롭고 성공적인 것으로 바꾸는 법을 학습하여야 한다. 그럼으로써 세 자아상태를 골고루 활용하여 건강하고 균형 잡힌 성격이 될 수 있도록 청소년에게 적용할 수 있다.

3. 기능 분석

세 가지 자아상태가 어떻게 구조화되어 있는가를 보는 것이 구조 분석이라면 개인의 자아상태가 특정 현상이나 현실적인 실제 장면에서 어떻게 나타나고 있으며 어떠한 기능을 하고 있는가를 보는 것이 기능 분석(functional analysis)이다(Stewart & Joines, 2010). 기능 분석은 P, A, C를 더욱 기능적으로 세분화하여 P 자아상태를 비판적 어버이(CP)와 양육적 어버이(NP)로, C 자아상태를 자유로운 어린이(FC)와 순응하는 어린이(AC)로 분류한다. 하지만 어른 자아는 현재에 반응하는 객관적이고 논리적인 기능을 나타내기 때문에 나누지 않는다. Dusay(1972)는 세 가지 자아상태를 기능별로 [그림 12-1]과 같이 세분화하였다.

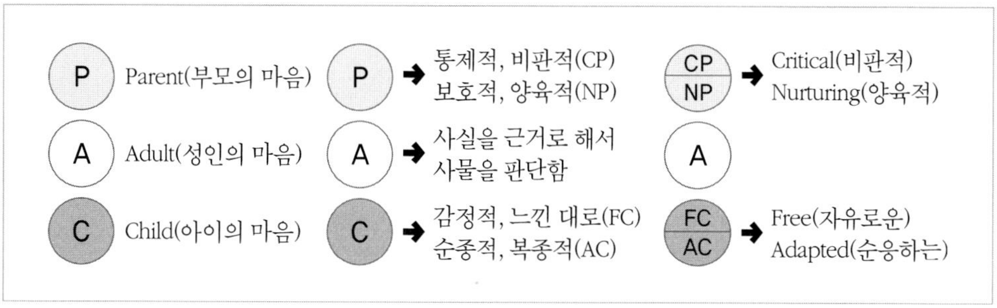

그림 12-1 Sternberg의 사랑의 요소와 사랑의 유형

1) CP: 비판적 어버이

CP(Critical Parent)는 자신의 가치관이나 도덕적 기준, 생각하는 방법이 절대적이라고 보는 태도를 가지고 있는 기능이다. 타인의 행동이나 결정 및 결과에 대하여 비난이나 비판을 하지만 동시에 일상에서 필요한 규범적 가치와 규칙 준수 등을 가르치는 기능도 한다. 또한 CP는 주로 가치 중심적인 태도를 가지고 있고, 처벌적이고 완고한 방식으로 기능한다. CP의 기능은 사회체제나 규범에 제대로 적응하게 하는 데 도움이 될 수 있지만 지나치게 기능할 경우 타인의 가치와 충돌하거나 갈등이 생길 때 자신의 뜻대로 살아가는 데 방해가 될 수도 있다.

2) NP: 양육적 어버이

NP(Nurturing Parent)는 다른 사람을 위한 배려나 헌신적인 행동을 통해 친절이나 동정, 관용적 태도를 나타내는 기능이다. 후배, 부하, 자녀 등 자신보다 아랫사람들을 위로하고 격려하면서 용서와 칭찬이 비판과 비난보다 익숙한 생활 태도를 가진다. NP는 주로 긍정적 스트로크(stroke, 인정 자극)를 제공하는 기능을 하며 NP가 잘 발달한 사람은 타인의 복리에 관심을 갖는다. 이러한 NP는 타인에 대한 긍정적인 성격의 중요한 한 요소가 되기도 한다(Bruno, 1983).

3) A: 어른 자아상태

어린아이의 생애 초기의 언어능력과 사고 능력이 점차 발달하기 시작하면서 A(Adult)의 요소도 발달하기 시작한다(Woollams & Brown, 1979). A는 현실 적응력을 위해 필요한 지식을 축적하고 그것을 합리적으로 이용하는 컴퓨터와 같은 부분이다. 즉, 냉정하고 합리적인 판단과 처리, 적절한 해결법을 찾아 고민할 때는 A가 작용하고 있는 것이다. A는 가치와 감정에 영향을 받지 않으며 A에 의해 수집된 정보나 데이터는 그대로 사용할 수 있고 과거의 지식이나 경험과 비교하여 평가 · 수정되기도 한다. 이러한 의미에서 A는 지성 · 이성과 깊이 관련되어 있으며 합리성 · 생산성 · 적응성을 통한 작용과 기능을 한다. 교류분석에서는 'A의 교육'에 의해 인격의 통합(김규수 · 류태보, 2001)이나 재결단(re-decision)이 이루어진다.

4) FC: 자유로운 어린이

FC(Free Child)는 타인의 요구나 지시에 따르지 않고 어릴 때의 모습으로 자유롭게 행동하는 기능으로 사람의 성격 중에서 타고나는 가장 순수한 감정의 한 부분이다. 즉, 어떠한 것에도 구애받지 않으면서 자발적이고 자유로우며 창의력을 발휘하기도 하는 부분이다. 그러나 어린 시절의 다듬어지지 못한 방식의 행동으로서, 제멋대로이고 주위의 시선을 끌기 위한 순간적인 행동을 하기도 한다. 또한 구속되지 않고 순수하며 자유로운 행동이기도 하기 때문에 주위 사람이나 분위기에 따른 감정이나 행동 변화가 쉽게 나타나기도 한다. 이러한 FC 기능의 단서는 언어적 · 비언어적 단서를 통해 파악할 수 있다(Bennett, 1976).

5) AC: 순응하는 어린이

AC(Adapted Child)는 주양육자나 성인과의 관계 속에서 영향을 받아 형성되는 C 자아상태 속에 내재한 감정의 한 부분이다. 즉, FC의 자유로운 표현이 주 양육자의 양육 태도에 부응하기 위하여 자제되고 길들여진 감정으로 내면화한 것으로서, 솔직한 자신의 감정을 표현하기보다는 자신에게 지대한 영향을 미칠 수 있는 권위자의 요구에 맞추려는 행동을 나타내는 반응을 말한다. 사회적 규범이나 인간이 지켜야 할 도리를 중요시하고 자신의 감정에 따라 행동하기보다는 분위기나 타인과의 타협을 통해 결정된 바를 따르게 되어 솔직함보다는 자제력과 순종적인 태도로서 나타난다.

이렇게 한 개인이 형성하고 있는 마음의 구조와 그 구조에 따른 각각의 기능은 그 사람의 독특한 행동의 원천이 되는데 청소년을 위한 프로그램에 적용할 때는 각 자아상태의 기능을 긍정적으로 사용토록 연습하는 활동이 필요하다.

6) 에고그램

Dusay(1972)는 자아상태의 다섯 가지 기능이 차지하는 에너지의 양을 나타낼 수 있는 직관적 방법을 고안했는데 이것을 에고그램(Ego-gram)이라 한다. 에고그램이란 모든 관찰 가능한 언어와 음성, 태도, 표정, 자세, 몸짓과 행동 등이 다섯 가지 자아의 기능에 따라 달리 나타난다고 보고 이를 그 발생 빈도와 에너지의 표출 정도에 따라 분류한 후 막대그래프로 표시하여 개인의 성격을 알아내는 것이다. 자아상태 내에서 심리적 에너지가 유동하고 있기 때문에 심리적 에너지가 유동적이지 못하거나 편향이 있을 경우에는 자아상태의 불균형이 발생하는데, 에고그램을 통해 그것을 관찰할 수 있다.

바람직한 에고그램은 없지만 에너지 배분에 불균형이 있으면 몸과 마음의 평형상태가 흐트러져 그 결과 여러 가지 증상 혹은 행동의 이상이 발생한다(Dusay, 1972). 따라서 에고그램의 해석 시 각 자아의 점수의 고저를 비교해 가면서 자신의 높은 자아와 낮은 자아를 확인하고 낮은 자아상태를 활성화하여 성장을 촉진하는 법을 학습할 필요가 있다.

결국 에고그램은 각 개인으로 하여금 자기 자신에 대한 인식을 증진하게 하고 타인에 대한 인식도 높임으로써 타인과의 상호작용에 있어서 자아 활용을 적절히 할 수 있게 해 준다. 또한 자기 자신의 에고그램을 좀 더 바람직하다고 생각하는 이상적인 에고그램과 비교해 보고 자신의 성격의 장·단점을 파악하여 긍정적인 성격의 변화를 유도할 수 있게 해 준다(박원모, 2007). 따라서 에고그램은 청소년을 대상으로 한 프로그램에서 자기 자신의 성격의 변화나 성장을 위하여 자신을 보다 잘 이해하기 위한 도구로 사용할 수 있다. 또한 가족을 비롯한 주변인의 에고그램을 함께 작성해 보면서 서로에 대해서 이해하고 관계가 발전할 수 있는 계기로 활용할 수 있다.

4. 교 류

교류분석은 타인과 나누는 의사소통의 유형을 발견하여 개선함으로써 좋은 관계를 맺을 수 있는 방안을 제시해 준다. 교류를 할 때는 어떤 자아상태에서 메시지를 보내는가에 따라 또 상대방의 어느 자아상태로 메시지를 보내는가에 따라 기대하는 반응도 다르다(김영임, 2008). 이와 같이 자극과 반응이 어떻게 오는가에 따라 교류의 유형을 상보적 교류(complementary transaction), 교차적 교류(crossed transaction), 이면적 교류(ulterior transaction)로 나눈다.

1) 상보적 교류

상보적 교류란 발신된 메시지나 자극이 예상했던 자아상태로부터 기대했던 응답이나 반응을 듣는 교류 방법이다. 이 교류는 항상 자극과 반응 사이에 평행한 관계가 유지된다. 이러한 교류가 가능할 때 말이 통하여 대화가 된다.

2) 교차적 교류

교차적 교류란 상대방으로부터 특정한 반응을 기대하기 시작한 교류에 대해 예상외의 반응이 되돌아오는 경우를 말한다. 거기에는 대화의 단절, 무시, 침묵, 화제의 전환, 싸움 등이 되어버리는 경우가 적지 않아 여러 가지 인간관계 가운데 고통의 근원이 되는 것이다.

3) 이면적 교류

한 가지 자극을 통해 두 가지 사실을 동시에 전달하는 2차원적인 복잡한 교류 방법으로, 속임수가 내재해 있고 여러 가지 혼란이나 정신적 질환의 원인이 된다. 이면적 교류에서 발산되는 메시지나 대화는 상당한 주의를 집중하지 않으면 이해할 수가 없으며 이런 교류가 반드시 부정적이라 할 수는 없지만 때로는 내면적인 메시지가 게임이나 부정적 결과를 초래하는 경우가 많다.

5. 스트로크

교류분석에서는 타인을 인정(recognition)하는 모든 행위를 스트로크(stroke)라고 부르는데(Berne, 1964), 미소나 칭찬 혹은 얼굴을 찌푸리거나 야단치는 것도 우리의 존재를 인정한다는 사실을 보여 준다. Berne(1964)은 인간 행동의 동기로서 기본적인 생리적 욕구 외에도 자극의 욕구, 구조의 욕구, 자세의 욕구와 같은 심리적 욕구를 가정했다. 이 세 가지 욕구 중 자극의 욕구는 일종의 일차적 욕구로서 긍정적 스트로크를 통해 이루어지며 이는 한 사람이 다른 사람에게 주는 신체적 접촉 또는 심리적 인정을 말한다(조윤미, 2003).

Stewart와 Joines(1987)는 스트로크의 종류를 신체적인 것과 언어적인 것, 긍정적인 것과 부정적인 것, 조건적인 것과 무조건적인 것 등으로 구분하였다. 실제로 신체적 스트로크는 유아기에서 노년기까지 평생에 걸쳐 중요하지만 두 살에서 네 살 사이에 줄어들고 좀 더 언어적이게 되는 경향이 있다. 스트로크는 긍정적 또는 부정적이 될 수 있는데 그것이 개인의 생존에 필수적이기 때문에 긍정적 스트로크가 유용하지 않으면 부정적 스트로크를 찾게 된다(김용근, 2006).

Berne(1964)은 자극 없이는 살 수 없다는 사실을 강조하기 위해 다른 사람으로부터 인정을 받으려는 욕구를 '자극기아(recognition-hunger)'라는 말로 표현하였고 Thomas(1977)는 스트로크를 주는 것이 없다는 것은 바로 '심리적 죽음'을 의미한다고 말했다. 따라서 청소년이 주위로부터 관심을 얻기 위해 문제 행동을 하는 것과 관련하여 스트로크가 필요할 때 요구하고 필요하지 않을 때 배척할 수 있도록 하는 연습이 필요하다. 또한 가치감을 심어 주고 일이나 공부를 더 잘할 수 있도록 동기를 부여하기 위해 무조건적인 긍정적 스트로크를 많이 주고받는 훈련이 필요하다.

인간이 주고받는 스트로크의 방법은 개인에게 성격을 형성해 준다. 유아기나 초기 유년기 동안 스트로크는 실제로 만지고, 잡고, 껴안음으로써 주고받게 된다. 이 접촉은 신생아가 건강하게 살아남는 데 필수적인 것이다.

1) 긍정적 스트로크

애무, 긍정적인 평가, 승인 등 인간에게 있어서 쾌적한 스트로크를 긍정적 스트로크라고 한다. 이것은 사람을 기분 좋게 만들고 사람의 의미를 느끼게 하며 건전한 정서와 지성을 갖추게 한다. 또한 사랑스럽고 우호적이며 자연스럽게 끌어안는 행위와 '나도 할 수 있고 너도 할 수 있다'는 등의 감정을 일으킬 수 있으며 받는 사람에게 행복감을 높여 주고 지적인 능력을 발휘하게 해 준다. 긍정적 스트로크로부터 'I'm OK, You're OK'라는 인생 태도에 이르고, 심신의 성장을 촉진하기 때문에 무조건 주어지는 것이 바람직하다. 긍정적 스트로크를 충분히 받고 자라난 어린 아이는 타인으로부터의 칭찬이나 승인을 순순히 받아들이는 것을 배우며, 또한 자기가 속하고 있는 집단에 주어지는 칭찬도 자기의 기쁨과 똑같이 받아들일 수 있게 된다.

(1) 긍정적 무조건 스트로크

사람의 행동보다 그 인격에 대해 주어질 수 있는 무조건적 스트로크로 도를 넘은 아첨이 아니고 적절하고 순수한 것이라면 그 사람의 성장에 연계될 수 있다. 아무런 보수를 기대하지 않는 무상의 사랑이라고 말할 수 있다.

(2) 긍정적 조건 스트로크

상대방의 행동에 대하여 스트로크를 준다든가 이쪽이 무언가를 기대하고 있는 경우 조건 스트로크라고 한다. 그러나 언제까지나 그것만 주면 사람은 서서히 좋은 일을 하는 것을 싫어하게 되며 드디어 역정을 내포한 부정적 스트로크 반응을 보인다.

2) 부정적 스트로크

사람이 긍정적 스트로크를 충분히 받지 못하면 상대방을 노하게 한다든가 걱정하게 하고 곤란하게 만들거나 상처를 입히면서 주목 또는 애정을 얻으려 하는데 이를 부정적 스트로크라고 한다. 부정적 스트로크는 미워하는 표정과 말, 자기 부정-타인 부정과 같은 감정으로 선생님께 질책당하거나 어버이에게 매일 매를 맞는 부정적인 형태로 자기 존재를 증명하려 하기 때문에 아동의 성장 발달에 많은 장애가 된다. 부정적 스트로크를 받는 사람은 정서적, 신체적, 지적으로 상대를 손상하며 인격장애를 일으키거나 절망적으로 생활하게 되어 'I'm not OK, You're not OK'라는 생활자세를 형성한다. 부정적 스트로크는 대인 관계에 있어서 상대방의 가치를 경시한다든가 그 능력을 과소평가하는 언어와 행동의 양쪽 면에서 타인을 에누리하는 행위와 깊이 관련된다.

(1) 부정적 무조건 스트로크

정면에서 상대방을 거부하고 상처를 입히며 애정을 박탈하고 때로는 상대방을 심신장애로 몰아 넣는 일까지 있을 수 있다.

(2) 부정적 조건 스트로크

'……하기 때문에 싫다' 등의 표현으로 상대방의 행동에 대해 주는 스트로크이며 예절이나 행동 수정을 위해 쓰이기도 한다. 그러나 어느 정도에서 끝내버리지 않으면 바람직하지 못한 결과가 반복된다.

6. 시간의 구조화

사람이 둘 이상 또는 집단으로 모여 있을 때 시간을 보내는 방법을 사회적 시간의 구조화(time structuring)라 한다. 충분한 스트로크는 삶을 더 가치 있게 하기 때문에 우리는 살아가는 데 있어 스트로크를 받을 수 있는 구조를 만들려는 경향이 있다(Midgley, 1999). 시간의 구조화에는 폐쇄(withdrawal), 의례(rituals), 소일(pastimes), 활동(activities), 게임(games), 친밀(intimacy)이라는 여섯 가지 방법이 있다. Berne(1964)은 이러한 방법이 '구조기아(structure-hunger)'를 만족시키는 방법이라고 말했다.

폐쇄는 함께 있으면서 전혀 교류를 하지 않는 것을 말하며 이는 스트로크를 주고받기를 거부하고 단지 자기 자신과만 스트로크를 주고받는 것이다. 의례는 일상적인 인사를 주고받는 것과 같은 친숙한 사회적 상호작용이다. 구조적으로 C 자아상태에서 P 자아상태의 명령에 따르는 것이며 기능적으로 AC 자아상태에서 이루어지는 것이다. 소일은 의례와 같이 친숙한 방식으로 진행되지만 좀 더 자유롭게 이야기를 주고받는 것으로 이야기만하고 실제 행동을 취하지 않으며 대부분 지금-여기의 것이 아닌 지나간 과거의 것에 대해 이야기한다. 활동은 단순한 이야기에 그치지 않고 어떤 목적을 달성하기 위해 의사소통하는 것으로, 특정한 결실을 얻기 위해 에너지를 투입한다. 지금-여기서의 목적을 달성하기 위해 일어나기 때문에 주로 A 자아상태에 놓여있다. 게임은 부정적 AC, 부정적 CP, 부정적 NP 등 부정적인 자아상태에서 서로 이면적 교류를 주고받는 것을 말한다. 시작 단계에서의 스트로크는 긍정적 또는 부정적일 수 있으나 끝에 가서는 강렬한 부정적인 감정을 가지므로 지양해야 한다. 친밀은 교류를 할 때 사회적 수준과 심리적 수준이 일치를 이루는 진정한 감정의 표현을 말한다. 친밀의 결과는 항상 건설적이며 그 어떤 형태의 시간의 구조화보다 스트로크의 가치가 높다.

청소년이 하루의 시간을 어떻게 구조화하는지 시간의 구조화 파이를 만들어 보고 가족 내에서 의사소통을 증진할 수 있는 방법으로 시간을 재구조화한다면 문제 행동의 보호 요인으로 작용할 수 있다(김민지 · 제석봉, 2010).

7. 각본 분석

각본 이론은 1960년대 Berne과 Steiner에 의해 처음 개발되어 교류분석의 중심 이론으로서 자아상태모델과 같은 수준에서 평가를 얻고 있다. Berne은 처음에는 인생각본을 무의식적 인생 계획이라고 정의했다가 나중에 인생 계획이란 어린 시절에 만들어져서 양친에 의해 강화되고 그 후 일어나는 여러 가지 사건에 의해 정당화되며 최종적으로 선택된 하나의 대안으로 절정에 도달한 것이라고 했다(김용근, 2006).

교류분석에서 우리의 인생을 하나의 드라마와 같다고 생각하고 그 가운데 자기가 연기하는 역할을 각본이라 부르고 있다(김규수 · 류태보, 1993).

각본은 어린 시절에 양친의 영향을 받아 발달하고 그 후의 인생체험에 의하여 강화되고 고정화된 인생 계획인 것이다. 또한 각본은 인생의 중요한 국면에서 행동을 결정할 만큼 강력한 것으로 우리들이 사는 방법에 커다란 영향을 미친다. 각본을 분석함으로써 지금까지 운명이라고 체념하고 있던 것이 실은 자기가 무의식 중에 강박적으로 연기하고 있던 드라마라는 것을 자각하며 자기의 성격형성 과정과 기본적 인생태도 등에 대해 자세히 알 수 있다(조윤미, 2003).

인생 각본은 사람에 따라 다 다르지만 크게 승리자 각본(winning script), 패배자 각본(losing script), 비승리자 각본(non-winning script)으로 나눌 수 있다. 승리자 각본을 가지고 사는 사람은 자신이 선언한 목표를 달성하기 위해 꿈과 희망을 가지고 열심히 산다. 승리자의 특징은 성취나 도달이 아니라 진정성을 가지고 선언한 목표를 편안하고 행복하며 무리 없이 달성하는 것이다. 비록 지위가 높지 않고 가진 것이 많지 않더라도 자신의 처지에 만족하며 매 순간 최선을 다하는 사람이 진정한 승리자라고 할 수 있다.

패배자 각본을 가지고 있는 사람은 자신이 선언한 목표를 달성하지 못하고 인생에 아무 꿈과 희망, 목표도 없으며 진정한 삶보다는 과거의 기억이나 미래에 대한 헛된 기대에 초점을 맞춤으로써 현재를 파괴하며 산다. 패배자 각본은 결말의 심각성에 따라 제 1급, 2급, 3급으로 나눌 수 있는데, 1급의 패배자 각본은 남의 입에 오르내릴 정도의 경미한 실패나 상실을 경험한다. 2급의 패배자 각본은 남에게 드러내기가 부끄러울 정도의 불유쾌한 각본 결과를 드러내고, 3급의 패배자 각본은 사망, 심각한 상해나 병, 법적 위기를 겪는다(Stewart & Joines, 2010).

비승리자 각본에 따라 사는 사람은 그저 남들과 비슷한 수준에 도달하면 만족해한다. 패배자처럼 모든 것을 포기하고 사는 것은 아니지만 자기 목표를 보다 잘 성취하기 위해 최선을 다하지도 않고 모험을 하려 하지 않으며, 남의 밑에서 일하는 것을 편하게 여긴다(Clarkson, 1992).

Stewart와 Joines(1987)에 따르면 사람은 출생과 더불어 인생 각본을 쓰기 시작하여 4세가 되면 그 줄거리의 주요한 부분을 완성하고 7세쯤에는 각본의 주요 세부 사항들을 모두 완성하여 약 12세 정도의 나이가 되면 그 각본을 다듬고 여기저기에 몇 가지 내용을 첨가하며, 사춘기에는 자신의 각본을 보다 참된 인생의 특성을 갖도록 새롭게 수정한다고 한다. 따라서 교류분석 이론은 인생의 꿈을 이루기 위해 준비하는 청소년에게 자신의 각본을 지각하여 자주성을 가지고 독립된 인간으로 성장하도록 도울 수 있다. 또한 여러 가지 문제를 겪으면서 패배자 각본에 따라 살아가고 있다면, 그것을 통찰하고 승리자 각본으로 변화시켜 문제 행동을 감소시키고 자신이 정한 목표를 위해 노력하는데 활용할 수 있다.

8. 생활 자세

생활 자세(life position)는 자기 자신이나 타인에 대해 취하는 근본적인 자세를 나타낸다. 어린이가 인생초기 각본을 형성할 때, 이미 자기 자신과 주위 사람에 대해 어떤 확신을 가지게 되며, 이것이 평생 남아서 우리의 삶에 지대한 영향을 미친다. 이러한 확신이 조합을 이루어 자기 긍정-타인 긍정(I'm OK, You're OK), 자기 부정-타인 긍정(I'm not OK, You're OK), 자기 긍정-타인 부정(I'm OK, You're not OK), 자기 부정-타인 부정(I'm not OK, You're not OK)의 네 가지 생활 자세를 형성하게 되며, 어린이가 이러한 특정 자세를 취하면 나머지 모든 각본은 여기에 맞추어 구성하려고 한다(Freed, 1988).

아동은 태어날 때 자기긍정-타인긍정의 생활 자세로 태어나며, 자신과 타인을 긍정적으로 본다(Pitman, 1984). 자신과 타인의 가치를 존중하고 시간을 즐겁게 활용하며 다른 사람과 가깝고 친밀한 관계를 만들고, 삶에서 불가피한 문제나 변화를 건설적으로 다루고 실수를 통해 배운다(Ernst,

1971). 이것은 교류분석에서 목표로 하는 이상적인 태도이며, 승리자 각본을 가지게 될 가능성이 높다.

Harris(1969)에 따르면 교류분석에서 OK는 우리가 생각할 수 있고, 가치로우며 중요하다는 의미를 가진다. 문제행동을 나타내는 청소년의 경우 자신과 타인, 더 나아가 환경에 대해 자기 부정-타인 부정의 생활 자세를 가지고 자신과 남을 배척하는 생활양식을 가지게 될 확률이 높은데, 이는 패배자 각본을 형성할 가능성이 높음을 의미하며 문제행동을 예방하고 적응을 촉진하기 위해서는 자기 긍정-타인 긍정의 생활자세로의 개선이 필요하다. 자기 각본에 대한 통찰과 강력한 외적 경험, 심리치료를 통해서 생활 자세는 변화될 수 있는데, 본 연구에서는 자신, 부모나 타인의 장점 찾기, 과거의 성공 경험 회상과 같은 활동을 프로그램에 적용함으로써 생활 자세를 변화시킬 수 있도록 적용하였다.

II. 프로그램의 목적

교류분석 상담은 인간의 사고방식이나 태도는 부모로부터 물려받은 유전적 기질과 유아기의 경험으로부터 형성된다는 Freud적 가설에 입각한다. 이는 이후의 인생에서 관찰 가능한 의식적 행동으로 표출된다. 그러므로 과거와 타인은 바뀌지 않기 때문에 바꿀 수 있는 것은 자신뿐이며, 지금-여기에서 입각하여 나타나는 관찰 가능한 의식적 행동에 초점을 두면 개인적 의식과 행동의 변화를 도모할 수 있게 된다고 보았다(우재현, 2002). 우재현(2007)은 교류분석 이론을 한 개인이나 조직에 내재된 감정, 태도 및 행동 등의 자아상태 이해와 대인 간 교류방식인 스트로크 증진을 통해 그 개인과 조직의 적응 및 성장과 변화를 조력하는데 효과적이라고 보았다. 여기서 적응이란 존재인지에 대한 긍정적인 인지욕구인 격려, 칭찬, 애정,

사랑 등의 스트로크를 충분히 받고 자아상태 간 균형이 유지되면서 긍정적인 에너지가 활성화된 상태를 말한다(김미례, 2008). 이처럼 교류분석은 의사소통 과정에서 민감성을 증진시켜, 상대와 자신에 대해 객관적 이해를 이끌고 개방적이면서 진실한 모습을 지향한다. 자율성을 높여주어 자신의 생각과 느낌, 행동에 책임을 질 수 있도록 성장하게 하여 결과적으로 대인관계에서 성숙하고 원만한 의사소통을 할 수 있게 되는 것이다(김영임, 2008).

교류분석 상담에서는 인간은 변할 수 있다는 인간내부의 긍정성을 확인하는 것에 초점을 두고 있다. 인간이 변할 수 있다는 내적 긍정성은 개인이 인간과 인간 사이의 교류에서 나타나는 표면화된 사고와 감정 및 태도 등을 분석할 수 있고, 자신이 어떠한 각본을 연출하는가를 자각하며, 왜곡된 부분을 발견하여 그것을 수정 및 재결단하여 삶의 방식을 변화 할 수 있게 한다. 교류분석 상담은 성격의 인지적, 합리적, 행동적인 면을 모두 강조하며, 내담자가 새로운 결정을 하여 삶의 과정을 바꿀 수 있도록 하기 위해 자각을 증대시켜 나간다. 이러한 관점에서 볼 때 교류분석 상담은 Rogers의 인간에 대한 낙관성과 Freud의 과거 경험의 재현이라는 개념을 조정한 통합적 접근이라고 할 수 있다(류태보, 1993). 그러므로 교류분석은 자아상태를 보다 바람직한 방향으로 변화시켜서 인성을 건강하게 형성하고 발달시키는데 효과적이다.

교류분석 상담의 인간에 대한 기본 가정은 모두 OK라는 기본 가정에서 출발한다. 모든 사람에게는 기본적으로 사랑받을 만한 부분이 있으며, 성장에 대한 욕구와 잠재력도 가지고 있다(Woollams & Brown, 1979). 이러한 기본 가정은 교류분석 상담의 목표에 반영되는데 그것이 자율성의 성취와 통합된 어른 자아의 확립이라고 볼 수 있다. 자율성을 갖기 위해서 각성, 자발성, 친밀성이 중요하고 어른 자아가 통합이나 배타에서 해방되어 자유로이 기능하도록, 즉 선택의 자유를 경험하도록 하는 것이다(Raymind

& Danny, 2007). 또 다른 목표는 내담자로 하여금 현재의 그의 행동과 인생의 방향과 관련하여 새로운 결단을 내리도록 하는데 있다. 교류분석은 개인이 자신의 생활자세에 대한 초기의 결단을 따름으로써 선택의 자유가 얼마나 제약되었는지를 각성하고 헛된 결정론적인 생활방식을 버리도록 하게 하는 것이다(Corey & Corey, 1977).

상담 목표를 반영하여 교류분석 치료자는 타인과의 관계에서 자신의 성격 경향의 행동심리의 패턴을 이해하고 상대방과 자신의 자아개념을 판단하여 상대방에게 맞는 메시지 교환을 훈련함으로써 대인관계를 개선하고 신뢰관계를 수립할 수 있는 자기통제법을 획득하게 한다(송희자 · 이명재, 2010). 이처럼 자신을 스스로 통제할 수 있는 자율성의 획득은 인생초기에 이루어졌던 잘못된 결단들로 인하여 자아가 경험한 감정들을 재경험할 때 스스로를 보다 분명히 알게 되어 자신이 변화시키고자 하는 것을 변화시키고 강화시키고자 하는 것을 강화시킬 수 있게 한다. 자신에 대한 강화는 개인이 새로운 결정을 통해 자율적으로 살아갈 수 있도록 환경을 제공하고 긍정적인 심리가 회복되는데 기여할 수 있다(James & Jongeward, 1971). 이를 바탕으로 하여 내담자는 자신의 인생 방향을 정하고, 그것에 책임을 지며 이를 자주적으로 통제할 수 있는 자율적인 인간이 되는 것이다(Stewart & Joines, 2010).

따라서 교류분석 이론에서는 있는 그대로의 나를 수용하고, 있는 그대로의 상대방을 수용하여 상호가 가치 있는 존재임을 인식하는 데서부터 시작한다. 이러한 인식은 개인이 세상을 살아가는데 있어서 선택할 수밖에 없었던 결정사항이 어릴 때부터 이 세상에 적응해나가기 위한 최상의 전략이었다는 것을 이해하게 된다. 이처럼 외부의 압력에도 불구하고 개인이 할 수 있었던 최상의 전략적 선택은 자기 스스로 결정한 것이며 이러한 결정은 얼마든지 변화시킬 수 있음을 깨닫게 하는데 목적이 있다(Stewart & Joines, 2010).

III. 프로그램의 구성 및 실제

교류분석에 관한 실증적 연구들에서 사용된 교류분석훈련의 유형을 살펴보면, 인지적 기법을 주로 활용하는 Berne의 인지적 교류분석 훈련이거나 아니면 교류분석에 대한 비판과 보완의 추세로 나타나는 것으로 보이는 인지-경험적 교류분석 훈련에 속하는 것으로 분류해 볼 수 있다(김현주 · 김정희, 1998). McNeel(1975)은 Berne의 교류분석의 중심 기법들인 강의, 해석, 설명하기, 계약하기 등의 방법은 인지적 기법이라고 하였고, 내담자로 하여금 감정을 경험하게 하는 것으로 보이는 Perls의 형태치료의 의자기법과 같은 역할연기와 환상기법 등을 경험적 기법이라고 하였다. 경험적 기법은 과거의 묵은 감정을 머리로 상상하거나 생각하고 자각하는 것에 그치는 것이 아니고 역할연기를 통해서 지금-여기서 재경험 한다는 뜻이다(김현주 · 김정희, 1998). McNeel(1975)에 의하면 Perls의 빈의자기법은 내담자가 부모 혹은 그들이 자랄 때 관계를 가졌던 인물과 묵은 갈등을 해소함에 있어서 보다 구체적으로 도움을 얻을 수 있는 방법이며, 특히 빈의자기법의 변형으로 두의자기법은 구조 분석과 효과적으로 병용할 수 있는 방법으로 보고하고 있다.

교류분석의 접근 방법은 70년대 이전에는 내담자의 잘못된 결단을 해결하는 방법으로서 사고 측면의 변화를 강조하였지만(Berne, 1961, 1964, 1966), 그 이후에는 사고 측면보다는 감정적인 측면이 강조되고 있다. 즉, 만성적인 부정적 감정(rackets)을 찾아내는데 초점을 두며, 인생 초기의 잘못된 결단에 의해서 어린이 자아가 경험한 감정을 지금-여기에서 재경험함으로써 재결단이 가능하다고 보았다(Goulding & Goulding, 1979). 그리고 감정의 재경험을 위한 방법으로 게슈탈트의 환상기법이나 의자기법을 활용하는 재결단 학파가 대두되고 있다(Goulding & Goulding, 1979).

James와 Jongeward(1971)는 Berne의 교류분석이 인지적인 면으로 치우쳐서 정의적인 측면의 변화에는 도움을 주기가 어려울 것이라고 비판하면서 인지적 기법이 강조되는 교류분석보다 인지-경험적 기법이 강조되는 교류분석이 더 효과적일 것이라고 주장하고 Berne의 인지적 교류분석과 Perls의 환상적 기법 및 의자기법의 결합을 시도하였다. Stuntz(1971)도 다양한 의자기법을 소개하면서, 이 기법이 구조분석, 혼합, 재결단, 관계분석의 효과가 있다고 주장하였다.

교류분석의 개념과 방법들은 특히 집단상황에 적용하기에 알맞다. 그것은 교류분석이 원래 집단 처치의 한 형태로 개발되었기 때문이다. 집단 장면에서는 집단원이 어떻게 변하는지 관찰할 수 있으며 각자의 성격 구조와 성격의 기능, 서로의 교류 방식에 대해서 이해하고 학습할 수 있다. 집단원은 그들이 사용하는 게임과 생활 각본을 빨리 확인할 수 있으며 초기 결단에 초점을 둘 수 있고 다른 집단원과의 상호작용을 통하여 궁극적으로 교류분석 상담의 다양한 개념을 익히고 자아와 타인의 각성을 증진할 수 있으며 새로이 변화하는 경험을 할 수 있다.

Harris(1969)는 교류분석 상담 집단의 인지적인 측면에서 관심을 갖고 집단지도자의 교사로서의 역할을 강조했다. 그는 집단 상담의 잇점을 다음과 같이 설명하였다. 첫째, 어버이 자아가 의사교류과정에서 나타나는 다영한 방식을 관찰할 수 있고, 둘째, 집단 내에서 각자의 어린이 자아의 특징을 경험할 수 있고, 셋째, 사람들은 다른 사람들과 함께 자연스레 자신과 타인을 경험할 수 있고, 넷째, 게임에 대한 상호 맞닥뜨림이 자연스레 일어날 수 있고, 마지막으로 집단 내에서는 내담자가 훨씬 빨리 상담의 효과를 거둘 수 있다.

1. 프로그램의 구성

프로그램의 구성은 청소년의 성격기능을 변화시키기 위하여 ECL에 의하여 작성한 에고그램을 통하여 그들의 성격을 진단하고, 성격의 구조 및 기능, 교류 패턴, 스트로크, 시간의 구조화, 기본적 인생 태도, 게임과 각본 분석의 순으로 이론의 학습과 아울러 실습 및 과제의 부과를 겸하여 실시한다. 특히 성격의 구조와 기능에 대한 시간을 많이 할애하여 꾸준히 실천하도록 한다. 그리하여 치료의 마지막 회기에 ECL을 작성하여 치료전후의 에고그램을 비교함으로써 그들의 성격 기능의 변화를 검증하고자 한다(우재현, 2011).

대인 관계의 형성은 집단을 구성하고 있는 구성원 상호 간의 작용을 통하여 이루어진다. 그런데 그 상호작용의 질은 접촉하는 사람 간의 심리적 유대에 따라 크게 달라지기 때문에 결국 건강한 대인 관계의 형성은 기본적으로 신뢰적이며 심층적이고, 이해와 수용을 통한 허용적이고 자유로운 환경 속에서 이루어진다고 볼 수 있다. 교류분석 이론은 두 사람 사이에서 주고받는 의사 거래를 분석하여 건강한 의사소통을 할 수 있도록 돕는 대인간 의사소통의 분석에서 출발한 이론이므로 청소년의 대인 관계 능력을 향상시키기 위한 집단 상담 프로그램을 구안하는데 있어 효과적인 이론적 토대를 제공해 준다. 교류분석의 구성 요소 중 대인 관계와 직접적으로 관계된 부분은 자아상태의 구조 기능 분석과 대화 분석, 스트로크 주고받기와 시간의 구조화 부분이다. 특히 청소년 문제와 관련한 부분이 스트로크다. 두 사람이 상호작용을 한다는 것은 이러한 다양한 형태의 스트로크를 주고받는다는 의미다. 반대로 두 사람 사이에 상호작용이 중단되는 것은 스트로크 교환이 단절되었다는 의미이다. 건강하고 생산적인 상호작용을 하도록 돕기 위해서는 학생들에게 대인관계 능력을 향상시킬 수 있는 방법을 터득할 수 있게 해 주어야 한다. 그런데 스트로크 교환에서 부정적 스트로크보다는 긍정적 스트로크가 더 바람직하다고 생각할 수 있지만, 부정적 스트로크는 상대방에게 아무런 반응도 보이지 않는 무스트로크(no stroke)보다는 훨씬 양호하다는 점을 알아야 한다. 그래서 Harris는 사람이 스트로크 교환이 없으면 심리적 죽음과도 같다고 하였다(우재현, 2005).

그리고 인간에게 있어 스트로크는 개인의 생존에 필수적이기 때문에 긍정적 스트로크가 유용하지 않으면 부정적 스트로크를 찾게 되며, 건강하지 못한 숨겨져 있는 방식을 도입하고 이면적 교류인 게임을 사용하여서라도 스트로크를 받으려고 할 것이다. 즉, 인간의 사회적 상호작용이 지속되는 것은 스트로크의 계속적 필요 동기가 있기 때문이므로, 만약 청소년들에게 다른 사람으로부터의 인정 자극인 스트로크가 부족하여 스트로크 기아 상태에 빠지게 되면 학교폭력, 가출, 도벽, 약물, 복용, 절도 등 수많은 문제 행동들이 나타나기도 한다(우재현, 2011). 우재현(2011)은 스트로크 기아와 청소년의 문제 행동을 유형별로 다음과 같이 분석하였다. 스트로크 기아상태에서 문제 행동을 일으키는 형태를 유형화해 보면, 친구에게 돈을 잘 쓰거나 군것질을 많이 하고 필요 이상의 비싼 물건을 요구하고 그것을 함부로 다루어 버리거나 소모하는 낭비형, 수업 중 괴이한 소리를 내어 웃음을 터뜨리거나 쉬는 시간에 괴상한 행동을 하여 친구의 시선을 모르려 하거나 특이한 옷을 입고 나와 돋보이려고 하는 괴행형, 남을 감쪽같이 속이고 쾌감을 느끼거나 남을 비웃고 중상함으로써 자기가 격상되는 느낌을 느끼는 중상형, 전자오락실이나 당구장, 게임방 등에서 말초 신경을 자극하는 짜릿함이나 후련함을 느끼거나 오토바이 등 위험이나 모험으로 스릴을 느끼는 향락형, 선심이나 선물, 엄살이나 소란을 피워 관심이나 애정을 얻으려고 하거나 이성에게 접근하여 달콤한 애정을 느껴 보려는 구애형, 환각제, 독극물 복용, 또는 문신이나 자기 몸에 상처를 내는 자학형, 가정과 학교를 벗어나 보려고 하거나 자기 계획에 의한 독립생활을 하려는 가출형, 미운 친구의 물건을 훔치고 도난 사고 뒤에 담임선생님이나 친구를 떠들썩하게 만드는 도벽형, 흡연, 음주, 음란물 감상, 성행위 등을 하는 성인 흉내형, 주먹을 쓰거나 폭력을 행사하고 집단적으로 뭉쳐 또래 집단을 형성하여 우쭐거리거나 우월감을 누려 보려는 폭력형의 유형이 있다. 따라서 대인 관계의 능력을 향상시킬 수 있는 요소들이 적절히 포함된 교류분석 집단 상담 프로그램의 구안은 청소년의 학교 문제를 예방하고 건강한 대인 관계 능력을 향상시키는데 기여할 것이다. 그리고 장기적인 측면에서는 학교 상담의 발전을 위해서도 의미 있는 일이 될 것이다.

집단에서 사용한 활동은 다음과 같다(우재현, 2011).

1) 자아상태모델(P-A-C모델) 기법

모든 것 중 가장 기본적인 것은 자아상태모델(ego state model)이다. 자아상태란 특정한 행동과 사고, 감정과 일련의 관계를 갖는 것이다. 그리고 일정한 시기에 우리 성격의 한 부분을 드러내는 방식이다. 이 모델은 세 가지 다른 자아상태를 묘사하고 있다. 만약 지금-여기에서 나를 둘러싸고 진행되고 있는 것에 반응하여 성인으로서의 자신이 이용할 수 있는 자원을 모두 사용하면서 행동하고, 사고하며, 감정을 느낀다면 A 자아상태에 있다고 말할 수 있다. 때때로 나는 나의 부모 중 한 분이나 나에게 있어 부모처럼 여겨지는 특정한 사람과 비슷한 방식으로 행동하고 생각하고 느끼기도 한다. 이때는 P 자아상태에 있다. 때로는 어렸을 때 사용하던 방식의 행동이나 생각, 느낌으로 돌아갈 때도 있는데 이때는 C 자아상태에 있다.

자아상태모델은 또 다르게 세 개의 첫번째 문자를 따서 P-A-C 모델로써 대체할 수 있게 알려져 있다. 성격의 다양한 측면을 이해하기 위해 자아상태모델을 이용할 때 우리는 구조 분석(structral analysis)을 하고 있다고 말한다.

2) 교류, 스트로크, 시간의 구조화 기법

만약 내가 여러분과 의사소통을 하고 있다면 나는 나의 세 가지 자아상태 중 어느 한 가지를 선택하여 말할 수 있다. 여러분은 여러분의 자아상태 중 어느 하나로 번갈아 가며 응답할 것이다. 이러한 의사소통의 교환이 하나의 교류(a transaction)로서 알려져 있다. 교류의 연속 과정을 분석하기 위해 자아상태모델을 사용하는 것은 '고유의 교류분석(transactional analysis proper)'으로 여겨진다. '고유의(proper)'라는 용어는 전체적인 교류분석보다는 특히 전체 교류분석의 한 영역으로서 지금 대화하고 있음을 밝히기 위해 추가되었다. 통상 '대화분석'이라고 하는 것이 고유의 교류분석에 해당된다. 당신과 내가 교류하고 있을 때, 나는 당신을 인정(recognition)한다는 것을 전달하고 당신도 그 인정을 되돌려 준다. 교류분석의 용어에서 인정을 유지하기 위해서는 스트로크가 필요하다. 사람이 집단으로 또는 짝을 지어 교류하고 있을 때 그들은 일람표를 만들고 분석할 수 있는 다양하고 특수한 방식으로 시간을 사용한다. 이것이 시간의 구조화(time structuring)다.

3) 인생 각본 기법

어린 시절 우리 각자는 자신의 일생 일화(life story)를 쓴다. 이 일화는 시작과 중간과 종결이 있다. 몇 마디 이상의 단어를 구사할 수 없을 만큼 충분히 자라기 전인 유아 시절에 기본적인 줄거리를 쓴다. 유년시절 이후 우리는 그 이야기를 좀 더 자세하게 덧붙인다. 그 일화 중 대부분은 7세까지 쓰여지고 사춘기 동안 좀 더 교정할 수 있다. 성년이 된 후에는 스스로 써 왔던 그 인생 일화에 대해 통상 더 이상 의식하지 않는다. 그러나 우리는 그것을 의식하지 못한 채 성실하게 기꺼이 계속하고자 한다. 따라서 자신의 삶을 어렸을 때 결정한 그 마지막 장면을 향하도록 설정해 가기 쉽다. 이런 의식하지 못한 인생 일화를 교류분석에서는 인생 각본(life-script)이라고 한다. 인생 각본 개념은 자아상태 모델과 함께 교류분석의 중심 골격이 되는 개념이다. 이것은 특히 심리 치료에서 응용하는 데 중요하다. 즉, 각본 분석에서 사람이 어떻게 스스로 무의식적으로 문제를 만들고 그 문제를 해결하려 하는지를 알기 위해 인생 각본의 개념을 사용한다.

2. 프로그램의 실제

회기	주제	목표	세부 내용	보완점
1회기	나는 어떤 성격 인가?	1. 프로그램의 목표와 과정을 안다. 2. 자기 개방 및 친밀감을 형성한다. 3. ECL(자아상태 검사) 검사를 통해 자신의 성격을 이해한다.	1. 프로그램 개요 설명 및 규칙을 정한다. 2. 집단 구성원을 소개한다. 3. 간단한 아이스브레이크와 별칭을 정하여 자기 개방 및 친밀감을 형성한다. 4. 개인별 ECL(자아상태 검사)을 실시하고 자신의 성격을 이해해 본다.	
2회기	성격의 이해	1. 자신의 성격 구조를 이해하고 실습해 본다. 2. 자신의 부모와 형제의 성격을 이해하고 분석해 보고 자신의 성격과도 비교해 본다.	1. 자신의 성격 구조를 이해하고 분석해 본다. 2. 가계도를 작성하여 자신의 부모와 형제의 성격을 이해하고 분석한 후 가족 간의 관계에서 자신의 성격도 같이 분석하고 이해해 본다.	

3회기	나는 누구인가?	1. 에고그램 검사를 통해 자기이해의 폭을 넓힌다. 2. 자아상태 활성화 방안을 이해하고, 성격변화 계획을 세워 본다. 3. 행동변화 계약서를 작성하고 변화를 위한 실천을 약속한다.	1. 청소년용 에고그램 점검표를 실시하도록 하여 자신의 성격을 객관적으로 보게 하며 자신의 자아상태를 폭넓게 이해할 수 있도록 한다. 2. 마음 상태에 따른 행동 유형의 긍정적 측면과 부정적 측면 즉, 양면성을 잘 이해한다. 3. 자신의 자아상태를 보다 활성화할 수 있는 방안을 모색하도록 한다. 4. 자신이 변화시키고 싶은 부분을 찾아 행동 변화 계약서를 구체적으로 작성하게 하고 이를 생활 속에서 잘 실천하도록 한다.	
4회기	바람직한 의사소통	1. 대화 분석 연습을 통해 상보적 교류, 교차적 교류, 이면적 교류를 이해한다. 2. 일상생활 속에서 자신의 대화 패턴 방식을 이해한다. 3. 효율적인 의사소통 방법을 알고 사용할 수 있게 한다.	1. 대화 분석 연습을 통해 상보적 교류, 교차적 교류, 이면적 교류와 같은 세 가지 대화 방식에서 작용하고 있는 자아상태가 각각 어떤 것인지 이해하도록 하고 이를 분석해 본다. 2. 상보적 교류, 교차적 교류, 이면적 교류를 직접 연습해 보면서 느낌을 알아본다. 3. 생활 속에서 즐거웠던 대화와 불쾌했던 대화를 분석하여 일상에서 자기의 교류 패턴을 알아본다. 4. OK NP 반응법(공감적 이해, 적극적 경청)을 통해 효율적인 의사소통을 익숙하게 연습하도록 하여 실생활 속에서도 실천할 수 있도록 한다.	의사소통 프로그램 적용

5회기	스트로크	1. 스트로크에 대한 정의와 그 종류를 이해한 후 언어적 스트로크와 비언어적 스트로크, 긍정적 스트로크와 부정적 스트로크, 조건적 스트로크와 무조건적 스트로크를 실습해 본다. 2. 스트로크의 행동 강화와 스크로크 주고받기, 스트로크 경제를 통해 스트로크의 다양한 기법을 연습하고 규칙성을 이해한다. 스트로크 실천 과제를 시행한다.	1. 스트로크의 종류에 대한 이해 1) 언어적 스트로크와 비언적 스트로크 비교 시연 2) 긍정적 스트로크와 부정적 스트로크 비교 시연 3) 조건적 스트로크와 무조건적 스트로크의 비교 시연 2. 스트로크를 통한 행동 강화의 다양한 사례 경험을 집단 간에 나누어 본다. 3. 스트로크의 교류와 스트로크 필터를 통한 나의 스트로크 유형과 패턴을 이해해 본다.	동기 강화 및 동기 부여
6회기	시간의 구조화와 인생 태도	1. 시간 구조화의 여섯가지 양식을 이해한다. 2. 시간 구조화를 통해 자신의 시간 구조화 패턴을 이해하고 새로운 시간 구조화 방법을 분석해 본다.	1. 시간 구조화의 의의와 시간 구조화를 구성하는 6가지 양식(폐쇄, 의례, 소일, 활동, 게임, 친밀)을 설명한다. 2. 자신의 시간 구조화 활용 방법을 점검하고 집단원 간에 서로 나누어 본다. 3. 심리적으로 자신과 타인의 기본적 인생 태도에 대해 이해하고 실습한다.	

7회기	나의 인생 각본	1. 인생 각본을 자신의 삶의 이야기를 통해 이해해 본다. 2. 삶의 경험을 통한 각본의 기원과 그 각본 속에 새겨진 승리자, 패배자, 비승리자의 각본을 자신의 삶에 대입하여 발표해 본다. 3. 각본의 중요성과 그 각본에서 자주적 결정을 통한 새로운 인생 행로를 계획해 본다.	1. 인생 각본의 특징과 기원에 대해 자기 삶에서 기억나는 에피소드 중심으로 집단원 간에 이야기해 본다. 2. 저마다 인생 각본에 대한 자신만의 각본이 무엇인지를 돌아보고 그 각본에 영향을 미치는 사람은 누구이며 어떤 영향을 끼쳤는지를 이야기해 본다. 3. 승자와 패자의 각본을 이해하고 실습을 해 본다. 4. 각본을 통한 자신의 게임 패턴을 이해하고 각자의 각본에서 자주적 결정을 통한 새로운 인생 행로를 서로 이야기해 본다.	
8회기	평가	1. 지금까지 실행해 온 다양한 실습의 의도와 진행 과정을 간단히 정리하여 주고 그 결과 어떤 변화가 자신에게 있었는지를 짧게 나눠 본다. 2. 서로의 변화된 모습을 지지해 주고 더 발전해가고자 하는 의지를 서로 격려해 준다.	1. ECH 및 설문지 작성 2. 훈련 전후 비교 및 평가 3. 자조집단 형성	
추수 지도	계속적 실시 여부	추후 연락을 통한 집단원 간의 생활 실천을 모니터링해 주고 계속적인 자가활동을 지지해 준다.	실시상의 문제에 대한 토의 및 기타 성원 선발 및 계약: 성원이 각자 계약서를 작성하여 개별적으로 집단 앞에서 낭독 후 관장(상담자)이 직접 수령하여 보관한다.	

참고문헌

김규수, 류태보(1993). 교류분석치료. 서울: 형설출판사.

김규수, 류태보(2001). 교류분석치료(개정판). 서울: 형설출판사.

김미례(2008). 가족미술치료가 가족구성원 간의 의사소통과 상호존중 및 가족건강성에 미치는 영향. 백석대학교 대학원 박사학위 논문.

김민지, 제석봉(2010). 청소년 교류분석프로그램(TAT :Transactional Analysis for Teens)이 청소년의 가족 의사소통과 적응에 미치는 영향. 대구가톨릭대학교 교류분석연구, 1(1), 1-27.

김영임(2008). TA 집단상담프로그램이 전문계 고등학생들의 자아존중감과 의사소통 방식에 미치는 영향. 대구가톨릭대학교 교육대학원 석사학위 논문.

김용근(2006). 교류분석프로그램을 통한 비행청소년의 교정처우에 관한 연구. 원광대학교 대학원 논문집, 36, 61-81.

김종호(2009a). 교류분석(TA) 이론의 에고그램(Egogram) 척도개발 연구. 대구대학교 대학원 박사학위 논문.

김현주, 김정희(1998). 교류분석훈련이 비행청소년의 자율성과 생활자세에 미치는 효과. 전북대학교 대학원 석사학위 논문.

류태보(1993). 교류분석치료가 비행청소년의 성격기능에 미치는 영향. 대구대학교 대학원 박사학위 논문.

박원모(2007). 교류분석 이론에 의한 중 · 고등학생 자아상태 검사 개발 및 타당화. 경성대학교 대학원 박사학위 논문.

송희자, 이명재(2010). 교류분석이론을 적용한 집단상담이 직장인의 각본변화에 미치는 효과성에 관한 연구. 교류분석연구, 1(1), 51-27.

우재현(1995), 교류분석(TA)의 첫걸음. 대구: 정암서원.

우재현(1999). 교류분석(TA) 프로그램(개정판). 대구: 정암서원.

우재현(2002). 심성개발을 위한 교류분석 훈련 프로그램. 대구: 정암서원.

우재현(2005) 교류분석(TA)에 의한 청소년 인성개발 프로그램. 대구: 정암서원

우재현(2007). 심성개발을 위한 교류분석(TA) 프로그램. 대구: 정암서원.

우재현(2011) 심성개발을 위한 교류분석(TA) 프로그램: 초급과정. 대구: 정암서원.

제석봉, 최외선(2006). TA: 교류분석의 이론과 실제. 대구: 한국TA연구소.

조윤미(2003). 스트로크기법 중심의 교류분석 프로그램 적용이 초등학생의 자아존중감에 미치는 영향. 인천교육대학교 교육대학원 석사학위 논문.

Bennett, N. (1976). *Teaching Styles and Pupil Progress*. London: Open Books.

Berne, E. (1961). *Transactional Analysis in Psychotherapy*. NY: Grove Press.

Berne, E. (1964). *Games people play*. NY: Grove Press.

Berne, E. (1966). *Principles of grouptreatment*. NY: Grove Press.

Bruno, F. J. (1983). *Adjustment and Personal Growth: Seven Pathways* (2nd ed.). NY: John Wiley & Sons.

Clarkson, P. (1992). *Transactional Analysis psychotherapy: An integrated approach*. London and NY: Tavistock/Routledge.

Corey, G., & Corey M. S. (1977). Group: Process & practice. Monterey, CA: Brooks/Cole.

Dusay, J. M. (1990). 에고그램 [*Egogram*]. (우재현 역). 대구: 정암서원. (원저는 1977에 출판).

Dusay, J. M. (1972). Egograms and the constancy hypothesis. *Transactional Analysis Journal. 2*(3), 37-42.

Ernst, F. H. (1971). The OK corral: the grid for get-on-with. *Transactional Analysis Journal. 1*(4), 33-42.

Freed, L. M. (1988). *Transactional Analysis For Everybody Series: T. A. For Teens (And Other Important People)*. CA: Jalmar Press.

Goulding, M. M., & Goulding R. L. (1979). *Changing lives through redecision therapy*. NY: Brunner/Mazel.

Hargaden, H., & Sills, C. (2002). *Transactional analysis: A relational perspective*. Hove: Brunner-Routledge.

Harris, T. A. (1969). I'm OK, You're OK. *A practical Guide to Transactional analysis*. NY: Harper & Row.

James, M., & Jongeward, D. (1971). *Born to Win*. Sydney: Addison-Wesley.

Jongeward, D. (1973). *Everybody wins: TA applied to organizations*. MA: Addison-Wesley.

Lister-Ford, C. (2002). *Skills in Transactional Analysis Counselling & Psychotherapy*. CA: Sage Publications.

McNeel, J. R. (1975). Redecisions in psychotheraphy: a study of the effects of an intensive weekend group workshop. *Transactional Analysis Journal, 12*(1), 10-25.

Midgley, D. (1999). *New Directions in Transactional Analysis Counselling: An Explorer's Handbook*. NY: Free Association Books.

Pitman, E. (1984). *Transactional Analysis for Social Workers and Counsellors: An Introduction*. London: Routledge & Kegan Paul.

Raymind, J. C., & Danny, W. (2007). 현대 심리치료 [*Current Psychotherapies*]. (김정희 역). 서울: 박학사. (원저는 2004에 출판).

Stewart, I., & Joines, V. (2010). 현대의 교류분석 [*TA Today: A New Introduction to Transactional Analysis*]. (제석봉, 최외선, 김갑숙, 윤대영 공역). 서울: 학지사. (원저는 1987에 출판).

Stuntz, E. C. (1971). classification of games by position. *TA Journal, 1*, 255-258.

Thomas, E. J. (1977). *Marital communication and decision making*. NY: The Free Press.

Woollams, S., & Brown, M. (1978). *Transactional Analysis*. MI: Huron Valley Inst.

Woollams, S., & Brown, M. (1979). *TA: The Total Handbook of Transactional Analysis*. NJ: Prentice-Hall.

찾아보기

인 명

내 용

저자 소개

■ 유영달

독일 뮌헨 대학교 대학원 심리학 박사(심리치료 전공)

현 신라대학교 가족노인복지학과 교수

한국상담학회 부산경남울산상담학회 회장

저서 정신건강론(공저, 창지사, 2011)

역서 다문화상담의 새로운 접근: 자기심리학적 상담의 과정

(공역, 시그마프레스, 2011)

논문 가정폭력 피해여성을 위한 인간중심 집단상담의 질적 효과분석(2009)

또래상담자 훈련 프로그램이 불안 및 의사소통능력에 미치는 효과(2009) 외 다수

■ 이희영

미국 캔자스 주립대학교 대학원 교육학 박사(학생상담 전공)

현 부경대학교 유아교육과 교수

부경대학교 교양교육개발원 원장

저서 진로성숙과 상담(학지사, 2003)

아동을 위한 발달적 생활지도(공저, 학지사, 2004)

아동발달과 교육(공저, 학지사, 2008) 외 다수

역서 21세기를 위한 학교상담(공역, 교육과학사, 2007)

논문 우리나라 학교상담의 실태와 미래방향(2010) 외 다수

■ 김용수

창원대학교 대학원 교육학 박사(상담심리 전공)

전 평택대학교 피어선심리상담원 심리상담센터 소장

한국초월영성상담학회 회장

현 평택대학교 상담대학원 교수

저서 군상담의 이론과 실제(공저, 은혜출판사, 2009)

군집단상담의 이론과 실제(공저, 은혜출판사, 2009) 외 다수

논문 알아차림프로그램이 주부자원봉사자의 스트레스 감소에 미치는 효과(2010)

정서알아차림이 교사들의 스트레스 감소에 미치는 효과(2012) 외 다수

■ 이동훈

미국 플로리다 대학교 대학원 교육학 박사(상담심리 전공)

전 부산대학교 교육학과 교수
  한국청소년상담원 상담 조교수
  한국상담심리학회 대외협력위원장

현 성균관대학교 교육학과 교수

역서 아동상담(공역, 시그마프레스, 2008)
  다문화 상담의 새로운 접근: 자기심리학적 상담의 과정(공역, 시그마프레스, 2011)
  외 다수

논문 다문화 청소년 상담매뉴얼 개발(2011) 외 다수

■ 하도겸

창원대학교 대학원 교육학 박사(상담심리 전공)

현 TS부산심리상담센터 원장
  수련감독전문상담사(아동 · 청소년, 집단, 초월 · 영성)
  중독심리전문가
  상담심리사 1급, 청소년상담사 1급

저서 집단상담 사례연구(공저, 학지사, 2002)
  상담전문가 11인의 만남과 치유(공저, 학지사, 2006)

논문 다섯 원소 집단상담 프로그램의 개발과 적용(2005) 외 다수

■ 유채은

동아대학교 대학원 교육학 박사(교육상담 전공)

현 동아대학교 교양교육원 조교수
  한국상담학회 부산경남울산상담학회 교육이사

저서 실기교육방법론(공저, 양서원, 2008)
  진로와 자기계발(공저, 학지사, 2012)

논문 개별접근 집단상담과 가족접근 집단상담의 효과 비교(2008)
  가정폭력 노출아동의 적응향상을 위한 자기성장 집단상담 프로그램 개발 및
    효과검증(2011) 외 다수

■ **박현주**

동아대학교 대학원 교육학 박사(교육상담 전공)

전 한국연구재단 학술연구교수

현 涓我심리상담연구소 소장

부산가정법원 소년사건 전문상담위원

저서 미술치료 진단기법의 이해(양서원, 2009)

미술치료의 매체활용법(공저, 학지사, 2009)

논문 한부모 가족 아동의 심리적응을 위한 미술치료 프로그램 연구(2011) 외 다수

■ **천성문**

영남대학교 대학원 교육학 박사(상담심리 전공)

전 미국 스탠퍼드 대학교 연구교수

현 경성대학교 교육학과 교수

한국중독상담학회 회장

저서 집단상담 사례연구(공저, 학지사, 2002)

상담심리학의 이론과 실제(공저, 학지사, 2009)

학교집단상담의 실제(공저, 학지사, 2011) 외 다수

논문 학교상담 매뉴얼과 학교상담의 실제 워크북 개발(2006) 외 다수

■ **이정희**

부산대학교 대학원 교육학 박사(교육상담 전공)

전 한국 MBTI 연구소 전임연구원

부산광역시 청소년 상담지원센터 운영위원

현 동의대학교 평생교육학과 교수

저서 교육심리학(공저, 학지사, 2010)

역서 심리극으로의 초대(공역, 시그마프레스, 2007)

다문화 상담의 새로운 접근: 자기심리학적 상담의 과정

(공역, 시그마프레스, 2011)

논문 탈성매매 청소년의 자활을 위한 멘토링 프로그램 개발 및 효과분석(2009) 외 다수

■ 박성미

부산대학교 대학원 교육학 박사(상담심리 전공)

전 동서대학교 학생상담센터장

현 동서대학교 사회복지학부 청소년상담심리전공 부교수

한국상담학회 학생위원장

저서 심리검사의 이론과 실제(공저, 서현사, 2007)

초등학교 상담 실천(공저, 학지사, 2010)

역서 다문화 상담의 새로운 접근: 자기심리학적 상담의 과정

(공역, 시그마프레스, 2011)

논문 청소년의 비인간화 유형에 따른 청소년 문제 분석(2010) 외 다수

■ 이희백

영남대학교 대학원 교육학 박사(상담심리 전공)

전 한국상담학회 부산 · 경남상담학회장

현 춘해보건대학교 작업치료과 교수

부산 · 울산 · 양산지역 학생처장협의회 회장

한국동서정신과학회 부회장

저서 재미있는 심리학(공저, 교육과학사, 2010)

역서 다문화 상담의 새로운 접근: 자기심리학적 상담의 과정

(공역, 시그마프레스, 2011)

논문 단기역동상담에서 상담 효과 유무에 따른 상담자 개입 수준 · 내담자 진전 수준의 차이(2003) 외 다수

인간관계의 심리
-행복의 열쇠-

2013년 3월 11일 1판 1쇄 발행
2021년 3월 25일 1판 8쇄 발행

지은이 • 유영달 · 이희영 · 김용수 · 이동훈 · 하도겸
유채은 · 박현주 · 천성문 · 이정희 · 박성미 · 이희백

펴낸이 • 김 진 환

펴낸곳 • (주) 학지사
04031 서울특별시 마포구 양화로 15길 20 마인드월드빌딩 5층

대표전화 • 02) 330-5114 팩스 • 02) 324-2345

등록번호 • 제313-2006-000265호

홈페이지 • http://www.hakjisa.co.kr
페이스북 • https://www.facebook.com/hakjisabook

ISBN 978-89-6330-991-0 93180

정가 18,000원